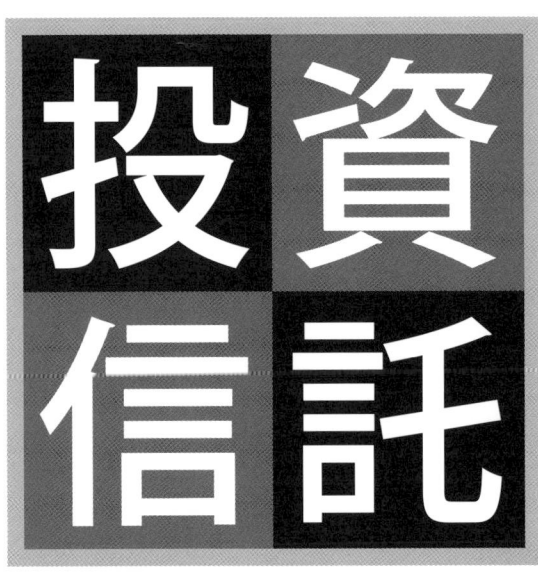

投資信託
の検査とプロセス別留意点
組成・販売から償還まで

■池永　朝昭　■渋谷　武宏
■稲田　博志　■西山　寛
■柴田　和敏　■村岡　佳紀　[著]

一般社団法人 金融財政事情研究会

推薦の言葉

　私は資産運用業の成長と軌を一にして日本の証券会社そして外資系運用会社で約50年間働き、金融市場にかかわってきた。この間日本の資産運用業は急速に進歩してきたものの、他方で、まだまだその発展が期待される分野であると信じている。

　資産運用業の社会的な役割とは何であろうか。一言でいえば、「資産の効率的な配分と運用の担い手」であると考える。資産運用会社はその活動を通じて、企業に対し資金を供給し、かつ、個人に対し資産を増やす機会を提供する役割を担っているということである。

　前者の「資産の効率的な配分」とは、資本市場での活動を通じて企業に資金を供給することであり、それによって企業は価値と雇用を創出し国を支えるというよい循環を生み出す。アメリカの連邦準備制度理事会の議長であったグリーンスパン氏の「アメリカの資本市場の強さがアメリカ経済を支える。」という発言はこうした役割を念頭に置いたものであろう。日本経済が成熟し低成長に入った段階において、これまで家計が貯蓄したストックを企業に成長資金として供給することは、日本経済の成長に寄与するという視点からも重要である。

　後者の「資産の運用」とは、今後ますます個人が自助努力と自己責任で自らの将来の生活に必要なお金の準備をする必要性が高まるなかで、より強調されるべき役割であろう。特に本書が対象としている投資信託は、少額の資金でも多くの投資家の資金を運用のプロが一括運用することにより分散投資を可能にするなど個人にとって便利な仕組みであり、その多種多様な商品性や欧米では一般家庭にも広く普及していることなどからすると、投資信託は家計の資産運用に当たり有力な受け皿の1つとなる可能性を持っていると思われる。

　日本の資産運用業は、欧米（特にアメリカ）に比べて、最近までは運用力、人材育成、ビジネスのノウハウ面で後塵を拝していた。この背景にはわが国における資産運用業の歴史の浅さがあったが、1990年代後半の規制緩和と、資産運用に金融界と社会全体が関心を向けていることを背景に、最近では欧米の水準に接近しつつある。

　日本の資産運用業は、世界的な経済金融危機の影響等で混乱している側面もあるが、中長期的にはその役割はより拡大し、成長する分野となるはずである。いまや日本国民が有する1500兆円近い個人金融資産を有効に活用することは社会的要請でもある。

資産運用業の可能性を指摘したが、その前提として強調しなければならないことは資産運用会社の「受託者責任」と「企業統治」である。「受託者責任」とは、資産運用会社が顧客である受益者から受託者として財産の運用を任されるに当たって負う義務であり、忠実義務と注意義務をその内容とする。「企業統治」とは、企業の管理体制全般の総称をいうが、具体的には、資産運用会社が運用の管理、監督機構を組織内に備え、さらに利害関係人への適切な説明責任を果たすことをいう。

資産運用業にかかわるプレイヤーは、常にこの受託者責任と企業統治を意識して厳しい自己規律を課すことが求められる。資産運用業は、製造業のような大きな設備や、銀行や証券会社が持つ精巧な顧客管理システムなどを要求されない。資産運用業に強く要求されるものは専門的能力と高い倫理観を持った人材であることを改めて確認したい。

本書は、第一線の気鋭の実務家たちが投資信託の検査と業務プロセスごとの留意点について法理論と実務的実践の双方の観点から論じた貴重な実務書である。本書が、資産運用業にかかわるすべての実務家や専門家にとって、常に身近に置いて参照される手引書になるとともに、日本の資産運用業の発展に寄与することを祈念する。

2013年1月

　　　　　　　　　　　　　　フィデリティ・ジャパン・ホールディングス株式会社
　　　　　　　　　　　　　　　　　　取締役副会長　　蔵元　康雄

はしがき

　本書の構想は、池永が検査を念頭においた投資信託の規制をトピックとする講演を行ったことに遡る。池永は金融規制の専門家として依頼者にアドバイスをする立場であるが、もともと社内弁護士として検査を受けた経験から、検査官が着目している点やその見方を知ることなしに規制を語ることは意味が少ないと考えていた。検査における論点とは、金融規制の世界では日本や他の市場でも注目されているということであるから、コンプライアンスの現場での実践では、上記の事情を理解して対応していかなければならない。

　こういう考えから投資信託に係る規制と検査をテーマにしたセミナーを複数回行ったところ、思いのほか多数の実務家の方が受講された。そこでは、初級者から上級者まで多くの質問をいただいたが、多数の方から口々に「何かいい参考書はないか」と聞かれることが多かった。この体験から、検査の観点からみた初心者や中級者向けの投資信託に関する本を書いてはどうかと思いつくに至ったのが、すでに3年前のことだ。

　そこで、任期付公務員として証券検査官も経験したことのある渋谷武宏、アセットマネジメント会社法務部で社内弁護士をしていた稲田博志、証券会社の投信企画販売部門で法務・コンプライアンスを担当している柴田和敏に声をかけ、さらに稲田の発案で、すでに「投資顧問業の法務と実務」という立派な本を出版し、資産運用会社の現役のリーガル・オフィサーである西山寛と村岡佳紀に著者に入ってもらうことにした。

　検査を踏まえコンプライアンスの実践を行っていくことの重要性についての著者等の共通した認識に基づき、この本は投資信託が企画されるところから販売されるところまでを主に念頭におき、各項目ごとに法、政省令、監督指針、検査マニュアル、協会規則等を一覧で示し、関連箇所をみていただければ、何を留意しながら実務を処理すべきかを投信会社等で働く人間がすぐわかるように記載している。この構成と論述は、毎月ほぼ1回のペースで3年近くに及んだ打合せの成果物である。

　打合せにおけるさまざまな論点について、実務の第一線にかかわる者同士の議論は非常に刺激的であった。その議論の結果すべてを反映することは、想定読者層や項数の制約からいって無理だが、その一部は重要な論点をとりあげたコラムの記載に垣間見られるし、これを通読するだけでも現在の投信規制の最新重要論点は理解できるだろう。

　実務家が手元において日々の実務に役立て、また、法務・コンプライアンス部門、内部監査部門の方々や、検査官の方々も法令上の趣旨や位置付けの確認に使っていただきたい。

　なお、本書において引用されている関係法令の規定は、原則として平成25年1月時点において施行されているものを前提としている。

　最後に、本書の出版に当たっては、金融財政事情出版部の加藤一浩氏に大変なご

尽力をいただいた。ここに記して厚く御礼を申し上げたい。

2013年1月

著者を代表して
弁護士　池永　朝昭

著者一覧 （50音順）

池永　朝昭（いけなが　ともあき）
アンダーソン・毛利・友常法律事務所パートナー弁護士。1981年弁護士登録（第二東京弁護士会）。国内・米国法律事務所、外資系金融機関の勤務を経て、2006年より現職。共編著書として、『最新金融商品取引法ガイドブック』（新日本法規）、『注釈金融商品取引法』［第2巻］（金融財政事情研究会）など。

稲田　博志（いなだ　ひろし）
あおぞら銀行法務コンプライアンス部リーガルカウンセル。弁護士。2001年弁護士登録（東京弁護士会）。法律事務所、外資系金融機関等の勤務を経て、2012年より現職。共編著書として、『契約用語使い分け辞典』（新日本法規）、『金融法務用語辞典』（経済法令研究会）、『最新金融商品取引法ガイドブック』（新日本法規）、『登録金融機関のための金融商品取引の実務対応Q&A』（清文社）、『企業集団の内部統制』（学陽書房）など。

柴田　和敏（しばた　かずとし）
みずほ証券投資顧問部ヴァイスプレジデント。弁護士、公益社団法人日本証券アナリスト協会検定会員（CMA）。2007年弁護士登録（東京弁護士会）。日興証券（現SMBC日興証券）を経て、2007年10月新光証券入社、現在に至る。共編著書として、『最新金融商品取引法ガイドブック』（新日本法規）、『法律家のための税法』［会社法篇］（第一法規）。

渋谷　武宏（しぶや　たけひろ）
アンダーソン・毛利・友常法律事務所。弁護士。大手証券会社勤務を経て2003年弁護士登録。都内の法律事務所勤務を経て2006年1月～2008年12月財務省関東財務局証券取引等監視官部門勤務。2009年より現職。共編著書として、『金融商品取引法違反への実務対応―虚偽記載・インサイダー取引を中心として』（商事法務）、『金融商品取引法の諸問題』（同）など。

西山　寛（にしやま　ゆたか）
シュローダー・インベストメント・マネジメント法務部長。富士銀行（現・みずほ銀行）を経て、日本証券投資顧問業協会（現・日本投資顧問業協会）に出向（法令・企画担当）。2000年シュローダー投信投資顧問（現・シュローダー・インベストメント・マネジメント）コンプライアンス部長、2007年より現職。共編著書として、『投資顧問業の法務と実務』（金融財政事情研究会）。

村岡佳紀（むらおか　よしのり）
みずほ投信投資顧問法務室長。第一勧業銀行（現・みずほ銀行）を経て、日本証券投資顧問業協会（現・日本投資顧問業協会）に出向（法令・企画担当）。2007年より現職。2005年より早稲田大学ビジネス情報アカデミー講師。共編著書として、『投資顧問業の法務と実務』（金融財政事情研究会）など。

凡　例

本書における法令諸規則等及び関係諸機関・団体の表記は、次の略称を用いることがある。

略　称	正式名称
金商法	金融商品取引法（昭和23年4月13日法律25号）
金商法施行令	金融商品取引法施行令（昭和40年9月30日政令321号）
定義府令	金融商品取引法第二条に規定する定義に関する内閣府令
企業開示府令	企業内容等の開示に関する内閣府令
特定有価証券開示府令	特定有価証券の内容等の開示に関する内閣府令
外債開示府令	外国債等の発行者の内容等の開示に関する内閣府令
財務監査府令	財務諸表等の監査証明に関する内閣府令
買付府令	発行者以外の者による株券等の公開買付けの開示に関する内閣府令
上場株券買付府令	発行者による上場株券等の公開買付けの開示に関する内閣府令
大量保有府令	株券等の大量保有の状況の開示に関する内閣府令
金商業等府令	金融商品取引業等に関する内閣府令（平成19年8月6日内閣府令第52号）
監督指針	金融商品取引業者等向けの総合的な監督指針
有価証券規制府令	有価証券の取引等の規制に関する内閣府令
清算機関府令	金融商品取引清算機関等に関する内閣府令
検査指針	証券検査に関する基本指針
検査マニュアル	金融商品取引業者等検査マニュアル
投信法	投資信託及び投資法人に関する法律
投信法施行令	投資信託及び投資法人に関する法律施行令
投信法規則	投資信託及び投資法人に関する法律施行規則
投信計算規則	投資信託財産の計算に関する規則
監視委	証券取引等監視委員会
投信協会	社団法人　投資信託協会
投顧協会	一般社団法人　日本投資顧問業協会
日証協	社団法人　日本証券業協会
全銀協	一般社団法人　全国銀行協会

＜留意事項＞
　本書の記載内容は、すべて執筆者個人の見解であり、執筆者が現在所属している組織、又は過去において所属した組織の見解を表明するものではありません。
　また、内容の正確性については十分な注意を払っておりますが、執筆者がその完全性を保障するものではなく、実務上ご利用する際には正式な法令諸規則をご確認下さい。

目　次

第1編
検　査　の　概　要

1　証券検査とは～検査を受ける上で何を知っておくべきか……………………… 2
　(1)　検査の使命………………………………………………………………………… 2
　(2)　検査の目的………………………………………………………………………… 2
　(3)　関係する法令等…………………………………………………………………… 2
　(4)　検査のイメージ図（証券検査基本指針より）………………………………… 3
2　証券検査の関連組織と役割～それぞれの課は何をしているのか・どう連携しているか…………………………………………………………………………… 4
　(1)　金融庁……………………………………………………………………………… 4
　(2)　財務局……………………………………………………………………………… 4
　(3)　証券取引等監視委員会…………………………………………………………… 4
　(4)　財務局……………………………………………………………………………… 5
　(5)　認可金融商品取引業協会など自主規制機関…………………………………… 5
　(6)　各組織の連携……………………………………………………………………… 5
　(7)　検査計画の策定…………………………………………………………………… 6
3　証券検査の始まりから終わり～流れと留意点など…………………………… 6
　(1)　検査開始時………………………………………………………………………… 6
　(2)　検査開始後の期間中の手続……………………………………………………… 8
　(3)　検査終了時の際の手続・流れ……………………………………………………16
　(4)　検査終了後の手続・流れ…………………………………………………………19

第2編
検査マニュアルにおける確認項目

1　検査マニュアルとは………………………………………………………………24
2　検査マニュアルの活用の意義～一つの視点として……………………………25
3　検査マニュアル対照表の見方……………………………………………………25
4　対照表の見取図（態勢編）………………………………………………………26
5　対照表　態勢編　共通項目………………………………………………………27
6　対照表　態勢編　投資運用業者…………………………………………………52
7　対照表の見取図（業務編）………………………………………………………81
8　対照表　業務編　共通項目………………………………………………………82

9	対照表　業務編　投資運用業者	94
10	対照表　業務編　第一種金融商品取引業者（投資信託の販売）	113
11	対照表　店頭デリバティブ取引に類する複雑な仕組債・投資信託の販売に関する事項	120
12	対照表　業務編　第二種金融商品取引業者（投資信託の販売）	123
投資約款例文		130

第3編
組成・販売から償還までの業務プロセス別留意点

1　業務プロセスと適用法令・協会ルールの一覧表 ……………………………138
2　業務プロセス別留意点（委託会社編） ………………………………………153
　2.1　業務開始《プロセス1－2》 ……………………………………………153
　　プロセス1　登録申請書の作成：法29の2第2項2号ほか …………153
　　プロセス2　投資運用業の登録申請：法29の2 ………………………156
　2.2　商品組成《プロセス3－21》 …………………………………………159
　　プロセス3　情報収集（販社ヒアリング等）・素案の検討 …………159
　　プロセス4　商品案の作成：投2条1項 ………………………………159
　　プロセス5　計算処理方法の確認 ………………………………………163
　　プロセス6　信託銀行との事務確認 ……………………………………163
　　プロセス7　ほふりとの事務等確認：社振法 …………………………163
　　プロセス8　リスクの選定・管理方法確認：協会ルール「デリバティブ取引に係る投資制限に関するガイドライン」 …………164
　　プロセス9　その他適用法令・協会ルール確認 ………………………164
　　プロセス10　商品案の社内承認 …………………………………………164
　　プロセス11　販社への提案・採用交渉（プレゼン資料の提示） ……164
　　プロセス12　商品内容の見直し …………………………………………165
　　プロセス13　商品内容の確定 ……………………………………………165
　　プロセス14　販社での採用決定 …………………………………………165
　　プロセス15　販社への勉強会 ……………………………………………166
　　プロセス16　投資信託約款の作成 ………………………………………166
　　プロセス17　目論見書の作成 ……………………………………………169
　　プロセス18　金販法上の重要事項説明 …………………………………179
　　プロセス19　販売用資料等の作成 ………………………………………182
　　プロセス20　運用外部委託契約の締結等 ………………………………184
　　プロセス21　募集販売契約等の締結 ……………………………………186
　2.3　取得勧誘《プロセス22－27》 …………………………………………188
　　プロセス22　募集等の届出 ………………………………………………188

プロセス23	訂正届出	191
プロセス24	広　告　等	193
プロセス25	景品類の提供	199
プロセス26	セミナー（勧誘目的）	199
プロセス27	取得申込みの勧誘	199

2.4　運用　《プロセス28－35》……214
- プロセス28　運用計画の策定……216
- プロセス29　投資信託契約の締結……220
- プロセス30　投資判断……223
- プロセス31　事前チェック……237
- プロセス32　発注（トレーディング）……237
- プロセス33　事後チェック……237
- プロセス34　議決権等の行使指図……238
- プロセス35　株主優待等……241

2.5　基準価額の算出　《プロセス36－39》……242
- プロセス36　時価評価……242
- プロセス37　基準価額の算定・発表等……246
- プロセス38　価格調査……248
- プロセス39　分配金の支払い……249

2.6　開示　《プロセス40－52》……250
- プロセス40　公開買付けに関する開示……251
- プロセス41　株券等の大量保有状況の開示……254
- プロセス42　半期決算……256
- プロセス43　重要な事項の発生……257
- プロセス44　本決算（ファンド監査）……259
- プロセス45　運用報告書の作成……262
- プロセス46　MMF等月次開示……265
- プロセス47　適時開示……266
- プロセス48　利益相反のおそれのある取引……267
- プロセス49　セミナー（運用実績報告）……269
- プロセス50　FM等の変更等……269
- プロセス51　協会宛定期報告……270
- プロセス52　ファンドモニタリング報告……271

2.7　法定帳簿　《プロセス53－55》……271
- プロセス53　帳簿書類の作成・保存……271
- プロセス54　事業報告書の提出……273
- プロセス55　説明書類の縦覧……273

2.8　解約　《プロセス56－57》……274
- プロセス56　解約実行請求の受付……274

        プロセス57　特別解約の実行請求の受付 ……………………………………274
　2.9　約款変更《プロセス58》………………………………………………………274
        プロセス58　投信約款の変更（重大な約款の変更等）………………………274
　2.10　トラブル《プロセス59－61》………………………………………………278
        プロセス59　事　故　等 ……………………………………………………278
        プロセス60　苦情等・あっせん ………………………………………………286
        プロセス61　訴　　訟 ………………………………………………………287
　2.11　償還《プロセス62－64》……………………………………………………287
        プロセス62　繰上げ償還 ………………………………………………………287
        プロセス63　償還（償還報告書の作成）……………………………………288
        プロセス64　未払償還金等 ……………………………………………………289
　2.12　直販《プロセス65－66》……………………………………………………289
        プロセス65　販売勧誘 …………………………………………………………289
        プロセス66　顧客分別金信託 …………………………………………………291
　2.13　役職員への規制《プロセス67》……………………………………………293
        プロセス67　役職員の禁止行為等 ……………………………………………293
　2.14　個人情報の取扱い《プロセス68》…………………………………………294
        プロセス68　個人情報の取扱い ………………………………………………294
　2.15　緊急事態《プロセス69》……………………………………………………294
        プロセス69　BCP体制構築・管理……………………………………………294
3　業務プロセス別留意点（販売会社編）………………………………………296
　2.1　業務開始《プロセス１－２》…………………………………………………296
　2.2　商品組成《プロセス３－21》…………………………………………………296
        19　販売用資料等の作成 ………………………………………………………296
　2.3　取得勧誘《プロセス22－27》…………………………………………………297
        22　募集等の届出 ………………………………………………………………297
        23　取得の申込みの勧誘 ………………………………………………………300
            (1)　法定書面の交付義務及び説明義務 ………………………………301
            (2)　適合性の原則等 ……………………………………………………310
　2.4　運用《プロセス28－35》………………………………………………………322
　2.5　基準価額の算出《プロセス36－39》…………………………………………322
　2.6　開示《プロセス40－52》………………………………………………………322
　2.7　法定帳簿《プロセス53－55》…………………………………………………322
　2.8　解約《プロセス56－57》………………………………………………………324
　2.9　約款変更《プロセス58》………………………………………………………324
　2.10　トラブル《プロセス59－61》………………………………………………325
　2.11　償還《プロセス62－64》……………………………………………………327
　2.12　直販《プロセス65－66》……………………………………………………327
　2.13　役職員への規制《プロセス67》……………………………………………328

2.14　個人情報の取扱い《プロセス68》……………………………………………328
2.15　緊急事態《プロセス69》………………………………………………………329
補論　反社会的勢力との関係遮断…………………………………………………330

第4編
行政処分事例

はじめに………………………………………………………………………………334
1　投資信託委託会社に関する主な処分事例（投資一任業者を含む）……………334
(1)　投資信託財産及び投資一任契約の運用財産相互間の取引・委託会社としての善管注意義務違反（A社）………………………………………………334
(2)　顧客相互間の取引（B社）……………………………………………………336
(3)　顧客相互間取引（C社）………………………………………………………337
(4)　証券取引行為（D社）…………………………………………………………338
(5)　新規公開株式の恣意的な配分（忠実義務違反）（E社）……………………339
(6)　売却損の付替（忠実義務）（F社）……………………………………………342
(7)　損失補てん規制違反（忠実義務違反）（G社）………………………………342
(8)　投資信託の取得の申込みに対する不適切な対応（H社）……………………344
(9)　投資一任契約における不適切な運用状況（I社）……………………………345
(10)　投資一任業務に関して、公益及び投資者保護上重大な法令違反行為等が認められる状況（J社）……………………………………………………346
2　証券投資信託に関する主な通知事例……………………………………………348
(1)　善管注意義務違反関係…………………………………………………………348
(2)　内部管理態勢関係………………………………………………………………349
3　投資信託の販売会社に関する主な処分勧告・指摘事例………………………351
(1)　処分勧告事例……………………………………………………………………351
(2)　問題点の通知事例（証券会社）………………………………………………352
(3)　問題点の通知事例（登録金融機関）…………………………………………356
4　その他の指摘事例…………………………………………………………………360
投信協会に対する問題点の指摘……………………………………………………360

索　引……………………………………………………………………………………361

COLUMN

1	日系と外資系の違い（上）	28
2	日系と外資系の違い（下）	30
3	検査手法について	37
4	投資運用業者の勧誘行為（上）	46
5	基準価額の算定者	59
6	改善のインセンティブ	76
7	投資運用業者の勧誘行為（下）	77
8	金融ADRについて	92
9	安定分配型投資信託の増加―分配金問題	109
10	目論見書の簡素化（上）	115
11	目論見書の簡素化（下）	125
12	金融ADRの実際―FINMACの例(1)	129
13	外国投信のコンプライアンス	158
14	運用外部委託	178
15	代理権	178
16	パッシブ運用とインサイダー取引	187
17	コミッション・アンバンドリング	192
18	基準価額	198
19	重大な約款変更等手続	222
20	損失補てん	223
21	金融ADRの実際―FINMACの例(2)	236
22	ファンド償還後の収益	240
23	販売用資料と目論見書の関係―販売会社における実情	302
24	投資信託の取得勧誘全般	309
25	適合性原則―総論	310
26	投資信託の乗換勧誘（その1）	311
27	投資信託の乗換勧誘（その2）	312
28	適合性の原則―裁判例	313
29	適合性の原則―自主規制ルール	315
30	ラップ業者の勧誘行為	331

第1編

検査の概要

1 証券検査とは〜検査を受ける上で何を知っておくべきか

(1) 検査の使命

監視委の検査は、検査対象先の経営管理及び業務運営の状況等を的確に把握し、検査対象先に問題点を通知するとともに、内閣総理大臣（金融庁長官への権限の委任）に対して適切な措置もしくは施策を求め、監督部局に対して必要な情報を提供する等の措置を講じることが使命とされている。

(2) 検査の目的

ア　不公正な取引等を行わせないような内部管理態勢の構築の促進
「内部管理態勢」とは、法令のほかに、自主規制機関等の定款及び諸規則の遵守に係る管理態勢を指す。投資信託協会、日本投資顧問業協会は、金融庁による認定を受けた自主規制機関であり、その定款・諸規則の遵守に係る違反行為及び管理態勢の構築も検査の目的に含まれる。

イ　財務の健全性を含む、リスク管理態勢の適切性の確保
「リスク管理態勢」とは、信用リスク、流動性リスク、市場リスク、オペレーショナルリスク等に係る管理態勢を指す。

ウ　ゲートキーパーとしての役割の自覚の促進

(3) 関係する法令等

ア　遵守すべき法令とその解釈について
金融商品取引法（関係する施行令、内閣府令、告示を含む）、金融商品取引業者等向けの総合的な監督指針、投資信託及び投資法人に関する法律（同法施行令、同法施行規則、投資信託財産の計算に関する規則を含む）、金融サービス業におけるプリンシプル

イ　検査の方針、計画及び手続
①　毎年一回公表されるもの…証券検査基本方針、証券検査基本計画
②　不定期に更新されるもの…証券検査に関する基本指針（検査の具体的な手続等）、金融商品取引業者等検査マニュアル（検査官向けの手引書）

ウ　自主規制機関の定款・諸規則
法令に定めのない分野に関するルール、及び法令に定めのある分野についてより詳細なルールを定めることが多い。

(4) 検査のイメージ図（証券検査基本指針より）

IV 参考 1. 検査のイメージ図

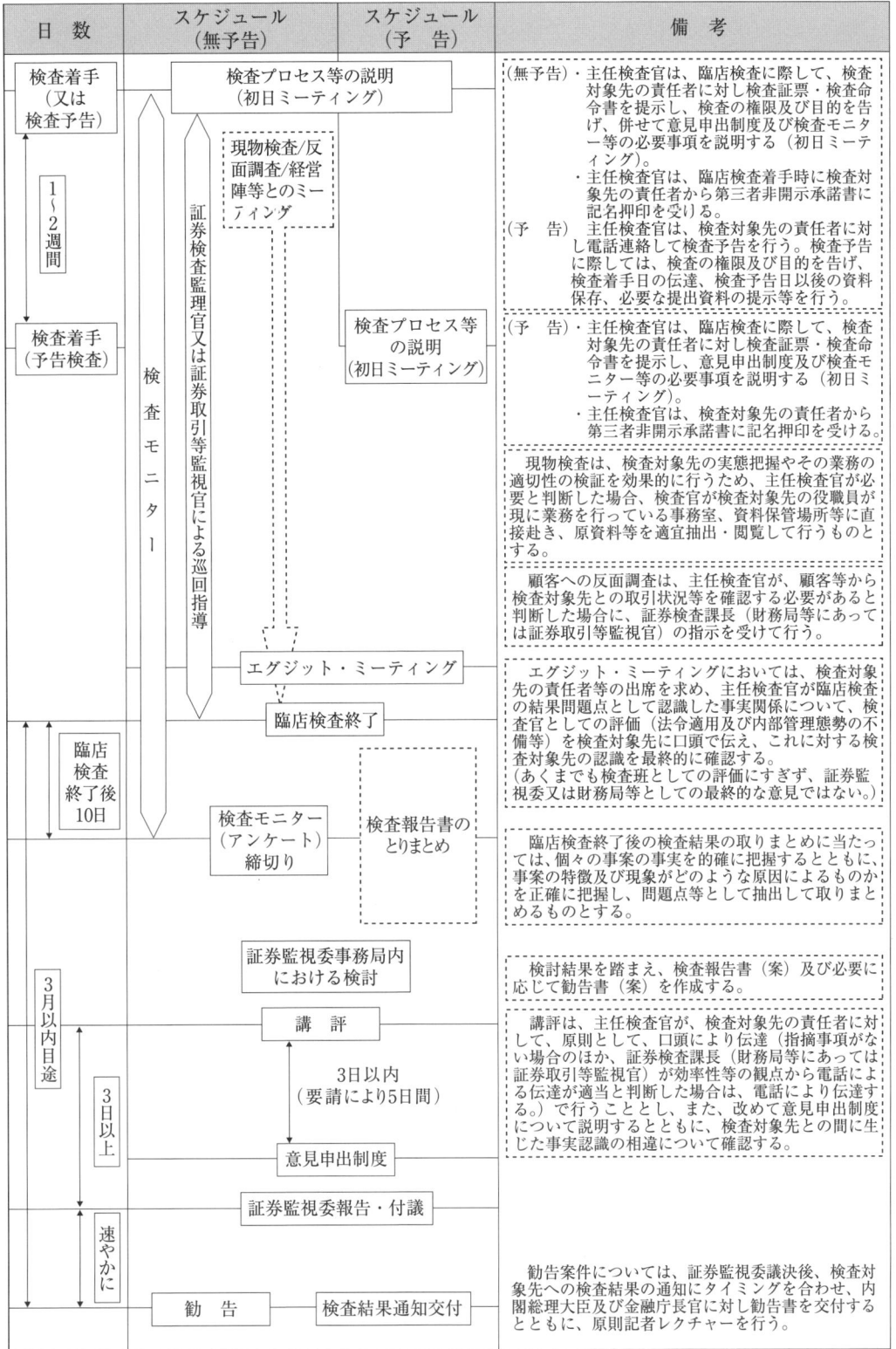

2　証券検査の関連組織と役割～それぞれの課は何をしているのか・どう連携しているか

(1)　金融庁

監督局証券課、総務企画局（総務課、市場課、企業開示課）。

課　名	主な所掌事務（金融庁組織令より）
監督局 証券課	次に掲げる者の監督に関すること。 イ　金融商品取引業を行う者 ロ　指定親会社 ハ　証券金融会社 ニ　投資法人 ホ　信用格付業者 ヘ　認可金融商品取引業協会、認定金融商品取引業協会及び認定投資者保護団体 （以下省略）投資運用業者、投資助言・代理業者等の監督をする「資産運用室」がある。
総務企画局 総務課	一　機密に関すること。 二　金融庁の職員の任免、…（以下省略）
総務企画局 市場課	一　金融商品市場その他の金融市場に関する制度の企画及び立案に関すること（企画課及び企業開示課の所掌に属するものを除く。）。 二　金融商品取引業を行う者に関する制度の企画及び立案に関すること。 三　投資信託制度及び投資法人制度の企画及び立案に関すること。 (以下省略)
総務企画局 企業開示課	一　金商法第２章から第２章の５までの規定による企業内容等の開示等に関する制度及び同法第３章の３の規定による信用格付業者に関する制度の企画及び立案に関すること。 二　金商法第２章から第２章の５までの規定による有価証券届出書、有価証券報告書その他の書類の審査及び処分に関すること。 (以下省略)

上述の他に、制度・企画立案を担当する総務企画局企画課、総合的な調整を担当する同局政策課がある。

(2)　財務局

財務局監理業者の監督に関し、理財部証券監督第１課・第２課。

(3)　証券取引等監視委員会

委員３名及び事務局総務課、市場分析審査課、証券検査課、証券検査監理官、取引調査課、開示検査課、特別調査課。

事務局課名	主な所掌事務（金融庁組織規則を要約）
総務課	委員会の所掌事務に関する総合調整に関すること。
市場分析審査課	日常的な市場監視を行う。 情報の収集及び分析並びに取引の内容の審査に関する専門的な事務
証券検査課	証券検査に関すること。
証券検査監理官	証券検査の実施に関する事務を分掌し、及び証券検査のうち重要なものを実施する。
取引調査課	課徴金調査のうち、不公正取引に関すること。
開示検査課	課徴金調査のうち、開示書類に関すること。
特別調査課	告発に関すること。 金融商品取引法及び犯罪による収益の移転防止に関する法律に基づく犯則事件の調査（「犯則事件の調査」という。）に関すること。

(4) 財務局

財務局監理業者の検査に関し、証券取引等監視官部門。

(5) 認可金融商品取引業協会など自主規制機関

検査実施計画の調整、情報交換及び検査官の研修における連携の推進。
なお、自主規制機関自身も、証券取引等監視委員会による検査の対象であり、自主規制機関の業務の状況等の把握が行われている。

(6) 各組織の連携

ア 金融庁監督局証券課と証券取引等監視委員会証券検査課の連携
▶ 監督部局のモニタリングとの連携強化等による効率的・効果的な検査の実施（平成24年度証券検査方針）

イ 財務局
理財部証券監督第1課・第2課（監督）と証券取引等監視官（検査）との連携。

ウ 市場分析審査課、取引調査課、開示検査課、特別調査課の連携
これらの課は証券検査の担当ではないが、勧告、告発に至る経緯やその結果に関して金融商品取引業者の業務に関係することが多い。
① 市場分析審査課（日常的に市場を監視する）
② 取引調査課（不公正取引：風説の流布・相場操縦・インサイダー取引）

③　開示検査課（開示書類の虚偽記載など）
　④　特別調査課（刑事告発事件の調査など）
　上記のうち①の市場分析審査課の職員は主として内勤であり、②～④の課の職員は、立入調査や取調べなどの場面で外部の者と接触する。④の特別調査課については、次の2班に分かれる。
　①　基礎班：銀行調査による資金の流れの解明
　　　　　　　証券会社に照会をかけて株取引の解明など
　②　本格班：嫌疑者や参考人の取調べ。任意調査の後に強制調査もある[1]。

(7) 検査計画の策定

　毎年公表される「証券検査基本方針」及び「証券検査基本計画」に基づき、四半期毎に、「証券検査実施計画」が策定される。策定に際しては、監督部局の「監督方針」及び市場の動向など、多様な要素が総合的に判断される。

　検査は原則として無予告で行われるため、検査対象先の業者名など具体的な検査実施計画は高度の秘密として厳格に管理される。

　過去の検査の実施状況から判断すると、第一種金融商品取引業者の場合には、概ね2～3年に一度の割合で定期的に検査が実施されている。投資運用業者の場合には、その規模によって差異がみられ一概にはいえないが、平成21年4月～平成22年3月の間は18社、平成22年4月～平成23年3月の間は18社、平成23年4月～平成24年3月の間は6社に対する検査が終了している。

3　証券検査の始まりから終わり～流れと留意点など

(1) 検査開始時

ア　検査の開始

　証券検査においては、原則として無予告で検査が行われ、主任検査官が相応の人数の検査官を引率し被検査会社の本店及び（必要なら）支店を訪れる。

　もっとも、検査対象先の業務の特性、検査の重点事項、検査の効率性、検査対象先の受検負担の軽減等を総合的に勘案して、予告検査が行われており、監視委の検査においてはほとんどの場合に予告が行われている模様である。予告検査の場合には、臨店検査着手日の概ね1週間から2週間前に主任検査官が検査対象先の責任者に対し電話連絡を行い、臨店検査着手日等を伝える。

---

[1] 東京証券取引所ホームページ－上場会社コンプライアンス・フォーラム＜福岡＞2009.11.20－講演「インサイダー取引についての当局の取組み」議事録参照。

証券検査に関する基本指針　8．検査実施の留意事項
(1)　検査命令書等の提示及び説明事項

①　検査の権限及び目的（一般検査・特別検査の別を含む。また、検査の実効性の確保に支障とならない範囲で、検査の重点分野にも言及する。）
②　検査への協力依頼
③　検査のプロセス（初回検査先以外は省略可。）
④　検査関係情報（Ⅱ８．(2)①参照）の第三者への開示制限の概要
⑤　検査モニターの概要
⑥　意見申出制度の概要
⑦　必要な提出資料の提示（Ⅳ　参考「2．提出資料一覧」参照）
⑧　その他必要な事項
予告検査の場合には、検査予告時に上記の①及び②の項目の説明、臨店検査着手日の伝達及び検査予告日以後の資料保存等の要請を行うとともに、その後速やかに必要な提出資料の提示を行うこととする。また、検査予告を受けて、書類や電子メールの破棄等が認められた場合には、検査忌避行為として厳格に対処する旨も併せて伝達するものとする。それ以外の項目については、臨店初日までに説明するものとする。
なお、検査官は、相手方の求めに応じて検査証票を提示できるよう、常に携帯するものとする。

イ　検査対象会社の社名の公表

　検査が開始されると、監視委のホームページにおいて被検査会社の名称が公表される。その目的は、法令等の遵守状況等を検証する上で端緒となるべき被検査会社に係る情報を広く求めていくことにあり、公表期間は原則として臨店検査期間中（予告検査の場合にあっては予告日から臨店検査終了までの間）である。検査が開始されると問題の有無にかかわらず一律に公表されるため、被検査側としては、検査が開始されたこと自体は顧客を始めとする第三者に対し秘密にする義務も必要もない[2]。

ウ　一般検査と特別検査

　検査の種類には、被検査会社の業務運営全般に対する検査である「一般検査」と、業務運営等の一部について情報等を基に行う「特別検査」の二種類がある。
　定期的に行われる検査は一般検査であるが、主として特別検査として、横断的なテーマを設定した検査も行われる。被検査側としては、自社に対する検査が一般検査か特別検査かの別は、平成21年以前は主任検査官が任意に教示しないと認識でき

---

[2] 被検査側が検査が終了したことを第三者に告げることは差し支えないとされている。監視委「証券検査に関する基本指針」の一部改正（案）に対するパブリックコメントの結果について（平成21年6月26日）における監視委の考え方（以下「監視委考え方」という）29番。

なかったが、基本指針の改正により、検査の別を示すことにされた。したがって、特別検査の場合、被検査側としては検査の初期からその目的に沿った対応が優先的に求められる。また、金融庁検査局と時期を同じくして行う同時検査も規定されている。

エ　臨店検査の原則

検査は、原則として、被検査会社の本店、支店又はその他の営業所等を訪問して、帳簿書類その他の物件を検査する方法（以下「臨店検査」という）により行うものとされている（基本指針Ⅱ－4.）。

この「物件」については、「帳簿書類」は例示に過ぎず、これに限定されないと解される。このほか基本指針において物件に限定はなく、被検査会社の業務及び財産の状況に関するものすべてと考えられる。

主任検査官は、臨店検査に着手したときに被検査会社の責任者に対し、検査命令書及び検査証票を提示し、ⅰ　検査の権限及び目的、ⅱ　検査への協力依頼、ⅲ　検査のプロセス[3]、ⅳ　検査関係情報の第三者への開示制限の概要、ⅴ　検査モニターの概要（後述）、ⅵ　意見申出制度の概要（後述）、ⅶ　必要な提出資料の提示、ⅷ　その他必要な事項、について説明を行う（基本指針Ⅱ－8.(1)）。

もっとも、予告検査の場合には、必要な提出資料の提示はすでに行われており、臨店開始後速やかに提出することになる。

検査が原則として無予告で行われる理由は、実態の的確な把握、検査忌避・検査妨害の防止を図るためである[4]。他方、検査が法令違反行為の指摘だけでなく、その背景となる管理態勢の検証も大きな目的として実施される場合、管理態勢に係る証拠は着手直後に隠滅されるおそれは小さく、無予告制の意義は限定的であると考えられる。

(2)　検査開始後の期間中の手続

ア　検査会場

検査官の人数に応じた検査会場として、社内の会議室を提供することが多い。

イ　現物検査について

検査対象先の実態把握やその業務の適切性の検証を効果的に行うため、主任検査官が必要と判断した場合、検査官が検査対象先の役職員が現に業務を行っている事務室、資料保管場所等に直接赴き、原資料等を適宜抽出・閲覧を行う。

ここで、従業員個人の私物については、法律上は金融商品取引業に関する検査であるから、対象となる物件は業務に用いる財産に限定され、従業員個人の私物には及ばないと解される。現物検査において、これが問題となる可能性がある。基本指針は、私物であるとの申出があっても、必要かつ適当と認められる場合には承諾を

---

[3] 初回検査先以外は省略可。
[4] 監視委『証券検査に関する「よくある質問」』（以下「よくある質問」）2頁3番（http://www.fsa.go.jp/sesc/kensa/qa.pdf）。

得るよう努めた上で検査を行うと規定している。そもそも本当に業務に無関係な私物であるか明らかではなく、業務に関係するものである合理的な疑いが残るような場合は、その判断に必要な限りで、検査官に対して披瀝し説明が必要になると考えられる。代表的な私物としては手帳が挙げられる[5]。

現物検査については、一般的に外国人はプライバシーの侵害と捉える傾向もあるようである。

被検査側としては、役職員のプライバシーの制限を最小限に抑えつつ、適切に検査に対応するために、普段から業務に無関係な私物は、会社に持ち込ませないように周知徹底すること、また会社にある物、業務に関係するものはすべて披瀝を求めることがあり、役職員は開示する義務を負うことを、事前に役職員に周知しておくのが無用な摩擦を回避する上で有用であろう。

ウ 金融商品取引業以外の業務

金融商品取引業者のその他の業務について検査が及ぶか否かについては、検査は金融商品取引業に関する検査であるから、検査対象となる業務は金融商品取引業及び付随業務に限定され、原則として他の業務には及ばないと解される。

しかし、金商法44条の2のような金融商品取引業と、その他業務に係る禁止行為の検証に係る物件や、純財産額や分別管理、自己資本規制比率の算定が法定されている業者の場合、検証に際してはその会社が行う他の業務や業務全体の資料が必要であるため、この検証に必要な限りで他の業務に関する物件にも、広範に検査が及ぶと考えられる。

ここで、金融商品取引業及び付随業務に関する物件が、他の業務を行う場所に保管されている場合又はそのことが合理的に疑われる場合はどうか。

この点について被検査側が意図的に他の業務を行う場所に隠蔽した場合は検査妨害であるため別にして、当該物件自体を検査することは通常の検査の範囲であり、この意味において他の業務を行う場所であることのみを理由に検査が及ばないと解することは困難と考えられる。

エ 検査資料

まず、業務の種別に応じた提出資料一覧が提示され、必要な資料及びその有無並びに提出予定日の確認が行われる。この資料は画一的なものであるが、検査の進行に応じて、新たな資料の作成が求められる場合もある。

検査官による検査資料の徴求に関しては、原則として被検査会社の既存資料等を活用するものとし、被検査会社の負担軽減に努め、既存資料以外の資料を求める場合には、当該資料の必要性を十分検討した上で求めるものとされている（基本指針Ⅱ-9.）。また、電子媒体による希望があった場合には、検査に支障が生じない限りこれを認めるものとされている。

主な既存資料として、会社の沿革などの一般資料、取締役会議事録などの会議録資料、注文伝票、取引日記帳、顧客勘定元帳等の金商法が定める法定帳簿等[6]が挙

---

[5] 監視委考え方12番参照。

げられている。また、一定の業務については、本人確認記録（犯罪収益移転防止法第6条）も対象となる。特に法定帳簿に関しては、電子化されている場合、検査開始後にシステム業者に依頼してデータを取り寄せるか、場合によっては紙ベースの印刷を依頼することになるが、合理的期間内に検査官に提出することが必要である。この点、予告検査の場合には、予告から立入までの1～2週間の間に用意することになると考えられる。

また、検査官は、資料の提出を求める場合には、内部管理部門等を通じて一元的に行うよう努めるものとされている（基本指針Ⅱ-9.(2)）。

オ 通常業務、就業時間及びスケジュールの調整

検査官は、臨店期間中、被検査会社から業務に必要な資料等として持ち出しや返却等の要求があった場合には、検査に支障が生じない範囲内で、検査会場からの持ち出しや返却等を認めるものとされている。したがって、被検査側としては、業務日誌の原本など通常の業務に頻繁に用いる資料の提出を求められた場合、使用の見込みなどをあらかじめ双方で調整し、必要なら写しをとって提出するなど柔軟に調整するべきであると考えられる。

検査の時間に関しては、主任検査官は、被検査会社の業務に支障が生じないように留意するものとされ、被検査会社の就業時間内に実施することを原則とし、就業時間外に行おうとするときは、被検査会社の承諾を得るものとされている（基本指針Ⅱ-8.(5)）。したがって、被検査側としては、必要な場合には重要な役職員のスケジュールをあらかじめ主任検査官に伝えヒアリングを受けられる時間の目安を示すなど、できる限り業務の円滑な遂行と検査への協力を両立するための工夫が必要である。

また、基本指針は、基本方針を踏まえ、検査マニュアルを活用することとされている。もっとも、検査マニュアルは例示列挙に過ぎず、各項目を機械的、画一的に検証することのないように留意するものとされている[7]。

カ ヒアリング

検査官の役職員に対するヒアリングの実施に際し、被検査側から他の役職員の同席の要請を行った場合には、検査に支障が生じない範囲内で認めるものとされている（基本指針Ⅱ-8.(9)）。

認めない場合には、その合理的な理由を説明するとされている。

被検査側としては、まだ業務に不慣れな者がヒアリングの対象となる場合など適切な説明を行うことが期待できない場合には、同席の要請をしたほうがよいと考えられる。もっとも、同席した者が代わって説明を行うことが許されるかはヒアリングの内容次第であると考えられる。逆に検査官の側から、被検査側に対し内部管理

---

[6] 業務に関する帳簿書類（法第46条の2、金融商品取引業等に関する内閣府令157条）。
[7] 検査マニュアルの運用については、機械的、画一的な検証に陥らないように留意することや、マニュアルの項目を悉皆的に検証するなどの対応は慎むとされ（マニュアルⅠ3.）、この趣旨は繰り返し表明されている（監視委平成19年9月26日「「金融商品取引業者等検査マニュアル（案）」に対するパブリックコメントの結果について」8番考え方）。

部門の同席を求める場面もあると考えられる。
　キ　立会い
　役職員以外の者の立会いや録音については、監視委は「正確な事実の把握に支障が生じるおそれがあり、役職員以外の者の立会いや録音を原則として認めることはできない」としている[8]。顧問弁護士等の法令の専門家の同席を認めてほしいとのパブリックコメントに対する回答である。
　被検査側としては、役職員が立会い、専門家に相談するべき事項が生じた場合には、その都度主任検査官に相談するのが原則になる。しかしながら、相談の前提として、そもそも被検査側が検査関係情報を含む情報を第三者である顧問弁護士等に開示することについて、基本指針において一定の制限が明文化されている[9]。この制限に関する問題について、次のクで検討する。
　ク　検査関係情報の管理
　基本指針は、情報の管理と題して、検査関係情報（検査中の検査官からの質問、指摘、要請その他検査官と検査対象先の役職員等とのやりとりの内容）及び検査結果通知書には、検査対象先の経営実態又はその顧客、取引先等に係る保秘性の高い情報、さらには検査の具体的な手法等にかかわる情報が含まれていることから、その取扱いに慎重を期す観点から、次のとおり取り扱うこととしている（基本指針Ⅱ－8.(2)）。
　主任検査官は、臨店検査着手時（予告の場合は臨店検査着手前）に検査対象先に対して、臨店検査終了前であれば主任検査官、臨店検査終了後であれば証券検査課長の事前の承諾なく、第三者に開示してはならない旨を説明し、この旨記載した承諾書に検査対象先の責任者から記名押印を受けるとされている。
　ただし、検査対象先が臨店検査中に外部の弁護士、公認会計士、不動産鑑定士と相談する場合（今回検査に係る事項についての相談に限る）は、主任検査官は事前の報告を求めた上で、検査の実効性確保に支障がないと認められる場合は、当該報告で足りるものとされている。
　また、検査・監督部局及び自主規制機関及びこれらに準ずると認められる者並びに外部の弁護士、公認会計士、不動産鑑定士等の専門家が検査対象先の組織内に設置された内部管理を目的とした委員会等の構成員となっている場合については、第三者に該当しないものとされている。
　このほか、検査対象先において第三者への開示が必要な場合の申請書面の記載事項、当局の側の開示を承諾する場合の判断要素などが規定されている。
　法令適用や事実に対する客観的な評価を求めて専門家に対する相談を制限することは、基本指針で新たに定められた双方向の議論の前提を没却することになりかねず[10]、現実の運用が注視される[11]。

---

[8] 監視委平成17年7月14日「「証券検査に関する基本指針」の策定について─コメントの概要とコメントに対する証券取引等監視委の考え方」。
[9] 金融検査における実質的防御の機会の必要性を強調する論稿として、和仁亮裕＝大間知麗子＝田場洋史「金融規制における適正手続についての一考察」金融法務事情1857号40頁参照。
[10] 刑事被告人に対する弁護人依頼権を定めた憲法37条3項が、行政調査である証券検査に直接及ぶと解することは困難であるが、相談すること自体をも報告にかからしめる点については今後の議論が待たれる。

被検査側としては、専門家に相談したい場合、それが時間稼ぎ目的など濫用的である場合は別にして、主任検査官に対し相談の目的を説得的に示す必要がある。

　なお、後述する「講評」に際しては、主任検査官の判断により、立会いや録音を認める場合もある。講評とは、臨店検査終了後、指摘事項が整理された段階で、主任検査官が被検査会社に対し、検査で認められた法令違反事項等を伝達するものである。講評は口頭で行うことになっているが、事実の把握は終了していること、講評の終わった日の翌日から起算して原則3日間に意見申出を行う必要があるという重要な効果が生ずることに鑑み、立会いや録音を認めたものと考えられる。

ケ　顧客に対する裏付け調査

　基本指針は、検査対象先の顧客や取引先から、検査対象先との取引状況等を確認する反面調査の留意事項を定め（Ⅱ-8.(14)）、主任検査官が、顧客等から、検査対象先との取引状況を確認する必要があると判断した場合には、証券検査監理官（財務局等にあっては証券取引等監視官）に報告し指示を受けて、顧客に対する調査を行うものとしている。

　いかなる場合に必要と判断するかはケースによるといえ、被検査側としては顧客から疑いの目でみられる等の評判低下、関係悪化が心配されるところである。またこの顧客調査の手法は、銀行などを対象とする「金融検査に関する基本指針」には規定されていない証券検査独自の手法であるため、特に銀行などの金融機関には留意が必要である。

解　説

顧客調査を受ける際の留意事項

　被検査側としては、日常から、監視委の検査において取引先や顧客の調査をされる可能性があることを周知し、調査をされてもよい業務をするように役職員に対し注意喚起するべきである。

　実際の顧客調査に際しては、被検査側としては、万が一にせよ顧客に口裏あわせの依頼を行うことはあってはならず、また顧客側から口裏あわせの誘惑があった場合も受け入れてはならない。なぜなら、検査忌避罪の対象者は、金融商品取引業者等の検査対象者の役職員に加え、本条の趣旨が検査の円滑な遂行であること、及び条文の字義によれば、金融商品取引業者等の役職員の検査受忍義務者に限定されないと解されている[12]。したがって、仮に検査官の反面調査に対し顧客が単独で又は被検査側の役職員と共謀して、検査忌避を認識しながら回答拒否、虚偽の回答などの検査忌避等を行った場合には、被検査側の役職員のみならず当該顧客も刑事罰に問われるおそれがあるからである。なお、刑事罰の規定を引用する以前に、顧客が自主的に検査官の反面調査に応じな

11　もっとも、仮に制限が行われた場合にはそもそも検証不能である。なお、日本弁護士連合会は、2009年12月17日、金融庁及び証券取引等監視委員会に対し、被検査先が弁護士に相談することを制限する検査指針について、法の支配の観点から撤廃を求める意見書を公表した。意見書 www.nichibenren.or.jp/library/ja/opinion/report/data/091217.pdf

12　平野龍一編『注解特別刑法　補巻(2)』343頁。

> い場合には、当局は当該顧客に対し金融商品取引業者の取引の相手方として報告命令を発し、報告拒否罪の威嚇のもと事実の報告を命ずることも可能である。被検査側としては、法が許容する調査手法であり淡々と受け入れざるを得ないため、顧客に反面調査を実施されても問題のない業務運営、検査対応を行うよう留意する必要がある。

コ　整理票、質問票

　ヒアリングなどの調査の結果、事実及び経緯の記録について、書面の提出を求められる場合がある。事実関係の確認を目的とし、整理票、質問票の二種の方法が規定されている。記載内容は、主として事実関係と、被検査会社の認識であり、主任検査官は必要に応じて記載を求めるとされている（基本指針Ⅱ－8.⑿）。被検査会社は、経験した事実のとおりに書面により説明を行う必要があり、分量にもよるが相応の期間で提出が求められる。

　提出した整理票、質問票について、後に誤りがあると判明した場合にどうするべきか。そもそも誤りのない書類を提出するように万全を期すべきではあるが、仮に誤りが発覚した場合には、その旨を速やかに主任検査官に申し出る必要がある。撤回、修正が認められるかどうかは誤りの原因、誤りの内容によると思われる。故意・重過失により誤った場合には、検査妨害、検査忌避等に問われるおそれがあるので注意が必要と考えられる。

解　説

経緯書
　上述の整理票、質問票は検査指針に規定された様式であるが、検査で用いられる書面のタイトルはこれらに限定されているものではなく、細部の事実関係の確認に用いられる書面のタイトルは経緯書など別の場合もありうる。

整理票の例（あくまで想定例である点に注意されたい）

「　整　理　票　」

番号　1　投資信託の運用に関するリスク管理態勢の不備　　　依頼日 H24.11.26（期限 H24.11.28）
　　　　　　　　　　　　　　　　　　　　　　　　　　　　　主任検査官　　○○　○○

（事実関係）	（事実関係に対する認識）
当社は、当社が設定・運用する投資信託について、グループのポリシーに基づくリスクマネジメント委員会を適時及び定期的に開催しておらず、また、他社に運用を再委託している投資信託に関して、運用方針との整合性等の観点からの適切なモニタリングを行う態勢を整備していなかった。 （発生原因） 　法令遵守を職責とする内部管理責任者が、	左記のとおり相違ありません。

過重な業務負担を強いられており、補助スタッフの採用など人員の増強を経営陣に上申し有効な法令遵守態勢を構築するべきにもかかわらず、会社のコスト削減方針に配慮してこれを怠り、また自己の能力不足であると批判されることをおそれたことから、不十分なリスク管理態勢を知りながら漫然と看過している。 　法令遵守態勢を整備・確立する責任を負っている代表取締役社長自らが、収益の向上、コストの削減を偏重するあまり、リスク管理にかける時間、費用を過度に削減し、内部管理責任者の意見を十分に検討しないなど、組織全体において、法令遵守の意識が低かったこと。	

回答日：平成　24年　11月　28日
回答者　○○　　　○○　　㊞

　左側の欄について、主任検査官から案文が示され、それを被検査側は検討した上で右欄に認識を記載することが多い。上記の想定例は、被検査側が事実関係及び発生原因を認めた場合の記載例である。しかし、事実関係及び発生原因に、認識と異なる記載がある場合には、その旨を申し出る必要があり、また記載内容は認めるが補足するべき事項があるときは、右側の欄にその旨記載するか、別紙で伝えることが多いと考えられる。

サ　整理票の提出の効果について

　被検査側は法令違反行為等があることを問題点として指摘する可能性のある整理票の提出を求められた場合、将来行政処分を求める勧告が行われるか、検査結果通知書において問題点としての指摘のみにとどまるのか、関心が高いところである。しかし、臨店検査終了後における指摘事項の整理が必要な段階にあり、この時点で明確な回答を得るのは困難と考えられる。

行政処分を求める勧告を行う判断基準

（出典：監視委　「よくある質問」5～6頁　質問9番に対する回答）

① 　違反した法令等の保護法益の重要性
② 　行為又は状況等の悪質性
　ア　行為の態様
　イ　被害の程度
　ウ　件数・期間・反復性
　エ　反社会的勢力の関与
　オ　行為者・関与者の認識、地位、隠蔽の有無
③ 　当該行為の背景となった内部管理態勢の適切性

この基準は金融庁が「金融上の行政処分について」において公表している基準と概ね整合するものといえる[13]。

シ　臨店検査期間の終了時期

　臨店検査期間の終了時期についても被検査側の関心が高いところである。基本指針において、検査日数の項目が明文化され、決定された日数があること自体は示されたものの、法令違反行為等の有無や悪質性の程度により、検証に要する時間は大幅に異なり柔軟に変更されることも併せて明文化されたため、被検査側が明確な回答を得るのは困難と考えられる。

　被検査側としては、業務について迅速かつ適切に説明することにより、臨店検査により検証に要する期間の短縮を図るべきものと考えられる。

ス　検査の適正手続の担保（「検査モニター」。基本指針Ⅱ－10.）

　この制度の目的は、被検査会社からの意見聴取により、臨店検査の実態を把握することで、監視委及び財務局（支局）による適切な検査の実施を確保するとともに、効率性・実効性の高い検査の実施に資することである。

　主任検査官が、原則として、臨店検査着手日において、検査モニターの概要を被検査会社の責任者に対して説明し、その方法は「意見聴取」及び「意見受付」（アンケート方式）の2つが設けられている。意見の対象は、検査官の検査手法に限定され、法令違反の有無に及ぶものではない。したがって検査モニター制度は、検査の任意性を担保する趣旨であると考えられ、法令違反の有無は後述する意見申出制度において対象とされることになる。

　意見聴取の実施者は、監視委においては事務局幹部（事務局長、担当次長、総務課長、証券検査課長）、財務局等においては証券取引等監視官又はその指名する者である。

　実施者が、検査の適切性を確保するため必要と判断した場合には、検査期間中に検査対象先を訪問し、検査官の検査手法について責任者から意見聴取を行う。

　意見受付は、電子メール又は郵送により、監視委の検査においては証券検査課長、財務局等の検査においては原則として証券取引等監視官宛てに、臨店検査開始日から臨店検査終了後の10日目（行政機関の休日を除く）を目安とする。

　その後の処理は、実施者が、必要に応じ、主任検査官に指示することとされており、検査対象先に対する特段のフィードバックや検査官に対する注意喚起等の措置は基本指針上規定されていないが、事実上、検査官に対する手法の適正を担保する効果は認められると考えられる。

---

[13]　金融庁のHPにおいて公表されている　http://www.fsa.go.jp/common/law/guide/syobun.html

(3) 検査終了時の際の手続・流れ

ア　臨店検査の終了〜エグジット・ミーティング〜

　主任検査官は、検査期間中に認められた事実に関し、被検査会社との間で十分議論を行うものとし、臨店開始のみならず検査の終了時に、被検査会社との間に生じた事実認識の相違の有無について確認するものとされており、いわゆるエグジット・ミーティングの実施が規定されている。

　被検査側としては、検査開始以降原則として臨店の終了時期を示されないため、このミーティングの用意を行うのは難しく、やや唐突に臨店終了を告げられ行われることになるが、事実認識の相違の有無について適切に議論することが必要である。

　注意点として、この場の主任検査官の認識は、監視委又は財務局等としての最終的な意思ではない点である。前掲の整理票の提出の効果において述べたように、エグジット・ミーティングは問題点についての評価を検査官が口頭で伝える場であり、いまだ整理前の段階のため当該評価は最終的な当局の意思ではない。

　しかし、被検査側としては、検査官の意見に反論がある場合には、最終的な整理を待たずに必要な主張を行い、対話を尽くすべきものと考えられる。

　なお、臨店が終了しても検査期間自体は終了せず、検査結果通知書の交付をもって終了することに留意が必要である。そのため、臨店終了後、検査に関する資料を破棄することは、検査忌避に問われるおそれがあるので、破棄は主任検査官の承諾か通知書の交付を待って行う必要がある。

　臨店検査終了後、3カ月以内を目途に検査結果通知書の交付がなされるのが通常であるが、事案の有無、軽重により大きく異なると考えられる。

イ　講評（基本指針Ⅱ−11.）

　主任検査官は、臨店検査終了後、指摘事項が整理された段階で、被検査会社の責任者に対し、検査の講評を行うものとされている（公益又は投資者保護上緊急を要する場合には、講評を行わない）。指摘事項を整理するため、臨店検査終了後、相当期間経過後に行われる。講評内容は、法令違反事項等の伝達、及び意見相違事項の確認である。

　講評の出席者は、当局側が主任検査官のほか担当検査官1名以上、被検査会社は責任者の出席が必須であり、通常は代表取締役社長である。責任者が、他の役職員の出席を希望した場合には、特段の支障のない限り認められる。

　講評については、顧問弁護士等の専門家の出席も、主任検査官が特段の事情があると判断した場合には認められる場合もある[14]。講評の方法は、主任検査官が口頭により、責任者に対して伝達する。講評については、録音も、主任検査官が特段の事情があると判断した場合には認められる場合もある。被検査側としては、整理票などの書面によりすでに把握している問題点と、口頭の伝達内容を照らし合わせる

14　前掲監視委「証券検査に関する基本指針（案）に対するパブリックコメントに対する監視委考え方」

ことになると考えられる。

ウ　意見申出制度～申出期間が非常に短い～

　本制度の目的は、監視委及び財務局等の検査水準の維持・向上、手続の透明性及び公正性確保を図ることにある。主任検査官は、意見申出制度の概要等を検査に着手したとき及び講評時に、被検査会社の責任者に対して説明するものとされている。

　申出手続については、被検査会社は、講評時に確認された意見相違事項について、事実関係及び申出者の意見を意見申出書に記載し、必要な説明資料を添付した上で、申出者名による発出文書により、監視委事務局長あてに、直接又は主任検査官経由で提出する。また、意見相違事項についての議論の経緯についても書面で提出する。意見申出は、原則として、意見相違事項に限られる。意見申出の提出期間は、責任者に対する検査の講評が終わった日から3日間（講評が終わった日の翌日から起算し、行政機関の休日を除く）のみであり、非常に短いので留意が必要である[15]。添付資料が提出期間内に提出できない場合には、提出期間内に意見申出書のみを提出し、後日、速やかに添付資料を提出する。なお、申出者は、提出した意見申出書を取り下げることも可能であり、その場合には、取下書を提出する。

　意見申出事項は、監視委事務局（証券検査課以外の課）が作成した審理結果（案）に基づいて監視委において審理を行う。審理結果は、検査結果通知書に反映され、検査結果通知書に包含した形で回答される。

　意見申出の実態については、平成17事務年度は2業者（いずれも意見不採用）、平成18事務年度は2業者（うち1業者につき一部意見採用）、平成19事務年度は4業者（いずれも意見不採用）、平成20事務年度は2業者（いずれも意見不採用）である[16]。

　そして平成21年度は2業者、平成22年度は3業者から意見申出が行われたが、いずれも「所要の処理を行っている」とされ、内容はもとより採否も非公表とされるようになった。

　金融検査においては金融庁が「意見申出事例集」を公表し、申出事案数や内容、金融機関意見採用の割合が45％であるなど金融機関の業務運営上の参考となる実態を公表しており透明性があるのに対し[17]、証券検査においては参考にできる程度の内容を公表しておらず、国家公務員法上の守秘義務との関係で検討を要すると思われる。被検査側としては監視委の適切な判断に期待するほかないのが実態である。

エ　監視委の議決

　監視委は、法律の規定に基づき、検査、報告もしくは資料の提出命令、質問もしくは意見の聴取又は犯則事件の調査を行った場合には、必要があると認めるときは、その結果に基づき、金融商品の取引の公正を確保するため、又は投資者の保護

---

[15]　ただし、講評の終わった日から3日以内に提出期間延長の要請があれば、さらに2日間（行政機関の休日を除く）を限度として延長可能。郵送の場合、消印が提出期間内のものを有効とする。
[16]　監視委の各年の「活動状況」の検査実績より。
[17]　金融庁平成21年7月3日「意見申出事例集」31頁。なお、22検査事務年度における意見申出実績はないとされている（金融庁平成23年7月1日「「金融検査結果事例集」の公表等について」

その他の公益を確保するため、行うべき行政処分その他の措置について内閣総理大臣及び金融庁長官に勧告することができる（金融庁設置法第20条第1項）。勧告が行われた場合には、原則として公表されることになる。例外的に、業者の財産的基盤が毀損しており信用不安が生じかねない場合などにおいて勧告が公表されず、後の監督部局による行政処分（登録取消しなど）と同時に勧告が公表されるケースもある。

オ　会社勧告か個人勧告か

監視委の勧告には、①業者に対する行政処分を求める勧告と、②外務員個人に対して適切な措置を講じることを求める勧告があり、事案に応じて選択される。個人に対する勧告とは、外務員登録制度に基づく登録外務員の行った法令違反行為等について、保護法益の重要性、行為態様の悪質性等を総合的に判断して、実施される。

勧告の態様を問わず、監視委による処分を求める勧告の議決が行われた場合、次に述べる検査結果通知の交付により検査が終了した後、監視委は会社名や事実関係を公表する。したがって、被検査側は社内外に向けた対応を取る必要が生じる。行政処分を求める勧告が行われると、処分の可否は監督部局の判断に委ねられるが、現実にはほぼ100％行政処分が下されている。

カ　検査結果の通知

監視委の議決後速やかに、監視委の委員長名（財務局等においては財務局長等名）において、被検査会社の責任者に対して、検査結果を文書で交付するものとされている。

検査結果通知書の交付により、正式に検査が終了する。検査の終了は臨店検査の終了時ではないため、被検査会社は臨店検査終了直後に検査関係資料を直ちに廃棄する行為は検査忌避に問議されうるので留意が必要である。なお、基本指針では、検査結果通知書の交付は、臨店検査終了後3カ月以内を目途に行うように努めるものとされている。努力規定ではあるが、被検査側としては、従来は何らの目途もなかったのであり、大幅に予測可能性が向上したといえる。

解　説

臨店検査終了後、検査結果通知までの期間について

平成23年度に検査が終了した各社のうち、行政処分を求める勧告が行われた会社の場合、公表されている臨店検査期間と照合して検証してみると、非常に長期間を要していることがわかる。短い場合で1カ月、長い場合では8カ月、概ね6カ月程度を要している。この中には投資運用業者に対する勧告も行われているが、約2カ月を要している。なお、AIJ投資顧問のように、臨店検査終了の翌日に通知された特殊な例もある。これに対し、勧告に至らない場合には、運用業者で概ね2～3カ月で検査結果が通知されている（監視委平成24年「活動状況」184頁）。

キ　検査結果通知書に記載されなかった事項について

　検査結果通知書に記載されない事項については、直ちに適切であると監視委が認めたとは限らないため留意が必要である。監視委は限られた時間と人的資源を最大限に活用して、効率的かつ効果的な検査の実施に努めているが、被検査会社のすべての業務内容等を検証できるものではなく、検査で把握できない問題点もあり得ることを認めている。したがって、検査で把握できなかったものについて、監視委が適切であると認定するものではなく、当該問題を次回以降の検査等で把握した場合には、監視委があらためて不適切であると認定することもありうる点にも留意が必要である[18]。

ク　検査結果の公表（基本指針Ⅱ－15.）

　監視委の事務運営の透明性を確保し、公正な事務執行を図るとともに、投資者保護に資するため、監視委及び財務局等の行った検査事務の処理状況については、国家公務員の守秘義務の観点から慎重な検討を行った上で、ホームページ上等で公表される。前述のように、勧告に至った事案については、検査終了後、直ちに公表される。また、その際には原則として、被検査会社の名称又は商号等も併せて公表される。かかる公表の他の金融商品取引業者等にとっての意味は、公表された他社の事例を検討し、自社の業務の参考にすることができる点であり、常に注意を払っておくべきである。

　行政処分を求める勧告に至らない事案でも、必要と認められる事案については、適宜、公表され、この場合には原則として、被検査会社の名称又は商号等の公表は、控えることとされている。監視委は主な指摘事項について、「金融商品取引業者等に対する検査の結果指摘した事項のうち主なもの」としてホームページ上で定期的に公表しており、検査マニュアルの項目に従って指摘事項を整理している。さらに、本書においても引用しているが、監視委が行った検査事務の処理状況について、1年分ごとに取りまとめて冊子として公表している[19]。

(4)　検査終了後の手続・流れ

　行政処分を求める勧告が行われた後、金融庁、財務局（支局）の監督部局において、勧告内容を検討し、行政処分が必要であると判断されると、業務改善命令、業務停止命令、登録取消し等の行政処分が下される（法第51条～54条の2）。これらの処分は聴聞が実施され、行政手続法14条に基づき処分の理由が示される。さらに、行政不服審査法に基づく異議申立て又は審査請求の対象となる。また、他の金融商品取引業者等における予測可能性を高め同様の事案の発生を抑制する観点から、行政処分の内容についても監督部局によりそのホームページ上において公表される。かかる公表が他の金融商品取引業者等にとって有する意味は、ここでは処分

---

[18]　前掲監視委「よくある質問」5頁9番参照。
[19]　監視委「証券取引等監視委員会の活動状況」として公表される（金融庁設置法22条）。

の原因となった事実（監視委の公表）に加えて、業務停止の期間、内容などの処分内容も公表されるため、事案に対する処分の軽重の判断を知ることができる点である。

検査結果において問題点として通知を受けた内容について、改善報告書等を提出することになるが、問題点の改善状況は次回検査において重点検証項目になる[20]。

参考資料
監視委員会検査における提出資料一覧（抜粋）

（投資運用業者（投資法人の資産運用会社を除く））

【一般資料】
・会社沿革
・会社案内
・組織図（各部門の業務内容・人員を含む）
・配席図
・グループ図
・役員の状況（名簿、管掌、兼職等）
・会社登記簿謄本
・定款・組織規程・業務分掌規程
・各種社内規程集
・経営計画（経営上の課題と対応状況を含む）
・コンプライアンス・マニュアル／業務マニュアル
【会議録資料】
・会議、委員会資料一覧
・社内稟議書
・取締役会資料・議事録
・役員会資料・議事録
・監査役会資料・議事録
・部店長会議資料・議事録
・内部管理関係会議等資料・議事録
【法定帳簿等】
・法定帳簿一覧表
・法定書面の交付状況一覧表
・日計表
【内部管理関係】
・事故関係

20　前掲監視委「基本方針」重点検証分野参照。

・訴訟関係
・過誤訂正処理関係
・事務処理ミス関係
・苦情処理関係
・内部監査関係（システム監査含む）
・外部監査関係（〃）
・社内処分関係
・行政・自主規制機関への提出資料
・投資顧問契約・投資一任契約変遷表
・重要使用人一覧表
・役職員一覧
・退職者・出向者リスト

【ファンド関係】
・公募・私募投信の一覧
・公募・私募投信償還リスト・償還延長リスト
・公募・私募投信の販売シェア一覧
・公募・私募投信の信託報酬一覧
・投資一任契約の一覧
・助言契約の一覧
・一任契約別運用状況表
・投信・投資一任の担当FM一覧表
・ファンド間売買の状況表
・利害関係人一覧表
・利害関係人との取引一覧表
・外部委託先一覧表
・ブローカーランキング表

【システム関係】
・システム計画・運営体制
・システム概要（機能・構成・配置）
・システム管理（企画・開発・運用）
・障害管理・緊急時対応関係
・外部委託関係

【財産経理関係】
・事業報告書
・決算状況表
・今期の概況
・税務申告書
・経理関係補助簿

第 2 編

検査マニュアルにおける確認項目

1　検査マニュアルとは

　検査マニュアルとは、検査官が金融商品取引業者の業務を効率的かつ効果的に検証するためのツールとして用いることが想定される、手引書に相当するものである。法令の改正や、金融商品取引業務の複雑化、多様化や検査対象の大幅な増加等に対応するため、随時改訂されている。検査マニュアルの構成は以下のとおりである。なお、検査マニュアルは、あくまで当局における手引きの位置付けであることから、行政手続法に基づくパブリックコメント手続にかからないが、監視委は任意の意見募集としてパブリックコメント手続を行っていることに留意。

図表2－1　検査マニュアルの構成

Ⅰ　基本的考え方			
Ⅱ　確認項目			
	態勢編	検査対象先における態勢整備の状況やリスクの所在を把握する上で有効と思われる確認項目を例示したもの	共通項目
			第一種金融商品取引業者
			第二種金融商品取引業者
			投資助言・代理業者
			投資運用業者
	業務編	検査対象先の法令等の遵守状況等を確認するための項目を例示したもの	共通項目
			第一種金融商品取引業者
			第二種金融商品取引業者
			投資助言・代理業者
			投資運用業者

　上記のように、一つの業に関する項目が、態勢編と業務編の2箇所に離れて記載されており、両方について注意する必要がある。この点、監督指針では、一つの業に関する監督上の評価項目と諸手続は、1箇所にまとめて記載されており、配置の方法が異なっている。

2　検査マニュアルの活用の意義～一つの視点として

　検査マニュアルは、法令ではなくあくまで検査官向けの手引書であり、金融商品取引業者を拘束するものではない。しかし、検査マニュアルを一つの視点として、金融商品取引業者が自社の態勢及び業務内容を確認する際に用いるのは有意義であるといえる。もっとも、検査マニュアルの項目は多岐にわたり、項目の軽重などを判断するのは法令、監督指針、自主規制と照合する必要があり、容易ではない。検査マニュアル自体においても、検査官に対し機械的、画一的な検証に陥らないように注意喚起が行われている。

　そこで、本書では、多岐にわたる項目の中で、優先順位をもってメリハリのある状況確認を可能にすることを目的として、検査マニュアルの確認項目と、法令、監督指針、投信協会、日証協の諸規則の対照表を用意し、確認項目の優先順位が即座に理解できるよう一覧表を作成した。具体的には、対照表の左側の列に検査マニュアルを配置し、右側に、検査マニュアルの確認項目に関連する法令、監督指針、投信協会、日証協の諸規則のタイトルを配置した。

　この対照表により、検査マニュアルの確認項目のうち、例えば法令と同一内容のものは非常に重要であるため当然に遵守する必要があると認識できる。他方、右側に法令、監督指針、諸規則の配置がない項目は、検査マニュアル独自の項目であることが認識できる。

　さらに、対照表のうち空欄の部分について、本書の特徴の一つである「コラム」を配置し、実務上の論点について議論を展開する場として有効活用を図っている。本書では投資信託に関連する項目に限定し、投資信託に関する共通項目、投資運用業者に関する確認項目、及び投資信託の販売に関する確認項目を紹介する。

3　検査マニュアル対照表の見方

　左側の列には、検査マニュアルのうち、共通項目及び投資運用業者に関する項目、並びに投資信託の販売に関する確認項目の記載を配置した。

　右側の列には、特に断りのない記載事項は金融商品取引業者等向けの総合的な監督指針を配置し、そのほかに、法令、日証協、投顧協会、投信協会の諸規則を配置し記載事項の前後に【　】として区別した。このほか、本書の他の編の記載事項である監視委による主な指摘事例、金融庁及び財務局等による主な行政処分事例の索引を配置した。

4 対照表の見取図（態勢編）

図表２－２　対照表の見取図　Ⅱ－１－１　態勢編・共通項目

検査マニュアル		監督指針等
金融商品取引業者に共通の項目 Ⅱ－１－１ 態勢編・共通項目	投資運用業者に固有の項目 Ⅱ－１－５ 態勢編・投資運用業者	監督上の評価項目等 （金融商品取引業者共通）
1　経営管理態勢		
2　法令等遵守態勢		Ⅲ－２－１　法令等遵守態勢
3　内部管理態勢	1　内部管理態勢	Ⅲ－２－２　金融商品事故等に対する監督上の対応 Ⅲ－２－３　勧誘・説明態勢 Ⅲ－２－４　顧客等に関する情報管理態勢 Ⅲ－２－５　苦情等への対処 Ⅲ－２－６　本人確認・疑わしい取引の届出義務【検査マニュアル　業務編・共通項目　Ⅱ－２－１　４　本人確認等へ】
	2　リスク管理態勢	
	3　事務リスク管理態勢	Ⅲ－２－７　事務リスク管理態勢
	4　システムリスク管理態勢	Ⅲ－２－８　システムリスク管理態勢
	5　運用リスク管理態勢	
	6　グループリスク管理	
4　監査態勢	7　監査等態勢	
5　危機管理態勢		Ⅲ－２－９　危機管理態勢
		Ⅲ－２－１０　金融商品仲介業者の法令違反の防止措置
		Ⅲ－２－１１　反社会的勢力による被害の防止
		Ⅲ－２－１２　企業の社会的責任（CSR）についての情報開示等

5　対照表　態勢編　共通項目

図表２－３　検査マニュアル対照表　Ⅱ－１－１　態勢編　金融商品取引業者に共通の項目

検査マニュアル	監督指針、法令、協会諸規則など（【　】として記載がない場合は監督指針を指す）
Ⅱ－１－１　態勢編・共通項目	
態勢に関する検査とは、金融商品取引業者が金融商品市場の担い手にふさわしい「金融商品取引業者等のあるべき姿」を想定しつつ、特性に応じた適切な態勢が構築されているかどうか、また、その内部統制が適切に機能しているかどうかを把握することを目的に行うものとする。	
1．経営管理態勢	Ⅲ－１　経営管理（共通編）
(1)　牽制機能	市場が健全な発展を実現していくためには、金融商品取引業者自らが法令等遵守態勢の整備等に努め、投資者保護に欠けることのないよう経営を行うことが重要である。日常の監督事務においては、金融商品取引業者の業務執行に対する経営陣の監督が有効に機能しているか、経営陣に対する監視統制が有効に機能しているかといった観点から、望ましいと考えられる金融商品取引業者の経営管理のあり方について検証していく必要がある。
①　取締役、監査役又はこれらの会議体の役割を法令に基づき明確に定め、役職員に周知・徹底を図っているか。	
②　取締役は、業務執行に当たる代表取締役の独断専行を牽制・抑止し、適切な業務執行を実現する観点から、取締役会において実質的議論を行い、業務執行の意思決定及び業務執行の監督の職責を果たしているか。	【他の取締役の業務執行に対する監督義務、大会社における業務の適正を確保するための態勢整備義務（会社法348条3項）】
③　取締役は、取締役会の構成員として、その職務遂行において忠実義務を十分果たしているか。	【取締役の忠実義務（会社法355条）】
④　取締役等は、他の取締役等の法令等違反行為を発見した場合には、法令に基づき適切な措置を講じるとともに、業務の健全化に必要な対応策を迅速に講じているか。	

⑤ 監査役は、全ての取締役会に出席し、法令等遵守や内部管理、リスク管理等の重大な事案に関する監視機能を果たしているか。	【監査役の取締役会出席義務（会社法383条）】
⑥ 相互牽制の実効性確保の観点からある役職員の行為に対して法令上問題があると判断した他の役職員が、法律専門家等に相談・連絡できるような体制を構築しているか。	
(2) 経営方針等	
① 取締役会は、金融商品取引業者が目指すべき全体像等に基づいた経営方針を明確に定めているか。さらに、経営方針に沿った経営計画を明確に定め、それらを組織全体に周知しているか。	
② 取締役会は、金融商品取引業者が金融商品市場の担い手として重大な社会的責任があることを柱とした企業倫理の構築を重要課題として位置付け、それを実現するための体制を構築しているか。	【協会員における倫理コードの保有及び遵守に関する規則（日証協）】
③ 法令等遵守に対する取り組みは、会社経営を行う上での最重要課題であり、これを実践するための基本となる方針を策定し、取締役会等の決定又は承認を受けるとともに、役職員に周知徹底を図っているか。	**COLUMN** **1 日系と外資系の違い（上）** ・外資系運用会社に対する当局検査においては、主として運用業務における親会社等海外のグループ会社との連携をみるため、同規模の日系運用会社に比べ、比較的検査官が多い傾向にあるといわれる。外資系運用会社のビジネス運営は、親会社等のグループ会社との連携を前提に以下のような態勢をとる場合が多い。
④ 法令等遵守を実践するための基本となる方針は、業務の特性等に応じた金融商品取引業者等のあるべき姿を踏まえた内容としているか。また、当該方針に基づき、具体的な行動指針や行為規範を作成しているか。	・①運用については、日本法人に置く機能は主として日本株式運用・円債運用及びそれら資産に関する調査であり、外国株式運用・外国債券運用は海外のグループ会社にほぼすべて外部委託する場合が多い。トレーディングも海外のグループ会社に事務委託している場合がある。
⑤ 経営方針等に沿った営業部門等の戦略目標を明確に定めるとともに、適切な業務手法等を確立し役職員に周知徹底を図っているか。	
⑥ 営業部門等の戦略目標は、会社の規模、営業の実情から判断して、過度なものとなっていないか。	（30ページに続く）
(3) 経営体制	
① 代表取締役は、自社の負っている各種リスクの特性を理解し、経営戦略に沿って適切な資源配分を行い、かつ、それらの状況を機動的に管理し得る体制を整備しているか。	Ⅲ－1(1) ① 代表取締役 イ．代表取締役は、業務推進に係る事柄のみならず、法令等遵守及び内部管理態勢の確立・整備

	に係る事柄を経営の最重要課題の一つとして位置付け、その実践のための具体的方針の策定及び徹底に、誠実にかつ率先垂範して取り組んでいるか。 ロ．代表取締役は、リスク管理部門を軽視することが企業収益に重大な影響を与えることを十分認識し、リスク管理部門を重視しているか。 ハ．代表取締役は、内部監査の重要性を認識し、内部監査の目的を適切に設定するとともに、内部監査部門の機能が十分発揮できる機能を構築（内部監査部門の独立性の確保を含む。）し、定期的にその機能状況を確認しているか。また、被監査部門等におけるリスク管理の状況等を踏まえた上で、監査方針、重点項目等の内部監査計画の基本事項を承認しているか。更に、内部監査の結果等については適切な措置を講じているか。 ニ．代表取締役は、断固たる態度で反社会的勢力との関係を遮断し排除していくことが、金融商品取引業者に対する公共の信頼を維持し、金融商品取引業者の業務の適切性及び健全性の確保のため不可欠であることを十分認識し、「企業が反社会的勢力による被害を防止するための指針について」（平成19年6月19日犯罪対策閣僚会議幹事会申合せ。以下、Ⅲ−1において「政府指針」という。）の内容を踏まえて取締役会で決定された基本方針を社内外に宣言しているか。
②　取締役会は、法令等遵守・内部管理、リスク管理及び内部監査等の重要性を認識し、会社の業務内容等に応じた適切な組織体制を構築しているか。	②　取締役・取締役会 イ．取締役は、業務執行にあたる代表取締役等の独断専行を牽制・抑止し、取締役会における業務執行の意思決定及び取締役の業務執行の監督に積極的に参加しているか。 ロ．取締役会は、金融商品取引業者が目指すべき全体像等に基づいた経営方針を明確に定めているか。更に、経営方針に沿った経営計画を明確に定め、それを組織全体に周知しているか。また、その達成度合いを定期的に検証し、必要に応じ見直しを行っているか。 ハ．取締役会は、業務推進に係る事柄のみならず、法令等遵守及び内部管理態勢の確立・整備に係る事柄を経営の最重要課題の一つとして位置付け、その実践のための具体的方針の策定及び徹底に、誠実にかつ率先垂範して取り組んでいるか。また、当該方針について社内で周知を図っているか。さらに、政府指針を踏まえた基本方針を決定し、それを実現するための体制を整備するとともに、定期的にその有効性を検証する

COLUMN **2 日系と外資系の違い（下）** （28ページより続く） ・②バックオフィス、財務、内部監査等の機能も一部又は全部を海外のグループ会社に事務委託する場合がある。 ・③日本法人のビジネス機能の主力は国内顧客や投信販売会社に対するセールス、マーケティング、クライアントサービスといった営業部門であり、日本法人は実質的に日本におけるグループの営業拠点といった位置付けとなる。 ・また、外資系会社においては、社内の各部門が代表取締役社長を頂点とする社内の指揮命令系統に服しつつ、同時にグループ内における部門ごとのガバナンス体制にも従っている。業務運営に当たり遵守すべき規範は第一義的には国内法規制であるが、国内法規制が規定していない分野やそれと矛盾しない範囲ではグループポリシーを適用する。したがって、海外グループ会社との間の運用の外部委託等の運営や管理においてもグループポリシーで規定される範囲があり、それらは日本法人のみならずグループ内のリスク管理部門や内部監査部門が適宜監視・監査する体制となっている。 ・外資系運用会社に対する当局検査は、上記のビジネス運営・管理面での日系運用会社にはない特徴にも着目して行われているものと考えられる。	など、法令等遵守・リスク管理事項として、反社会的勢力による被害の防止を明確に位置付けているか。 ニ．取締役会は、リスク管理部門を軽視することが企業収益に重大な影響を与えることを十分認識し、リスク管理部門を重視しているか。特に、担当取締役はリスクの所在及びリスクの種類を理解した上で、各種リスクの測定、モニタリング、管理等の手法について、深い認識と理解を有しているか。 ホ．取締役会は、戦略目標を踏まえた各種リスク管理の方針を明確に定めているか。また、リスク管理の方針を、定期的に、あるいは戦略目標の変化やリスク管理手法の発達等にあわせて随時見直しているか。更に、定期的にリスクの情報に係る報告を受けて必要な意思決定を行うなど、把握されたリスク情報を業務の執行及び管理体制の整備等に活用しているか。 ヘ．取締役会は、顧客資産の分別管理が投資者保護ひいては金融商品市場の健全な発展に資するものであることを理解した上で、顧客資産の分別管理の重要性を認識しているか。また、顧客資産の分別管理の状況について、定期的あるいは随時に報告を受けるなどして、顧客資産の分別管理が適切に行われるための体制の整備等に活用しているか。 ト．取締役会は、内部監査の重要性を認識し、内部監査の目的を適切に設定するとともに、内部監査部門の機能が十分発揮できる機能を構築（内部監査部門の独立性の確保を含む。）し、定期的にその機能状況を確認しているか。また、被監査部門等におけるリスク管理の状況等を踏まえた上で、監査方針、重点項目等の内部監査計画の基本事項を承認しているか。更に、内部監査の結果等については適切な措置を講じているか。 【取締役会による取締役の職務の執行の監督（会社法362条2項2号）】
③　取締役等は、法令に規定する金融商品取引業等を適確に遂行するに足りる人的構成を確保しているか。特に、業務に関する知識及び経験を有する者の確保、業務の運営に不適切な資質を有する者の排除等に留意しているか。	Ⅵ－3－1－1　投資運用業 (1)　体制審査の項目 　金商法29条の4第1項1号ニに規定する金融商品取引業を適確に遂行するに足りる人的構成を有しない者であるか否かの審査にあたっては、登録申請書、同添付書類及びヒアリングにより次の点を確認するものとする。 ①　その行う業務に関する十分な知識及び経験を有する役員又は使用人の確保の状況及び組織体制として、以下の事項に照らし、当該業務を適

	正に遂行することができると認められるか。 イ．経営者が、その経歴及び能力等に照らして、投資運用業者としての業務を公正かつ的確に遂行することができる資質を有していること。 ロ．常務に従事する役員が、金商法等の関連諸規制や監督指針で示している経営管理の着眼点の内容を理解し、実行するに足る知識・経験、及び金融商品取引業の公正かつ的確な遂行に必要となるコンプライアンス及びリスク管理に関する十分な知識・経験を有すること。 ハ．権利者のために資産運用を行う者として、運用を行う資産に関する知識及び経験を有する者が確保されていること。 ニ．資産運用部門とは独立してコンプライアンス部門（担当者）が設置され、その担当者として十分な知識及び経験を有する者が十分に確保されていること。 ホ．上記ハ及びニのほか、行おうとする業務の適確な遂行に必要な人員が各部門に配置され、内部管理等の責任者が適正に配置される組織体制、人員構成にあること。 ヘ．行おうとする業務について、次に掲げる体制整備が可能な要員の確保が図られていること。 a．帳簿書類（Ⅵ－3－2－4に規定する帳簿書類を含む。）・報告書等の作成、管理 b．ディスクロージャー c．運用財産の分別管理 d．リスク管理 e．電算システム管理 f．管理部門による運用状況管理、顧客管理 g．法人関係情報管理 h．広告審査 i．顧客情報管理 j．苦情・トラブル処理 k．運用部門による資産運用業務の執行 l．内部監査 m．投資信託財産の運用を行う場合にあっては、投資信託財産に係る計算及びその審査
	②　暴力団又は暴力団員との関係その他の事情として、以下の事項を総合的に勘案した結果、役員又は使用人のうちに、業務運営に不適切な資質を有する者があることにより、金融商品取引業の信用を失墜させるおそれがあると認められることはないか。 イ．本人が暴力団員であること（過去に暴力団員であった場合を含む。）。 ロ．本人が暴力団と密接な関係を有すること。 ハ．金商法等我が国の金融関連法令又はこれらに

	相当する外国の法令の規定に違反し、罰金の刑（これに相当する外国の法令による刑を含む。）に処せられたこと。 ニ．暴力団員による不当な行為の防止等に関する法律の規定（同法32条の２第７項の規定を除く。）若しくはこれに相当する外国の法令の規定に違反し、又は刑法若しくは暴力行為等処罰に関する法律の罪を犯し、罰金の刑（これに相当する外国の法令による刑を含む。）に処せられたこと。 ホ．禁錮以上の刑（これに相当する外国の法令による刑を含む。）に処せられたこと（特に、刑法246条から250条まで（詐欺、電子計算機使用詐欺、背任、準詐欺、恐喝及びこれらの未遂）の罪に問われた場合に留意すること。）。 （注）なお、金融商品取引業者の主要株主における上記②イからホまでの事項等を総合的に勘案した結果、当該主要株主がその影響力を不当に行使することで、結果的に金融商品取引業の信用を失墜させるおそれがあると認められる場合も、当該金融商品取引業者は「金融商品取引業を適確に遂行するに足りる人的構成を有しない」と認められる可能性があることに留意する必要がある。 【反社会的勢力について（検査マニュアル　業務編・共通項目　5　反社会的勢力への対応）】 【「適確に遂行するに足りる人的構成」を有しないと、登録拒否の要件に該当する（金商法29条の4第１項１号ニ）】
(4)　監査役会等	Ⅲ－１　経営管理（共通編） (1)　主な着眼点 ③監査役・監査役会
①　監査役は、制度の趣旨に則り、その独立性を確保しているか。	イ．監査役会は、制度の趣旨に則り、その独立性が確保されているか。
②　監査役は、付与された広範な権限を適切に行使し、業務監査を適時・適切に実施しているか（ただし、全株式譲渡制限会社については、会計監査に留まる）。また、監査役会等を補佐するに必要な社員等を確保しているか。	ロ．監査役会は、付与された広範な権限を適切に行使し、会計監査に加え業務監査を実施しているか。 【監査役の権限（会社法381条）】
③　監査役会等の機能発揮の補完のために、会計監査人を活用しているか。また、必要に応じて法律事務所等も活用しているか。	
④　監査役は、独任制の機関であることを認識しているか。監査役会が組織される等により、自	ハ．監査役会が組織される場合であっても、各監査役は、あくまでも独任制の機関であることを

	己の責務に基づく積極的な監査を怠っていないか。	自覚し、自己の責任に基づき積極的な監査を実施しているか。
⑤	監査役会等は、外部監査の結果自体が適正なものであるか否かをチェックしているか。	ニ．監査役会は、外部監査の内容に応じてその結果の報告を受けるなどして、自らの監査の実効性の確保に努めているか。
⑥	監査役は、法令等の遵守状況についての監査を実施しているか。	
(5)	会議録等	
①	取締役会は、	
イ	取締役会議事録を適時に作成しているか。	
ロ	取締役会議事録を法に定められた期間、備え置いているか。	【10年間の本店備置（会社法371条）】
ハ	取締役会議事録には、原資料と併せて、取締役会に報告された内容や、取締役会等の承認、決定の内容等の詳細が確認できるものとなっているか。また、原資料は、取締役会議事録と同期間保存しているか。	
②	取締役等は、取締役会に限らず、業務の運営等に係る重要な会議等に関する会議録を適切に作成・保存しているか。	
(6)	業務運営への取組み	
①	取締役会は、業務執行に当たり、忠実義務・善管注意義務に反しないよう、十分な議論に基づく適切な対策を講じているか。	【忠実義務（金商法42条）】 【忠実義務（会社法355条）・善管注意義務（会社法330条・民放644条）】
②	取締役会は、単に業務推進に係ることのみではなく、業務運営に際して、内部管理及び内在する各種リスクに関する重要な事項について議題として採り上げているか。	
③	取締役会等は、業務運営状況を把握するための報告体制を整備しているか。	【業務の適正を確保するための体制の整備義務（会社法362条）】
④	取締役は、業務運営に積極的に参加するとともに、反社会的勢力への対応については、断固たる態度で関係を遮断し排除していくことが、市場及び金融商品取引業者に対する公共の信頼を維持し、金融商品取引業者の業務の適切性及び健全性の確保のため不可欠であることを十分	

認識し、積極的に取り組んでいるか。	
⑤　取締役会等は、例えば、役職員に対する啓蒙や内部連絡制度の整備などによって、経営の健全性を確保するような努力を行っているか。	
⑥　取締役会等は、金額や請求内容が重大な訴訟について、リスク要因として把握しているか。	【訴訟もしくは調停の当事者となった場合等の届出義務（金商法50条１項８号、金商業等府令199条９号）】
⑦　取締役会等は、「企業が反社会的勢力による被害を防止するための指針について」（平成19年６月19日犯罪対策閣僚会議幹事会申合せ）の内容を踏まえ、反社会的勢力への対応方針や初期対応の方法等を社内規程等に明確に定めているか。	【反社会的勢力との関係遮断に関する規則（日証協）】
⑧　取締役会は、業務運営状況を評価するための独立性の高い監査態勢を構築しているか。	
⑨　取締役は、監査等（内部監査、外部監査及び自主規制機関等による監査又は考査等）により把握した問題点について、率先してその改善に取り組んでいるか。	
２．法令等遵守態勢	Ⅲ－２－１　法令等遵守態勢（共通編） ⑴　法令等遵守（コンプライアンス）体制の整備 　我が国金融・経済の発展のためには、公正、透明で効率的な市場の下で、金融商品・サービスが適切な方法で提供される必要があり、金融商品取引業者に対する利用者の信頼は、そのための最も重要な要素の一つである。金融商品取引業者は、法令や業務上の諸規則を厳格に遵守し、健全かつ適切な業務運営に努めることが強く求められている。金融商品取引業者のコンプライアンス態勢の整備については、その業容に応じて、例えば以下のような点に留意して検証することとする。 【「法令等」とは、法令、法令に基づく行政官庁の処分又は定款その他の規則をいうと定める規定がある（金商業等府令13条４号イ⑶）。】
⑴　経営陣の取組み	
①　取締役は、自らの法令等遵守に対する姿勢を職員に理解させるため、具体的な施策を講じているか。	
②　取締役会は、法令等違反行為に対し、公平・公正かつ断固とした姿勢で対応しているか。	

③　業務運営体制・方法は、法令等に則した適切なものとなっているか。	
④　取締役会等は、法令等遵守に関する施策について、定期的にその効果を確認し必要な改善を図っているか。	
⑤　取締役会等は、法令等違反者に対する厳正かつ公正な社内処分を行うための懲罰規程を整備しているか。また、法令等違反に対する抑止効果の検証を定期的に行い、処分基準の内容に反映させているか。	【労働基準法89条】
(2)　実践計画、行動規範	
①　実践計画	
イ．法令等遵守に関する実践計画（以下「コンプライアンス・プログラム」という。）を作成し、取締役会等の決定又は承認を受けて役職員への周知を図っているか。	Ⅲ－2－1(1) ①　コンプライアンスが経営の最重要課題の一つとして位置付けられ、その実践に係る基本的な方針、更に具体的な実践計画（コンプライアンス・プログラム）や行動規範（倫理規程、コンプライアンス・マニュアル）等が策定されているか。また、これらの方針等は役職員に対してその存在及び内容について周知徹底が図られ、十分に理解されるとともに日常の業務運営において実践されているか。
ロ．コンプライアンス・プログラムの作成に当たり、営業部門等の規模や性格等を考慮しているか。また、その実施状況及び効果を業績評価、人事考課等に公平に反映しているか。	【主な指摘事項　平成20年1月～3月】 法令等遵守態勢の不備 「当社は、①当社の社内ルールである「コンプライアンス基本規程」において、「コンプライアンス・プログラム」を策定し、コンプライアンス・プログラムの運営体制、コンプライアンス実行計画、研修計画等、必要な事項を定めるとしているにもかかわらず、当該コンプライアンス・プログラムを策定しておらず、②コンプライアンス基本規程において、定期的に法令・諸規則等の遵守に関する自主点検すると定めているにもかかわらず、当該自主点検の実施に関する規則を策定しておらず、また、自主点検も実施していなかった。さらに、③広告等の審査に係る社内規程が整備されておらず、当該審査に係る記録・資料が組織的に保管されておらず、その結果、広告審査が実際に行われたか否かについて事後的に検証できる態勢となっていなかった。」
ハ．コンプライアンス・プログラムの進捗状況や達成状況をフォローアップする担当者等の権限及び責任を明確にし、代表取締役又は取締役がその進捗状況や達成状況を正確に把握し、評価できる体制を整備し、実施しているか。	
ニ．コンプライアンス・プログラムは、定期的に内部監査等による評価を受け、適時、合理的に	Ⅲ－2－1(1) ②　実践計画や行動規範は、定期的又は必要に応

見直しを行っているか。	じ随時に、評価及びフォローアップが行われているか。また、内容の見直しが行われているか。
② 行動規範	
イ．法令等遵守に関する行動規範（以下「コンプライアンス・マニュアル」という。）を作成し、取締役会等の決定又は承認を受けているか。	【業務の適正を確保するための体制の整備義務（会社法362条）】
ロ．コンプライアンス・マニュアルは法令等に準拠するものとなっているか。また、コンプライアンス・マニュアルは、企業風土、経営組織体制及び業務実態等を勘案した適切かつ具体的な内容となっているか。	
ハ．コンプライアンス・マニュアルの存在及びその内容を、役職員に周知徹底しているか。	
ニ．コンプライアンス・マニュアルについて、定期的に内部監査等による評価を受け、適時、適切にその内容の見直しを行っているか。	
ホ．法令等遵守を実践するための基本となる方針やコンプライアンス・マニュアルの作成、変更に際しては、法令等担当部門や必要に応じて弁護士等のリーガル・チェックを実施しているか。また、新たな業務の開始や新たな商品の販売に際してもその特性等を十分検証し、リーガル・チェックを実施しているか。	
(3) 法令等担当部門等の設置	【協会員の内部管理責任者等に関する規則（日証協）】 【業務執行体制に関する自主規制基準（投顧協会）】
① 法令等遵守に係る問題を一元管理する体制を構築し、社内規程等を整備しているか。	
② 人事を担当する取締役等は、法令等担当部門や内部管理部門を他の営業部門等と同等に位置付け、適切な人員及び人材の確保に努めるとともに、関心を持って管理し、業績評価や人事考課等において、適切な評価を与えているか。	
③ 法令等担当部門や内部管理部門の独立性を確保するとともに、営業部門等に対する牽制機能を十分発揮するための権限を付与するなど、適切な体制・方策を講じているか。また、その有効性について、定期的に内部監査等による評価を受けているか。	
④ 法令等担当部門の責任者は、法令等遵守に関	

する情報の把握に努め、必要な情報を取締役会等に報告しているか。	
(4) 法令等遵守意識の徹底	
① 代表取締役は、年頭所感等、様々な機会を捉えて、法令等遵守に対する取組み姿勢を示しているか。	
② 法令等担当部門や内部管理部門は、遵守すべき法令等や自主規制機関等からの注意文書を整理するとともに、営業員に対して周知するための適切な方策を講じているか。例えば、営業部門等の管理者に対し周知の方法等について指導・監督を行うとともに、社内配布や回覧等のほか、研修や会議等において、具体的事例を活用した説明により理解を深めるなどの方策を講じているか。	Ⅲ−2−1(1) ③ コンプライアンス関連の情報が、営業を行う部門（主として収益をあげるための業務を行う全ての部門をいう。以下「営業部門」という。）、コンプライアンス担当部署／担当者、経営陣の間で、的確に連絡・報告される体制となっているか。
③ 役職員の法令等遵守意識の向上を図るため、営業部門等ごとに当該業務に密接に影響する法令等に関する研修を実施するなど、実効性のある方策を講じているか。また、役員及び内部管理部門の責任者等は、当該研修に講師として参加するなど、積極的に関与しているか。	Ⅲ−2−1(1) ④ コンプライアンスに関する研修・教育体制が確立・充実され、役職員のコンプライアンス意識の醸成・向上に努めているか。また、研修の評価及びフォローアップが適宜行われ、内容の見直しを行うなど、実効性の確保に努めているか。
④ 法令等担当部門は、法令等の理解及び法令等遵守意識の徹底等に関する営業員研修、会議等の効果について何らかの形で把握・検証しているか。	
⑤ 法令等担当部門は、役職員による法令等の不知又は理解不足、法令等遵守意識の欠如が原因となる不祥事等が生じた場合、その実態を把握し必要な措置を講じているか。	
COLUMN **3 検査手法について** ・証券検査は、法令等違反行為の検証を基本として実施されているところ、近年になり、内部管理態勢やリスク管理態勢に着目し、持続的な業務改善に結び付けていくことを重視するとしている。 ・しかし、検査結果通知において法令違反等の指摘事項を通知するのみの現状では、業者側は指摘された事項の改善には努めるが、優れた態勢を構築する動機付けにはなりがたい。 ・特に、投資運用業は、投資家の信頼を得て財	Ⅲ−2−1(1) ⑤ 金融商品取引業者の内部管理態勢を強化し、適正な業務の遂行に資するため、金融商品取引業者における法令諸規則等の遵守状況を管理する業務を担う者（金商法施行令15条の4第1号に規定する者をいう。）の機能が十分に発揮される態勢となっているか。また、内部管理責任者等の機能の発揮状況について、その評価及びフォローアップが行われているか。 Ⅲ−2−2 金融商品事故等に対する監督上の対応

産を運用するという特殊性があり、信頼に値する運用を行っているか、すなわち忠実かつ善良な管理者の注意を払って権利者のために適切な運用を行っているかが検査における確認のポイントとされている（検査マニュアルⅡ－1－5）。適切な運用が問われる場面は類型化するのが難しく、法令や検査マニュアルにおいてある程度の観点が示されてはいるほか、自主規制団体の規則もある。しかし、新たな運用手法のミスや外国の委託先に関するトラブルなど現実はこれらの観点に止まらない場面が多く、忠実義務、善管注意義務という基準では判断の基準として抽象的であり判然としない。投資運用業者は常にケースバイケースの判断が問われることが多い。 (76ページ　コラム6　改善のインセンティブに続く)	Ⅲ－2－2 　金融商品事故等（注）に対する監督上の対応については、以下のとおり取り扱うこととする。 　（注）　金融商品事故等とは、次のいずれかをいう。以下同じ。 　　(a)　金商業等府令199条7号に規定する法令等に反する行為 　　(b)　金融商品取引業者又はその役職員が告発等を受けたとき。 　　(c)　その他金融商品取引業者の業務の健全かつ適切な運営に支障を来す行為又はそのおそれのある行為であって、上記(a)又は(b)に掲げる行為に準ずるもの。
(5)　社内規程の策定	
①　自主規制機関等の定款及び諸規則により求められる必要な社内規程を適切に整備しているか。	【日証協、投信協会、投顧協会の規則など】
②　グループ企業内に存在する共通ルール（特に海外グループ企業が作成したルール）等を導入する際に、法令等に照らして、当該ルールが不適切ではないか又は不十分ではないか等について検討を行っているか。	【コラム1、2　日系と外資系の違い（上）（下）（28ページ、30ページ）】
③　社内規程には、営業部門等において法令・社内規程等の解釈等に疑義が生じた場合、法令等担当者に確認する旨が明記されているか。営業部門等による独自の解釈等で業務を継続していないか。	
④　社内規程は、法令等の改正、組織又は業務運営環境の変化等に応じ、適時、必要な見直しを行っているか。	
3．内部管理態勢	【左記の項目は検査マニュアル上の「共通項目」における項目であるが、さらに投資運用業者固有の項目にも、記載があり留意すること】
(1)　内部管理担当者等の設置	
①　内部管理担当者を適所に配置し、内部管理部門を含め、所掌事項や役割分担を明確に定めているか。	

② 営業部門等に配置した内部管理担当者が、独立してその職務を遂行できる体制としているか。また、その権限等を明確に規定するとともに、内部管理部門を含め、その有効性について定期的に内部監査等による評価を受けているか。	
(2) 内部管理担当者の役割	Ⅲ－2－2(1)
① 内部管理担当者は、営業員による受発注や契約状況、営業員による顧客管理状況、並びに営業員自身の取引等の把握に努めているか。	① 金融商品事故等の発覚の第一報 　金融商品取引業者において金融商品事故等が発覚し、第一報があった場合は、以下の点を確認するものとする。なお、金融商品取引業者から第一報がなく届出書の提出があった場合にも、同様の取扱いとする。
② 内部管理担当者は、営業員による顧客勧誘状況等を日常的にチェックするなど、適切な管理、監督に努めているか。	イ．コンプライアンス規程等に則り内部管理部門、内部監査部門へ迅速な報告及び取締役会等への報告を行っているか。 ロ．刑罰法令に抵触しているおそれのある事実については、警察等関係機関等へ通報しているか。
③ 内部管理担当者は、営業員の法令等遵守意識の欠如等を把握した場合、その原因を究明し、それらを改善するための対応策を検討、実施しているか。	ハ．事故の発生部署とは独立した部署（内部監査部門等）において事故の調査・解明を実施しているか。
④ 内部管理担当者は、不祥事等が発生した場合、その事実関係及び経緯について掘り下げた調査を行い、発生原因を究明した上で適切な措置を講じているか。この際、必要に応じて、内部管理担当者自らが顧客を訪問するなど、誠実かつ迅速に対応しているか。	② 業務の適切性の検証 　金融商品事故等と金融商品取引業者の業務の適切性の関係については、以下の着眼点に基づき検証を行うこととする。 イ．当該事故等への役員の関与はないか、組織的な関与はないか。 ロ．当該事故等の内容が金融商品取引業者の経営等にどのような影響を与えるか、顧客や金融商品市場にどのような影響を与えるか。 ハ．内部牽制機能が適切に発揮されているか。
⑤ 内部管理担当者は、不祥事等の発生の原因を分析し、営業部門等に分析した結果を還元するとともに、再発防止のための措置を速やかに講じているか。	ニ．再発防止のための改善策の策定や自浄機能が十分か、責任の所在が明確化されているか。 ホ．当該事故等の発覚後の対応が適切か。 ヘ．当該事故等による損失の全部又は一部を補てんするために財産上の利益の提供を行う場合に、提供する財産上の利益及びその算定根拠の記録簿を整備しているか。また、その実行状況を、営業部門から独立した内部管理部門等においてチェックする体制が整備されているか。
(3) 内部管理部門の役割等	
① 内部管理関係の組織形態、権限及び人員配置等は、会社の業務内容や規模等を考慮した適切なものとなっているか。また、それらは適切に機能しているか。	

②　内部管理業務を営む各部門の所掌事項が明確に定められているとともに、相互の連携が密接に保たれているか。また、各部門間で調整を要する際の役割分担等が予め明確化されているか。	
③　内部管理部門と営業部門等との間において、連絡、報告及び協議等を必要とする事項並びに方法等を明確に定めているか。	
④　特定の職員（管理者を含む。）を長期間にわたり同一部署の同一業務に従事させている場合には、例えば、連続休暇、研修、内部出向制度等、又は、これらの組み合わせ等により、一定期間、職員が職場を離れるなどの実効性ある不祥事等防止策を講じているか。	
⑤　定期的な研修等、営業員の社内教育は十分行われているか。	
⑥　取締役及び内部管理部門の責任者は、役職員に対し、自主規制機関やその他の外部機関が開催する研修の受講を奨励しているか。	
⑦　内部管理部門等は、法令及び社内規程等が新設又は改正された場合等において、既存の業務運営等がそれに適合しているかの検討を行っているか。また、改善が必要な場合はその対策を講じているか。	【検査マニュアル　Ⅱ−1−5　態勢編　投資運用業者　5．運用リスク管理態勢　(2) 社内規程参照】
(4)　内部管理業務の運営	
①　顧客からの苦情・相談を把握し、適切に対応する態勢を構築しているか。	【指定紛争解決機関との契約締結義務、紛争解決措置（金商法37条の7）】 【苦情の解決等に関する規則・細則（投信協会）】 【コラム8　金融ADRについて（92ページ）】
②　内部管理部門は、不祥事等の発生後に適切な検証を実施しているか。	
③　不祥事等の発生に対し、迅速かつ的確な対応が可能な体制を整備しているか。	
④　不祥事等が発生した場合の手続き等の策定、周知により、役職員（行為者）から、直ちに内部管理部門へ報告される体制としているか。特に、経営に影響を与え得る重大な問題については、遅滞なく取締役会等へ報告する体制としているか。	

⑤　内部管理部門の責任者は、不祥事等が発生した場合の事実関係及び経緯等に関する記録の作成・保存に関し社内ルールを定めるとともに、役職員への周知徹底を図っているか。	
⑥　不祥事等に関する調査により発生原因を究明した場合には、関係者の責任の追及、監督責任の明確化等を図る体制を整備しているか。	
⑦　代表取締役は、不祥事等の再発防止策の策定に当たって積極的に関与し、その実効性の確保に努めているか。また、監査役は代表取締役の当該業務の適正な遂行を監視しているか。なお、当該不祥事等が刑罰法令に抵触している場合には、取締役会等によりその取扱いについて十分な検討を行い、適切に対処しているか。	【社内検査態勢について、業務改善報告書どおりに改善を実施せず、問題として指摘された例（本書第4編　行政処分事例　2　証券投資信託に関する主な通知事例　(2)　内部管理態勢関係）】
⑧　自主規制機関からの注意事項、調査依頼事項等に対して適切に対応しているか。また、関係書類の作成及び保管を適切に行っているか。	【会員調査に関する規則（投信協会）】
⑨　内部管理部門等は営業部門等がどのような業務運営を行っているかを把握・理解しているか。また、通常の業務運営方法に則らない不適正な業務運営が行われていないか等の必要なチェックを行っているか。	
⑩　内部管理部門等は、営業部門等の業務運営状況に関する検証等により問題点を把握した場合には、その原因を究明し、必要な対策を講じているか。	
⑪　内部管理業務を適切に遂行していくための各種管理資料を適正に作成し、有効に利用しているか。また、当該管理資料を適切に保管しているか。	
(5)　訴訟等への対応	
①　訴訟等について、具体的に訴えが提起されたり、申し立てがなされた場合の手続きを定めているか。また、その原因等が法令等違反に該当すると認められるときは、速やかに不祥事等の手続きに従って処理を行っているか。	【訴訟若しくは調停の当事者となった場合、又は訴訟若しくは調停が終結した場合には、当局に対する届出を行う（金商業等府令199条9号）】
②　訴訟等が発生した場合には、速やかに内部管理部門等へ報告しているか。また、内部管理部門の責任者は、特に、経営に重大な影響を与えるような問題について、遅滞なく取締役会等に	

報告しているか。	
③ 訴訟等の内容は、記録簿等により記録・保存するとともに、対応状況等に関し、必要に応じて取締役会等に報告しているか。	
(6) 顧客情報の保護 ① 顧客情報を管理する責任者を設置しているか。	cf. 【検査マニュアル　業務編　共通事項「3．顧客情報の管理」も参照】 Ⅲ－2－4　顧客等に関する情報管理態勢 　顧客に関する情報は、金融商品取引の基礎をなすものであり、その適切な管理が確保されることが極めて重要である。 　そのうち特に、個人である顧客に関する情報については、個人情報の保護に関する法律（以下「個人情報保護法」という。）、金商業等府令、金融分野における個人情報保護に関するガイドライン（以下「保護法ガイドライン」という。）及び金融分野における個人情報保護に関するガイドラインの安全管理措置等についての実務指針（以下「実務指針」という。）の規定に基づく適切な取扱いが確保される必要がある。 【正会員の個人情報の取扱いに関する苦情処理規則（投信協会）】 【個人情報の保護に関する指針（投信協会）】 【個人情報の管理（金商業等府令123条1項6号）】
② 顧客情報を管理する責任者は、情報管理の重要性を認識した上で、保護すべき顧客情報を特定し、情報管理の権限と責任、管理方法、連絡、報告手続き等を記載した社内規程を策定し、取締役会等の承認を得て役職員に周知を図っているか。	Ⅲ－2－4(1) ② 顧客等に関する情報の取扱いについて、具体的な取扱基準を定めた上で、研修等により役職員に周知徹底を図っているか。特に、当該情報の他者への伝達については、上記の法令、保護法ガイドライン、実務指針の規定等に従い手続きが行われるよう十分な検討を行った上で取扱基準を定めているか。
③ 顧客情報を管理する責任者は、定期的に顧客情報の管理状況を検証し、必要に応じて、社内規程の見直し等を行っているか。 ④ 社内規程には、顧客情報の漏えい等が生じた場合には、直ちに、顧客情報を管理する責任者に報告するとともに、漏えい情報の特定と発生原因の究明に努める旨を明記しているか。	③ 顧客等に関する情報へのアクセス管理の徹底（アクセス権限を付与された本人以外が使用することの防止等）、内部関係者による顧客等に関する情報の持ち出しの防止に係る対策、外部からの不正アクセスからの防御等情報管理システムの堅牢化などの対策を含め、顧客等に関する情報の管理状況を適時・適切に検証できる体制となっているか。 　また、特定職員に集中する権限等の分散や、幅広い権限等を有する職員への管理・牽制の強化を図る等、顧客等に関する情報を利用した不正行為を防止するための適切な措置を図っているか。

⑤　顧客情報の漏えい等が生じた場合、顧客情報を管理する責任者が可能な限り事実関係の把握に努めるとともに、速やかに、内部管理部門の責任者及び取締役会等へ報告する体制を構築しているか。	
⑥　顧客情報を管理する責任者は、漏えい等の原因を究明し、責任の明確化を図るとともに、速やかに、再発防止に向けた対策を講じることとしているか。	
⑦　顧客情報を管理する責任者は、顧客情報の漏えい等に関し、顧客への対応、事実の公表及び当局への報告等に関する手続きや方法等をあらかじめ定めているか。	Ⅲ－２－４(1) ⑤　顧客等に関する情報の漏えい等が発生した場合に、適切に責任部署へ報告され、二次被害等の発生防止の観点から、対象となった顧客への説明、当局への報告及び公表が迅速かつ適切に行われる体制が整備されているか。（以下略）
⑧　顧客情報の保護体制について、内部監査等による評価を受けるとともに、必要に応じて改善を図っているか。	
⑨　外部に委託する業務に顧客情報が含まれる場合には、守秘義務、目的外使用の制限、問題発生時の対応等について、委託先との契約に明記するとともに、継続的なモニター等による必要な管理・監督を行っているか。	Ⅲ－２－４(2) ①　個人である顧客に関する情報については、金商業等府令123条1項6号の規定に基づきその安全管理、従業者の監督及び当該情報の取扱いを委託する場合にはその委託先の監督について、当該情報の漏えい、滅失又はき損の防止を図るために必要かつ適切な措置として以下の措置が講じられているか。 （安全管理について必要かつ適切な措置） イ．保護法ガイドライン10条の規定に基づく措置 ロ．実務指針Ⅰ及び別添2の規定に基づく措置 （従業者の監督について必要かつ適切な措置） ハ．保護法ガイドライン11条の規定に基づく措置 ニ．実務指針Ⅱの規定に基づく措置 （委託先の監督について必要かつ適切な措置） ホ．保護法ガイドライン12条の規定に基づく措置 ヘ．実務指針Ⅲの規定に基づく措置
	Ⅲ－２－４(2) ②　個人である顧客に関する人種、信条、門地、本籍地、保健医療又は犯罪経歴についての情報その他の特別の非公開情報（注）を、金商業等府令123条1項7号の規定に基づき保護法ガイドライン6条1項各号に列挙する場合を除き、利用しないことを確保するための措置が講じられているか。 （注）　その他特別の非公開情報とは、以下の情

		報をいう。 (a) 労働組合への加盟に関する情報 (b) 民族に関する情報 (c) 性生活に関する情報
(7)	事務部門の設置	
	① 事務規程等を整備する部門を明確化しているか。	
	② 事務指導及び研修を行う部門を明確化し、その機能を十分に発揮できる体制を整備しているか。	
	③ 事務部門の牽制機能が十分に発揮される体制を整備しているか。	
(8)	事務部門の役割	
	① 事務部門は、事務処理に係る営業部門等からの問合わせ等に迅速かつ正確に対応できる体制を整備し、問合わせ等及び回答を整理の上、重要と判断したものについて記録を残しているか。	cf. 【検査マニュアル Ⅱ-1-5 態勢編 投資運用業者 2.リスク管理態勢 3.事務リスク管理態勢】
	② 営業部門等の事務管理体制を常時チェックする措置を講じているか。	
	③ 営業部門の長等による不正行為を防止するための施策等を講じているか。	
	④ 事務部門は、営業部門等の事務水準の向上を図るため、営業部門等における日常の業務運営状況を把握し、適切な指導を行う体制を整備しているか。	
(9)	事務規程の整備	
	① 事務規程は、網羅的でかつ法令等に則ったものとなっているか。また、社内規程に個別の記載のない事態が生じた場合及び社内規程の解釈に意見の相違があった場合の処理手続（管理者への報告等を含む）を明確化しているか。	事務リスク管理態勢（監督指針 Ⅲ-2-7）
	② 内部監査結果や不祥事等で把握した問題点を踏まえ、必要に応じて事務規程の見直し、改善を図っているか。	
	③ 法令等の改正が行われた場合には、当該法令	

等の改正内容を踏まえ、必要に応じて事務規程の見直し、改善を図っているか。	
④ 事務規程には、特に、現金、小切手、現物及び重要書類の取扱い等について明確に定めるとともに、問題が発生した場合の経緯の記録など、必要な事項を定めているか。	
(10) 外部委託業務の管理	
① 業務の一部を外部に委託する場合には、各種法令等及び委託により生じるリスクを十分検討した上でその適否を判断しているか。また、当該検討経緯と結果を記録し保存しているか。	【投資運用の再委託先の管理（金商法42条の3、金商業等府令130条1項10号）】 cf. 【検査マニュアル Ⅱ－1－5 投資運用業者 1．内部管理態勢 (7) 運用の再委託管理】
② 外部に委託している業務を適切に管理する管理者を設置しているか。	【同システムの委託先管理 Ⅱ－1－5 投資運用業者 4．システムリスク管理態勢 (7) 運用の再委託管理】 Ⅲ－2－7 事務リスク管理体制 (2) 事務の外部委託について
③ 外部委託した業者における内部統制の状況を把握しその有効性を評価するため、内部監査・外部監査の実施状況など、十分な情報を入手しているか。	
④ 外部委託した業務及び業者に問題点が認められた場合には、速やかに是正のための措置を講じているか。	
⑤ 外部委託した業者において生じるシステムダウン、顧客情報の漏えい等のトラブル等に対応するためのコンティンジェンシープランを整備しているか。	Ⅲ－2－8 システムリスク管理態勢 ⑤ 外部委託管理 システムに係る外部委託業務について、リスク管理が適切に行われているか。
⑥ 外部委託した業者の破綻時に備えた対応策を講じているか。	
4．監査態勢	Ⅲ－1(1) ④ 内部監査部門 投資運用業者に固有の監査等態勢も別に規定されている
(1) 内部監査部門の設置	内部監査は、金融商品取引業者の経営目標の実現に寄与することを目的として、被監査部門から独立した立場で、業務執行状況や内部管理・内部統制の適切性、有効性、合理性等を検証・評価し、これに基づいて経営陣に対して助言・勧告等を行うものであり、金融商品取引業者の自律的な企業
① 取締役会は、内部監査が内部管理態勢（リスク管理態勢を含む）等の適切性・有効性を検証するものであることを認識し、この機能を十分発揮できる体制を構築しているか。	

	運営を確保していく上で、最も重要な企業活動の一つである。このような重要性に鑑み、金融商品取引業者の内部監査が有効に機能しているかどうかを、例えば以下の点に留意して検証することとする。
② 取締役会は、営業部門等からの干渉を受けない独立性の高い内部監査部門を設置し、専担の取締役を選任するなど、実効性ある内部監査態勢を構築しているか。なお、会社法上の大会社に該当しない場合でも、内部監査業務に従事する者の独立性を確保するなど、実効性ある監査態勢の構築に努めているか。	イ．内部監査部門は、被監査部門に対して十分な牽制機能が働くよう被監査部門から独立し、かつ実効性ある内部監査が実施できる体制となっているか。 【会社法上の「大会社」とは、資本金が5億円以上、又は負債が200億円以上の株式会社である（会社法2条6号）】
③ 取締役会等は、内部監査が有効に機能するよう、内部監査部門に対して各業務に精通した人材を適切な規模で配置しているか。	**COLUMN** **4 投資運用業者の勧誘行為（上）** ・投資一任契約の締結勧誘時において、組入れ予定の内外投資信託を投資一任契約の締結勧誘対象顧客に対し紹介・説明することが実務上生じているが、当該紹介・説明する行為が有価証券の取得勧誘に該当するのではないかとの議論がある。
(2) 内部監査の位置付け	
① 代表取締役及び取締役会は、リスクの種類・程度に応じた実効性ある内部監査態勢を構築することが、企業収益の獲得及び適切なリスク管理に不可欠であることを十分認識し、内部監査規程等により内部監査の目的を適切に設定しているか。	・この点、顧客自身に当該内外投資信託に対する投資判断をさせてしまうと、有価証券の取得勧誘を行ったとされる可能性がある。しかしながら、投資一任業務とは顧客の委任の本旨を確認しつつ投資判断を行う業務であるため、顧客に対し組入れ予定の内外投資信託の紹介・説明ができないことになると、顧客への忠実義務を遵守できなくなる可能性がある。よって、顧客に対し当該紹介・説明できることは業務の本質上不可欠となることから、最終的な投資判断を投資一任会社が忠実義務や善管注意義務を尽くしたうえで行うのであれば、取得勧誘を行ったことにはならないと考えるべきである。
② 代表取締役及び取締役会は、内部監査部門の業務及び権限等を役職員に周知する方策を講じているか。	
③ 内部監査業務の従事者は、職務遂行上必要とされる全ての資料等を入手できる権限を有しているか。また、職務遂行上必要とされる全ての役職員を対象に、面接・質問等を行える権限を有しているか。	
④ 取締役会等は、営業部門等のみならず、内部管理部門を含めた全ての業務を内部監査の対象とすることが業務の適切性の維持に欠かせないことを十分認識し、実効性を確保するとの観点から、内部監査業務の従事者に他の業務を兼任させないなどの措置を講じているか。	・詳述すると、投資一任契約で顧客から全部一任を受ける場合は、まさに上記のとおりである（投資一任会社が証券会社等から取得勧誘を受けることはありうる）。一部一任を受ける場合は、一任されない部分の投資判断を顧客自身が行うことになるため、顧客が証券会社等から目論見書等の交付を受けて取得勧誘を受けることはあるが、投資一任会社が取得勧誘を行っているとみる必要はない。 （77ページに続く）
(3) 内部監査規程等の整備	
① 内部監査規程等には、以下の項目等を規定しているか。 イ．内部監査の目的	

ロ．組織上の独立性 ハ．業務、権限及び責任の範囲 ニ．情報等の入手体制 ホ．内部監査の実施体制 ヘ．監査結果等の報告体制	
② 内部監査規程等は、取締役会等による承認を受けているか。	
③ 内部監査規程等は、経営環境の変化に応じて見直しているか。	
④ 内部監査部門は、内部監査業務の実施要領等を作成し、取締役会等の決定又は承認を受けているか。また、実施要領等は、必要に応じて適宜見直しているか。	【業務の適正を確保するための体制の整備義務（会社法362条）】
(4) 内部監査計画等の策定	
① 内部監査部門は、被監査部門等におけるリスクの管理状況を把握し、リスクの種類・程度に応じた効率的かつ実効性ある内部監査計画を立案しているか。	
② 取締役会等は、被監査部門等におけるリスクの種類・程度を理解しないまま、監査方針、重点項目等、内部監査計画の基本事項を決定又は承認していないか。	
③ 取締役会等は、経営上の重要な問題が発生した場合又は経営環境が変化した場合、必要に応じて、内部監査部門長に監査方針の変更等を指示しているか。	
(5) 内部監査業務の運営	
① 内部監査部門は、内部監査計画に基づき、効率的かつ効果的な監査の実施に努めているか。	
② 内部監査は、法令等遵守状況や業務の適切性、財務の健全性の検証に加え、役職員への法令等及び留意事項等の周知徹底の状況についても検証しているか。	Ⅲ－1(1)④ ロ．内部監査部門は、金融商品取引業者の全ての業務を監査対象として、被監査部門におけるリスクの管理状況及びリスクの種類等を把握した上で、内部監査計画を立案しているか。
③ 連結対象子会社及び持分法適用関連会社（以下「連結対象子会社等」という。）の業務について、法令等に抵触しない範囲で監査対象としているか。内部監査の対象とできない連結対象	

子会社等の業務並びに外部に委託した業務について、当該業務の所管部門等による管理状況等を監査対象としているか。また、内部監査を親会社が実施する場合には法令等に抵触しない範囲で適切な監査を実施しているか。	
④　内部監査部門は、監査の実施に際して、被監査部門等が実施した検査等の結果を活用しているか。	
⑤　内部監査業務の従事者は、内部監査で検証した事項及び把握した問題点等を正確に記録しているか。	
⑥　内部監査業務の従事者は、内部監査で把握した問題点等を正確に反映した内部監査報告書を、遅滞なく作成しているか。	ハ．内部監査部門は、内部監査計画に基づき、被監査部門に対して効率的かつ実効性ある内部監査を実施しているか。
⑦　内部監査部門長は、必要に応じて、内部管理（リスク管理を含む）等に関する会議（各種リスク管理委員会等）に出席しているか。	
⑧　内部監査部門は、例えば、特定の内部監査業務の従事者が連続して同一の被監査部門等の同一の監査に従事することを回避するなど、公正な内部監査が実現できるように努めているか。	【監査役の子会社調査権（会社法381条3項）、正当な理由がある場合の調査拒否権（同条4項）、調査を拒んだ場合の過料（会社法976条5号）】
⑨　内部監査部門長は、内部監査報告書に記載した重要な問題点等について、遅滞なく代表取締役及び取締役会に報告しているか。	【監査役の取締役への報告義務（会社法382条）】 ニ．内部監査部門は、内部監査において把握・指摘した重要な事項を遅滞なく代表取締役及び取締役会に報告しているか。
⑩　内部監査部門長は、被監査部門等が実施する内部検査等により重要な内部管理上の問題やリスク管理上の不備等を発見した場合、速やかに内部監査部門が把握できる態勢としているか。	
(6)　外部監査の活用	
①　代表取締役及び取締役会は、会計監査人等による実効性ある外部監査が、企業収益の獲得及び適切なリスク管理に不可欠であることを十分認識しているか。	【顧客資産の預託を受けている業者の分別管理に関する外部監査義務：会員における顧客資産の分別管理の適正な実施に関する規則（日証協）】
②　取締役会は、内部監査とは別に、重要なリスクにさらされている業務、部門又はシステム等について、外部の専門家を活用する等の施策を講じているか。会社法上の大会社に該当しない場合であっても、業務の特性等に応じた外部監	【会社法上の「大会社」とは、資本金が5億円以上、又は負債が200億以上の株式会社である（会社法2条6号）】

査の活用を検討し、必要に応じて実施しているか。	
③ 取締役会は、外部の専門家を活用することにより内部監査機能を補強・補完している場合に、その内容、結果等について、自ら精査・検証しているか。	
④ 外部監査の実施に際しては、内部管理態勢及びリスク管理態勢の有効性等についても監査の対象としているか。また、海外に拠点を有する金融商品取引業者においては、海外の各拠点ごとに各国の事情に応じた外部監査を実施しているか。 なお、当該監査結果は、監査の内容に応じて、取締役会等又は監査役会に報告するとともに、監査役監査等の実効性の確保に資するものとなっているか。	Ⅲ－1(1) ⑤ 外部監査の活用 　金融商品取引業者に制度上義務付けられる会計監査人による財務諸表等監査以外に、外部監査人による業務監査（本社、グループ等による監査を含む。）を義務付けるものではない。しかしながら、企業収益の獲得及びリスク管理、あるいは内部管理態勢の実効性を確保するためには、会計監査人等によるこれら外部監査は、金融商品取引業者自らの内部監査と同様に、その有効な活用が確保されることが望ましいことから、例えば以下の点に留意して検証することとする。 イ．外部監査において把握・指摘された重要な事項は、遅滞なく取締役会又は監査役会に報告されているか。
⑤ 取締役会等は、外部監査が有効に機能しているかを定期的に確認しているか。	
⑥ 取締役会等は、内外の監査人が相互に協力することで、より実効性ある監査態勢を確立するよう必要な方策を講じているか。	
⑦ 取締役会等は、外部監査人により指摘された問題点を一定期間内に改善する態勢を整備しているか。被監査部門等は、指摘された問題点について、その重要度合い等を勘案した上、遅滞なく改善し、必要に応じて改善計画等を作成しているか。また、内部監査部門は、その改善の進捗状況を適切に確認しているか。	ロ．被監査部門は、外部監査における指摘事項を一定期間内に改善しているか。また内部監査部門は、その改善状況を適切に把握・検証しているか。
(7) 内部監査機能の充実	
① 取締役会等は、内部監査業務の状況について定期的に報告を受け、その機能が有効に働いているかを検証し、必要な措置を講じているか。	
② 内部監査部門長は、内部監査業務の従事者の専門性を高めるため、定期的に内外の研修に参加させるなどの方策を講じているか。	

③ 取締役会等は、一定規模以上のリスクがあると判断した海外拠点には、拠点長から独立した内部監査担当者を設置し、監査の状況について定期的に報告を受ける体制を整備しているか。	
(8) 監査結果の取扱い	
① 被監査部門等は、内部監査報告書で指摘された問題点についてその重要度合い等を勘案した上、遅滞なく改善し、必要に応じて改善計画等を作成しているか。 また、内部監査部門は、その改善の進捗状況を適切に確認し、その後の内部監査計画に反映しているか。	Ⅲ－1(1)④ ホ．内部監査部門は、内部監査における指摘事項に関する被監査部門の改善状況を適切に管理し、その後の内部監査計画に反映しているか。
② 代表取締役及び取締役会は、内部監査の結果等を受け、経営に重大な影響を与えると認められる問題点や被監査部門等のみで対応できないと認められる問題等について、改善のための効果的な施策を講じているか。	
5．危機管理態勢	Ⅲ－2－9　危機管理態勢
① 取締役会は、危機に該当する事象（例えば、自然災害（地震、風水害、異常気象、伝染病等）、社会インフラの機能停止（大規模停電、通信障害等）、テロ、反社会的勢力の介入、役職員の誘拐等）の明確化を図り、危機発生時の対策責任者を設置しているか。	近年、金融商品取引業者が抱えるリスクは多様化・複雑化しており、情報化の進展など金融商品取引業者を取り巻く経営環境の変化も相俟って、通常のリスク管理だけでは対処できないような危機が発生する可能性は否定できず、危機管理の重要性が高まっている。こうした多様なリスクが顕在化した場合であっても、金融商品取引業者は業務の公共性に鑑み、その機能を極力維持することで、市場ひいては社会における無用の混乱を抑止するよう努めることが望ましいと考えられる。以上を踏まえ、金融商品取引業者の監督に当たっては、その業容に応じ、例えば以下の点に留意して検証することとする。
② 取締役会等は、危機発生を想定し、取引データ等のバックアップ体制を構築するなど、適切な対応策を講じているか。なお、このような体制整備が困難な場合、業務を継続又は再開するための具体的な対応策を検討しているか。	(1) 主な着眼点 ① 平時における対応 イ．何が危機であるかを認識し、可能な限りその回避・予防に努める（不可避なものは予防策を講じる。）よう、平時より、定期的な点検・訓練を行うなど未然防止に向けた取組みに努めているか。
③ 対策責任者は、危機発生時に速やかに対策本部を設置し、役職員に対し必要な指示及び命令等を行う権限を有しているか。	
④ 対策責任者は、危機管理マニュアルを策定し、取締役会等の承認を得て役職員へ周知しているか。	ロ．危機管理マニュアルを策定しているか。また、危機管理マニュアルは自社の業務の実態や自社を取り巻くリスク環境等に応じ、常時見直しを行うなど実効性が維持される態勢となっているか。なお、危機管理マニュアルの策定に当たっては、客観的な水準が判定されるものを根拠と
⑤ 危機管理マニュアルに、危機発生時における以下の事項が盛り込まれているか。	
イ　対策本部に関する事項	

ロ　責任体制に関する事項	して設計されることが望ましい。 （参考）想定される危機の事例 ・自然災害（地震、風水害、異常気象、伝染病等）
ハ　情報収集に関する事項	・テロ・戦争（国外において遭遇する場合を含む。）
ニ　危機のレベル・類型に応じた組織内及び関係者への報告・連絡体制	・事故（大規模停電、コンピュータ事故等） ・風評（口コミ、インターネット、電子メール、憶測記事等）
ホ　危機のレベル・類型に応じた業務継続範囲及び手法	・対企業犯罪（脅迫、反社会的勢力の介入、データ盗難、役職員の誘拐等）
ヘ　公表に関する事項（業務継続の状況、顧客への対応等）	・業務上のトラブル（苦情・相談対応、データ入力ミス等）
⑥　対策責任者は、危機が発生した場合の損害を可能な限り回避・予防するため、平時より、役職員に対して定期点検等の重要性を認識させるよう努めているか。	・人事上のトラブル（役職員の事故・犯罪、内紛、セクシャルハラスメント等） ・労務上のトラブル（内部告発、過労死、職業病、人材流出等） ハ．危機管理マニュアルには、危機発生の初期段階における的確な状況把握による客観的な状況判断を行うことの重要性や情報発信の重要性など、初期対応の重要性が盛り込まれているか。
⑦　危機管理マニュアルについて、定期的な訓練等により実効性の評価を行うとともに、環境の変化等に応じて、随時、見直しを図っているか。	ニ．危機管理マニュアルには、危機発生時における責任体制が明確化され、危機発生時の組織内及び関係者（関係当局を含む。）への報告・連絡体制等が整備されているか。また、海外への影響可能性及び危機のレベル・類型に応じた海外監督当局その他関係機関への連絡体制が整備されているか。危機発生時の体制整備は、危機のレベル・類型に応じて組織全体を統括する対策本部の下、部門別・営業店別に想定していることが望ましい。 ホ．日頃からきめ細かな情報発信及び情報収集に努めているか。
	【緊急事態発生時における投資信託の運営等にかかるガイドライン（投信協会）】

6　対照表　態勢編　投資運用業者

図表２－４　検査マニュアル対照表　Ⅱ－１－５　態勢編　投資運用業者

検査マニュアル	監督指針、諸規則など （【　】として記載がない場合は監督指針を指す）
Ⅱ－１－５　態勢編・投資運用業者	
投資運用業者の態勢に関する検査は、投資運用業者が忠実かつ善良な管理者の注意を払って、権利者のために適切な運用を行っているか等を確認するとともに、いわゆるファンドを含む集団投資スキーム等の実態を把握することを目的とする。	【忠実義務・善管注意義務（金商法42条）】
１．内部管理態勢 (1)　取締役等の認識及び役割	【公益および投資者保護のために必要かつ適当な場合における業務改善命令（金商法51条）】
①　代表取締役は、内部管理部門の責任者と密接な連携を図り、内部管理に関する重要情報を把握するシステムを構築しているか。また、内部管理部門の責任者は、営業部門等に所属する内部管理担当者との連絡・報告体制を確立し、内部管理に関する情報を網羅的に把握するためのシステムを構築しているか。さらに、これらの体制の明確化と役職員への周知を図るとともに、その機能の実効性について検証しているか。	
②　取締役会等は、投資信託の設定あるいは投資一任契約の締結等に当たり、自社及び再委託先等の運用能力等を的確に把握しているか。	【忠実義務・善管注意義務（金商法42条）】
③　取締役は、 イ　投資運用業を営むに当たり、法令等を遵守することが権利者の信頼の維持・向上に資するものであることを理解しているか。 ロ　投資運用業を営むに当たっては、利益相反取引の排除や不公正取引の未然防止に取り組む義務を有することを認識しているか。	【利益相反取引の排除（金商法42条の７第７号、金商業等府令130条１項２号）】
④　取締役会は、 イ　投資運用業者が金融商品市場の担い手として重要な役割を果たす責務を有することに鑑み、その信頼を維持するための運用の適切性確保、不公正取引の未然防止等に関する基本方針を明確に定めているか。	【不公正取引の未然防止（作為的値付け：金商業等府令130条１項５号）、「役職員等が自己の計算で行う株式取引等の取引」に関する社内規定作成に関する規則（投信協会）】

ロ　基本方針が組織内で周知徹底されるような方策を講じているか。 ハ　海外の権利者に係る資産運用であっても、金融商品取引法が適用されることを認識しているか。	
⑤　取締役は、運用の再委託など、その業務の一部を外部に委託する場合においても、委託者としての責任は投資運用業者に帰することを認識しているか。	【運用権限の委託（金商法42条の3）、委託を行う場合の再委託の原則禁止（金商法42条の2第7号、金商業等府令130条1項10号）】
⑥　取締役会等は、 イ　ファンドマネージャー（運用担当者）やトレーダー（取引執行者）の権限や役割分担の明確化等による利益相反行為を防止するための組織体制を整備しているか。 ロ　格付け等の投資対象商品に関する必要な情報を適切に入手できる体制を整備しているか。 ハ　運用に係る苦情等を集約し、運用の適正性をチェックする体制を整備しているか。	【投資運用業者の一般的な利益相反行為の防止（忠実義務：金商法42条）。金商法36条2項は、有価証券関連業を行う第一種金融商品取引業者が対象であり、投信委託会社は含まれない。】 【苦情の解決のための体制（金商業等府令8条5号）】
⑦　取締役会等は、定期的に運用管理の状況に係る報告を受ける体制を整備しているか。	
⑧　代表取締役は、定期的な状況報告のほかに必要に応じて随時に、運用管理の状況報告を受けているか。	
［不動産投資信託等］　⑨～⑭　略	
［ファンド運用］	
⑮　組合員等の総意を受けて事業を執行する者は、ファンドの運用に係る費用や報酬等の計算方法及び配分方法、ファンドの併合等による権利の再配分方法など、運用財産に影響が生じる事項につき、権利者に十分な説明を行う義務を有することを認識しているか。	
⑯　組合員等の総意を受けて事業を執行する者は、事務処理ミス等による損失をファンドの運用財産から拠出する場合、忠実義務に違反する可能性があることを認識しているか。	【忠実義務・善管注意義務（金商法42条）】
［投資法人］	
⑰　投資法人の役員会は、監督役員と利害関係を有する金融商品取引業者への業務委託が禁止されていることを認識するとともに、これに該当	

する者を的確に把握しているか。	
⑱　投資法人の執行役員又は役員会は、業務委託を行った投資運用業者から、適切な資料の交付及び十分な説明を受けているか。	
(2)　ディスクロージャー	【適時開示。投資信託及び投資法人に係る運用報告書等に関する規則（投信協会）第5章。また、投信協会に対する月次の報告義務。投資信託及び投資法人に係る定期報告に関する規則（投信協会）】
①　取締役会は、ディスクロージャーの正確性を担保するため、担当部門及び管理者を定める等の組織体制を整備しているか。	
②　取締役会は、担当部門がディスクロージャー資料を作成するに当たり関係各部の協力を得やすい体制を整えているか。	
③　取締役は、ディスクロージャー資料が権利者の投資判断を決定する基礎であることを理解したうえで、当該資料の重要性を認識しているか。	
④　取締役はディスクロージャーに係る法令上の規制を理解しているか。	【運用報告書の交付（金商法42条の7、金商業等府令134条、投信法14条）】
⑤　投資信託のディスクロージャーについては、権利者に、わかりやすく誤解を与えないようなディスクロージャーをタイムリーに提供するように努めているか。	
⑥　法令等に定める情報開示の趣旨を十分踏まえて適切に開示を行う体制を確立しているか。	
⑦　ディスクロージャー担当部門のみでなく、内部管理部門もディスクロージャー資料が法令等に則って作成されていることを検証しているか。必要に応じて、法律事務所等を活用しているか。	
(3)　社内規程	【検査マニュアル　Ⅱ－1－5　態勢編　投資運用業者　5．運用リスク管理態勢　(2) 社内規程参照】
①　投資運用部門の責任者は、運用に係る重要事項の社内規程、運用結果に係る検証規程、運用資産の評価に係る社内規程及び運用プロセスに即した運用体制整備のための社内規程等を整備しているか。	【主な指摘事項　平成20年7月～9月　役職員個人の取引に係る事前承認制度に関する社内規程の不備を理由に監視委から指摘された例】 「当社では、役職員個人が証券取引を行う場合、

② 資産運用に関してベンチマークを採用している場合には、当該ベンチマークを権利者へ説明するなどの社内規程等を整備しているか。	コンプライアンス部の事前承認を必要とする社内ルールを定めている。しかしながら、調査のために企業訪問を行ったファンド・マネージャー等が訪問後に、自己の計算で訪問先企業の株式の取引を行う可能性があり、かつ、現実に取引を行っているにもかかわらず、ファンド・マネージャー等の株取引において、当該株式の発行会社への訪問の有無を事前承認時のチェック対象としていなかった。」
③ 内部管理部門の責任者は、適切な運用管理を実行するために必要に応じ、次のような社内規程を定め、取締役会等の承認を得ているか。また、組織体制の変更等があった場合には速やかに社内規程を変更し、社内に周知徹底しているか。	
イ 資金特性に合致した運用方針、投資判断の合理性の確保のための社内規程	
ロ 取引執行能力、情報提供力等を勘案した発注先選定（評価）基準の策定等の売買執行に係る管理規程	
ハ いわゆる一括発注等における取得した資産及び取引コスト等の配分を行うための社内規程	Ⅵ－2－2－1(2) ① 平均単価による取引（約定日・受渡日が同一の取引につき、銘柄ごと・売買別に、単価の異なる複数の約定を合算し、平均単価を単価とする取引をいう。） イ．部門の分離 　投資判断を行う部門と、注文を発注する部門は分離されているか。組織的な分離が困難な場合、少なくとも両者の役割を担当者レベルで分離しているか。 ロ．取引の検証 　管理部門等が、平均単価による取引に係る一連の業務プロセス等について、適切に検証できる態勢となっているか。 ハ．顧客への開示及び顧客の同意 　顧客への事前開示及び顧客の同意の下、平均単価による取引を行っているか。また、複数の運用財産に係る約定配分を伴う発注を行う場合には、顧客に対して、内出来時の配分基準について適切に説明しているか。
	② 一括発注による取引 　複数の運用財産について、銘柄、売買の別を同一にする注文を一括して発注し、その約定内容を銘柄ごと・売買別に合算した後に、投資信託委託会社等が予め定めた配分基準により、各運用財産への約定配分を行う場合には、顧客間の公平性を確保する観点から、上記①に準じた体制整備等が行われているか。
ニ 不公正な価格形成や法人関係情報を利用した	【不公正な価格形成の取引の禁止（相場操縦の禁

	インサイダー取引等の不公正取引の未然防止のための社内規程	止：金商法159条)】 【インサイダー取引（金商法166条、167条）】 【役職員個人の取引に係る内部管理態勢の不備（主な指摘事項　平成20年7月～9月】
ホ	新規公開株式等の適正配分のための規程	【行政処分事例　平成19年6月29日】 忠実義務違反 「新規公開株式の配分方針を無視する恣意的な配分」（旧投信法14条1項の問題）
ヘ	運用財産の運用の再委託等について権利者に対し十分な情報の開示等を行うための社内規程	【運用権限の再委託は重大な約款変更事項（投信法17条、同法施行規則29条、投信法4条）】
ト	役職員個人の金融商品取引に関する社内規程	【「役職員等が自己の計算で行う株式等の取引」に関する社内規定作成に関する規則（投信協会）】 【職務上知り得た特別の情報に基づく取引の禁止（金商法38条7号、金商業等府令117条1項12号）】
チ	株主優待物の処理方法に関する社内規程	
リ	その他、交付書面に関する事項、弊害防止措置の遵守及び運用財産相互間取引をはじめとした利益相反行為の防止等に関する事項など、法令等遵守に関する社内規程	
ヌ	不祥事等発生時の報告及び処理に関する社内規程	【事故届（金商法50条1項8号、金商業等府令199条7号・8号）】
ル	社内処分に関する社内規程	
［不動産投資信託等］　④～⑤　略		
(4)	基準価額管理	《投資信託財産の計算に関する規則》 【投資信託に関する会計規則（投信協会）】 【投資信託財産の評価及び経理等に関する規則・細則・委員会決議（投信協会）】 【投資信託の基準価額の連絡、発表等に関する規則・細則（投信協会）】
①	基準価額の計算において適切なシステムサポートを行っているか。	
②	システムサポートが行われている場合には、プログラムの内容が法令等に準拠していることを検証するほか、必要に応じレビューしているか。	
③	システムは運用財産の運用スキームに対応出来るものとなっているか。	

④ 基準価額に著しい変動がある場合にはその原因を把握するとともに、法令等に違反する事実が発見された場合には、内部管理部門及び必要に応じて取締役会等へ報告しているか。	
⑤ 基準価額を管理する者は、日々、正確な基準価額を算出するために必要な検証を行うなど、適切な管理を行っているか。	
⑥ 誤った基準価額を算出した場合の対応策をあらかじめ策定しているか。	【損失補てん（金商法42条の2第6号）、事故確認不要（金商業等府令118条2号）】
(5) 運用管理態勢	
① 運用状況を管理する者は、運用管理の重要性を認識し、かつ、営業部門等に配置した内部管理担当者に当該内容を理解・認識させるような適切な方策を講じているか。	
② 運用状況を管理する者は、	
イ 自らの責任のもと、適切な運用管理を行っているか。	
ロ 運用において重大な異常が認められた場合には、内部管理部門の責任者と連絡をとりつつ、直ちに取締役会及び必要に応じて代表取締役にその旨報告する体制を整備しているか。また、原因の究明や対処方針を検討し、速やかに必要な措置を講じる体制を構築しているか。	
ハ 定期的に運用管理の実施状況について、取締役会等へ報告しているか。	
③ 組入資産の正確な評価を行うための社内体制が整備されているか。特に、組入資産に非上場の株式・債券等が組み入れられている場合、適正な時価を把握する体制を整備しているか。	【主な指摘事項　平成19年10月～12月】 未公開株式の不適切な時価評価 　「当社は、投資顧問（助言）契約又は投資一任契約に基づいて助言又は一任運用するファンドの投資対象である未公開株式の時価評価を適切に行っておらず、その結果、ファンドの投資者に損害を与えていた。」 【主な指摘事項　平成20年7月～9月】 投資信託の時価管理に係る内部管理態勢の不備 　「当社は、当社が設定・運用する投資信託の時価評価の適正性を検証する方法の一つとして、当該投資信託に組み入れられた外国債券の中から時価が長期間変動していない（以下「ステイルプライス」という。）銘柄の抽出に係る社内ルールを定めているものの、社内ルールどおりの検証を行

		わず、複数の銘柄についてステイルプライスを把握していなかった。また、数か月の間、時価に全く値動きのない状況が続いていたにもかかわらず、当社は長期間にわたりこれらのステイルプライスを放置し、検証・対応を怠っていた。」
	④ 金融機関等を通じた運用を行っている場合には、金融機関と定期的に残高照合を行い、差異が生じた場合には、直ちにその原因を究明するとともに、必要に応じて取締役会等へ報告する等の体制を整備しているか。	
(6)	不動産運用管理態勢　中略	
(7)	運用の再委託管理	【運用権限の委託（金商法42条の３）】
	① 再委託先等の選定に当たっては運用実績の優位性、信用力及び運用・資産管理体制の状況を確認するほか、再委託先等から運用内容に関する十分な情報開示を求めているか。	Ⅵ－２－３－１(1) ④ 金商法42条の３の規定により権利者のための運用を行う権限の全部又は一部を他の者に委託する場合（当該他の者が委託された権限の一部を再委託する場合を含む。）に、委託先の選定基準や事務連絡方法が適切に定められているか。また、委託先の業務遂行能力や、契約条項の遵守状況について継続的に確認できる体制が整備されているか。さらに、委託先の業務遂行能力に問題がある場合における対応策（業務の改善の指導、再委任の解消等）を明確に定めているか。 ⑤ 発注先や業務委託先等の選定に関し、当該者に係る取引執行能力、法令等遵守状況、信用リスク及び取引コスト等に関する事項が、勘案すべき事項として適切に定められているか。
	② 運用の再委託等を行う場合には、運営状況について権利者に対し説明を行い得るものとなっているか。	
	③ 再委託先等との契約締結に際しては、当該契約の遂行に伴って生じる再委託先等の責任の範囲、その他紛争の防止や適正処理のために必要な事項について定めているか。	
	④ 運用の再委託先等に対する指図書類と委託内容に齟齬はないか。また、投資助言・代理業者に発注を行わせていないか。	
	⑤ 投資判断が海外拠点等で行われる場合、現地のファンドマネージャーに法令等の理解及び遵守を徹底しているか。	

⑥ 再委託先等の法令等の遵守状況に関し、定期的に内部監査等の実効性のある確認を行っているか。

⑦ 再委託先等の運用実績に優位性がないにもかかわらず、合理的な理由のないまま契約を継続していないか。

2．リスク管理態勢

(1) 取締役等の認識及び役割

① 代表取締役及び取締役会は、リスク管理部門を軽視することが、財務の健全性を損うとともに、企業の信用失墜（レピュテーション）につながり、会社の経営に重大な影響を与えることを十分認識しているか。

② 取締役会は、会社としてどの程度の収益を目標とし、どの程度のリスクをとるのか、といった戦略目標を明確に定めているか。また、各部門の戦略目標は、収益確保を優先するあまり、リスク管理を軽視したものとなっていないか。加えて、当該目標が組織内で周知されているか。特に、適切なリスク管理を行わないまま、短期的な収益確保を優先した目標の設定や当該目標を反映した報酬体系の設定を行っていないか。

③ 取締役会等は、戦略目標を踏まえてリスク管理の方針を明確に定めているか。また、リスク管理の方針が組織内で周知されるよう、適切な方策を講じているか。
加えて取締役会等は、リスク管理の方針を定期的に、あるいは戦略目標に変更が生じた場合など必要に応じて随時に見直しているか。

④ 取締役は、リスクの所在及びリスクの種類・特性を理解した上で、各種リスクの測定・モニタリング・管理等の手法を理解し、リスク管理の重要性を認識しているか。

⑤ 取締役会は、自社が抱えるリスクの種類を明確に把握し、必要なリスク管理体制を構築しているか。

⑥ 取締役会は、リスクの種類ごとに管理を行う体制を整備するとともに、全てのリスクを統合して管理できる体制を整備しているか。また、例えば営業部門等とリスク管理部門を分離する

COLUMN

5 基準価額の算定者

・通常、外国籍ファンドのNet Asset Value（以下「NAV」という）は、投資判断を行う運用会社ではなく、例えばmanagement company（会社型の場合）やtrustee（契約型の場合）から算定業務を委託されたAdministratorが算出している。これは、投資判断を行う運用会社が自身で運用資産額の評価まで行うことの利益相反的な是非や、運用会社の報酬はNAVに対し一定率を乗じて計算され、資産を高めに評価（例：bidプライスではなくmidプライスで評価）すると報酬も増加する利益相反の関係にあること等が、理由とされている。一方で、Administratorの責任を契約上で自己の故意・重過失に起因するものに限定したり、一定率までの誤謬を免責することを規定したりしている外国籍ファンドが多く見受けられることもあり、外部監査人による監査を受けるものの、その算出の精度は必ずしも十分な牽制がかかっていない可能性は排除できない。

・一方、本邦投資信託においては、歴史的には、証取法上の有価証券の価格は証券会社のほうが受託銀行よりも把握できているとの実情等から、受託銀行ではなく委託会社（当時は証券会社が兼業）が算定することとなったといわれており、それ以降、委託会社が基準価額を算定し続けている（ただし、受託信託との照合が行われている）。委託会社による算定に関しては前述のとおり利益相反が生じることが懸念されるが、投資信託協会の自主規制ルールで評価方法等を細かく規定し、委託会社に高い注意義務を課すことにより、利益相反行為をある程度抑止しているものと考えられる。しかしながら、本質的な利益相反構造を克服していくためには、今後わが国でも海外のように投資判断を行う投信委託会社とは独立した基準価額の算定業者が算定する仕組みの構築、あるいは受託者が基準価額の算定に責任をもつ制度への転換等が図られることが期待される。

【業務の適正を確保するための体制の整備義務（会社法362条）】

など相互牽制等の機能が十分発揮されるような体制となっているか。加えて組織体制については、必要に応じ随時見直し、戦略目標の変更やリスク管理手法の発達にあわせて改善を図っているか。	
⑦　取締役会等は、定期的にリスクの状況の報告を受けているか。また、把握したリスク情報を業務の執行及び管理体制の整備等に反映・活用しているか。	【取締役会等とは、取締役会のほか、業務の運営、執行に関する意思決定を行う機関を含む（検査マニュアルⅡ－(7)）】
⑧　取締役会等は、適切なリスク管理を行うため、業務に精通した人材の育成、専担者の配置、その陣容及び人事管理等についての方針を明確に定めているか。	
⑨　取締役会等は、リスク管理部門の権限と責任の明確化を図り、適切なリスク管理を行うための組織体制の整備、見直し及び人員配置等を行う体制を構築しているか。	
⑩　取締役会等は、決定した戦略目標及びリスク管理の方針に従い、適切なリスク管理態勢を整備しているか。	
⑪　監査役は、リスク管理に関する取締役会等に必ず出席しているか。	【監査役の取締役会出席義務（会社法383条１項）】
(2)　リスク管理手法及び規程の整備	
①　リスク管理部門の責任者は、リスク管理の方針に沿って、リスクの種類に応じた測定・モニタリング・管理等の手法を構築し、適切なリスク管理のための社内規程を取締役会等の承認を得た上で整備しているか。また、必要に応じて、リスク管理の方針及びリスク管理のための規程を適時適切に改善するように努めているか。	
②　リスク管理手法や社内規程の内容は、営業部門等の戦略目標、あるいは、取り扱っている業務や商品の内容からみて適切なものとなっているか。また、リスク管理業務が日常業務の一部となっているか。	
③　リスク管理のための社内規程には、手続き、権限、必要書類及び緊急時の対応策など、各業務の遂行方法を定めているか。また、リスク管理部門は、職員が社内規程を遵守しているかを検証しているか。	【業務方法書及びその下位規程（金商業等府令８条）】

(3) リスク管理部門の責任者の認識及び役割	
① リスク管理部門の責任者は、リスク管理の重要性を認識し、その所在及び種類・特性を正確に把握しているか。また、営業部門等ごとにリスク管理担当者を配置した場合には、リスクの測定・モニタリング・管理等の手法について、当該営業部門等ごとに配置したリスク管理担当者に理解・認識させるよう、適切な方策を講じているか。	【政令で定める使用人（金商法施行令15条の４）】
② リスク管理部門の責任者は、リスク管理の方針及びリスク管理のための社内規程に沿って、適切なリスク管理を行うための体制整備を図っているか。	
③ リスク管理部門の責任者は、リスク管理手法や組織の有効性を適時適切に検証するとともに、市場の変化やリスク量の増大、取り扱う商品の複雑化・多様化等にあわせて、必要に応じ、リスク管理手法を見直しているか。	
④ リスク管理部門の責任者は、営業部門等における業務の種類や取扱商品を常に把握し、継続的なリスクの特定と適切な管理手法を構築するための施策を講じているか。特に、新規の業務に取り組む場合や新規の商品の取扱いを開始する場合には、リスクを特定し、管理に必要なインフラを整備するなど事前に十分な検討・対策を講じているか。なお、特定されたリスクが管理不可能なリスクであった場合には、業務や取扱商品の見直し等を判断し、実行しているか。	
⑤ リスク管理部門の責任者は、取締役会等で定められた方針に基づき、リスク管理担当者の能力を向上させるための研修体制を整備するなど、専門性を持った人材の育成を行っているか。なお、社内においてリスク管理を重視するとの考え方が浸透するよう、適切な方策を講じているか。	
(4) リスク管理部門の独立性	
① 取締役等は、リスク管理部門の役職員に営業部門等の業務を行わせるなど、利益相反の関係が生じ得る体制を構築していないか。また、他の取締役又は監査役は、このような体制が構築されないよう、十分な監視を行っているか。	【忠実義務（金商法42条）】

② リスク管理部門は、営業部門等からの影響を受けることなく、リスク管理の方針及びリスク管理のための社内規程に基づき、組織全体のリスク管理体制の設計・管理の状況を含めたリスク情報について、定期的に又は必要に応じて随時、代表取締役及び取締役会等に報告しているか。	
③ リスク管理部門は、経営に重大な影響を与えるリスク情報を網羅するとともに、代表取締役及び取締役会等が適切に評価及び判断できるように分かりやすく、かつ正確に報告しているか。	
④ リスク管理部門の担当取締役が営業部門等を兼務するなど、独立性を阻害するおそれのある体制が構築されていないか。なお、リスク管理部門が営業部門等から独立していない場合及びリスク管理部門の担当取締役が営業部門等の取締役と兼務している場合にも、その体制のあり方は十分に合理的であるか、適切なリスク管理を行うための牽制機能は働いているか。	
⑤ リスク管理部門は、営業部門等への指示事項が適切に実行されているかなどの検証を行っているか。	
3．事務リスク管理態勢	cf. 【検査マニュアル Ⅱ－1－1　態勢編　共通項目　3　内部管理態勢　(8)　事務部門の役割】 Ⅲ－2－7(1) 　事務リスクとは、役職員が正確な事務を怠る、あるいは事故・不正等を起こすことにより顧客や金融商品取引業者が損失を被るリスクである。金融商品取引業者は、事務リスクに係る内部管理態勢を適切に整備し、業務の健全かつ適切な運営により、信頼性の確保に努める必要があることから、例えば以下の点に留意して検証することとする。 ① 主な着眼点 イ．全ての業務に事務リスクが所在していることを理解し、適切な事務リスク管理態勢が整備されているか。 ロ．事務リスクを軽減することの重要性を認識し、事務リスク軽減のための具体的な方策を講じているか。 ハ．事務リスクの管理部門は、例えば営業部門から独立するなど、十分に牽制機能が発揮されるよう体制が整備されているか。事務に係る諸規

	程が明確に定められているか。また、当該諸規程は必要に応じて適切に見直しが行われているか。 ニ．内部監査部門は、事務リスク管理態勢を監査するため、内部監査を適切に実施しているか。また、事務リスクの管理部門は、営業部店における事務管理態勢をチェックする措置を講じているか。両部門は、適宜連携を図り営業部店の事務水準の向上を図っているか。
(1) 取締役等の認識及び役割	
① 取締役等は、全ての業務に事務リスクが存在することを理解し、事務リスクを軽減することの重要性を認識した上で、適切な方策を講じているか。また、外部に委託した業務に関する不祥事等であっても、権利者に対しては責任を免れない可能性があることを十分認識して適切な方策を講じているか。	(2) 事務の外部委託について 　金融商品取引業者は事務の外部委託を行う場合でも、当該委託事務に係る最終的な責任を免れるものではないことから、顧客保護及び経営の健全性を確保するため、金融商品取引業者の業容に応じて、例えば以下の点に留意する必要がある。なお、以下の点はあくまで一般的な着眼点であり、委託事務の内容等に応じ、追加的に検証を必要とする場合があることに留意する。
② 取締役等は、不祥事等、その他の不適切な業務運営により、訴訟や批判的風評を招き、信用失墜等の不利益を被るおそれがあることを認識し、適切な方策を講じているか。	① 主な着眼点 イ．外部委託の対象とする事務や外部委託先の選定に関する方針・手続が明確に定められているか。 ロ．外部委託している事務のリスク管理が十分に行えるような態勢を構築しているか。
③ 取締役会等は、業務の一部を外部に委託する場合、これにより生じ得るリスクの種類、程度を十分理解し、これを管理するための適切な方策を講じているか。 　また、委託先の選定や委託契約の内容により、リスクの種類や程度が異なることを理解した上で、具体的な対応策を検討しているか。	ハ．外部委託を行うことによって、検査や報告、記録の提出等監督当局に対する義務の履行等を妨げないような措置が講じられているか。 ニ．委託契約によっても金融商品取引業者と顧客との間の権利義務関係に変更がなく、当該金融商品取引業者が事務を行ったのと同様の権利が確保されていることが明らかか。
(2) 管理体制の整備	ホ．委託事務に関して契約どおりサービスの提供が受けられないときに、金融商品取引業者において顧客利便に支障が生じることを未然に防止するための態勢整備が行われているか。
① リスク管理部門の責任者は、事務リスクを軽減することの重要性を認識し、他の部門等の担当者に事務リスク軽減の重要性及び軽減のための方策を認識させるなど、適切な方策を講じているか。また、事務リスクを把握するに当たっては、業務上の損失の潜在的規模や発生可能性等を分析し、例えば、予想損失額を計量化するなど、リスクを適切に評価しているか。	ヘ．委託事務に係る苦情等について、顧客から金融商品取引業者への直接の連絡窓口を設けるなど適切な苦情相談体制が整備されているか。
② 事務部門は、業務内容についての分析を行い、事務リスクの所在を確定し、そのリスクを軽減するような社内規程等を整備しているか。また、事務処理ミス等が生じた場合に備えた規程を整備しているか。	

③ 外部委託業務の計画・実行に当たっては、委託する業務内容・範囲、外部委託先の選定、委託によって新たに生じるリスク等について十分検討しリスク管理の具体策を策定しているか。	
④ 外部に委託している業務についてリスク管理が十分できるような体制（リスクの認識・評価・報告体制及び是正等）を契約等によって構築しているか。	
⑤ リスク管理業務の従事者は、社内規程等の遵守状況やリスクが内在する業務の適切性についてチェックを行っているか。	
⑥ 精査・検印担当者自身が業務に追われ、形式的、表面的なものとならないよう、精査・検印の実効性を確保するための方策を講じているか。	
⑦ 社内規程外の取扱いを行う場合には、事務部門及び関係業務部門と連携の上、必ず内部管理部門の指示等に基づいた処理をしているか。	
4．システムリスク管理態勢	Ⅲ－2－8　システムリスク管理態勢 　システムリスクとは、コンピュータシステムのダウン又は誤作動等、システムの不備等に伴い顧客や金融商品取引業者が損失を被るリスクやコンピュータが不正に使用されることにより顧客や金融商品取引業者が損失を被るリスクをいうが、金融商品取引業者の経営再編に伴うシステム統合や新商品・サービスの拡大等に伴い、金融商品取引業者の情報システムは一段と高度化・複雑化し、更にコンピュータのネットワーク化の拡大に伴い、重要情報に対する不正なアクセスや漏えい等のリスクが大きくなっている。 　システムが安全かつ安定的に稼動することは、金融商品市場及び金融商品取引業者に対する信頼を確保するための大前提であり、システムリスク管理態勢の充実強化は極めて重要である。 【システムの管理不備（金商業等府令123条1項14号）】
(1)　システムリスクに対する認識等	
業務基盤がシステムにより担われている金融商品取引業者にあっては、取締役会等において、システムの特性や業務における利用環境及びシステム運用環境等より想定されるリスクの種類と所在を認識し、リスクが顕在化した際の影響を把握す	(1)　主な着眼点 　システムリスク管理態勢の検証については、金融商品取引業者の業容に応じて、例えば以下の点に留意して検証することとする（着眼点の詳細については、必要に応じて証券検査マニュアルを参

るとともに、影響度に応じた管理方針を定めているか。

(2) 適切なシステムリスク管理態勢の確立

① システム管理部門の責任者は、システム運営上の損失の潜在的規模や発生可能性等を分析し、例えば、予想損失額を計量化するなど、システムリスクを適切に評価しているか。

② 取締役会等は、システムリスク管理の方針を適切かつ明確に定めているか。システムリスク管理の方針には、情報セキュリティポリシー（組織の情報資産を適切に保護するための基本方針）及び外部委託管理に関する方針が含まれているか。
　また、管理方針に基づき、具体的な対応部署及びその役割と責任を定め、適切な要員を割当てるとともに、定期的又は随時に、管理状況等の報告を受ける体制を構築しているか。

③ システム管理部門の責任者は、会社が認識しているリスクについて、具体的な管理基準や手順等を定めた管理規程を策定し取締役会等の承認を受けるとともに、対応部署の役割と責任において適切な管理を行う体制を整備しているか。

④ 取締役会等は、会社が認識しているリスクに係る問題点を把握するための報告体制を整備し、適切な意思決定等を行うための指針を定め、これに沿った迅速な対応を図る体制を整備しているか。

⑤ 取締役会等は、会社を取り巻く環境の変化に応じ、リスクの再評価とこれに対応するための適切な組織（役割と責任及び人員）、管理規程等を適宜見直すことにより、実効性が維持される体制を構築しているか。

(3) 安全対策の整備

① 情報セキュリティ管理態勢の整備

イ　取締役会等は、コンピュータシステムにより管理される情報資産の漏えいや不正使用等を防止し、金融商品取引業者や顧客が損失を被るリスクを低減するため、情報セキュリティ管理部署及びその役割と責任を定めるなど、情報セ

照。）。

① システムリスクに対する認識等

イ．取締役会等において、システムリスクが十分認識され、全社的なリスク管理の基本方針が策定されているか。

ロ．システムリスクに関する情報が、適切に経営者に報告される体制となっているか。

② 適切なリスク管理態勢の確立

イ．システムリスク管理の基本方針が定められ、管理態勢が構築されているか。

ロ．具体的基準に従い管理すべきリスクの所在や種類を特定しているか。

ハ．システムリスク管理態勢は、自社の業務の実態やシステム障害等を把握・分析し、システム環境等に応じて、その障害の発生件数・規模をできる限り低下させて適切な品質を維持するような、実効性ある態勢となっているか。

③ システム監査

イ．システム部門から独立した内部監査部門において、システムに精通した監査要員による定期的なシステム監査が行われているか。

ロ．監査の対象はシステムリスクに関する業務全体をカバーしているか。

④ 安全対策の整備

イ．安全対策の基本方針が策定されているか。

ロ．定められた方針、基準及び手順に従って安全対策を適正に管理する安全管理者を設置しているか。安全管理者は、システム、データ、ネットワークの管理体制を統括しているか。

⑤ 外部委託管理

システムに係る外部委託業務について、リスク管理が適切に行われているか。

⑥ コンティンジェンシープラン

イ．コンティンジェンシープランが策定され、緊急時体制が構築されているか。

ロ．コンティンジェンシープランは、自社の業務の実態やシステム環境等に応じて常時見直され、実効性が維持される態勢となっているか。

⑦ システム統合リスク

イ．金融商品取引業者の役職員は、システム統合リスクについて十分認識し、そのリスク管理態勢を整備しているか。

ロ．テスト体制を整備しているか。また、テスト計画はシステム統合に伴う開発内容に適合したものとなっているか。

ハ．業務を外部委託する場合であっても、金融商品取引業者自らが主体的に関与する態勢を構築しているか。

ニ．システム統合に係る重要事項の判断に際して、

キュリティ管理態勢を整備しているか。また、情報セキュリティ管理の対象となる情報資産について、種類や所在を具体的に記載した規程が制定され、情報資産が明確化されているか。

ロ　情報セキュリティ管理部署の責任者は、情報セキュリティに係る全社的な管理体制を明確にするとともに、情報資産の主管部署・担当者に対して適切な牽制機能が働くよう、リスクに配慮した適切な体制を維持しているか。

ハ　情報セキュリティ管理部署の責任者は、外部委託先等を含め、重要な情報セキュリティ管理手続を定めるとともに、実施状況の検証を通じて、実効性を確保しているか。

ニ　全役職員（契約社員、パート社員等を含む。）及び外部委託先等の業務従事者に対し、情報セキュリティ意識の向上、不正の抑止及び防止に向けた情報セキュリティに係る研修が実施され、定期的に社内規程・規則や管理手続等の周知徹底が図られているか。

ホ　情報資産のリスク状況等を踏まえ、建物への侵入防止設備等の物理的方法やシステムへの利用者パスワードの設定等による論理的方法により、適切なアクセス管理等が実施され、管理状況が点検されているか。また、重要な情報資産を有するシステム等へのアクセス状況が記録され、不正アクセスや情報漏えいの有無等が点検されているか。さらに、顧客や業務への影響が大きいシステムについては、アクセス状況の監視を通じ、サイバー攻撃等による影響が点検されているか。

ヘ　障害・事故・犯罪等に関する情報セキュリティ上の問題について、その発生認識、顧客対応、暫定的対応、原因分析、再発防止等に係る対応が規程等に基づき、適切に実施され、定期的に取締役会等へ報告が行われているか。

ト　障害・事故・犯罪等に関する情報セキュリティ上の問題について、顧客等に対して適時に情報が開示され、適切な対応が行われているか。その際、必要に応じて発生時及び適時に取締役会等への報告が行われているか。また、当局への報告は適切に実施されているか。

②　システムの運用及び保守管理体制の整備

システム監査人による監査等の第三者機関による評価を活用しているか。

ホ．不測の事態に対応するため、コンティンジェンシープラン等を整備しているか。

⑧　障害発生時の対応

イ．障害発生時に、顧客に無用の混乱を生じさせないための適切な措置を講じているか。

ロ．発生した障害について、原因を分析し、それに応じた再発防止策を講じているか。

ハ．障害発生時、速やかに当局に報告する体制が整備されているか。

【主な指摘事項　平成22年1月～3月】
システムリスク管理態勢の不備
「(1)　当社は、システム管理を委託している外部委託先に対して、各部署からのリモートログイン申請に基づきログインパスワードを都度貸し出し、各種作業を行わせることとしているが、当社においては、当該申請が実施されず、システム統合時に外部委託先に対して付与したパスワードが継続的に使用されており、その状況が看過されているなど外部委託先管理態勢の不備が認められた。

(2)　当社は、事務手続において、システム障害を認識した部署がシステム障害全てについてシステム管理部へ報告し、システム管理部が障害管理記録票を起票した上で、障害発生状況をリスク管理委員会に報告することとしている。しかしながら、システム管理部は、一部の障害について障害管理記録票を起票・回付しておらず、リスク管理委員会へ報告していないなど、システム障害管理態勢の不備が認められた。」

【主な指摘事項　平成20年1月～3月】
リスク管理態勢の不備
「当社は、当社が設定・運用する（再委託による運用を含む。）投資信託について、社内ルールに基づくリスク管理委員会を適時開催しておらず、また、他社に運用を再委託している投資信託に関して、運用方針との整合性等の観点からの適切なモニタリングを行う態勢を整備していなかった。」

【主な指摘事項　平成21年10月～12月】
電子情報処理組織の管理が十分でないと認められる状況等
『(1)　当社は、業務委託先及びその再委託先業者に対して、当社が業務上利用するシステムのID／パスワード等を周知していたため、業務委託先等の担当者による当該システムへの複数の不正アクセス（ユーザー以外の者が行うアクセス）が認められた。

イ　システム管理部門の責任者は、業務基盤となるシステムが安全かつ安定的に稼動するために、その阻害要因となるリスクの種類と所在を把握し、リスクを顕在化させない、又は、顕在化した際にその影響を最小限に留めるための管理方針を定めているか。

ロ　システム管理部門の責任者は、上記の管理方針に基づく安全管理基準を定め、予防保全の観点から定期的なシステムの点検を実施しているか。また、その記録を残しているか。

ハ　システム管理部門の責任者は、上記の管理方針に基づき、システム管理部門の役割と責任を明確にし、（ハード、ソフト、データ及びネットワーク等に係る）必要な知識及び技術を有した要員を安全管理者として割当てるとともに、システム運用担当とシステム開発担当の相互牽制体制を構築するなど、リスクの顕在化を防止するために、管理体制を統制しているか。適切な要員が在籍していない場合は、外部の専門家を活用する等の方策を採り、実効性のある体制を整えているか。

ニ　安全管理に必要な容量や処理能力等を含めたシステムが稼動する環境の点検項目や手順等及び発生した問題点の管理手順等については、社内規程やマニュアルとして定めるとともに、実効性を図るとの観点から、適宜、必要な見直しを行っているか。

ホ　安全管理のための点検が社内規程やマニュアル等に基づき定期的（年次、四半期、月次及び日次等）に実施されており、点検の状況や結果についての記録を保存することにより、その内容を事後的に検証する等の方策を講じているか。

③　システムの企画及び開発管理体制の整備

イ　システムの企画に際しては、経営計画及び組織の基本方針を踏まえたシステム活用の目的が明確にされているか。

ロ　システム計画については、取締役会等における組織の意思決定の手順に則り、承認されているか。承認に際しては、意思決定に必要な情報（期待される効果、導入時期、導入に伴うリスク及び必要なリソース（投資額及び組織体制）

(2)　当社においては、①業務委託先の選定基準、評価基準等が定められていない、②システムの所管部署が不正アクセスの発生を「障害」と認識せず、経営陣等へ報告していない、③内部監査部署が不正アクセスに係る問題点を経営会議へ報告するなどしたにもかかわらず、経営陣は措置を講じていない、などといったシステムリスク管理態勢上の不備等が認められた。』

等）が明示され、取締役会等の十分な理解と必要な議論・検討が行える手順が取られているか。	
ハ　システムの企画及び開発部門のみならず、利用部門も参画した推進体制が整備されているか。また、システムに関する知識及び技術を有する要員及びシステム化対象業務に精通した要員が参画しているか。適切な要員が在籍していない場合は、外部の専門家を活用する等の方策を採り、実効性のある体制を整えているか。	
ニ　システム仕様の確認及び決定、受入テストの実施及び検証にはシステムの利用部門が関与しているか。また、顧客や業務への影響が大きいシステムの本番移行に際しては、移行判定計画等に基づき、取締役会等が合理的な判定基準に基づいて移行判定を行っているか。	
ホ　システムの企画及び開発における成果物について標準を定め、その確認方法や手順、判断基準等を開発基準書として文書化し、関係者へ周知徹底しているか。	
ヘ　システム企画においては、システムの導入に伴う業務への影響を認識し、導入後に混乱が生じないよう導入計画が検討されているか。また、導入時期は、営業を優先した無理なスケジュールとしていないか。更に、運用や保守についても検討されているか。	【システムの管理不備：電子情報処理組織の管理が不十分である状況の禁止（金商業等府令123条１項14号）】
ト　開発するシステムの特性を考慮し、開発に伴い想定されるリスクを認識し、開発工程における管理項目として、開発中、継続的な状況把握を行える仕組みを設けているか。また、認識しているリスクの顕在化を想定した検討体制や意思決定手順など、対応方針が明確にされているか。	
チ　システムの設計に際しては、想定される利用環境及び業務における重要度を勘案し、移植性、信頼性、効率性、使用性、検証性、理解容易性、変更容易性等の品質特性を検討し、確保すべき品質が明確にされているか。また、その品質を確保するための方策を検討するなど、実現可能な開発体制が整備されているか。	
リ　新技術の採用に際しては、採用実績等や懸念されるリスクを認識しているか。	

また、普及安定期に入った技術に関しては、システム納入ベンダーのサポート期間や陳腐化リスクについても考慮しているか。	
ヌ　開発及び予算の進捗状況、また、各工程における品質の状況に関する報告体制を明確にし、適切な情報収集と必要な対応ができる体制を構築しているか。	
(4)　システム統合	Ⅲ－2－8(2) ②　システム統合時 　　金融商品取引業者が、合併等の経営再編に伴いシステム統合等を公表したとき、又はシステム統合等を公表した場合には、必要に応じて、システム統合に向けたスケジュール等及びその進捗状況について、システム統合等を円滑に実施するための具体的な計画、システム統合リスクに係る内部管理態勢（内部監査を含む。）、その他の事項について資料の提出を求めるとともに、合併等の公表後から当該システム統合完了までの間、金商法56条の2第1項の規定に基づく報告を定期的に求めるものとする。
①　取締役会等は、システム統合リスクについて十分認識し、そのリスク管理態勢を整備するとともに、必要な情報について役職員への周知徹底を図っているか。	
②　テスト体制を整備しているか。また、テスト計画はシステム統合に伴う開発内容に適合したものとなっているか。	
③　業務を外部委託する場合であっても、会社自らが関与する体制を構築しているか。	
④　システム統合に係る重要事項の判断に際して、システム監査人等外部の専門家等による評価を活用しているか。	
⑤　不測の事態に対応するため、コンティンジェンシープラン等を整備しているか。	
(5)　障害発生時の対応	Ⅲ－2－8 (3)　システム障害時における対応 ①　コンピュータシステムの障害の発生を認識次第、直ちに、その事実の当局あて報告を求めるとともに、「障害発生等報告書」（別紙様式Ⅲ－1）にて当局あて報告を求めるものとする。 　　また、復旧時、原因解明時には改めてその旨
①　障害等の発生に備え、公益又は投資者保護の観点から速やかな復旧が図られるよう、復旧手順及び方策について標準化を図っているか。また、障害等の発生を想定した業務の継続や復旧作業の訓練を行うなど、実効性のあるものと	

なっているか。	報告を求めることとする（ただし、復旧原因の解明がされていない場合でも1ヵ月以内に現状について報告を行うこと。）。 　なお、財務局は金融商品取引業者から報告があった場合は直ちに金融庁担当課室に連絡すること。 （注）　報告すべきシステム障害等 　　その原因の如何を問わず、金融商品取引業者又は金融商品取引業者から業務の委託を受けた者等が現に使用しているシステム・機器（ハードウェア、ソフトウェア共）に発生した障害であって、金融商品取引、決済、入出金、資金繰り、財務状況把握、その他顧客利便等に影響があるもの又はそのおそれがあるもの。 　　ただし、一部のシステム・機器にこれらの影響が生じても他のシステム・機器が速やかに代替することで実質的にはこれらの影響が生じない場合（例えば、立会時間外に受注システムが停止した場合において、速やかに当該システムに相当する代替システムを起動させることによって受注が可能となり、立会時間に間に合った場合。）を除く。 　　なお、障害が発生していない場合であっても、サイバー攻撃の予告がなされ、又はサイバー攻撃が検知される等により、上記のような障害が発生する可能性が高いと認められる時は、報告を要するものとする。
②　システム障害等発生時に適切かつ速やかな対応が行えるよう、システムに精通した要員を育成し、かつ、必要な際の連絡手段を確保しているか。	
③　システム障害等発生時に、権利者に無用な混乱を生じさせないため、情報の開示範囲や基準に加え、必要な手順及び手段等を定めているか。	
④　会社にシステムに精通した要員が在籍していない場合は、システム納入ベンダー等との間に必要な保守契約を締結する等の方策を講じているか。	
⑤　システム障害の内容を記録し、定期的又は必要に応じて随時に、システム納入ベンダー等の専門家を交え、障害の根本的な原因の究明及び対策について検討し、抜本的な改善を図ることにより再発防止に努めているか。なお、障害の全体的な発生状況・原因等についての分析を通じた再発防止策の実施を含む。	
⑥　障害発生時や復旧時及び原因解明時等において、速やかに当局に報告する体制を整備しているか。	②　必要に応じて金商法56条の2第1項の規定に基づき追加の報告を求め、公益又は投資者保護の観点から重大な問題があると認められる場合には、金商法51条の規定に基づく業務改善命令を発出する等の対応を行うものとする。更に、重大・悪質な法令違反行為が認められる等の場合には、金商法52条1項の規定に基づく業務停止命令等の発出も含め、必要な対応を検討するものとする。
(6)　コンティンジェンシープラン	
①　障害の発生を想定し、復旧の必要性及び緊急性を考慮して全ての業務に優先度を定めるとともに、障害の程度や原因等に応じた目標復旧時間や復旧手順及び方策を明示しているか。 　また、サイバー攻撃等については、的確に状況を把握し、攻撃による被害の拡大を防止するための体制を構築した上で、当局への報告や関係機関との連携を含めた対応手順や方策を具体化しているか。	【サイバー攻撃等について：不正指令電磁的記録に関する罪（刑法168条の2、168条の3）器物損壊罪（刑法261条）】

② 非常事態の定義、意思決定の手順及び意思決定者不在の時の代替者の責任と役割等を明確にしているか。	
③ 障害発生を想定した定期的な訓練等によりコンティンジェンシープランの実効性に係る検証を行っているか。	
④ 会社を取り巻く環境の変化や組織の変更、要員の異動等をコンティンジェンシープランに反映させるよう、適宜、必要な見直しを図っているか。	
⑤ 非常事態発生時の権利者に対する情報の開示について、手順や手段等を定めているか。	
⑥ 大規模地震等の広域災害を考慮し、役職員の安否確認の方法と手順を策定しているか。また、オフィス等の設備が利用できない場合の業務継続について考慮しているか。	
(7) 外部委託管理	cf. 【運用の再委託管理については、検査マニュアル Ⅱ－1－5 態勢編 投資運用業者 1．内部管理態勢 (7) 運用の再委託管理 参照】 【事務の外部委託については、検査マニュアル Ⅱ－1－5 態勢編 投資運用業者 3．事務リスク管理態勢 参照】 【システムの外部委託については、検査マニュアル Ⅱ－1－5 態勢編 投資運用業者 4．システムリスク管理態勢 参照】
① 外部委託に係る管理体制	
イ 業務委託を行う目的及び効果を明確にしているか。	
ロ 業務委託を行うことによるリスクを認識し必要な対応を検討しているか。	
ハ 業務委託を行う対象業務、会社の役割と責任、対応部署及び管理責任者を明確にしているか。	
② 業者評価基準と定期的評価	
イ 委託先の選定基準を定め、リスク管理の観点から当該基準に基づく選定が行われているか。	
ロ 委託先の評価基準を定め、リスク管理の観点から当該基準に基づく評価が行われているか。また、委託業務の内容を分析し、問題がある場合は必要な対応を行っているか。	
③ 委託先との契約 　業務委託を行うことによるリスクを認識し、契約において機密保持、再委託条項、監査権限、サービスレベル及び紛争解決方法等を明確に定めているか。	cf. 【運用の再委託管理については、検査マニュアル Ⅱ－1－5 態勢編 投資運用業者 1．内部管理態勢 (7) 運用の再委託管理 参照】

④　委託業務の管理	
イ　委託先における事故、不正等の防止及び機密保持等の対策の実施状況を会社として把握し、必要な措置を講じているか。	
ロ　運用及び保守に係る業務委託については、契約で定めたサービスレベルが保障されていることを会社として確認しているか。	
ハ　開発に係る業務委託については、	cf. 【システムの外部委託については、検査マニュアル　Ⅱ－1－5　態勢編　投資運用業者　検査マニュアル　4．システムリスク管理態勢　参照】
a．利用部門の承認を得た要求仕様を書面にて明確に定義し、委託先へ提示しているか。	
b．品質及び進捗状況を把握し、必要な対策を講じているか。	
c．利用部門が受入テストに参加し、検収条件を定めるなど品質を確認しているか。	
(8)　システム監査	
①　システム監査の実施	
イ　システム部門から独立した内部監査部門を設置し、システムに精通した監査要員による定期的なシステム監査を行っているか。	Ⅲ－2－8(1) ③　システム監査 イ．システム部門から独立した内部監査部門において、システムに精通した監査要員による定期的なシステム監査が行われているか。 ロ．監査の対象はシステムリスクに関する業務全体をカバーしているか。
ロ　会社組織内部にシステムに精通した監査要員が在籍していない場合は、外部の専門家を活用する等により、システム監査を実施しているか。なお、外部の専門家を活用する場合にも、会社が認識しているシステムリスクに関する問題点の洗い出しと、継続的に改善を図るとの目的が達成できる監査体制としているか。	
ハ　会社が認識しているシステムリスクに基づき、監査の重点項目や監査計画を定め、これに沿った適切な監査を実施しているか。	
ニ　システム監査に係る基準を設け、会社が認識しているシステムリスクの種類と所在に応じた監査手法を確立し、実効性がある監査を行っているか。	
ホ　監査の対象は、会社が認識しているシステムリスクに係る業務全般をカバーしているか。また、会社の認識漏れ等についても検証している	

か。更に、監査結果が速やかに取締役会等に報告される体制を整備しているか。	
② 問題点の是正	
取締役会等は、監査結果の報告により把握した問題点についての対応指針を定め、是正のために必要な意思決定を行い、対応部署に必要な指示を行っているか。また、内部監査部門は、問題点の改善の進捗状況を適切に確認し、その後の内部監査計画に反映するとともに、取締役会等に報告しているか。	
5．運用リスク管理態勢	【投資信託等の運用に関する規則・細則・委員会決議（投信協会）】 【デリバティブ取引に係る投資制限に関するガイドライン（投信協会）】 【金商業等府令130条8号】
(1) 取締役等の認識及び役割	
① 取締役等は、受託者としての責任の観点から運用財産の運用に関しては最良執行の確保を図ることの重要性を認識しているか。	【忠実義務・善管注意義務（金商法42条）】
② 担当取締役は、運用財産の運用に係るリスクの所在・種類及び各種リスクの測定・モニタリング・管理等の手法を理解し、リスク管理の重要性を認識しているか。	本書第3編　業務プロセス別留意点：プロセス8　リスクの選定・管理方法確認　164ページ
③ 取締役会等は、運用財産に係る運用方針を、運用財産のリスク許容量、運用財産等の性格、自らの運用能力及びリスク管理能力等を踏まえ決定しているか。	運用方針を決定する社内組織について（投資一任業の場合　Ⅵ-2-2-1(1)①、投資信託委託業等の場合　Ⅵ-2-3-1(1)①）
④ 取締役会等は、運用財産の運用方針に基づき、運用目標等を定めているか。	
⑤ 取締役会等は、定められた運用財産の運用方針及び運用目標等に沿って、運用リスクを管理する体制を整備しているか。	
⑥ 運用リスクを管理する部門を、例えば、投資運用部門及び管理部門から独立させることなどにより相互牽制機能を確保しているか。	
⑦ 取締役会等は、定期的に運用財産の運用に関する最良執行及びリスクの状況について報告を受け、把握したリスク情報を業務の執行及び管	【忠実義務・善管注意義務（金商法42条）】

理体制の整備等に活用するための措置を講じているか。	
⑧ 取締役会等は、新たな運用手法を導入するに当たって、運用方針、運用財産の性格及びリスク許容量、リスク管理手法に留意し、その適切性を検討しているか。	
⑨ 取締役会等は、投資案件の審査、モニタリング、分析等の管理を適切に行う運用リスク管理部門を設置し、権限及び責任を明確に定めているか。また、運用リスク管理部門の担当取締役が投資運用部門を兼務するなど、独立性を阻害するおそれのある体制が構築されていないか。なお、やむを得ず運用リスク管理部門が投資運用部門から独立できない場合及び運用リスク管理部門の担当取締役が投資運用部門の取締役と兼務せざるを得ない場合にも、その体制のあり方は十分に合理的であるか、適切なリスク管理を行うための牽制機能は働いているか。	
［不動産投資信託等］ ⑩ 略	
(2) 社内規程	cf. 【検査マニュアル Ⅱ－1－5 態勢編 投資運用業者 1．内部管理態勢 (3) 社内規程 参照】
① 運用リスク管理部門の責任者は、運用財産の運用に際して、運用リスクを管理するため下記の社内規程を定め、取締役会等の承認を得ているか。また、これらの規程は必要に応じて見直しているか。	【業務方法書及びその下位規程（金商業等府令8条)】
イ 運用財産の資金特性に合致した組入れ資産の限度額や損失許容額等のリミットに関する社内規程	
ロ 各種運用リスク管理手法（測定、モニタリング及び管理）に関する社内規程	
ハ 債券貸借取引、外国為替取引、デリバティブ取引等に関する社内規程	
ニ 流動性が低く処分が困難な資産や客観的に時価を算出できない資産に係るリスク管理手法に関する社内規程	
ホ 新たな運用手法を導入する場合の検討項目及び承認手続に関する社内規程	

ヘ　外部に運用を再委託等する場合の運用リスク管理手法に関する社内規程	【運用権限の委託（金商法42条の3）】 【運用の再委託管理については、検査マニュアル　態勢編　投資運用業者　1．内部管理態勢　(7)　運用の再委託管理　参照】
②　デリバディブ取引の執行制限や運用方針について社内規程を整備し、取締役会等の承認を得ているか。また、デリバティブ取引を執行した場合の検証体制や取締役等への報告体制は整備されているか。	
［不動産投資信託等］　③～⑤　略	
(3)　運用リスクの把握	
①　運用リスク管理部門は、運用財産の運用にかかる全てのリスクを十分に把握しているか。	
②　資産運用の再委託等をしている場合、再委託先等の資産運用等の状況等を把握しているか。	【運用権限の委託（金商法42条の3）】 cf. 【運用の再委託管理については、検査マニュアル　Ⅱ－1－5　態勢編　投資運用業者　1．内部管理態勢　(7)　運用の再委託管理　参照】
③　運用リスク管理部門は、市場リスク及び信用リスクが存在する資産についてそのリスクを明確に把握しているか。	
④　リスクの把握に際しては、例えば、市場性、流動性及び格付等を十分に調査分析することにより適正な数値を把握しているか。	
［不動産投資信託等（不動産のデューディリジェンス等）］⑤～⑭　略	
(4)　運用に伴う資金繰り管理	
①　投資信託の解約代金等の調達を目的に資金の借入れを行うに当たっては、借入先の信用状況を十分に検討するほか、借入れに係る契約締結に当たり金額、利率及び期限等の契約内容を十分に検討しているか。	
②　投資信託の運用に当たっては、	
イ　ファンドの解約・換金など権利者の行動に影響を及ぼす風評等の情報を収集、分析し、対応策を策定しているか。	

ロ　予期せぬ途中大量解約や換金等に備えた対応策（コンティンジェンシープラン）が策定されているか。また、環境の変化に応じ、適宜対応策を見直しているか。	**COLUMN** **6　改善のインセンティブ** ・コラム３の検査手法でも述べたが、投資運用業者は忠実義務、善管注意義務の観点から常にケースバイケースの判断を問われることが多い。
③　高コストの資金調達を余儀なくされることのないよう資金繰り管理が適切に行われているか。また、組入れ資産の処分に当たり、不利な条件での換金によりパフォーマンスの低下を招くこととならないよう、流動性リスクを管理しているか。	・その判断に際し、自社がどの程度投資家の信頼に値する判断を行ったのか、客観的に検証する手段がないため、投資運用業者自身の経営改善に向けての動機付けとして、金融検査における評定制度のような制度も一考の余地がある。
④　資金繰り管理を行う者は、運用財産に係る資金繰りの状況について日々管理しているか。	・評定制度とは、金融検査マニュアルに沿って会社をＡからＤの４段階で評価する制度である（詳細は金融庁のホームページ参照）。あくまでその時点の相対的な評価でありその後の評価を拘束するものではなく、検査官の主観が入りうるのは否定できない。
⑤　資金繰り管理を行う者は、一度に多量の同一銘柄の資産を売買する時には、大きな市場流動性リスクが生じることがあることを認識し、その影響を勘案したうえで取引を行うよう指示しているか。	・しかし、証券検査において勧告か通知の制度しかない現状では、内部管理部門は検査結果で指摘事項がないか少ない場合には、非常に優れているのか、際どいがセーフであったのか判然とせず、実際は後者であったのに会社によって前者と誤認された場合、コスト削減に厳しい昨今では管理部門が縮小される危機に瀕する可能性も否定できない。証券検査の目的の一つである管理態勢の構築を業者に促す観点や（検査指針Ⅰ１．②）、検査の効率性の点からも検討の余地があると思われる。
⑥　資金繰り管理を行う者は、市場流動性の状況を正確に把握（又は報告を受け）、必要に応じて代表取締役及び取締役会等へ報告しているか。	
(5)　管理体制の整備	
①　運用リスク管理部門の責任者は、運用リスク管理の重要性を認識し、運用リスクの所在及び種類を理解した上で、リスクに応じた測定・モニタリング・管理等の手法を構築し、他の部門等に当該内容を理解・認識させるよう適切な方策を講じているか。	
②　運用リスク管理部門の責任者は、運用リスク管理のための方針及び社内規程に基づいて管理を実行しているか。	
③　運用リスク管理部門は、投資運用部門等が定められた社内規程を遵守しているかを適切にモニターし、管理しているか。	
④　運用リスク管理部門は、投資運用部門等から影響を受けることなく、定期的かつ必要に応じてリスクの状況を取締役会等へ報告しているか。	
⑤　運用上必要な外貨滞留が生じる場合には、為	

替リスク及びコスト等を勘案した適切な管理を行っているか。	
⑥ 取引執行コストの実績を継続して把握し、その最小化を考慮しているか。	【コラム17　コミッション・アンバンドリング（192ページ）】
⑦ 運用リスク管理部門の責任者は、市場環境等の変化を常に分析し、リスク管理手法等に適切に反映させるとともに、運用財産の運用に影響を及ぼす事項については適切に取締役会等に報告しているか。	**COLUMN** **7　投資運用業者の勧誘行為（下）** （46ページから続く） ・投資信託委託会社が、ファンド・オブ・ファンズを設定しようとする他の投資信託委託会社に自社あるいはグループ会社のファンドの採用を働きかけるような場合、少なくとも運用戦略の説明を行う限りにおいては、当該説明は取得勧誘に該当しないと考えられる。 ・委託会社が販社主催の投資家セミナーに同席し、自己の個別商品の運用内容の説明を行う場合は、勧誘は販社に委託していれば、第二種金融商品取引業の登録は基本的に不要（金融庁・証券取引等監視委員会「金融商品取引法の疑問に答えます」質問⑨）、すなわち基本的に直接募集等に該当しないとされる。この趣旨を踏まえれば、個別投資家への販社との共同訪問に関しても、勧誘を販社に委託していれば委託会社が自己の個別商品の内容説明を行っても基本的に直接募集等に該当しないと考えられる。 ・顧客自身が投資信託の情報を入手し投資判断を行い取得申込みを行ってきた場合においては、販売会社や投信会社は実際の行動として取得勧誘を行っていないケースがありうる。インターネット取引や海外商品の取引等の増加に伴い今後このようなケースの増加も予想されるが、このような場合においても取得勧誘を行っているとみなされる場合があるかといった新たなサービス提供形態に対応した勧誘の定義の検討が必要になることが考えられる。
⑧ 運用リスクを管理するに際しては、運用財産を形成する個々の資産や商品のリスクに着目するのみならず、ポートフォリオ全体のリスク等についても管理しているか。	
⑨ 有価証券等の信用リスクを評価するに当たっては、格付等の外形的基準のみではなく、発行体の経営事情の変化等について情報の収集を行い、投資不適格となった場合、速やかに対応できる体制としているか。（インデックス運用を除く。）	
⑩ 有価証券の貸付や債券貸借取引において、取引先ごとの与信枠、取引限度額及び担保の受入れ等について社内規程に定め、適切な管理を行っているか。	
⑪ 想定外のリスクが顕在化した場合、速やかに対応できる体制を整備しているか。	
⑫ 時価算定の客観性を確保するとの観点から、法令等及び「金融商品にかかる会計基準」（企業会計審議会）等に基づく適正な時価を算定しているか。	
⑬ 運用リスク管理部門の責任者は、算定された時価が社内規程に従って算出されているかを確認する体制を整備するとともに、内部監査等による定期的な検証、評価を受けているか。	
⑭ 客観的な方法で時価を算出できない資産については、運用方針等を踏まえ、その資産を保有する是非等について十分に検討しているか。	
［不動産投資信託等］　⑮　中略	
(6) 運用リスクコントロール	

① ポートフォリオを構成する銘柄、トラッキングエラー等を継続的にチェックしているか。	【トラッキングエラーとは、パッシブ運用においてファンドやポートフォリオの値動きがベンチマークとしている指数の動きから乖離すること】
② デリバティブを利用するに当たっては、運用方針に合致するものとなっているか。	
③ デリバティブ取引を行うに当たっては、取引先毎に種類、取引量、期間等の契約に関する適切性についてチェックしているか。また、取引先の信用リスクを評価するに当たっては、格付け等の外部情報を十分考慮するとともに、必要に応じ、取引枠等の見直しを行っているか。	【デリバティブ取引に係る投資制限に関するガイドライン（投信協会）】
④ ブローカーの選定に当たっては、ブローカーの信用力・売買執行能力・事務能力・リサーチ能力などに関する一定の評価基準を社内規程等で明確に定めた上で、当該基準に従った選定を行っているか。また、定期的にブローカーに対する評価を見直しているか。	
⑤ 引合い先の見直しを行っているか。	
⑥ 例えば、次のような点を勘案しブローカーを選定しているか。	【忠実義務・善管注意義務（金商法42条）】
イ 大量の売買注文の執行に当たっては、確実に当該注文を執行する体制が整備されているか。	
ロ 意図した時点及び価格での売買執行ができるか。	
ハ 時間外取引・海外取引の執行が可能か。	【時間外取引：ToSTNeT市場に関する業務規程及び受託契約準則の特例（東証）】
ニ 事務処理ミス等のトラブルが生じた際にそれに応じた対応策が速やかにとられ、問題の解決が図られる体制が整備されているか。	
ホ 取引内容の秘密保持が確保されているか。	
⑦ 契約を締結するに当たっては、必要に応じ、法令等を担当する者又は外部の専門家等によるリーガルチェックを受けているか。	
⑧ 運用リスク管理部門は、損失限度額等の社内規程の遵守状況を、日々検証しているか。また、これを超えた場合の手続きが、社内規程に従い、適切に実行されているかを確認しているか。	

6．グループリスク管理	
① 取締役等は、いわゆる金融コングロマリットを構成する金融商品取引業者に該当する場合、又は国際的に活動する金融商品取引業者グループの一員に該当する場合には、他のグループ会社の経営状態が当該金融商品取引業者に与える影響等を十分認識し、必要な情報収集及びグループ一体としてのリスクの管理手法を構築しているか。	Ⅳ－5　指定親会社グループについて
② いわゆる金融コングロマリットを構成する企業グループに該当しない場合であっても、関係会社に所在する各種リスクについては、リスク管理部門がそれらのリスクの種類と程度を自社への影響を勘案して適時適切に把握・管理する体制としているか。	
③ 資金繰りリスクの管理に当たっては、連結対象子会社等の業務内容を踏まえ、当該連結対象子会社等の資金繰りの悪化が当該投資運用業者に及ぼす影響について的確に把握するなど、管理・牽制機能が適切に働いているか。	【連結対象子会社（連結財務諸表の用語、様式及び作成方法に関する規則2条4号）】
7．監査等態勢	cf. 【検査マニュアル　Ⅱ－1－5　態勢編　共通項目における項目に追加する監査態勢】
① 内部監査部門は、営業部門等が作成した自主点検等の実施要領等を確認しているか。	
② 営業部門等自身による自主点検等は、実施要領等に基づき、実効性ある検査を実施しているか。	
③ 営業部門等は、自主点検等の結果等（事務処理ミスの頻度、重要性、原因、改善策及び改善結果等を含む。）について、内部管理部門等に対して、定期的かつ必要に応じて報告するとともに、経営に重大な影響を与えるような問題については、必要に応じ、取締役会等に報告する体制を整備しているか。	
④ 内部監査部門は、法令等、投資信託約款、投資法人規約及び運用計画等に基づき、適正な運用が行われていること等を検証し、検証結果を取締役会等へ適切に報告しているか。	
⑤ 内部監査部門は、客観性の高い時価算定が行	

われているかについて、監査の重点項目として取り上げているか。	

7　対照表の見取図（業務編）

図表2-5　Ⅱ-2-1、Ⅱ-2-5　業務編　共通項目及び投資運用業者に関する項目の見取図

検査マニュアル		監督指針等
金融商品取引業者に共通の項目 Ⅱ-2-1 業務編・共通項目	投資運用業者に固有の項目 Ⅱ-2-5 業務編・投資運用業者	監督上の評価項目 （金融商品取引業者共通）
1　基本的態度に係る着眼事項		
	1　投資運用業	Ⅵ-2-3　投資信託委託業等に係る業務の適切性 Ⅵ-2-4　外国投資信託委託業に係る業務の適切性 Ⅵ-2-5　ファンド運用業に係る業務の適切性 Ⅵ-2-6　不動産関連ファンド運用業者に関する特に留意すべき事項 Ⅵ-2-7　適格投資家向け投資運用業に関する特に留意すべき事項 Ⅵ-2-8　投資法人の業務の適切性 Ⅵ-3　諸手続（投資運用業） Ⅵ-3-1-1　投資運用業 Ⅵ-3-2-3　運用報告書 Ⅵ-3-2-4　投資信託財産等に関する帳簿書類関係
2　内部管理	2　内部管理	Ⅲ-2-1　法令等遵守態勢
3　顧客情報の管理		Ⅲ-2-4　顧客等に関する情報管理態勢（態勢編においても既述）
4　本人確認等		Ⅲ-2-6　本人確認、疑わしい取引の届出義務
5　反社会的勢力への対応		Ⅲ-2-11　反社会的勢力による被害の防止
	3　財産・経理	

8 対照表 業務編 共通項目

図表2-6 検査マニュアル対照表 Ⅱ-2-1 業務編 金融商品取引業者に共通の項目

検査マニュアル	監督指針、法令、協会諸規則など（【 】として記載がない場合は監督指針を指す）
Ⅱ-2-1 業務編・共通項目	
業務の状況の検査とは、金融商品取引業者の業務内容について、その特質並びに傾向を明らかにするとともに、金融商品取引業者の業務の公共性を認識して、法令等を遵守し、金融商品市場の担い手にふさわしい業務を行っているかどうかを見極め、基本的な問題点とその発生原因を明確にすることに目標を置いて実態把握を行うものとする。	
1．基本的態度に係る着眼事項	
(1) 業務の状況に関する実態を把握するため、次の点を着眼点とする。	【法令違反の場合の行政処分（金商法52条1項6号）】
① 法令等は正しく遵守されているか。	
② 営業体制及び営業方針等からみて営業姿勢は適正か。	
③ 営業上の問題点及びその発生原因は何か。なお、発生原因については、検査対象先の態勢の状況を検証し、経営管理上の基本問題の把握に努める。	
(2) 着眼点の確認に当たっては、以下の事項を検討し、検査方針の参考とする。	
① 業務の種類、規模、特徴及び流れ等を把握し、これらから経営方針等に沿った業務運営が行われていると考えられるか。	
② 営業の特徴及び動向を示す計数を把握し、これによりどのような営業姿勢がとられていると考えられるか。	【事業報告書（金商法46条の3、47条の2）】
③ 営業方針及び営業推進方策（営業上の具体的指令、業績の考課等）は適正と考えられるか。	
④ それらは営業内容の実態と隔絶したものとなっ	

ていないか。 　また、それらが営業姿勢についての問題点の原因となっていないか。	
(3)　投資勧誘資料、営業企画の資料及び各種会議録等から、どのような営業が行われていると考えられるか。	
２．内部管理	
(1)　基本的事項の検証	
①　登録申請書及びその添付書類に記載されている事項と金融商品取引業者の業務の実態等が異なっていないか。	【変更届：登録申請書記載事項の変更（金商法31条1項）、業務方法書の記載事項の変更（同条3項）】
②　変更届出書等の当局への届出は適正に行われているか。また、届出内容に誤りはないか。	【変更届：登録申請書記載事項の変更（金商法31条1項）、業務方法書の記載事項の変更（同条3項）】
③　同じグループ内の他社に異動した職員に、引き続き業務を行わせていないか。	
④　業務に関する帳簿書類や取引記録等の証拠書類は、法令及び社内ルール等に従い適切に作成・保存しているか。	【業務に関する帳簿書類（第一種業以外：金商法47条、第一種業：金商法46条の2）】
⑤　事務処理ミス等による損金の顧客への支払いは、適正に処理されているか。他の経費科目等により顧客の損失を補てんしていないか。	【損失の補てん、利益の追加の禁止（金商法39条、42条の2第6号）】
⑥　役員又は重要な使用人を採用するに当たり、履歴の把握を適切に行い、法令に定める登録拒否要件に該当しないことをチェックしているか。	【役員又は重要な使用人の登録拒否要件（金商法29条の4第1項2号イ～ト）】
⑦　内部管理担当者は、取引記録や契約書、業務に関する帳簿書類等を活用し、適切な営業活動が行われているかという観点から、日々検証を行っているか。	【業務に関する帳簿書類（第一種業以外：金商法47条、第一種業：金商法46条の2）】
⑧　法令等に基づき許認可等の手続を適切に行っているか。	【兼業規制（金商法35条）】
⑨　営業所又は事務所ごとに、公衆の見やすい場所に標識を掲示しているか。また、全ての営業所又は事務所に法令に定める説明書類を備え置き、公衆の縦覧に供しているか。	【標識の掲示（金商法36条の2）】 【説明書類の縦覧（第一種業以外：金商法47条の3、第一種業：金商法46条の4）】

(2) 勧誘状況の検証	
① 勧誘等に際し、虚偽のことを告げる又は必要な情報を告げない等の行為をしていないか。	【虚偽告知の禁止（金商法38条1号）】
② 不確実な事項について断定的判断を提供し、又は確実であると誤解させるおそれのあることを告げていないか。	【断定的判断の提供の禁止（金商法38条2号）】
③ 法令等に基づいて、業務の委託を行う媒介又は代理を行う業者以外の第三者に、顧客への勧誘を行わせていないか。	【無登録の金商業（金商法29条）】
④ 金融商品取引業者の業務の内容及び方法並びに資力・信用等に関し、事実に相違する又は誤解させる表現を用いていないか。	【虚偽・誤解表示の禁止（金商法37条2項、金商業等府令117条1項2号）】
⑤ 顧客の損失の全部又は一部を負担することや財産上の利益の提供など特別の利益を提供することを約していないか。	【損失の補てん、利益の追加の禁止（金商法39条、42条の2第6号）】
(3) 書面の交付状況	
① 契約を締結しようとするとき、金融商品取引法に定める契約締結前の書面を適正に交付しているか。	【契約締結前交付書面（金商法37条の3）】
② 契約締結前交付書面等の交付に際し、顧客に対して、当該書面の記載事項について当該顧客の知識等及び当該契約を締結する目的に照らして当該顧客に理解されるために必要な方法及び程度によって説明をしているか。	【契約締結前交付書面の記載事項の説明義務（金商業等府令117条1項1号）】 【重要事項の説明義務（金融商品販売法3条）】
③ 主として有価証券又はデリバティブ取引に対する投資以外の事業に投資するファンド（事業型ファンド）に係る持分の販売に関する契約を締結しようとするときにあっては、分別管理の実施状況を適切に確認した上で、契約締結前交付書面に、具体的な分別管理先、分別管理の実施状況及び当該実施状況を確認した方法を記載し交付しているか。	
④ 契約を締結するに当たり、金融商品取引法に定める契約締結時の書面を適正に交付しているか。	【契約締結時交付書面（金商法37条の4）】
⑤ 金融商品取引法に基づく顧客への交付書面の交付記録及び交付書面の写しの保存等が適正に行われているか。	【交付書面の写しの保存など（第一種業以外：金商業等府令181条、第一種業：金商業等府令157条）】

⑥ 特定投資家（適格機関投資家、国及び日本銀行を除く。）から、金融商品取引契約の申込みを受けた場合であって、当該申込みに係る金融商品取引契約と同じ金融商品取引契約の種類に属する金融商品取引契約を過去に締結したことのない場合には、当該特定投資家に対して、一般顧客として取り扱うよう申出ができる旨を告知しているか。	【一般顧客になる申出の告知（金商法34条）】
⑦ 特定投資家（適格機関投資家、国及び日本銀行を除く。）から、一般顧客として取り扱うよう申出を受けた後対象契約の締結の勧誘又は締結のいずれかを行うまでに、当該申出を承諾しているか。 　また、金融商品取引業者は、当該申出に係る対象契約の締結の勧誘又は締結をする場合、特定投資家（適格機関投資家、国及び日本銀行を除く。）を一般投資家として取り扱う対象契約の属する契約の種類を遵守しているか。	【一般投資家になる旨の申出の承諾義務（金商法34条の2第2項）】 【一般投資家として取扱う範囲の遵守（金商法34条の2第5項）】
⑧ 法人（特定投資家を除く。）から、自己を特定投資家として取り扱うよう申出があり、その旨を承諾する場合には、あらかじめ書面により申出者の同意を得ているか。 　また、金融商品取引業者は、当該申出に係る対象契約の締結の勧誘又は締結をする場合、法人（特定投資家を除く。）を特定投資家として取り扱う期限日及び対象契約の属する契約の種類を遵守しているか。	【特定投資家として取扱うことの申出者の書面による同意の取得（金商法34条の3第2項）】 【特定投資家として取扱える範囲の遵守（金商法34条の3第4項）】
⑨ 個人から、自己を特定投資家として取り扱うよう申出があり、当該申出を受けた場合には、申出者に対し、金融商品取引法に掲げる事項を記載した書面を交付し、申出者が要件に該当することを確認しているか。 　また、金融商品取引業者は、当該申出に係る対象契約の締結の勧誘又は締結をする場合、個人を特定投資家として取り扱う期限日及び対象契約の属する契約の種類を遵守しているか。	【特定投資家として取扱うことの申出者の書面による同意の取得（金商法34条の4第2項）】 【特定投資家として取扱える範囲の遵守（金商法34条の4第4項）】
⑩ 増資公表後、新株等の発行価格決定までの間に空売りを行った場合は、当該増資に応じて取得した新株等により空売りに係る借入れポジションの解消を行ってはならないこと等について、新株等の割当て前に、あらかじめ、顧客に対し書面等により適切に通知しているか。	Ⅳ-3-2-3　投資者に対するチェック機能の発揮(1)③イ 【公募増資に関連する空売り規制（金商法施行令26条の6、取引規制府令15条の5～15条の8、金商業等府令123条1項26号】
⑪ 契約締結前交付書面の交付に関し、金融ADR制度についての説明を行っているか。	【契約締結前交付書面の共通記載事項（金商法37条の3第1項7号、金商業等府令82条15号】

また、顧客から苦情の申出があった場合には、真摯な対応をとるとともに、当事者間の話合いでは顧客の理解が得られない場合や、損害賠償金額の確定が困難である場合には、改めて金融ADR制度について説明するなど、適切な対応をしているか。	
(4) 広告審査等の状況	
① 広告を行うに際し、金融商品取引業者登録簿に登録された商号、名称又は氏名及び登録番号並びに顧客の判断に影響を及ぼす重要事項等を記載しているか。	【広告の必要的記載事項及び顧客の判断に影響を及ぼす重要事項の記載義務（金商法37条）】
② 著しく事実に相違する表示又は著しく人を誤解させる表示を行わない等、広告の内容は法令等を遵守したものとなっているか。	【誇大広告の禁止（金商法37条2項）】
③ 顧客へ提供する情報について、社内の広告審査担当者や必要に応じて法令等担当部門等により、内容の適切性に関する審査が行われているか。また、広告の内容は、正確な情報に基づいた公正・妥当なものか。	【広告等の表示及び景品類の提供に関する規則（日証協）5条 広告審査担当者の任命及び内部審査】 【広告等に関するガイドライン（投信協会）】
④ 顧客へ提供した情報を、後日検証できるような形で保存しているか。例えば、ホームページや電子メールにより配信した内容を適切に保存しているか。	【広告の保管（広告等の表示及び景品類の提供に関する規則6条）】
3．顧客情報の管理	cf. 【検査マニュアル Ⅱ-1-1 態勢編 共通項目 3．内部管理態勢 (6). 顧客情報の保護 参照】 【正会員の個人情報の取扱いに関する苦情処理規則（投信協会）】 【個人情報の保護に関する指針（投信協会）】 【個人情報の管理不備（金商業等府令123条1項6号）】 【個人の機微情報の管理不備（金商業等府令123条1項7号）】
① 顧客の取引に関する情報を適切に管理しているか。	Ⅲ-2-4 顧客等に関する情報管理態勢 　顧客に関する情報は、金融商品取引の基礎をなすものであり、その適切な管理が確保されることが極めて重要である。 　そのうち特に、個人である顧客に関する情報については、個人情報の保護に関する法律（以下「個人情報保護法」という。）、金商業等府令、金融分野における個人情報保護に関するガイドライ

	ン（以下「保護法ガイドライン」という。）及び金融分野における個人情報保護に関するガイドラインの安全管理措置等についての実務指針（以下「実務指針」という。）の規定に基づく適切な取扱いが確保される必要がある。 　また、金融商品取引業者は、法人関係情報（金商業等府令1条4項14号）を入手し得る立場であることから、その厳格な管理とインサイダー取引等の不公正な取引の防止が求められる。 　以上のように、金融商品取引業者は、顧客に関する情報及び法人関係情報（以下「顧客等に関する情報」という。）を適切に管理し得る態勢を確立することが重要であり、例えば以下の点に留意して検証することとする。 (1) 顧客等に関する情報管理態勢に係る留意事項 ① 経営陣は、顧客等に関する情報管理の適切性を確保する必要性及び重要性を認識し、適切性を確保するための組織体制の確立（部門間における適切な牽制の確保を含む。）、社内規程の策定等、内部管理態勢の整備を図っているか。 ② 顧客等に関する情報の取扱いについて、具体的な取扱基準を定めた上で、研修等により役職員に周知徹底を図っているか。特に、当該情報の他者への伝達については、上記の法令、保護法ガイドライン、実務指針の規定等に従い手続きが行われるよう十分な検討を行った上で取扱基準を定めているか。 【個人情報の管理不備（金商業等府令123条1項6号）】
② 顧客情報は、担当部署が一元的に管理し、アクセス権限の制限等により漏えいや悪用等を未然に防止するほか、情報の利用状況を検証しているか。	Ⅲ－2－4(1) ③ 顧客等に関する情報へのアクセス管理の徹底（アクセス権限を付与された本人以外が使用することの防止等）、内部関係者による顧客等に関する情報の持ち出しの防止に係る対策、外部からの不正アクセスの防御等情報管理システムの堅牢化などの対策を含め、顧客等に関する情報の管理状況を適時・適切に検証できる体制となっているか。 　また、特定職員に集中する権限等の分散や、幅広い権限等を有する職員への管理・牽制の強化を図る等、顧客等に関する情報を利用した不正行為を防止するための適切な措置を図っているか。
③ 顧客情報について、当初の利用目的を超えて利用する場合又は第三者に提供する場合は、原則として、書面による同意を得るとともに、当該同意書を適切に保管しているか。	
④ 顧客の信用情報及び財務情報並びに個人である顧客の機微情報については、特に厳重かつ慎重に取り扱っているか。	Ⅲ－2－4(2) ② 個人である顧客に関する人種、信条、門地、本籍地、保健医療又は犯罪経歴についての情報その他の特別の非公開情報（注）を、金商業等

		府令123条1項7号の規定に基づき保護法ガイドライン6条1項各号に列挙する場合を除き、利用しないことを確保するための措置が講じられているか。 （注）　その他特別の非公開情報とは、以下の情報をいう。 　　　(a)　労働組合への加盟に関する情報 　　　(b)　民族に関する情報 　　　(c)　性生活に関する情報 【個人の機微情報の管理不備（金商業等府令123条1項7号）】
	なお、機微情報については、法的に許される場合を除き、取得、利用又は第三者提供を行っていないか。	【個人の機微情報の管理不備（金商業等府令123条1項7号）】
	⑤　個人情報を取得した場合は、あらかじめその利用目的を公表している場合を除き、速やかにその利用目的を原則書面により、本人に通知し、又はホームページ等で公表しているか。	【利用目的の通知（個人情報保護法18条）】
	⑥　従業者（役員、パート・アルバイト社員、派遣社員等を含む。）が、在職中及びその職を退いた後において、その業務に関して知り得た個人情報を第三者に知らせ、又は利用目的以外に使用しないことを内容とする契約等を採用時等に締結しているか。	【従業者の監督（個人情報保護法21条）】
	⑦　個人情報の取扱いについて苦情を受けたときは、その内容について調査し、合理的な期間内に、適切かつ迅速に処理しているか。	【正会員の個人情報の取扱いに関する苦情処理規則（投信協会）】
	⑧　個人情報の漏えい事案等が発生した場合には、以下の措置をとっているか。	Ⅲ－2－4(1) ⑤　顧客情報の漏えい等が発生した場合に、適切に責任部署へ報告され、二次被害等の発生防止の観点から、対象となった顧客への説明、当局への報告及び公表が迅速かつ適切に行われる体制が整備されているか。 　また、情報漏えい等が発生した原因を分析し、再発防止に向けた対策が講じられているか。更には、他社における漏えい事故等を踏まえ類似事例の再発防止のために必要な措置の検討を行っているか。
	イ　漏えい事案等の対象となった本人への事実関係等の速やかな通知	
	ロ　内部管理部門及び取締役会等へ報告	

ハ　直ちに当局へ報告	
ニ　二次被害の防止等の観点から、早急に、事実関係及び再発防止策等の公表	
⑨　内部管理部門等は、金融商品仲介業者及び外部委託先が顧客情報を適切に管理し、それらにおいて顧客情報の漏えい等が発生した場合においても適切な対応を行っているかについて把握しているか。	
４．本人確認等	【犯罪による収益の移転防止に関する法律】
①　テロ資金供与やマネー・ローンダリングの防止等に適切に対処するため、顧客の本人確認を徹底するなど、顧客管理体制を整備しているか。	【本人確認義務（犯罪収益移転防止法４条）】 Ⅲ－２－６　本人確認、疑わしい取引の届出義務
②　顧客管理に関する統括部門を設置するなど責任体制を確立しているか。	
③　顧客の本人確認に当たっては、以下の点に留意しているか。	
イ　法人の本人確認を行うに際し、法人の取引担当者の本人確認を行っているか。	【法人の取引担当者の本人確認義務（犯罪収益移転防止法４条２項）】
ロ　代理人を利用した取引については、顧客と代理人の双方の本人確認を行っているか。	【法人の取引担当者の本人確認義務（犯罪収益移転防止法４条２項）】
ハ　本人確認済みの取引であっても法令に定める一定の場合には再度確認しているか。例えば、同一の電話番号、同一のメールアドレス等が連絡先となっている顧客の有無を定期的に確認し、他人になりすましている疑いのある顧客について、再度確認しているか。	【成りすましの疑いのある場合の再度の本人確認義務（同法施行令８条１項１号ヌ）】
ニ　海外の本支店や現地法人、グループ会社等で本人確認が完了している場合であっても、日本において口座を開設する場合等は、法令上必要な本人確認を行っているか。	【本人確認済みの取引の要件をみたさない（同法施行令11条）】
④　本人確認の方法は、書留郵便等による転送不要郵便物等とするなど、法令に基づき適切に行っているか。	【書留郵便等（同法施行規則３条１号ロ）】
⑤　顧客管理の方法等に関し、職員等に対して周知徹底を図っているか。例えば、マニュアルを作成し各職員に配布するとともに、定期的に研	

修を実施するなどの措置を講じているか。	
⑥　顧客の本人確認に関する記録及び顧客との取引記録等を速やかに作成し、法令に定められた期間、適切に保存しているか。	【本人確認記録、取引記録の作成・保管（犯罪収益移転防止法6条、7条）】
⑦　取締役等は、疑わしい取引に関する責任者又は担当部署を設置し、疑わしい取引の届出を的確に行うための管理体制を整備しているか。	【疑わしい取引の届出義務（犯罪収益移転防止法9条）】
⑧　疑わしい取引に関する責任者又は担当部署は、「犯罪による収益の移転防止に関する法律」（同法施行前においては「組織的な犯罪の処罰及び犯罪収益の規制等に関する法律」）に定める犯罪による収益の範囲を正確に理解した上で、マニュアル等の作成により報告体制を整備するとともに、役職員に対し、疑わしい取引に該当する事例を示すなどにより周知徹底を図っているか。	【疑わしい取引の届出義務（犯罪収益移転防止法9条）】
⑨　疑わしい取引に関する責任者又は担当部署は、役職員から疑わしい取引に関する報告があった場合、速やかに当局に届け出ているか。	【疑わしい取引の届出義務（犯罪収益移転防止法9条）】
⑩　顧客管理に関する統括部門は、疑わしい取引に関する当局への届出漏れがないかを事後的に検証しているか。	【疑わしい取引の届出義務（犯罪収益移転防止法9条）】
⑪　疑わしい取引に関する責任者又は担当部署は、ある取引が疑わしい取引であると判断した場合、当該取引及び口座に関し、疑わしい取引の届出を行おうとすること又は行ったことが当該顧客若しくはその関係者に漏れない範囲で、必要に応じ、適切な措置を適時に実施しているか。	
⑫　顧客管理態勢について定期的に内部監査を実施しているか。	
5．反社会的勢力への対応	Ⅲ－2－11　反社会的勢力による被害の防止
	（参考）「企業が反社会的勢力による被害を防止するための指針について」（平成19年6月19日犯罪対策閣僚会議幹事会申合せ） ①　反社会的勢力による被害を防止するための基本原則 　○組織としての対応 　○外部専門機関との連携 　○取引を含めた一切の関係遮断

		○有事における民事と刑事の法的対応 ○裏取引や資金提供の禁止 ② 反社会的勢力のとらえ方 　暴力、威力と詐欺的手法を駆使して経済的利益を追求する集団又は個人である「反社会的勢力」をとらえるに際しては、暴力団、暴力団関係企業、総会屋、社会運動標榜ゴロ、政治活動標榜ゴロ、特殊知能暴力集団等といった属性要件に着目するとともに、暴力的な要求行為、法的な責任を超えた不当な要求といった行為要件にも着目することが重要である（平成16年10月25日付警察庁次長通達「組織犯罪対策要綱」参照）。
① 反社会的勢力による不当要求が発生した場合の対応を総括する部署（以下「反社会的勢力対応部署」という。）を整備しているか。		Ⅲ－2－11 (2) 主な着眼点 ② 反社会的勢力による不当要求が発生した場合の対応を総括する部署（以下「反社会的勢力対応部署」という。）を整備し、反社会的勢力による被害を防止するための一元的な管理態勢が構築され、機能しているか。 　特に、一元的な管理態勢の構築に当たっては、以下の点に十分留意しているか。 イ．～ハ．略
② 反社会的勢力対応部署は、社内体制の整備、研修の実施、対応マニュアルの整備や、警察、暴力追放運動推進センター、弁護士等の外部の専門機関（以下「外部専門機関」という。）との連携等、反社会的勢力との関係遮断に向けた取組みを行っているか。		
③ 反社会的勢力対応部署は、外部専門機関を活用するなどにより、反社会的勢力に関する情報を収集するとともに、当該情報を基に取引先の審査を行うなど、反社会的勢力との取引を未然に防止する態勢の整備に努めているか。		Ⅲ－2－11(2) ① 反社会的勢力とは一切の関係をもたず、反社会的勢力であることを知らずに関係を有してしまった場合には、相手方が反社会的勢力であると判明した時点で可能な限り速やかに関係を解消できるよう、以下の点に留意した取組みを行うこととしているか。 イ．反社会的勢力との取引を未然に防止するための適切な事前審査の実施や必要に応じて契約書や取引約款に暴力団排除条項を導入するなど、反社会的勢力が取引先となることを防止すること。 ロ．定期的に自社株の取引状況や株主の属性情報等を確認するなど、株主情報の管理を適切に行うこと。 ハ．いかなる理由であれ、反社会的勢力であることが判明した場合には資金提供や不適切・異例な取引を行わないこと。

④ 反社会的勢力対応部署は、顧客の属性等から反社会的勢力との関係を把握した場合、取締役会等に報告するとともに、外部専門機関とも連携して、断固とした姿勢で臨んでいるか。	
⑤ 反社会的勢力から不当要求がなされた場合には、担当者や担当部署だけに任せることなく取締役等の経営陣が適切に関与し、組織として対応するとともに、積極的に外部専門機関に相談する態勢となっているか。	③ 反社会的勢力から不当要求がなされた場合には、担当者や担当部署だけに任せることなく取締役等の経営陣が適切に関与し、組織として対応することとしているか。また、その際の対応は、以下の点に留意したものとなっているか。 イ．反社会的勢力により不当要求がなされた旨の情報が反社会的勢力対応部署を経由して速やかに取締役等の経営陣に報告され、経営陣の適切な指示・関与のもと対応を行うこと。 ロ．積極的に警察・暴力追放運動推進センター・弁護士等の外部専門機関に相談するとともに、暴力追放運動推進センター等が示している不当要求対応要領等を踏まえた対応を行うこと。特に、脅迫・暴力行為の危険性が高く緊急を要する場合には直ちに警察に通報を行うこと。 ハ．あらゆる民事上の法的対抗手段を講ずるとともに、積極的に被害届を提出するなど、刑事事件化も躊躇しない対応を行うこと。 ④ 反社会的勢力からの不当要求が、事業活動上の不祥事や従業員の不祥事を理由とする場合には、反社会的勢力対応部署の要請を受けて、不祥事案を担当する部署が速やかに事実関係を調査することとしているか。

COLUMN

8 金融ADRについて

・平成21年度金商法改正で整備された金融ADR制度は、業態別に金融庁が指定する紛争解決機関がある場合に、業法上、金融機関に指定紛争解決機関の利用を義務付ける制度である。すなわち、金融機関と指定紛争解決機関（複数ある場合は最低そのうちの一つ）との間で手続実施基本契約を締結し、手続実施基本契約のなかに、金融機関における苦情処理手続、紛争解決手続の応諾、手続における説明・資料提出、特別調停案の受託について規定をし、手続の実効性を確保するという枠組みになっている。

・指定紛争解決機関の指定を受けている団体は、特定非営利活動法人証券・金融商品あっせん相談センター（FINMAC）、全国銀行協会、信託協会、生命保険協会、日本損害保険協会、保険オンブズマン、日本少額短期保険協会、日本貸金業協会の8団体である。

・他方、投資信託の窓販を行っているのは、証券会社のほか、銀行、信託銀行、信用金庫、労働金庫、信用組合、農業協同組合（JAバンク）、生命保険会社と多様であるから、投資信託に関する紛争解決処理手続は、当該窓販を行った団体が手続実施基本契約を締結している指定紛争解決機関で行われることになる。

・投資信託を販売した証券会社が相手となる紛争はFINMAC、銀行のときはFINMAC又は全銀協、信託銀行のときは全銀協又は信託協会、生命保険会社のときは生保協がそれとなる。信用金庫、労働金庫、農業協同組合（JAバンク）については、金商法以外のそれぞれの根拠法令で苦情処理措置・紛争解決処理について金商法と同様の規定が設けられており、苦情処理についてはそれぞれの業界団体で苦情受付の相談所を設けているが、紛争処理については（一社）全国信用金庫

- 協会、㈳全国労働金庫協会が東京の三弁護士会の仲裁センターに委託している。
- かくして、投資信託を購入した者からの苦情や紛争が金融ADRに持ち込まれる場合は、どの販売チャンネルから投信を購入したにより、どこに申立てをすべきかが決まってくることになる。
- 投資信託は多様かつ複雑な仕組みのものもあり、金融ADRの主催者だけでなく、関係者から相談を受ける者は金商法・金販法や投資信託の仕組みに精通していることが要求される。したがって、指定紛争解決機関であっせんを担当する者は専門的知識を有する弁護士であることが圧倒的である。他方、申立人代理人も専門的知識を有する者であることが、迅速な金融ADRによる解決のためにも必要である。しかし、そのような弁護士の数はまだ十分とはいえない現状にある。専門弁護士を育成し供給していくという意味において、弁護士会の研修などの指導が多いに期待されるところである。

9 対照表　業務編　投資運用業者

図表2－7　検査マニュアル対照表　Ⅱ－2－5　業務編　投資運用業者

検査マニュアル	監督指針、諸規則など （【　】として記載がない場合は監督指針を指す）
Ⅱ－2－5　業務編・投資運用業者	
投資運用業者の業務に関する検査は、投資者及び権利者の資金を忠実に運用すべき立場にある投資運用業者が、その責務と役割を適切に遂行しているかを把握し、法令等違反行為を厳しく追及することで、公益又は投資者保護を図ることを目的とする。	Ⅵ－2－3　投資信託委託業等に係る業務の適切性 　投資信託委託会社等（投資信託委託業等（金融商品取引業のうち、金商法2条8項12号イに規定する契約に基づく同号に掲げる行為又は同項14号に規定する行為を業として行うことをいう。）を行う者をいう。以下同じ。）の業務の適切性に関しては、以下の点に留意して検証することとする。
1．投資運用業	
(1)　運用計画	
①　ファンドマネージャーは、運用財産を運用するに当たり、運用計画等を事前に作成し、運用部門の責任者がそれを承認しているか。また、運用計画に基づいて指図を行う方法等により運用を行っているか。	Ⅵ－2－3－1　業務執行体制 (1)　運用財産の運用・管理 ①　運用方針を決定する社内組織に関する事項（具体的な意思決定プロセスを含む。）が、適切に規定されているか。 ②　運用部門における運用財産の運用方法が、具体的に定められているか。 ③　略 ④　金商法42条の3の規定により権利者のための運用を行う権限の全部又は一部を他の者に委託する場合（当該他の者が委託された権限の一部を再委託する場合を含む。）に、委託先の選定基準や事務連絡方法が適切に定められているか。また、委託先の業務遂行能力や、契約条項の遵守状況について継続的に確認できる体制が整備されているか。さらに、委託先の業務遂行能力に問題がある場合における対応策（業務の改善の指導、再委任の解消等）を明確に定めているか。 ⑤　略
②　ファンドマネージャーは、運用計画を変更して売買の指図を行う場合には、その変更の理由を明示し、運用部門の責任者がその承認を行っているか。	

③ 運用計画やその変更の事跡等は、社内規程に定める期間保存しているか。	
④ ファンドマネージャーの変更があった場合においても運用内容は投資信託約款又は投資一任契約等に則っているか。	
(2) 運用評価	
① 運用財産の評価(以下「運用評価」という。)は、運用部門から独立した部門で行っているか。	
② 運用評価に当たっては、収益率のみでなく、投資一任契約書、投資信託約款又は投資法人規約等に則って運用していることを確認しているか。	⑥ 投資判断に係るプロセスの適切性を含め、運用財産が投資信託約款、資産運用契約又は運用ガイドライン等に則り、適切に運用されているか（運用状況の記録を保存しているかを含む。)どうかについて、運用部門から独立した部門により定期的な検証が行われる体制が整備されているか。
③ ベンチマークを設けている場合、収益率の要因をベンチマークとの比較で的確に分析しているか。	
④ 運用評価に当たっては、評価基準や運用パフォーマンス基準に準拠しているか。	
⑤ 事務処理ミス等による約定訂正や注文の取消処理により、運用パフォーマンスに影響を与えていないか。	
⑥ 投資一任契約においては頻繁な運用スタイルの変更が原因で運用パフォーマンスが悪化していないか。	
	Ⅵ－2－3－1(2) 取引の執行 　投資信託委託会社等は、取引の執行に当たり、取引価格、その他執行コストを総合的に勘案して、最も権利者の利益に資する取引形態を選択することが求められている。金融技術の発達により取引形態の多様化が進んでいる現状にかんがみ、投資信託委託会社等の取引の執行状況について、例えば、以下のような点に留意して検証することとする。 ①～③　略
(3) 運用の適切性	

① 取引の公正性	【投資信託等の運用に関する規則・細則・委員会決議（投信協会）】 【MMF等の運営に関する規則・細則・委員会決議（投信協会）】
イ　運用に当たっては、法令等を遵守したポートフォリオで行っているか。例えば、投資信託の運用については、 ａ．組入れ比率は組入れ上限を超えていないか。 ｂ．銘柄別の組入れ制限を超えていないか。 ｃ．同一法人の発行する株式の組入れは50％を超えていないか。 ｄ．法令に基づき、合理的な方法により算出した危険に対応する額が運用財産の純資産額を超えることとなる場合に、デリバティブ取引を行い又は継続していないか。 ｅ．デリバティブ取引がヘッジ目的に限定された運用財産についてはその目的の範囲内での買建て又は売建て等となっているか。	【議決権の過半数となる運用の指図の制限（投信法9条）】 【公募投信の場合のデリバティブの制限（金商業等府令130条1項8号）】
ロ　株価形成等のチェックのため次のような情報を収集しているか。 ａ．大量発注を行う場合における市場の動向 ｂ．自社内出来高上位銘柄 ｃ．自社関与の高い銘柄 ｄ．運用財産の組入株式に係る取引所等の売買注意銘柄および売買規制銘柄等	【作為的値付けの禁止（金商業等府令130条1項5号）】 【相場操縦行為等の禁止（金商法159条3項）】
ハ　運用財産の組入株式について、次のような、株価に影響を与える取引を行っていないか。 ａ．関与率の高い継続的な高値買い上がりや安値売り崩しのための発注を行っていないか。 ｂ．直近の売買高に比べ大量の買付け注文や売付け注文を発注していないか。 ｃ．売買高の少ない銘柄で売り物のほとんどを買い付ける発注の反復はないか。 ｄ．大量の買付け注文を下値で発注していないか。 ｅ．出来高の少ない銘柄について同一指値による買付け注文の反復はないか。 ｆ．大引けの成行の買付け注文を発注していないか。 ｇ．終値関与とみられる継続的な買付け注文を発注していないか。 ｈ．大引け間際に大量の売付け注文、又は買付け注文を発注していないか。 ｉ．親法人等又は子法人等に該当する金融商品取引業者等が取り扱うファイナンス銘柄について成行きの買付け注文（寄付きを除く。）やザラ	【自己または第三者の利益を図るため、権利者の利益を害することとなる運用の禁止（金商業等府令130条1項2号）】

	場及び大引けにおいて新値をつけるための買付け注文を発注していないか。	
ニ	運用財産において、重要事実を公表した上場会社等が発行する有価証券を公表前に売買している場合は、当該重要事実を利用した内部者取引を行っていないか。	【内部者取引（金商法166条・167条）】
ホ	最良執行確保の観点から、引合いを要する国内債券及び外国債券の市場外取引等についてはその事跡を保存しているか。また、その価格に問題はないか。	
ヘ	非上場有価証券の売買における取引価格は適切か。	【非上場有価証券の売買における価格調査義務（投信法11条）】
ト	非上場等の理由で時価評価されていない債券等の残高数量の推移に問題はないか。	
チ	非上場の債券等の評価額を合理的な理由がないにもかかわらず、切下げや切上げを行っていないか。	【証券会社における時価情報の提供において留意すべき事項について（ガイドライン）（日証協）】
リ	仕組債や先物取引等により、例えば、償還ファンド等の時価を意識した運用パフォーマンスの嵩上げあるいは引下げを行っていないか。	【損失補てん等の禁止（金商法42条の2第6号）】
ヌ	投資信託委託会社は、運用資産について、特定資産（土地若しくは建物又はこれらに関する賃借権若しくは地上権等）の取得又は譲渡が行われたときは、内閣府令で定めるところにより、当該特定資産に係る不動産の鑑定評価を、不動産鑑定士であって利害関係人でないものに行わせているか。	【特定資産に係る不動産の鑑定評価（投信法11条1項、同法施行令16条の2、同法施行規則21条の2）】
ル	投資信託委託会社は、運用資産について、特定資産（上記ヌにおける特定資産及び上場有価証券等、内閣府令で定める資産を除く。）の取得又は譲渡等が行われたときは、自社、その利害関係人等及び委託会社以外の者であって政令で定めるものに当該特定資産の価格等を調査させているか。	【非上場有価証券の売買における価格調査義務（投信法11条2項、同法施行令18条、同法施行規則22条）】
②	運用財産間の利益相反	【運用財産相互間の取引の原則禁止（金商法42条の2第2号）】 【行政処分事例　平成17年12月27日】 『公募投資信託と私募投資信託の双方のファンドで先物取引に係る限月延長の実施が必要となっていたことから、それぞれの先物買建てと先物売

	建てのロールオーバー取引を対当させている』 （旧投信法15条１項２号の問題） 【行政処分事例　平成18年５月31日】 （旧投信法15条１項２号の問題） ③　運用財産相互間における取引
イ　利益相反のおそれがある場合の取引が行われたときは、当該取引に係る事項を記載した書面を受益者に交付しているか。	【利益相反取引のおそれがある場合の書面の交付（投信法13条、同法施行令19条）】
ロ　複数の運用財産に係る一括発注を行う場合は、次に掲げる事項等を遵守しているか。 ａ．運用部門及び発注部門を分離しているか。 ｂ．運用部門から発注部門への売買注文の発注時間若しくは発注部門による売買注文の受信時間、各投資信託への配分数量等を発注伝票に記載する等、記録を保存しているか。	Ⅵ－２－３－１(2)　取引の執行 ①　平均単価による取引（約定日・受渡日が同一の取引につき、銘柄ごと・売買別に、単価の異なる複数の約定を合算し、平均単価を単価とする取引をいう。） イ．部門の分離 　　投資判断を行う部門と、注文を発注する部門は分離されているか。組織的な分離が困難な場合、少なくとも両者の役割を担当者レベルで分離しているか。 ロ．取引の検証 　　管理部門等が、平均単価による取引に係る一連の業務プロセス等について、適切に検証できる態勢となっているか。 ハ．権利者への開示及び権利者の同意（投資法人との資産運用契約に係る場合に限る。） 　　権利者への事前開示及び権利者の同意の下、平均単価による取引を行っているか。また、複数の運用財産に係る約定配分を伴う発注を行う場合には、権利者に対して、内出来時の配分基準について適切に説明しているか。 ②　一括発注による取引 　　複数の運用財産について、銘柄、売買の別を同一にする注文を一括して発注し、その約定内容を銘柄ごと・売買別に合算した後に、投資信託委託会社等が予め定めた配分基準により、各運用財産への約定配分を行う場合には、運用財産間の公平性を確保する観点から、上記①に準じた体制整備等が行われているか。 ③　運用財産相互間における取引 　　管理部門等が、金商業等府令129条１項１号（運用財産相互間取引の禁止の適用除外）に掲げる取引について適切に検証できる態勢となっているか。
ハ　一方の運用財産をヘッジするために他方の運用財産での取引を利用していないか。また、一方の運用財産で大量に保有する銘柄の価格を上昇させるため、あるいは償還間近の運用財産の	

基準価格を上昇させる等のため、他方の運用財産で継続して売買注文を発注していないか。	
ニ　株式等の運用財産への配分においては社内規程に則り行われ、運用財産相互間の公平が保持されているか。また、特定ファンドの運用パフォーマンスの改善のために恣意的な配分を行っていないか。	【行政処分事例　平成19年6月29日】 忠実義務違反 「新規公開株式の配分方針を無視する恣意的な配分」（旧投信法14条1項の問題）　本書341ページ
ホ　約定後に他の運用財産に付け替えていないか。	【付け替えの禁止（金商業等府令130条1項7号）】 【損失補てんの禁止（金商法42条の2第6号）】 【運用財産相互間取引の禁止の適用除外（金商業等府令129条）】
	投資信託委託業等に係る業務の適切性 Ⅵ－2－3－1(2)取引の執行 ③　運用財産相互間における取引 　管理部門等が、金商業等府令129条1項1号（運用財産相互間取引の禁止の適用除外）に掲げる取引について適切に検証できる態勢となっているか。金商業等府令129条1項1号イ(4)に規定する「必要かつ合理的であると認められる場合」とは、投資信託委託会社等が、顧客間における公平性の確保や、顧客に対する最良執行義務又は忠実義務上の要請から、例えば次に掲げる方法等により、ファンド間取引に係る恣意性の排除に留意するとともに、公正な価格形成を図る場合をいう。
	イ．異なるファンドマネージャーの投資判断に基づく売りと買いの注文についてトレーダーが執行する取引（ただし、当該銘柄に係る流動性等を勘案して価格形成に影響を与えるおそれが無く、かつ、同一トレーダーによる取引の場合は、当該トレーダーに執行についての裁量が与えられていないものに限る。）
	ロ．寄付前に、売りと買いの注文の双方を成行注文で発注する取引（ただし、当該銘柄に係る流動性等を勘案して、価格形成に影響を与えるおそれの無いものに限る。）
	ハ．ザラ場における売りと買いの注文について、その発注時刻に相当程度の間隔がある取引（ただし、当該銘柄の流動性等を勘案して、価格形成に影響を与えるおそれの無いものに限る。）
	ニ．契約又は信託約款等の規定に基づきシステム的に運用するインデックスファンドに係る取引等（ただし、当該銘柄に係る流動性等を勘案し

		て、価格形成に影響を与えるおそれの無いものに限る。)
		ホ．個別の取引に係る発注のタイミング及び価格等が、投資信託委託会社等以外の第三者に委ねられることとなる、VWAP取引や計らい取引等（ただし、当該銘柄に係る流動性等を勘案して、価格形成に影響を与えるおそれの無いものに限る。
		ヘ．銘柄数が少ないため、同一銘柄の注文を避けることが困難な先物取引等（ただし、当該銘柄に係る流動性等を勘案して、価格形成に影響を与えるおそれの無いものに限る。)
	③　親法人等又は子法人等との利益相反	【親法人等又は子法人等が関与する行為の制限（金商法44条の3）】
第2編　検査マニュアルにおける確認項目	イ　インデックス運用等を除き、運用財産に親法人等又は子法人等の発行する証券等を組み入れる場合には、組入れ理由に問題はないかという観点からの検証を行っているか。	
	ロ　親法人等又は子法人等との取引において親法人等又は子法人等が一方的に有利となる取引となっていないか。	【親法人等又は子法人等との間の通常と異なる取引の制限（金商法44条の3第1号）】
	ハ　発注先金融商品取引業者の選定は、系列又は友好関係の有無に関わらず、社内で策定した選定基準に準拠して決定しているか。また、安易に金融商品取引業者の受益証券の販売額等に応じた発注となっていないか。	Ⅵ-2-3-1(1)　運用財産の運用・管理 ⑤　発注先や業務委託先等の選定に関し、当該者に係る取引執行能力、法令等遵守状況、信用リスク及び取引コスト等に関する事項が、勘案すべき事項として適切に定められているか。
	ニ　発注先金融商品取引業者の選定に際し、当該金融商品取引業者から特別な利益提供を受けていないか。	【発注先の問題として特別の利益提供の禁止（金商業等府令117条1項3号）、運用側として自己又は第三者の利益を図るための権利者の利益を害する運用の禁止（金商業等府令130条1項2号）】
	ホ　系列又は友好関係にある金融商品取引業者の収益予算達成のために、リバランス（入替）等を行っていないか。	【第三者の利益を図るための不必要な取引の禁止（金商業等府令130条1項3号）】
	ヘ　系列又は友好関係にある金融商品取引業者が幹事となっている銘柄について、ファイナンス発表日から値決め日までの間の売買に問題はないか。	
	ト　系列又は友好関係にある金融商品取引業者が幹事となっている発行会社の依頼に基づき売	【応募不足の場合に引受人の依頼に基づく取得の禁止（金商業等府令130条1項9号）】

買注文の発注等を行っていないか。	
④　その他利益相反	
イ　金融商品取引業以外の業務を行うこと及び取締役等の他社との兼職が運用財産の運用に影響を及ぼさないものとなっているか。	
ロ　私募投信等において、権利者への販売の見返りとして、合理的な理由もなく当該権利者及びその親法人等又は子法人等の保有する有価証券等を運用財産で購入していないか。	【第三者の利益を図るための不必要取引（金商業等府令130条1項3号）】
ハ　ファンドマネージャーの自己資金による売買と担当運用財産での同一銘柄の売買を行った場合、当該売買は適正なものか。また、フロントランニング等の不適正な売買はないか。	【スキャルピングの禁止（金商法42条の2第3号）】 【フロントランニングの禁止（金商業等府令117条1項10号）】
	VI－2－3－3　弊害防止措置・忠実義務 (1)　二以上の種別の業務を行う場合の留意事項について 　投資信託委託会社等が二以上の業務の種別（金商法29条の2第1項5号に規定する業務の種別をいう。）に係る業務を行う場合の弊害防止措置については、利益相反行為の防止など業務の適切性を確保する観点から、その業容に応じて、例えば次のような点に留意して検証することとする。
	①　異なる種別の業務間における弊害防止措置として、業務内容に応じた弊害発生防止に関する社内管理体制を整備するなどの適切な措置が講じられているか。
	②　金商業等府令147条2号の「非公開情報」について、管理責任者の選任及び管理規則の制定等による情報管理措置等が整備されているとともに、当該情報の利用状況の適正な把握・検証及びその情報管理方法の見直しが行われる等、情報管理の実効性が確保されているか。
	(2)　投資運用業における利益相反等の未然防止に係る留意事項について 　特定の権利者の利益を図るため他の業務の権利者の利益を害することとなる行為等を未然に防ぐため、業務内容に応じた弊害発生防止に関する社内管理体制を整備するなどの適切な措置が講じられているか。
	(3)　権利者への忠実義務

		運用財産の運用において事務ミス等の自己の過失により権利者に損害を与え、その損害について権利者に損害賠償を行わない場合、忠実義務違反に該当する可能性があることに留意する。これは、事務ミス等が業務委託先で発生した場合であっても、権利者に対して責任がある投資信託委託会社等がその損害について権利者に損害賠償を行わないときは同様である。
⑤　運用管理		
イ　金融商品取引業者への発注実績からみて、経済合理性の乏しい短期の回転売買や不必要な売買を行っていないか。		【第三者の利益を図るための不必要取引（金商業等府令130条1項3号)】
ロ　運用財産で保有している銘柄について自社全体の保有数量を把握するとともに大量保有報告書等を法令に定める日までに提出しているか。		【大量保有報告書の提出（金商法27条の23)】
ハ　償還日直前等に基準価額や運用パフォーマンスが急に改善あるいは悪化した運用財産についてその運用内容に問題はないか。		
ニ　日計り益が継続している運用財産や日計り損が継続している運用財産についてその売買の合理性に問題はないか。		【第三者の利益を図るための不必要取引（金商業等府令130条1項3号)】
ホ　特定銘柄を大量に売買している運用財産についてその売買理由、取得・売却先、売買方法及び売買価格は適正か。また、その残高の推移に問題はないか。		【第三者の利益を図るための不必要取引（金商業等府令130条1項3号)】
ヘ　資産の組入れに当たって適正な価格調査を行っているか。		
ト　私募投信の設定に際し、商品の提案は適正に行われているか。また、私募投信へ資産を組み入れるに当たり、適切な価格調査が行われているか、組み入れ後の資産評価に問題はないか。		
チ　投資一任契約において雑損又は交際費等の科目において損失を補填していないか。		【損失補てんの禁止（金商法42条の2第6号)】
リ　大口クロス売買又は公募株式取得の場合等においては、その理由のほか当該売買又は当該取得に係る経過についての事跡を確認できるものとなっているか。		【第三者の利益を図るための不必要取引（金商業等府令130条1項3号)】
ヌ　同一ファンドマネージャーの運用財産から正		

当な理由なく頻繁に売買注文が発注されていないか。	
ル　約定訂正処理は、適正に行われているか。	
⑥　議決権行使	【議決権等の指図行使（投信法10条）】 【議決権の指図行使に係る規定を作成するに当たっての留意事項（投信協会）】 【正会員の業務運営等に関する規則（投信協会）2条】
イ　議決権行使についてはその行使に係る事跡を保存しているか。	
ロ　投資収益の増大を図るという観点から、各議案を検討し株主議決権を適切に行使しているか。	
ハ　投資収益が同業他社に比べて著しく劣ると考えられる企業に投資していた場合において株主議決権を適切に行使するための手続きを設けているか。	
ニ　運用財産で保有する有価証券に係る議決権の行使が指図書及び管理記録からみて問題はないか。	
ホ　投資一任契約は、委任の本旨に基づく議決権行使指図を行っているか。指図を行っている場合、その指図書や管理記録簿等を適切に保存しているか。また、自己又は権利者以外の第三者の利益を図る目的で指図を行っていないか。	
(4)　説明義務	Ⅵ－2－3－2　受益者等に対する勧誘・説明態勢
①　運用報告書は法令に則して作成し、権利者に交付しているか。	【投資信託及び投資法人に係る運用報告書等に関する規則・細則・委員会決議（投信協会）】 【運用報告書の作成・交付義務（投信法14条）】
②　投資信託受益証券等の販売を行う業者等に対し過去の運用実績を適切に説明しているか。	(1)　誇大広告の禁止等 ①　運用の実績、内容又は方法が他の金融商品取引業者よりも著しく優れている旨の表示を根拠を示さずに行っていないか。 ②　運用の実績を掲げて広告を行う場合に、その一部を強調すること等により、投資者に誤解を与える表示を行っていないか。（運用の実績を掲げて広告を行う場合には、投資者保護の観点から、適切かつ分かりやすい表示がなされている必要がある。例えば、運用の評価方法、使用ベンチマーク等に係る根拠が明確に示されているか、運用の実績は過去のものであり将来の運用成果を約束するものでない旨が適切に表示さ

	れているか、等について必要な確認を行うものとする。） ③ 運用のシミュレーションを掲げて広告を行う場合に、恣意的な前提条件を置くこと等により、投資者に誤解を与える表示を行っていないか。（運用のシミュレーションを掲げて広告を行う場合には、投資者保護の観点から、適切かつ分かりやすい表示がなされている必要がある。例えば、シミュレーションの前提条件等に係る根拠が明確に示されているか、シミュレーションは所定の前提条件を元にしたものであり将来の運用成果を約束するものでない旨が適切に表示されているか、等について必要な確認を行うものとする。） 【誇大広告の禁止（金商法37条2項）】
③ 投資一任契約における運用に関する特別な指定事項について投資一任契約書等に規定するほか、運用に係る重要事項について誤解を生じないようにしているか。	【重要事項に関する誤解表示の禁止（金商業等府令117条1項2号）】 【契約に関する為詐の禁止（金商法38条の2第1号）】
④ 権利者に対して、投資信託約款等を記載した書面を交付しているか（目論見書に当該書面に記載すべき事項が記載されている場合等を除く。）	【投資信託約款の書面交付（投信法5条）】
⑤ 投資信託約款の重大な変更をしようとする場合、又は委託者指図型投資信託の併合をしようとする場合は、法令等により適用が除外されるものとして定められた場合を除き、書面により決議しているか。また、決議の日の2週間前までに、受益者に対して、変更内容等を記載した書面をもって通知を発しているか。	【投資信託約款の重大な変更の手続（投信法17条）】
⑥ 投資信託契約を解約しようとする場合は、法令等により適用が除外されるものとして定められた場合を除き、書面により決議しているか。また、決議の日の2週間前までに、受益者に対して、解約理由等を記載した書面をもって通知を発しているか。	【投資信託契約の解約の手続（投信法20条）】
	(2) 利益相反のおそれがある場合の受益者等への書面の交付 　投信法13条1項の規定による受益者への書面の交付に当たっては、用語の解釈は次のとおりとし、その照会等があったときは、適切に対応するものとする。
	① 「同種の資産」の解釈

	投信法13条1項1号、2号及び投資信託及び投資法人に関する法律施行令（以下「投信法施行令」という。）19条1項に規定する「同種の資産」には、投資信託約款又は投資法人の規約において投資の対象とする特定資産の内容に制限が付されていることにより、当該特定資産の内容と他の委託者指図型投資信託又は投資法人の投資の対象とする特定資産の内容が競合しない場合を含まない。
	②「管理の委託」の解釈 　投信法施行令19条3項1号の「管理の委託」とは、不動産に係るテナントとの賃貸借契約の更改や賃料の収受のテナント管理業務を委託するものをいい、建物の警備や保守等を外部の専門業者に委託する場合を含まない。
(5)　不動産投資信託等　≪中略≫	
2．内部管理	
(1)　日常業務の検証状況	
①　内部管理担当者は、発注伝票等の業務に関する帳簿書類が正確に記載され、かつ適切に保存されているかについて適切に検証しているか。	【法定帳簿の作成・保存（投信法15条、金商業等府令181条）】
②　自社における取引記録については、取引相手から入手した約定データと照合し、誤差等がある場合には、速やかにその原因究明を行い、あらかじめ定められた方法に基づき修正しているか。	
③　内部事務の取扱いについて、例えば以下の点に留意しているか。	
イ　内部管理担当者は、取引内容等に係る日々の検証に際し、特に規定外の取扱いが行われた取引等に関し、その理由、経緯及び処理方法等について十分な調査・検証を行い、正確な記録を残しているか。	
ロ　基準価額の計算を日々正確に行っているか。また、その正確性を検証しているか。	【基準価額の計算　投資信託財産の計算に関する規則（投信協会）】
ハ　基準価額の計算のための入力データを入力結果と照合しているか。	
④　親法人等又は子法人等の利益を図るため、投	【第三者の利益を図るための不必要な取引の禁止

	資運用業に関して運用の方針、運用財産の額又は市場の状況に照らして不必要な取引を行うことを内容とした運用を行っていないか。	（金商業等府令130条1項3号）】
⑤	取引等によって組入資産の内容に異動があった場合には、異動があった銘柄については日々異動内容を照合し、銘柄ごとの単価及び残高については、定期的に資産保管会社との間で帳簿の照合を行っているか。	
⑥	親法人等又は子法人等の範囲を正確に把握しているか。	【親法人等又は子法人等の範囲（金商法31条の4第3項、金商法施行令15条の16)】
⑦	内部管理担当者は、投資一任契約等に係る契約締結前交付書面に、法令で定められた記載事項が適切に記載されているかについて検証しているか。	【契約締結前交付書面（金商法37条の3)】
⑧	権利者から金銭若しくは有価証券の預託を受けていないか。また、自社と密接な関係を有する者に金銭若しくは有価証券の預託をさせていないか。	【投資一任業者の場合の預託の受入れ等の原則禁止（金商法42条の5)】 例外：第一種金融商品取引業等を行うラップ業者など
⑨	権利者に対し金銭若しくは有価証券を貸し付けていないか。また、権利者への第三者による金銭若しくは有価証券の貸付の媒介、取次ぎ又は代理を行っていないか。	【投資一任業者の場合の金銭又は有価証券の貸付け等の原則禁止（金商法42条の6)】
⑩	自己及び親法人等又は子法人等が所有する有価証券等の売買に際して、権利者との間で利益相反行為を行っていないか。	【自己取引の原則禁止（金商法42条の2第1号）、親法人等又は子法人等が所有する有価証券の売買に関する制限（金商法44条の3第1項1号)】
⑪	運用財産に係る運用報告書については、法令に基づき、適切に権利者に交付しているか。また、運用報告書は法令に基づき、遅滞なく当局に届けているか。	【投信の運用報告書の作成・交付義務（投信法14条1項）、届出義務（同条3項)】
(2)	約定訂正等	
①	事務処理ミス等による約定訂正処理は訂正理由を明確とした上で適切に行われ、その内容を後日確認できるような体制が整備されているか。	
②	内部管理担当者は、取引の修正・取消し等について、社内ルールに沿った適切な処理が行われているかを確認しているか。	
③	入力誤り等の事務処理ミスによる基準価額の	

訂正に係る事務マニュアルを整備すること等により、正確な訂正を行っているか。	
④　事務処理ミス等により権利者又は運用財産に損害を与え、その損害について損害賠償を行わない場合は、忠実義務違反に該当する可能性があることに留意しているか。 　また、事務処理ミス等が業務委託先で発生した場合であっても、権利者に対して忠実義務の責任がある投資運用業者がその損害について損害賠償を行わない場合も同様であることに留意しているか。	【忠実義務（金商法42条）】 【主な指摘事項　平成20年7月～9月】 当社等の事務過誤により発生した損失を補てんしていない行為（善管注意義務違反） 　「当社は、当社が設定・運用を行っている投資信託において、当社等の事務過誤により発生した投資信託の資金不足に対し、外貨での資金調達により資金繰りを行ったものについて、当該資金調達に関する決済上生じた為替差損を補てんすることなく、当該差損を該当する投資信託の信託財産に負担させていた。」 【主な指摘事項　平成19年10月～12月】 顧問報酬請求に係る内部管理態勢の不備 　「当社は、顧問報酬の算出・点検・検証を行うための態勢が整備・構築されておらず、投資一任契約を締結している顧客に対して、顧問報酬の過大請求を行っていた。」 【行政処分事例　平成18年3月30日】 忠実義務の違反 　『投資一任契約口座に係る取引において、ディーラーの誤発注により発生した売却損を、他の口座の取引に付け替えた』（旧投資顧問業法30条の2に該当）。
⑤　内部管理担当者は、適切に発注業務が行われていることをチェックしているか。例えば、誤発注等については、社内規程等に沿った処理が行われているか。	
(3)　その他検証状況	
①　標識は、営業所又は事務所ごとに、公衆の見やすい場所に提示するとともに、標識に記載している文字は明りょうに読むことができる状態にあるか。	【標識の掲示義務（金商法36条の2）】
②　投資信託約款、事業報告書又は有価証券届出書等について法令等を遵守し当局へ提出しているか。また、管理者は届出事項等の提出に際しては、その内容のチェックや提出状況の管理を適切に行っているか。	【投資信託約款の届出義務（投信法4条1項）】 【事業報告書の届出義務（金商法47条の2）】 【有価証券届出書の提出義務（金商法4条）】
投資信託約款を変更する場合、及び投資信託契約を解約する場合にもあらかじめ、当局に届出を行っているか。	【投資信託約款の変更の届出（投信法16条）】 【投資信託の解約の届出（投信法19条）】

③ 投資信託の広告に当たり、広告の審査を行う担当者（広告審査担当者）を定めているか。また、営業部門単位又は従業員限りで広告を行う場合にも、広告審査担当者がチェックしているか。	【広告（金商法37条）】 【広告審査担当者の設置及び審査、従業員限りの広告の禁止（広告等の表示及び景品類の提供に関する規則（投信協会）、広告等に関するガイドライン】
④ 広告宣伝は自主規制機関の定める規則に則って行われていることを検証するとともに、当該規則に抵触するおそれがある場合には事前に広告審査担当者等に照会しているか。	
⑤ 運用財産に関する帳簿書類を作成しているか。また、法定年限の保存が行われているか。	【法定帳簿の作成・保存義務（金商法47条）】 【投資信託財産の帳簿書類（投信法15条、同法施行規則26条）】
⑥ その行う投資運用業（投資一任契約の締結を除く。）に関して、その運用財産を自己の固有財産及び他の運用財産と分別して管理しているか。	【自己運用の場合の分別管理義務（金商法42条の4）】
3．財産・経理	
(1) 純財産額の算出に関する検査の方法	
検査官は、純財産額の算出に当たり、基準日における財務書類等に金融商品取引業者が計上している資産・負債並びに損益について、一般に公正妥当と認められる企業会計の基準に従って適正に計上されたものであるかどうか検証し、計上漏れの資産・負債勘定はないか、簿外の勘定がないかなどに留意したうえで、資産・負債評価査定等の方法により、計算時点における実態を反映した財務計数を確定し、純財産額を算出するものとする。	【最低純財産額の規制・5000万円（金商法29条の4第1項5号ロ、同法施行令15条の9、同15条の7）】
① 科目補正 　貸借対照表及び損益計算書の各勘定科目について検証を行い、経理誤びゅうの是正、両建相殺処理の補正等の金融商品取引業者の経理を正当に修正するものを科目補正として処理する。 　科目補正後の各勘定科目の計数により算出した純財産額を「純財産額（基準額）」とする。	
② 純財産額の算出 　評価査定及びその他補正の処理を行った後にその結果を「純財産額（基準額）」に加減調整を行うことにより、「純財産額（査定額）」を確定させる。 　純財産額の算出に当たって、会社法及び一般	

に公正妥当と認められる会計基準等に基づいて、日計表等の財務書類等において適正な経理処理が行われているか確認し、適正な経理処理に基づくものでない場合には所要の修正を行う。

③ 評価査定

資産・負債の評価査定による金銭債権の分類、有価証券の評価査定及びその他資産の評価査定を行い、資産性のないことが明らかであるもの及び諸条件から総合的に判断して資産性が極度に乏しいものを確定し、純財産額から控除する。

その他補正の確定処理を行う。

貸借対照表及び損益計算書の各勘定科目について検証を行い、資産あるいは負債が増加又は減少することにより自己資本が増減するものは、その他補正として処理を行う。

④ 金銭債権

立替金、貸付金等の金銭債権については、収集可能な資料・情報を基に、権利者の財政状態及び経営成績等に応じて債権区分を行い、金銭債権から控除する貸倒引当金については、将来の損失額を合理的に見積り計上しているか。

具体的には、「金融商品に係る会計基準」（企業会計審議会）等に従い一般債権、貸倒懸念債権又は破産更生債権等に区分し、各債権区分に応じた引当方法により貸倒引当金を算出し、金銭債権を評価する。

連結対象子会社等に対する債権等については、貸借対照表上の純資産額によることなく保有資産の含み損益も加味した実質的な純財産額をもって判断することとし、資産状態が悪化し、当該債権等について回収不能の虞がある場合には回収不能と見込まれる額を適正な判断により算出しているか。その際、当該純財産額算出に当たり、貸金業を行っている連結対象子会社等においては、銀行等金融機関に準じた債権管理が要求され、ある程度厳密な債権区分を求められていることから、当該会社の保有する営業貸出金等の資産査定につき、金融検査マニュアルを参考に自己査定及び償却・引当を行うなどの措置を講じているか。

⑤ 有価証券

有価証券については、「金融商品に係る会計基準」等に従って、売買目的有価証券、満期保有目的の債券、子会社株式及び関連会社株式又はその他の有価証券に区分し、それぞれの区分に応じて評価額及び評価差額等を算定しているか。

COLUMN

9 安定分配型投資信託の増加 —分配金問題

・ここ10年ほど、高水準の分配金が定期的に支払われる安定分配型投信の人気が高い。著名な毎月分配型投信である「グローバル・ソブリン・オープン（毎月決算型）」は、ピーク時から減少したとはいえ純資産残高が2兆円前後に達する。毎月一定の分配金を受け取れる点が根強い人気をよんでいるようである。最近のアンケート調査において、他の金融商品と比較して投信の優れている点として、定期的に分配金が受け取れることが第1位となっている（下記参考資料(1)、(2)参照）。

・他方、投信の分配金につき投信会社間の競争が過熱していることにつき懸念をもって報道されている（「日本経済新聞」平成22年11月18日付参照）。

・毎月分配型投信は、基準価額の水準にかかわらず定期的に分配金を支払うため、計算期間中に発生した収益を超えて分配金が支払われる場合（実質的な元本の一部払戻し）がある。当該期中に発生した収益以上に分配金を出す場合は、過去の運用益の繰越し等である分配準備積立金や収益調整金の取崩しによって行うことになる。運用成果を上回る分配を行うことは基準価額をその分下落させることになるが、投資家側にその理解が不足している事例が数多く潜んでいるとすれば、今後、毎月分配型投信の販売に係るトラブルが発生することも懸念される。そのため、投信の販売会社においては、説明義務の適切な履践が問われることになる。なお、計理上分配原資の範囲が広く規定されていることが期中収益を超える分配を可能にしているが、投信委託会社においては節度ある分配を行うことが求められる。

・他方において、投資家の投資判断の参考用に"分配金利回り"なる指標がさまざまな媒体から公表されている。分配金についての正しい理解が投資家にあまねく浸透していれば問題ないのであろうが、徒に分配金の高さを強調する等、投資家の誤解を誘発しかねない使われ方がされている懸念がある。ここも地道な投資家への啓蒙が必要とされるところであろう。

・こういったなか、平成23年7月下旬、自主規制団体である日証協及び投信協会が、各々会員向けに通知を発出し、「毎月分配型」及び「通貨選択型」投信の販売に際しては、収益分配金の仕組みやリスク特性に関し、目論見書等

イ　売買目的有価証券 　　時価をもって評価額とする。評価差額は当期の損益として処理する。	の記載事項を追加するとともに、より一層の説明の充実が求められることとなった。販売会社においてもこれを受けた積極的な取組みが期待される。 参考資料(1)　㈳投資信託協会「投資信託に関するアンケート調査」平成22年11月 参考資料(2)　日興アセットマネジメント㈱「投信窓販白書2009」「投信窓販白書2010」
ロ　満期保有目的の債券 　　取得原価をもって評価額とする。 　　ただし、債券を債券金額より低い価額又は高い価額で取得した場合において、取得価額と債券金額との差額の性格が金利の調整と認められるときは、償却原価法に基づいて算定された価額をもって評価額とする。	
ハ　子会社株式及び関連会社株式 　　取得原価をもって評価額とする。	
ニ　その他有価証券 　　時価をもって評価額とする。評価差額は洗い替え方式に基づき、次のいずれかの方法により処理する。 ａ．評価差額の合計額を純資産の部に計上する。 ｂ．時価が取得原価を上回る銘柄に係る評価差額は純資産の部に計上し、時価が取得原価を下回る銘柄に係る評価差額は当期の損失として処理する。なお、資本の部に計上される評価差額については、税効果会計を適用し、資本の部において他の剰余金と区分する。	
ホ　市場価格のない有価証券 ａ．債券の評価額は、債権の評価額に準じ、取得原価又は償却原価法に基づいて算定された評価額とする。 ｂ．債券以外の有価証券は、取得原価をもって評価額とする。	
ヘ　時価が著しく下落した場合 　　売買目的有価証券以外の有価証券（子会社株式及び関連会社株式を含む。）のうち市場価格又は合理的に算定された価額（すなわち時価）のあるものについて時価が著しく下落したときは、回復する見込みがあると認められる場合を除き、当該時価をもって評価額とし、評価差額を当期の損失として処理する。 　　市場価格のない株式（子会社株式及び関連会社株式を含む。）については当該株式の発行会社の財政状態の悪化により実質価額が著しく低下したときは、相当の減額を行い、評価差額は当期の損失として処理する。 　　時価のない債券については、債権の評価額に準じるため、当該債券については、償却原価法	【金融商品会計基準】

を適用した上で、債権の貸倒見積高の算定方法に準じて減損額を算定する。	
ト　デリバティブ取引 　デリバティブ取引により生じる正味の債権及び債務は、原則として時価をもって評価額とし、評価差額は、ヘッジ会計適用による損益の繰延べが認められる場合を除き、当期の損益としているか。 　市場デリバティブ取引により生じる債権及び債務については、計算を行う日における当該取引所の最終価格又はこれに準ずるものとして合理的に算出された価額を評価額とする。 　店頭デリバティブ取引については、市場価格に準ずるものとして合理的に算定された価額が得られればその価額とする。 　公正な評価額を算定することが極めて困難と認められるデリバティブ取引については、取得価額をもって評価額とする。	
⑥　前払金、前払費用 　基準日において既経過期間に対応する費用化されるべき金額については、純財産額から控除しているか。	
⑦　未収入金、未収収益 　資産性を勘案し、価値の毀損の危険性又は回収の危険性の度合いに応じて、評価しているか。	
⑧　その他の流動資産 　上記以外の流動資産については、原則として帳簿価額をもって評価額とする。 　ただし、当該流動資産の時価が帳簿価額より著しく低い場合であって、その価額が帳簿価額まで回復することが困難と見られる場合は、当該時価をもって評価額とし、その差額を純財産額から控除しているか。	
⑨　固定資産（上記のものは除く。） 　有形固定資産、無形固定資産及び投資その他の資産（金融資産、繰延税金資産、長期前払利息等を除く。）は、資産の収益性の低下により投資額の回収が見込めなくなった場合等は、「固定資産の減損に係る会計基準」等に基づき、減損処理を行う。	【企業会計審議会　平成14年8月公表「固定資産の減損に係る会計基準」】
⑩　繰延資産 　原則として帳簿価額をもって評価額とする。 　ただし、当該繰延資産について、償却不足が	

ある場合、当該償却不足額を控除した額をもって評価額とし、当該償却不足額を純財産額から控除しているか。	
⑪　準備金 　　一般に公正妥当と認められる会計基準に基づき算出しているか。	
⑫　引当金（貸倒引当金を除く。） 　　一般に公正妥当と認められる会計基準に基づき算出しているか。	
(2)　純財産額の算出方法	
純財産額は、資産及び負債について、貸借対照表の資産の部に計上されるべき金額の合計額から負債の部に計上されるべき金額の合計額（次に掲げるものの金額の合計額を除く。）を控除して計算する。 　他に営んでいる事業に関し法令の規定により負債の部に計上することが義務付けられている引当金又は準備金のうち利益留保性の引当金又は準備金の性質を有するものがある場合には、当該引当金又は準備金。	【純財産額が資本金を下回った場合の届出義務（金商業等府令199条11号ロ）】

10 対照表 業務編 第一種金融商品取引業者（投資信託の販売）

図表2-8 検査マニュアル対照表 Ⅱ-2-2 業務編 第一種金融商品取引業者（投資信託の販売）

検査マニュアル	監督指針、諸規則など （【 】として記載がない場合は監督指針を指す）
Ⅱ-2-2 業務編・第一種金融商品取引業者	Ⅳ-3-1-2 勧誘・説明態勢
第一種金融商品取引業者の業務の状況に関する検査は、株式をはじめとする市場性、流動性の高い有価証券やデリバティブ取引のようなリスクの高い金融商品を顧客に提供するとともに、顧客から金銭又は有価証券の預託を受ける立場にもある第一種金融商品取引業者が、その責任と役割を適切に遂行しているかを把握し、法令等違反行為を厳しく追及することで、公益又は投資者保護を図ることを目的とする。	
1．営業姿勢等	
(1) 適合性の原則	【金商法40条1号】
① 営業員の顧客に対する投資勧誘行為は、顧客の属性や投資目的等に配慮するなど投資者保護の観点から適切なものとなっているか。	
② 顧客の投資意向及び投資経験等の顧客属性について、顧客カード等による適切な管理が行われているか。（中略）	【協会員の投資勧誘、顧客管理等に関する規則（日証協）】
③ 顧客の資金性格に合わない商品を勧誘していないか。例えば、老後資金で安定的な利息収入を希望する顧客に対し、短期のキャピタルゲイン狙い（ハイリスク）の取引を勧誘していないか。（中略）	
④ 追加資金のない顧客に対し、次々と頻繁な勧誘をしていないか。	
⑤ 投資経験の少ない顧客に対し、複雑な商品を勧誘していないか。	
(2) 勧誘状況	
① 商品内容（基本的な性格、リスクの内容等）を十分理解させるように説明しているか。例え	【業法上の説明義務（金商業等府令117条1項1号）、民事上の説明義務（金融商品販売法3条）】

ば、投資勧誘の際に商品の性格や取引の条件について十分説明し得る資料を整備しているか、あるいは複数の商品を提示して選択の余地を与える資料を作成しているか。	
② 投資メリットのみを強調し、リスク等のデメリットの説明が不足していないか。	
③ 乗換えコストからみてメリットがない乗換えの勧誘をしていないか。	【乗換勧誘の際の説明義務（金商業等府令123条1項9号）】
④ 推奨理由は恣意的又は主観的なものになっていないか。	
⑤ 市場動向の急変や市場に重大なインパクトを与える事象の発生が、投資信託の基準価額に重大な影響を与えた場合において、顧客に対して適時適切な情報提供に努め、顧客の投資判断をきめ細かくサポートしているか。	
⑥ その他、投資判断上の重要な事項の説明不足はないか。	
⑦ 法人関係情報を提供した勧誘を行っていないか。	【法人関係情報を提供した勧誘の禁止（金商業等府令117条1項14号）】
⑧ 顧客から有価証券の売買又は店頭デリバティブ取引に関する注文を受けたときは、あらかじめその者に対して取引態様を事前に明示しているか。	【取引態様の事前明示義務（金商法37条の2）】
⑨ 顧客との取引に当たっては、商品内容等について、適切かつ十分な説明を行い、例えば、必要に応じて顧客から説明を受けた旨の書面の受入れ等の確認を行っているか。	【説明義務（金商業等府令117条1項1号）】
⑩ 顧客の損失を補てんし又は利益に追加するため、財産上の利益を提供する若しくは第三者に提供させていないか。	【損失補てん・利益の追加の禁止（金商法39条）】
⑪ その他、経済合理性に欠ける取引又は法令等に違反する勧誘を行っていないか。	
(3) 勧誘資料	
① 顧客への投資勧誘に際しては、金融商品取引法上交付義務が課された説明資料について、ルールどおり交付しているか。誤解を与える説明をしていないか。	【契約締結前書面の交付（金商法37条の3等）】 【金商業等府令117条1項1号】

② 顧客に金融商品取引法上交付義務が課された説明資料等を交付した場合には、交付簿との突合等により交付漏れのないことを確認しているか。	【本書第3編　業務プロセス別留意点　プロセス19　販売用資料等の内容確認】
③ 郵送等により顧客にディスクロージャー資料を交付し、不着等となった場合には遅滞なく再送すること等により法令等に抵触することのないようにしているか。	
④ 特に目論見書においては、以下の事項に留意しているか。	【金商法15条】
イ　有価証券届出書の効力が発生する前において目論見書を使用して勧誘を行っていないか。（仮目論見書は使用できる。）	
ロ　仮目論見書を使用して勧誘する場合は有価証券届出書の効力が発生するまでの間であることを理解しているか。	
ハ　仮目論見書を使用して勧誘を行った場合であっても、顧客が有価証券を取得する場合には取得時までに目論見書を交付しているか。郵送による場合にあっては、取得時までの間に到着するものとなっているか。	
ニ　電子情報処理組織を使用した目論見書の交付は法令等に規定された要件を満たしているか。	
ホ　顧客から請求目論見書の請求があった場合には、適切に交付しているか。	
⑤ 投資勧誘資料の内容に虚偽又は誤解させる表示はないか。例えば、その内容が恣意的なものとなっていないか。また、内部管理担当者は適切な審査を行っているか。	【虚偽・誤解表示の禁止（金商業等府令117条1項2号）】
⑥ 適格機関投資家向け勧誘等を行う場合にあっては転売制限等に関する告知の文書を交付しているか。	【適格機関投資家向け勧誘時の転売制限告知書（金商法23条の13第1～2項）】
(4)　顧客への対応	
① 顧客に対して誠実かつ公正にその業務を遂行しているか。	【誠実公正義務（金商法36条1項）】
② 事務処理ミス等の事故が生じた場合、顧客に対しその事実を正確に告げるとともに、これを	【事故（金商業等府令118条1号）】

> **COLUMN**
> **10　目論見書の簡素化（上）**
> ・平成22年7月より、交付目論見書の簡素化が図られ、ページ数が8～12ページ程度に大幅に削減された。同時に、請求目論見書と有価証券届出書の記載内容の事実上の同一化が図られた。なお、交付目論見書と請求目論見書を合わせた目論見書全体での情報の総量は従前と変わらない。
> ・今回の制度改正は、従来の交付目論見書がページ数が多いうえに請求目論見書と合冊形式で作成・交付されるケースが多く、投資家に手にとって読まれることが少なかったため、目論見書を投資家目線で読みやすい内容とするとともに、ファンド間の横比較を容易にするため記載方法の統一を図り、本来の目論見書によるディスクロージャーの目的を達成しようという当局等の明確な方針のもとで推進されたものである。
> （125ページに続く）

速やかに復元又は正しい取引に修正するための適切な事故処理を行い、トラブルの防止に努めているか。	
(5) 弊害防止措置	
① 親法人等又は子法人等との間の取引で、通常の条件と異なる条件による取引を行っていないか。	【親子法人間との異常取引の禁止（金商法44条の3第1項1号）】
② 取引を行うことを条件に親法人等又は子法人等から信用供与を受けている顧客に対し、これを承知で勧誘していないか。	【金商法44条の3第1項2号】
③ 親法人等又は子法人等に対する債務を有する発行会社の有価証券を引き受けていないか。調達した資金が親法人等又は子法人等への返済に当てられていないか。顧客への勧誘に際し、当該事実を知りながら、その事実を告げずに勧誘していないか。	【金商業等府令153条1項3号】
④ 発行者等に関する非公開情報を親法人等又は子法人等との間で授受していないか（発行者等の書面による同意がある場合、その他法令により認められている場合を除く。）。また、法人顧客に対してオプトアウト（あらかじめ非公開情報を共有する旨を通知された上で、共有を望まない場合に親法人等又は子法人等への非公開情報の提供の停止を求めることをいう。以下同じ。）の機会を提供することにより、その親法人等又は子法人等との間で、当該法人顧客に係る非公開情報の授受を行う場合、例えば以下のような措置を講じることにより、当該法人顧客に対して、オプトアウトを行うか否かを判断する機会が適切に提供されているか。	【親子法人間における非公開情報の共有制限（金商業等府令153条1項7号）】
イ オプトアウトの機会を書面等で通知するなど、法人顧客がオプトアウトの機会を明確に認識できる手段の採用	
ロ 非公開情報の授受を行う親法人等又は子法人等の範囲、提供先における非公開情報の利用目的など、オプトアウト機会の通知内容が、法人顧客がオプトアウトを行うか否かを判断するのに必要な情報の明示	
⑤ その他、法令等に定める弊害防止措置に関する規制に抵触する行為はないか。	【金商業等府令153条1項14号】

2．株式営業　略	
3．債券営業　略	
4．投信営業	
(1) 勧誘・取引実態の把握 　不適正な取引実態の有無を把握するため、以下の項目等について顧客取引の実情の検証を行う。	
①　募集締切日直前に、他商品からの乗換等による応募が急増していないか。	【投資信託の償還乗換優遇制度の利用に関する説明の適正化について（平成17年7月13日付日本証券業協会・協会員通知】
②　他商品への乗換え又は同一の商品性格を持つ投信間の乗換えで経済合理性のないものはないか。また、頻繁な損切り又は薄利乗換えとなっていないか。 ③　社内の売買管理規制（短期売買等）を意図的に回避する取引はないか。 ④　スイッチング可能な商品について、顧客に説明しているか。また、不適切な取引はないか。	【金商業等府令123条1項9号】 Ⅳ－3－1－2　勧誘・説明態勢 (3) 投資信託の乗換えに関する重要事項の説明に係る留意事項 　証券会社等が、乗換えに関する次に掲げる事項について説明を行っていない場合において、説明の実績について社内記録の作成及び保存並びにモニタリングを行う等の社内管理体制を構築していないと認められるときは、金商業等府令123条1項9号の規定「投資信託受益証券等の乗換えを勧誘するに際し、顧客に対して、当該乗換えに関する重要な事項について説明を行っていない状況」に該当するものとする。 ①　投資信託又は投資法人（以下「投資信託等」という。）の形態及び状況（名称、性格等） ②　解約する投資信託等の状況（概算損益等） ③　乗換えに係る費用（解約手数料、取得手数料等） ④　償還乗換優遇制度に関する事項 ⑤　その他投資信託等の性格、顧客のニーズ等を勘案し、顧客の投資判断に影響を及ぼすもの
⑤　償還乗換えの際の手数料の優遇措置について、顧客に適切に説明しているか。また、不必要な手数料を負担させているものはないか。	【金商業等府令123条1項9号】 【投資信託の償還乗換優遇制度の利用に関する説明の適正化について（平成17年7月13日付日本証券業協会・協会員通知】
⑥　特別な利益の提供となるような商品スキームを用いた取引はないか。	【特別の利益の提供の禁止（金商業等府令117条1項3号）】
⑦　投資信託約款に重大な変更等がある場合には顧客に書面を交付し、誤解が生じないようにしているか。	【投資信託約款の変更等（投信法17条）】 【重要事項に関する誤解表示の禁止（金商業等府令117条1項2号）】

	⑧ 投資信託の分配金に関して、分配金の一部又は全てが元本の一部払戻しに相当する場合があることを、顧客に分かり易く説明しているか。また、顧客に対して、分配金が預金利息と同様のものであるなどの不適切な説明を行っていないか。	Ⅳ－3　業務の適切性（第一種金融商品取引業） Ⅳ－3－1－2　勧誘説明態勢(4)①
	⑨ 通貨選択型ファンドについては、投資対象資産の価格変動リスクに加えて複雑な為替変動リスクを伴うことから、通貨選択型ファンドへの投資経験が無い顧客への投資勧誘においては、顧客が商品特性・リスク特性について理解できるよう説明し、その上で顧客から、説明内容について理解した旨の確認書を受け入れ、これを保存するなどの措置をとっているか。	Ⅲ－2　業務の適切性（共通編） Ⅲ－2－3－1　適合性原則(1)①ロ Ⅳ－3－1－2　勧誘説明態勢(4)②
	(2) 過当な売買取引等 　社内管理資料や大口取引顧客等の資料を参考にし、顧客の資力に比較して過当な数量や頻度の高い売買、資金性格及び顧客の属性等を勘案して特異な取引顧客を選定し、以下の項目等について検証を行う。	【適合性の原則（金商法40条1号）】 【店頭デリバティブ取引に類する複雑な投資信託に関する規則（投信協会）】 【協会員の投資勧誘、顧客管理等に関する規則（日証協）】 【デリバティブを内容とする預金に関するガイドライン（全銀協）】
第2編　検査マニュアルにおける確認項目	① 顧客の資力又は資金性格等を無視した過当勧誘を行っていないか。	【過当勧誘の禁止（協会員の従業員に関する規則7条3項7号（日証協）】
	② 顧客の資金性格や取引経過から不自然なものはないか。	
	③ 顧客の属性等から、受注時間に不自然なものはないか。	【取引一任勘定取引の禁止：変更登録を受けない投資運用業（金商法29条）】 【無断売買（金商業等府令117条1項11号）】
	④ 営業店や営業員への割当て等により、集中的販売となっていないか。	
	⑤ 特定の銘柄の取引状況に特異な点はないか。頻繁な乗換えとなっているものはないか。これらについてどのような投資勧誘が行われているか。	【金商業等府令123条1項9号】
	⑥ 営業店又は営業員の募集高のうち、頻繁な乗換えを行っている顧客の応募高はどの程度の割合になるか。	
	⑦ 特定顧客への販売に依存している傾向はないか。顧客取引に仮装した営業員自身の取引、無断取引等はないか。	【営業員自身の投機的的利益の追求を目的とした取引の禁止（金商業等府令117条1項12号）】 【無断売買（金商業等府令117条1項11号）】

⑧　頻繁な乗換えにより損失が発生している場合、顧客が取引結果について了承しているか。また、顧客との間で紛争になっているものはないか。	
⑨　その他、投信の募集等において、不適切な勧誘、取引等が行われていないか。	【業務の運営の状況に関し公益又は投資者保護のため必要かつ適当であると認められる場合の業務改善命令（金商法51条）】

11　対照表　店頭デリバティブ取引に類する複雑な仕組債・投資信託の販売に関する事項

図表2-9　検査マニュアル対照表　業務編　第一種金融商品取引業者（複雑な投資信託）

Ⅱ-2-2　業務編・第一種金融商品取引業者 5．デリバティブ営業　(3)　勧誘資料等の適切性	Ⅳ-3-3-2　勧誘・説明態勢 （【　】として記載がない場合は監督指針を指す）
① デリバティブ取引の販売に係る契約を締結しようとするとき（店頭デリバティブ取引に類する複雑な仕組債・投資信託の販売を行う場合を含む。）には、日本証券業協会自主規制規則「協会員の投資勧誘、顧客管理等に関する規則」及び金融先物取引業協会自主規制規則「金融先物取引業務取扱規則」を踏まえ、 イ　不招請勧誘規制の適用関係、 ロ　リスクに関する注意喚起、 ハ　トラブルが生じた場合の指定ADR機関等の連絡先等 を分かりやすく大きな文字で記載した簡明な文書（注意喚起文書）を配布し、顧客属性等に応じた説明を行うことにより、顧客に対する注意喚起を適切に行っているか。また、その実施状況を適切に確認できる態勢となっているか。 ② 通貨オプション取引・金利スワップ取引等を行う店頭デリバティブ取引業者の説明責任に関して、以下の項目等について検証を行う。 イ　店頭デリバティブ取引に係る契約を締結しようとするとき（店頭デリバティブ取引に類する複雑な仕組債・投資信託の販売を行う場合を含む。下記ロ～ハについても同じ。）には、当該店頭デリバティブ取引の対象となる金利指標等の水準等（例えば、ボラティリティや内外金利の水準など）に関する最悪のシナリオを想定した想定最大損失額について、具体的に分かりやすい形で解説した書面を交付する等の方法により、適切かつ十分な説明をしているか。 ロ　店頭デリバティブ取引に係る契約を締結しようとするときには、当該店頭デリバティブ取引の対象となる金利指標等の水準等（例えば、ボラティリティや内外金利の水準など）に関する最悪のシナリオを想定した解約清算金の試算額について、具体的に分かりやすい形で解説した書面を交付する等の方法により、適切かつ十分な説明をしているか。 ハ　上記イ・ロにおける金利指標等の水準等に関する最悪のシナリオは、過去のストレス時のデータ等合理的な前提を踏まえ設定されたものとなっているか。	店頭デリバティブ取引業 (6) 通貨オプション取引・金利スワップ取引等を行う店頭デリバティブ取引業者の説明責任に係る留意事項 上記(4)〔店頭金融先物取引業者の説明責任に係る留意事項〕・(5)〔有価証券関連店頭デリバティブ取引業者の説明責任に係る留意事項〕に該当しない場合でも、店頭デリバティブ取引業者が、例えば通貨オプション取引・金利スワップ取引等の店頭デリバティブ取引を行うときには、以下のような点に留意しているか。 （注）　金融商品取引業者が、店頭デリバティブ取引に類する複雑な仕組債・投資信託の販売を行う場合についても、準じた取扱いとしているかに留意するものとする。 ① 当該店頭デリバティブ取引の商品内容やリスクについて、例えば、以下のような点を含め、具体的に分かりやすい形で解説した書面を交付する等の方法により、適切かつ十分な説明をしているか。 イ．当該店頭デリバティブ取引の対象となる金融指標等の水準等（必要に応じてボラティリティの水準を含む。以下同じ。）に関する最悪のシナリオ（過去のストレス時のデータ等合理的な前提を踏まえたもの。以下同じ。）を想定した想定最大損失額について、前提と異なる状況になればさらに損失が拡大する可能性があることも含め、顧客が理解できるように説明しているか。 ロ．当該店頭デリバティブ取引において、顧客が許容できる損失額及び当該損失額が顧客の経営又は財務状況に重大な影響を及ぼさないかを確認し、上記の最悪シナリオに至らない場合でも許容額を超える損失を被る可能性がある場合は、金融指標等の状況がどのようになれば、そのような場合になるのかについて顧客が理解できるように説明しているか。 ハ．説明のために止むを得ず実際の店頭デリバティブ取引と異なる例示等を使用する場合は、当該例示等は実際の取引と異なることを説明しているか。

ニ　上記イ・ロにおける算定において使用する金利指標等の水準等は、市場環境等の変化を踏まえ、適時・適切に見直しがなされているか。
ホ　店頭デリバティブ取引において、顧客が許容できる損失額、解約清算金額を実質的に確認し、想定最大損失額及び解約清算金額と対比するなどの確認をしているか。また、最悪のシナリオに至らない場合でも許容額を超える損失を被る可能性がある場合は、顧客が理解できるよう説明しているか。
ヘ　想定最大損失額や解約精算金額については、顧客が取引を行うに当たって重要な判断要素となることから、想定最大損失額又は解約清算金額を顧客に示す際には、当該取引自体に発生する想定最大損失額又は解約清算金額が明らかとなるように示しているか。例えば、顧客特有の事情により当該取引と密接に関係する他の取引を行っている場合には、当該他の取引に係る想定最大損失額等を別途記載するなど、その明確化が図られているか。
ト　店頭デリバティブ取引の販売に係る契約を締結しようとするときには、日本証券業協会自主規制規則「協会員の投資勧誘、顧客管理等に関する規則」及び金融先物取引業協会自主規制規則「金融先物取引業務取扱規則」を踏まえ、当該取引に係る重要な事項等を顧客が理解し、顧客の判断と責任において取引を行う旨の確認を得るため、確認書を徴求しているか。

【「協会員の投資勧誘、顧客管理等に関する規則」日証協】
② 当該店頭デリバティブ取引の中途解約及び解約清算金について、例えば、以下のような点を含め、具体的に分かりやすい形で解説した書面を交付する等の方法により、適切かつ十分な説明をしているか。
（注）　例えば、仕組債の販売の場合には、「中途解約」を「中途売却」と、「解約清算金」を「中途売却に伴う損失見込額」とそれぞれ読み替えるものとする。なお、下記ロ.について、中途売却に伴う損失見込額の試算が困難である場合でも、可能な限り、最悪のシナリオを想定した説明がされることが望ましい。
イ．当該店頭デリバティブ取引が原則として中途解約できないものである場合にはその旨について、顧客が理解できるように説明しているか。
ロ．当該店頭デリバティブ取引を中途解約すると解約清算金が発生する場合にはその旨及び解約清算金の内容（金融指標等の水準等に関する最悪シナリオを想定した解約清算金の試算額及び当該試算額を超える額となる可能性がある場合にはその旨を含む。）について、顧客が理解できるように説明しているか。
ハ．当該店頭デリバティブ取引において、顧客が許容できる解約清算金の額を確認し、上記の最悪シナリオに至らない場合でも許容額を超える損失を被る可能性がある場合は、これについて顧客が理解できるよう説明しているか。
③ 提供する店頭デリバティブ取引がヘッジ目的の場合、当該取引について以下が必要であることを顧客が理解しているかを確認し、その確認結果を踏まえて、適切かつ十分な説明をしているか。
イ．顧客の事業の状況や市場における競争関係を踏まえても、継続的な業務運営を行う上で有効なヘッジ手段として機能すること（注1）。
ロ．上記に述べるヘッジ手段として有効に機能する場面は、契約終期まで継続すると見込まれること（注2）。
ハ．顧客にとって、今後の経営を見通すことがかえって困難とすることにならないこと（注3）。
（注1）　例えば、為替や金利の相場が変動しても、その影響を軽減させるような価格交渉力や価格決定力の有無等を包括的に判断することに留意する。
（注2）　例えば、ヘッジ手段自体に損失が発生していない場合であっても、前提とする

	事業規模が縮小されるなど顧客の事業の状況等の変化により、顧客のヘッジニーズが左右されたりヘッジの効果がそのニーズに対して契約終期まで有効に機能しない場合があることに留意する。 （注３） ヘッジによる仕入れ価格等の固定化が顧客の価格競争力に影響を及ぼし得る点に留意する。 ④　上記①から③までに掲げる事項を踏まえた説明を受けた旨を顧客から確認するため、例えば顧客から確認書等を受け入れ、これを保存する等の措置をとっているか。 ⑤　略 ⑥　顧客の要請があれば、定期的又は必要に応じて随時、顧客のポジションの時価情報や当該時点の解約清算金の額等を提供又は通知する等、顧客が決算処理や解約の判断等を行うために必要となる情報を適時適切に提供しているか。 ⑦　当該店頭デリバティブ取引に係る顧客の契約意思の確認について、契約の内容・規模、顧客の業務内容・規模・経営管理態勢等に見合った意思決定プロセスに留意した意思確認を行うことができる態勢が整備されているか。 　　例えば、契約しようとする店頭デリバティブ取引が顧客の今後の経営に大きな影響を与えるおそれのある場合、当該顧客の取締役会等で意思決定された上での契約かどうか確認することが重要となることに留意する。

12 対照表 業務編 第二種金融商品取引業者（投資信託の販売）

図表2－10 検査マニュアル対照表　業務編　第二種金融商品取引業者（投資信託の販売）

検査マニュアル	監督指針、協会諸規則など （【　】として記載がない場合は監督指針を指す）
Ⅱ－2－3　業務編・第二種金融商品取引業者	
第二種金融商品取引業者の業務の状況に関する検査は、投資信託受益証券、抵当証券及びみなし有価証券等の市場性及び流動性の低い有価証券並びに有価証券に関連しないデリバティブ取引を顧客に提供する第二種金融商品取引業者が、市場仲介者として誠実かつ公正に業務を遂行し、業務の状況として不適切なものはないかを的確に把握し、法令等違反行為を厳しく追及することで、公益又は投資者保護を図ることを目的とする。	【受益証券の直接募集及び解約等に関する規則（投信協会）】
1．営業姿勢等	
(1)　適合性の原則	【適合性の原則（金商法40条1号）】
①　営業員の顧客に対する投資勧誘行為は、顧客の属性や投資目的等に配慮する等投資者保護の観点から適切なものとなっているか。	
②　顧客の投資意向及び投資経験等の顧客属性について、顧客カード等による適切な管理が行われているか。 　また、顧客の投資目的及び投資意向について、その変化を把握し、その内容につき顧客の確認が得られた場合には適時に顧客カード等の登録内容の変更を行い、顧客と変更内容を共有するなど、顧客属性等に即した適切な勧誘に努めているか。	
③　顧客の投資意向や資金性格に合わない商品を勧誘していないか。例えば、老後資金で安定的な利息収入を希望する顧客に対し、短期のキャピタルゲイン狙い（ハイリスク）の取引を勧誘していないか。 　また、元本の安全性を重視するとしている顧客に対して、通貨選択型ファンドなどのリスクの高い商品を販売する場合には、管理職による承認制とするなどの慎重な販売管理を行っているか。	

④ 追加資金のない顧客に対し、次々と頻繁な勧誘をしていないか。	
⑤ 投資経験の少ない顧客に対し、複雑な商品を勧誘していないか。	
⑥ デリバティブ取引は、その商品内容に見合った十分な知識、経験及び財産を持っている顧客に販売しているか。	
(2) 勧誘状況	
① 商品内容（基本的な性格、リスクの内容等）を十分理解させるように説明しているか。例えば、投資勧誘の際に商品の性格や取引の条件について十分説明し得る資料を整備しているか、あるいは複数の商品を提示して選択の余地を与える資料を作成しているか。	【業法上の説明義務（金商業等府令117条1項1号）、民事上の説明義務（金融商品販売法3条）】
② 投資メリットのみを強調し、リスク等のデメリットの説明が不足していないか。	
③ 乗換えコストからみてメリットがない乗換えを勧誘していないか。	【乗換勧誘の際の説明義務（金商業等府令123条1項9号）】
④ 推奨理由は恣意的又は主観的なものになっていないか。	
⑤ 市場動向の急変や市場に重大なインパクトを与える事象の発生が、投資信託の基準価額に重大な影響を与えた場合において、顧客に対して適時適切な情報提供に努め、顧客の投資判断をきめ細かくサポートしているか。	
⑥ その他、投資判断上の重要事項の説明不足はないか。	
⑦ 顧客からのデリバティブ取引に関する注文を受けたときは、あらかじめその者に対して取引態様を事前に明示しているか。	【取引態様の事前明示義務（金商法37条の2）】
⑧ 顧客との取引に当たっては、商品内容等について、適切かつ十分な説明を行い、例えば、必要に応じて顧客から説明を受けた旨の書面の受入れ等の確認を行っているか。	【業法上の説明義務（金商業等府令117条1項1号）】
⑨ 顧客の損失を補てんし又は利益を追加するため、財産上の利益を提供する若しくは第三者に提供させていないか。	【損失補てん・利益の追加の禁止（金商法39条）】

⑩　その他、経済合理性に欠ける取引又は法令等に違反する勧誘を行っていないか。	
⑪　販売勧誘を行う営業員に対し、適切な投資勧誘を行うための十分な教育を実施しているか。また、当該販売勧誘に関する教育を受けていない従業員に、顧客への販売勧誘を行わせていないか。	
(3)　勧誘資料等	
①　顧客への投資勧誘に際しては、金融商品取引法上交付義務が課された説明資料について、ルールどおり交付しているか。誤解を与える説明をしていないか。	【金商法37条の3、金商業等府令117条1項1号】
②　顧客に金融商品取引法上交付義務が課された説明資料等を交付した場合には、交付簿との突合等により交付漏れのないことを確認しているか。	
③　郵送等により顧客にディスクロージャー資料を交付し、不着等となった場合には遅滞なく再送すること等により法令等に抵触することのないようにしているか。	
④　特に目論見書においては、以下の事項に留意しているか。	
イ　有価証券届出書の効力が発生する前において目論見書を使用して勧誘を行っていないか。（仮目論見書は使用できる。）	
ロ　仮目論見書の内容と有価証券届出書の内容が一致していることを検証しているか。	
ハ　仮目論見書を使用して勧誘する場合は有価証券届出書の効力が発生するまでの間であることを理解しているか。	
ニ　仮目論見書を使用して勧誘を行った場合であっても、顧客が受益証券を取得する場合には取得時までに目論見書を交付しているか。郵送による場合にあっては、取得時までの間に到着するものとなっているか。	
ホ　電子情報処理組織を使用した目論見書の交付は法令等に規定された要件を満たしているか。	

> **COLUMN**
>
> **11　目論見書の簡素化（下）**
>
> （115ページより続く）
>
> ・一方、金商法上、目論見書等における重要事項の虚偽・欠けつ等により投資家に被害を生じさせた場合には、賠償責任を負う旨が規定されていることから、委託会社としては、簡素化された交付目論見書においては紙面スペース等の都合上、当該重要事項が漏れる可能性があり、説明義務違反、不法行為責任等を問われやすくなるのではないかとの懸念を生じる面もある。
>
> ・しかし、請求目論見書までみれば従来どおり有価証券届出書と同等の内容が入手できる（EDINETにアクセスすれば直接入手できる）。
>
> ・交付目論見書上の記載項目は金商法上に規定された項目であり、紙面スペース上の制限はあるものの、当該記載項目につき必要な程度の内容を漏れなく記載した場合には、投資判断に多少なりとも影響する可能性がありかつ過去の裁判で重要事項と判断された場合であっても、制度改正の趣旨に照らした適切な判断が今後当局・紛争解決機関等において行われることが望まれる。
>
> ・今回の制度改革で交付目論見書・請求目論見書の合冊が原則禁止となったこと、及び両目論見書とも電磁交付が被交付者の口頭の同意で可能となったことは、ファンドのコスト低減、ひいては投資家のコスト低減に繋がるものと期待される。

ヘ　顧客から請求目論見書の請求があった場合には、適切に交付しているか。	
⑤　投資勧誘資料の内容に虚偽又は誤解させる表示はないか。例えば、その内容が恣意的なものとなっていないか。また、内部管理担当者は適切な審査を行っているか。	【虚偽又は誤解表示の禁止（金商業等府令117条1項2号）】
⑥　適格機関投資家向けの勧誘を行う場合にあっては、販売制限等に関する告知の文書を交付しているか。	【適格機関投資家向け勧誘時の転売制限告知書（金商法23条の13第1～2項）】
⑦　デリバティブ取引に関して、取引経験が浅い顧客にデリバティブ商品等を販売する場合には、その商品内容やリスクについて、例示等（最良のシナリオのものだけでなく、最悪のシナリオを想定した想定最大損失額を含む。）も入れ、取引の概要や取引に係る損失の危険に関する事項その他顧客の注意を喚起すべき事項を記載した書面を交付するなどの方法により、十分に説明しているか。 　特に顧客自身がリスクを負っている商品の販売に当たっては、必要に応じて取引先から説明を受けた旨の確認を行っているか。	【業法上の説明義務（金商業等府令117条1項1号）、民事上の説明義務（金融商品販売法3条）】
(4)　弊害防止措置	
①　親法人等又は子法人等との間の取引で、通常の条件と異なる条件による取引を行っていないか。	【親子法人との異常取引の禁止（金商法44条の3第1項1号）】
②　取引を行うことを条件に親法人等又は子法人等から信用供与を受けている顧客に対し、これを承知で勧誘していないか。	【金商法44条の3第1項2号】
③　発行者等に関する非公開情報を親法人等又は子法人等との間で授受していないか（発行者等の書面による同意がある場合を除く。）	【親子法人間における非公開情報の共有制限（金商業等府令153条1項7号）】
④　その他、法令等に定める弊害防止措置に関する規制に抵触する行為はないか。	【金商業等府令153条1項14号】
(5)　取引実態の把握 　不適正な営業実態の有無を把握するため、以下の項目等について顧客取引の実情の検証を行う。	
①　社内の売買管理規制（短期売買等）を意図的に回避する取引はないか。	

②	償還乗換えの際の手数料の優遇措置について、顧客に適切に説明しているか。また、不要な手数料を負担させているものはないか。	【金商業等府令123条1項9号】 Ⅳ－3－1－2　勧誘・説明態勢 (3)　投資信託の乗換えに関する重要事項の説明に係る留意事項
③	特別な利益の提供となるような商品スキームを用いた取引はないか。	【特別の利益の提供の禁止（金商業等府令117条1項3号）】
④	投資信託約款に重大な変更等がある場合には顧客に書面を交付し、顧客に誤解が生じないようにしているか。	【投資信託約款の変更等（投信法17条）】
⑤	市場デリバティブ取引において、	
イ	一律集中的取引で不適正なものはないか。	
ロ	見込買付けによるハナ替えはないか。	
ハ	過誤訂正処理は、適正に行われているか。	
ニ	自己勘定と委託取引の間で利益提供となるような不適正な付替えはないか。	【特別の利益提供の禁止（金商業等府令117条1項3号）】
⑥	デリバティブ商品等は、顧客の投資意向や投資経験、資産の状況等の顧客属性等に照らして適切と判断する顧客に販売しているか。	【店頭デリバティブ取引に類する複雑な投資信託に関する規則（投信協会）】
⑦	デリバティブ取引（法令に規制のあるものに限る。）において、勧誘に先立って顧客に対しその勧誘受諾意思を確認しているか。また、勧誘を受けた顧客が契約を締結しない旨の意思を表示したにもかかわらず、勧誘を継続していないか。	【勧誘受諾意思の確認義務（金商法38条5号）】
(6)	過当な売買取引等	
	社内管理資料や大口取引顧客等の資料を参考にし、顧客の資力に比較して過当な数量や頻度の高い売買、資金性格及び顧客の属性等を勘案して特異な取引顧客を選定し、以下の項目等について検証を行う。	
①	顧客の資力又は資金性格等を無視した過当勧誘を行っていないか。	【適合性の原則（金商法40条1号）】
②	顧客の資金性格や取引経過から不自然なものはないか。	
③	顧客の属性等から、受注時間に不自然なもの	【無断売買（金商業等府令117条1項11号）】

はないか。	
④ 営業店や営業員への割当て等により、集中的販売となっていないか。	
⑤ 特定の銘柄の取引状況に特異な点はないか。頻繁な乗換えとなっているものはないか。これらについてどのような投資勧誘が行われているか。	
⑥ 特定顧客への販売に依存している傾向はないか。顧客取引に仮装した営業員自身の取引、無断取引等はないか。	【無断売買（金商業等府令117条1項11号）】
⑦ 頻繁な乗換えにより損失が発生している場合、顧客が取引結果について了承しているか。また、顧客との間で紛争になっているものはないか。	
⑧ 投資信託の分配金に関して、分配金の一部又は全てが元本の一部払戻しに相当する場合があることを、顧客に分かり易く説明しているか。また、顧客に対して、分配金が預金利息と同様のものであるなどの不適切な説明を行っていないか。	
⑨ 通貨選択型ファンドについては、投資対象資産の価格変動リスクに加えて複雑な為替変動リスクを伴うことから、通貨選択型ファンドへの投資経験が無い顧客への投資勧誘においては、顧客が商品特性・リスク特性について理解できるよう説明し、その上で顧客から、説明内容について理解した旨の確認書を受け入れ、これを保存するなどの措置をとっているか。	
⑩ その他、不適切な勧誘、取引等が行われていないか。	
⑪ 回転売買により売買損（評価損）が発生している場合、顧客が取引結果について了承しているか。また、顧客との間で紛争になっているものはないか。	
⑫ 特定顧客への立替金、委託証拠金の預託不足及び維持率割れが目立っていないか。	

COLUMN

12　金融 ADR の実際－ FINMAC の例(1)

・コラム 8（92頁）で説明したとおり、金融 ADR 制度では、金融機関と手続実施基本契約を締結した指定紛争解決機関が紛争解決にあたるが、その手続は指定紛争解決機関が業務規程で定められている。ここでは、投資信託に関する苦情処理・紛争解決処理を取り扱っている証券・金融商品あっせん相談センター（FINMAC）の手続の実際について、述べてみたい。なお FINMAC では金商法上の「紛争解決委員」をあっせん委員と、「紛争解決手続」を「あっせん手続」と呼んでいるので、ここではその用法に従う。

・FINMAC の「苦情解決支援とあっせんに関する規則」では、顧客のあっせん手続の申立てに対する業者の手続応諾義務が定められている。顧客があっせん申立をするには、申立ての趣旨及び紛争の要点を明らかにしたあっせん申立書を提出しなければならないとされている。申立てをされた業者は、申立てに対する答弁又は抗弁の要点を明らかにした答弁書を提出しなければならない。

・実際のところは、申立人は法律の素人かつ高齢者が圧倒的多数であるから、申立書の理由の記載は十分ではなく、それだけでは争点がわからないことも多い。民事調停と同様に、第 1 回目で話をじっくりと聞いて、何が問題なのかをあっせん委員が整理しなければならないことがかなりある。

・法律の素人である申立人の話を聞いてみて法的に問題となりうる点は何かを整理するという作業は、公正中立であるべきあっせん委員が行うべきなのかという疑問もあるが、金融 ADR 制度の趣旨からみて、このような後見的な役割もあっせん委員に期待されているところであり、代理人がつかない申立てについてはこのような主張の整理は必要であろうし、ADR 制度への信頼はこのような素人の申立てをじっくりと聞くというところにもあるのではないか。実際、和解ができないケースでも「ここまで話を聞いてくれたことには感謝する」という申立人も多いのである。

・他方、業者は第 1 回目の手続の前に答弁書を提出しておかなければならない。よくわからない申立てに対しては、争点が判明する前に、考えられる争点について幅広く答えておくということも実務上しばしばみられる。

・訴訟であれば申立ての趣旨や請求原因が不明確であると裁判所から補正命令がでて、それに従わなければ訴状却下で訴訟は終結する。FINMAC の業務規定でも、担当あっせん委員は、「その性質上あっせんを行うのに適当でない、または不当な目的で、もしくはみだりにあっせんの申立てをしたと担当あっせん委員が判断したもの」に該当すると判断したときは、あっせん手続を行わないことが許されている。

・しかし、この規定はなかなか発動されない。あっせん手続まで求める申立人の話を聞いてみて、ようやく説明義務違反なのか、適合性違反なのか、回転売買なのか等というところが明らかになることも多いので、これはやむをえない。しかし、あっせん手続で代理人がついている場合には、あらかじめ申立ての内容についてあっせん委員から釈明を求めるべきだし、釈明しても、対応の悪さをいっているだけで単に損を取り戻したいというような申立てであるならば、そもそもあっせんが成立する見込みはないから、この手続を使って終了させるべきであろう。今後、そういう対応は増えてくるであろう。（236ページに続く）

投信約款例文

投資信託の約款には、さまざまな根拠規定が記載されており、ここではその一例を紹介する（注：いずれもサンプルであり、サンプルどおりの記載が必須というものではない。またサンプルどおりに記載すれば足りるというものではなく、投信の種類によって記載の有無・内容は異なる。）。

≪投信約款サンプル①：投信が、信託法上の信託であること等を規定。よって、投信約款や投信法に定めのない事項については信託法に依ることとなる。≫
信託の種類、委託者及び受託者
第●条　この信託は、証券投資信託であり、●●投信投資顧問株式会社を委託者とし、▲▲信託銀行株式会社を受託者とします。
②　この信託は、信託財産に属する財産についての対抗要件に関する事項を除き、信託法（平成18年12月15日法律第108号）の適用を受けます。

≪投信約款サンプル②：受託者は、再信託できることを規定。ただし、通常は再信託先の名称等までは規定されていない。≫
信託事務の委託
第●条　受託者は、信託法第28条第1項に基づく信託事務の委任として、信託事務の処理の一部について、金融機関の信託業務の兼営等に関する法律第1条第1項の規定による信託業務の兼営の認可を受けた一の金融機関（受託者の利害関係人（金融機関の信託業務の兼営等に関する法律にて準用する信託業法第29条第2項第1号に規定する利害関係人をいいます。以下この条において同じ。）を含みます。）と信託契約を締結し、これを委託することができます。
②　前項における利害関係人に対する業務の委託については、受益者の保護に支障を生じることがない場合に行うものとします。

≪投信約款サンプル③：信託する目的を規定。あくまでも「利殖」を目的とする。≫
信託の目的及び金額
第●条　委託者は、金●万円を受益者のために利殖の目的をもって信託し、受託者はこれを引き受けます。

≪投信約款サンプル④：受益権は取得申込者に帰属することを規定。≫
当初の受益者
第●条　この信託契約締結当初及び追加信託当初の受益者は、委託者の指定する受益権取得申込者とし、第■条の規定により分割された受益権は、その取得申込口数に応じて、取得申込者に帰属します。

≪投信約款サンプル⑤：受益権は均等に分割されること等と規定。≫
受益権の分割及び再分割
第●条　委託者は、第■条の規定による受益権については▲口を上限とし、追加信託によって生じた受益権については、これを追加信託のつど第★条第１項の追加口数に、それぞれ均等に分割します。
②　委託者は、受託者と協議の上、社債、株式等の振替えに関する法律（以下「社振法」といいます。）に定めるところに従い、一定日現在の受益権を均等に再分割できるものとします。

≪投信約款サンプル⑥：信託された日時が異なっても、同じ受益権であることを規定。≫
信託日時の異なる受益権の内容
第▲条　この信託の受益権は、信託の日時を異にすることにより差異を生ずることはありません。

≪投信約款サンプル⑦：基準価額は、投信協会ルール等に従って、ファンドの評価額を受益権の総口数で割って算出されることを規定。≫
追加信託の価額及び口数、基準価額の計算方法
第●条　追加信託金は、追加信託を行う日の前営業日の基準価額に当該追加信託に係る受益権の口数を乗じた額とします。
②　この約款において基準価額とは、信託財産に属する資産（受入担保金代用有価証券及び第●条に規定する借入れ有価証券を除きます）を法令及び社団法人投資信託協会規則に従って時価又は一部償却原価法により評価して得た信託財産の資産総額から負債総額を控除した金額（以下「純資産総額」といいます。）を、計算日における受益権総口数で除した金額をいいます。

≪投信約款サンプル⑧：受益権は振替口座簿に記載・記録されることで誰に帰属するかを定めることや、受益証券は原則発行しないこと等について規定。≫
受益権の帰属と受益証券の不発行
第●条　この信託のすべての受益権は、社振法の規定の適用を受けることとし、受益権の帰属は、委託者があらかじめこの投資信託の受益権を取り扱うことについて同意した一の振替機関（社振法第２条に規定する「振替機関」をいい、以下「振替機関」といいます。）及び当該振替機関の下位の口座管理機関（社振法第２条に規定する「口座管理機関」をいい、振替機関を含め、以下「振替機関等」といいます。）の振替口座簿に記載又は記録されることにより定まります（以下、振替口座簿に記載又は記録されることにより定まる受益権を「振替受益権」といいます。）。
②　委託者は、この信託の受益権を取り扱う振替機関が社振法の規定により主務大臣の指定を取り消された場合又は当該指定が効力を失った場合であって、当該振

替機関の振替業を承継する者が存在しない場合その他やむを得ない事情がある場合を除き、振替受益権を表示する受益証券を発行しません。なお、受益者は、委託者がやむを得ない事情等により受益証券を発行する場合を除き、受益証券の再発行の請求を行わないものとします。
③　委託者は、第■条の規定により分割された受益権について、振替機関等の振替口座簿への新たな記載又は記録をするため社振法に定める事項の振替機関への通知を行うものとします。振替機関等は、委託者から振替機関への通知があった場合、社振法の規定に従い、その備える振替口座簿への新たな記載又は記録を行います。

≪投信約款サンプル⑨：振替口座簿に記載・記録しなければ委託者・受託者に対抗できないことを規定。≫
受益権の譲渡の対抗要件
第◎条　受益権の譲渡は、●条の規定による振替口座簿への記載又は記録によらなければ、委託者及び受託者に対抗することができません。

≪投信約款サンプル⑩：投信受益権の取得申込みの方法や、やむを得ない事情があるときは受け付けた取得申込みの受付けを取り消すことができること等を規定。≫
受益権の申込単位及び価額
第●条　委託者の指定する第一種金融商品取引業者（金融商品取引法第28条第１項に規定する第一種金融商品取引業を行う者をいいます。以下同じ。）及び登録金融機関（金融商品取引法第２条第11項に規定する登録金融機関をいい、以下、委託者の指定する第一種金融商品取引業者及び登録金融機関を総称して「指定販売会社」といいます。）は、第■条第１項の規定により分割される受益権を、その取得申込者に対し、指定販売会社がそれぞれ委託者の承認を得て定める申込単位をもって取得申込みに応ずることができるものとします。
②　前項の取得申込者は指定販売会社に、取得申込みと同時に又はあらかじめ、自己のために開設されたこの信託の受益権の振替えを行うための振替機関等の口座を示すものとし、当該口座に当該取得申込者に係る口数の増加の記載又は記録が行われます。なお、指定販売会社は、当該取得申込みの代金（第３項の受益権の価額に当該取得申込みの口数を乗じて得た額をいいます。）の支払いと引き換えに、当該口座に当該取得申込者に係る口数の増加の記載又は記録を行うことができます。
③　第１項の場合の受益権の価額は、取得申込日の翌営業日の基準価額に、手数料及び当該手数料に係る消費税並びに地方消費税に相当する金額（以下「消費税等相当額」といいます。）を加算した価額とします。ただし、この信託契約締結日前の取得申込みに係る受益権の価額は、１口につき１円に、手数料及び当該手数料に係る消費税等相当額を加算した価額とします。
④　前項の手数料の額は、指定販売会社が、それぞれ別に定めるものとします。

⑤　前各項の規定にかかわらず、受益者が指定販売会社と結んだ別に定める収益分配金の再投資に関する契約（以下「別に定める契約」といいます。）に基づいて収益分配金を再投資する場合においては、指定販売会社は、1口の整数倍をもって当該取得の申込みに応ずることができるものとします。この場合の受益権の価額は、原則として第▲条に規定する各計算期間終了日の基準価額とします。

⑥　前各項の規定にかかわらず、取引所（金融商品取引法第2条第16項に規定する金融商品取引所及び金融商品取引法第2条第8項第3号ロに規定する外国金融商品市場をいいます。以下同じ。）等における取引の停止、外国為替取引の停止、決済機能の停止、その他やむを得ない事情があるときは、指定販売会社は、受益権の取得申込みの受付けを中止すること、及びすでに受け付けた取得申込みの受付けを取り消すことができます。

≪投信約款サンプル⑪：登記できる信託財産は登記するが、登記を留保することがある等を規定。≫

信託財産の登記等及び記載等の留保等

第●条　信託の登記又は登録をすることができる信託財産については、信託の登記又は登録をすることとします。ただし、受託者が認める場合は、信託の登記又は登録を留保することがあります。

②　前項ただし書きにかかわらず、受益者保護のために委託者又は受託者が必要と認めるときは、速やかに登記又は登録をするものとします。

③　信託財産に属する旨の記載又は記録をすることができる信託財産については、信託財産に属する旨の記載又は記録をするとともに、その計算を明らかにする方法により分別して管理するものとします。ただし、受託者が認める場合は、その計算を明らかにする方法により分別して管理することがあります。

④　動産（金銭を除きます。）については、外形上区別することができる方法によるほか、その計算を明らかにする方法により分別して管理することがあります。

≪投信約款サンプル⑫：投信財産の利益や損失はすべて受益者に帰属することを規定。≫

損益の帰属

第●条　委託者の指図に基づく行為により信託財産に生じた利益及び損失は、すべて受益者に帰属します。

≪投信約款サンプル⑬：償還金等の支払請求には時効があり、時効までに請求しない場合は委託者に帰属すること等を規定。≫

収益分配金及び償還金の時効

第●条　受益者が、収益分配金については第■条第1項に規定する支払開始日から5年間その支払いを請求しないとき、並びに信託終了による償還金については第▲条第4項に規定する支払開始日から10年間その支払いを請求しないときは、そ

の権利を失い、受託者から交付を受けた金銭は、委託者に帰属します。

≪信託約款サンプル⑭：受益者による投資信託の解約について規定。≫
信託契約の一部解約
第●条　受益者は、自己に帰属する受益権について、委託者に対し、委託者自らが定める単位もしくは委託者の指定する証券会社が委託者の承認を得て定める解約単位をもって一部解約の実行を請求することができます。
② 　受益者が前項の一部解約の実行の請求をするときは、委託者又は委託者の指定する証券会社に対し、振替受益権をもって行うものとします。
③ 　委託者は、第1項の一部解約の実行の請求を受け付けた場合は、この信託契約の一部を解約します。なお、第1項の一部解約の実行の請求を行う受益者は、その口座が開設されている振替機関等に対して当該受益者の請求に係るこの信託契約の一部解約を委託者が行うのと引き換えに、当該一部解約に係る受益権の口数と同口数の抹消の申請を行うものとし、社振法の規定に従い当該振替機関等の口座において当該口数の減少の記載又は記録が行われます。
④ 　前項の一部解約の価額は、一部解約の実行の請求受付日の基準価額から当該基準価額に10,000分の▲の率を乗じて得た額を信託財産留保額として控除した価額とします。
⑤ 　委託者は、取引所等における取引の停止、外国為替取引の停止、決済機能の停止、その他やむを得ない事情があるときは、第1項による一部解約の請求の受付けを中止すること、及びすでに受け付けた一部解約の実行の請求の受付けを取り消すことができます。
⑥ 　前項により、一部解約の実行の請求の受付けが中止された場合には、受益者は当該受付の中止以前に行った当日の一部解約の実行の請求を撤回できます。ただし、受益者がその一部解約の実行の請求を撤回しない場合には、当該受益権の一部解約の価額は、当該受付中止を解除した後の最初の基準価額の計算日に一部解約の実行の請求を受け付けたものとして、第4項の規定に準じて算出した価額とします。

≪信託約款サンプル⑮：受託者は委託者の指定する預金口座等に払い込めば受益者への支払いについて免責されることを規定。≫
収益分配金、償還金及び一部解約金の払い込みと支払いに関する受託者の免責
第●条　受託者は、収益分配金については第■条第1項に規定する支払開始日及び第■条第2項に規定する支払開始前までに、償還金については第■条第4項に規定する支払開始日までに、一部解約金については第■条第3項に規定する支払日までに、その全額を委託者の指定する預金口座等に払い込みます。
② 　受託者は、前項の規定により委託者の指定する預金口座等に収益分配金、償還金及び一部解約金を払い込んだ後は、受益者に対する支払いにつき、その責に任じないものとします。

≪投信約款サンプル⑯：投信の償還の手続等について規定（このサンプルでは、繰り上げ償還をする際に受益者に賛否を問うこと等を規定）。≫
信託契約の解約
第●条　委託者は、第■条の規定による信託終了前において、この信託契約を解約することが受益者のため有利であると認めたとき又はやむを得ない事情が発生したときは、受託者と合意の上、この信託契約を解約し、信託を終了させることができます。この場合において、委託者は、あらかじめ、解約しようとする旨を監督官庁に届け出ます。

② 　委託者は、信託契約の一部解約により、受益権の口数が▲億口を下回ることとなる場合には、受託者と合意の上、この信託契約を解約し、信託を終了させることができます。この場合において、委託者は、あらかじめ、解約しようとする旨を監督官庁に届け出ます。

③ 　委託者は、前各項の事項について、書面による決議（以下「書面決議」といいます。）を行います。この場合において、あらかじめ、書面決議の日並びに信託契約の解約の理由などの事項を定め、当該決議の日の2週間前までに、この信託契約に係る知れている受益者に対し、書面をもってこれらの事項を記載した書面決議の通知を発します。

④ 　前項の書面決議において、受益者（委託者及びこの信託の信託財産にこの信託の受益権が属するときの当該受益権に係る受益者としての受託者を除きます。以下本項において同じ。）は受益権の口数に応じて、議決権を有し、これを行使することができます。なお、知れている受益者が議決権を行使しないときは、当該知れている受益者は書面決議について賛成するものとみなします。

⑤ 　第3項の書面決議は議決権を行使することができる受益者の半数以上であって、当該受益者の議決権の3分の2以上に当たる多数をもって行います。

⑥ 　第3項から前項までの規定は、委託者が信託契約の解約について提案をした場合において、当該提案につき、この信託契約に係るすべての受益者が書面又は電磁的記録により同意の意思表示をしたときには適用しません。また、信託財産の状況に照らし、真にやむを得ない事情が生じている場合であって、第3項から前項までの手続を行うことが困難な場合にも適用しません。

≪投信約款サンプル⑰：「受益者の利益のため必要と認めるとき」又は「やむを得ない事情が発生したとき」に重大な約款変更等の手続を経て約款を変更することができること等について規定。≫
信託約款の変更等
第●条　委託者は、受益者の利益のため必要と認めるとき又はやむを得ない事情が発生したときは、受託者と合意の上、この信託約款を変更すること又はこの信託と他の信託との併合（投資信託及び投資法人に関する法律第16条第2号に規定する「委託者指図型投資信託の併合」をいいます。以下同じ。）を行うことができるものとし、あらかじめ、変更又は併合しようとする旨及びその内容を監督官庁

に届け出ます。なお、この信託約款は本条に定める以外の方法によって変更することができないものとします。

② 委託者は、前項の事項（前項の変更事項にあっては、その内容が重大なものに該当する場合に限ります。以下、併合と合わせて「重大な約款の変更等」といいます。）について、書面決議を行います。この場合において、あらかじめ、書面決議の日並びに重大な約款の変更等の内容及びその理由などの事項を定め、当該決議の日の２週間前までに、この信託約款に係る知れている受益者に対し、書面をもってこれらの事項を記載した書面決議の通知を発します。

③ 前項の書面決議において、受益者（委託者及びこの信託の信託財産にこの信託の受益権が属するときの当該受益権に係る受益者としての受託者を除きます。以下本項において同じ。）は受益権の口数に応じて、議決権を有し、これを行使することができます。なお、知れている受益者が議決権を行使しないときは、当該知れている受益者は書面決議について賛成するものとみなします。

④ 第２項の書面決議は議決権を行使することができる受益者の半数以上であって、当該受益者の議決権の３分の２以上に当たる多数をもって行います。

⑤ 書面決議の効力は、この信託のすべての受益者に対してその効力を生じます。

⑥ 第２項から前項までの規定は、委託者が重大な約款の変更等について提案をした場合において、当該提案につき、この信託約款に係るすべての受益者が書面又は電磁的記録により同意の意思表示をしたときには適用しません。

⑦ 前各項の規定にかかわらず、この投資信託において併合の書面決議が可決された場合にあっても、当該併合に係る一又は複数の他の投資信託において当該併合の書面決議が否決された場合は、当該他の投資信託との併合を行うことはできません。

≪投信約款サンプル⑱：「受益者に有利であると認めたとき」は信託期間を延長できることを規定。≫
信託期間の延長
第●条　委託者は、信託期間満了前に、信託期間の延長が受益者に有利であると認めたときは、受託者と協議の上、信託期間を延長することができます。

≪投信約款サンプル⑲：他の受益者の氏名や他の受益者が有する受益権の内容は開示できないことを規定。≫
他の受益者の氏名等の開示の請求の制限
第●条　この信託の受益者は、委託者又は受託者に対し、次に掲げる事項の開示の請求を行うことはできません。
　　１．他の受益者の氏名又は名称及び住所
　　２．他の受益者が有する受益権の内容

第 3 編

組成・販売から償還までの業務プロセス別留意点

1 業務プロセスと適用法令・協会ルールの一覧表

投信会社と販売会社の主な業務プロセスと投信会社の業務に係る主な適用法令・協会ルール等（一覧表）

注：金＝金商法、投＝投信法、協＝投信協会ルール等、他法＝他の法令。下記の各業務プロセスは一例であり、実際の順序や内容は投資信託や投信会社・販売会社により異なる。
　　適用法令等において、特に記載がない限り投信協会ルールを指す。
　　検査マニュアルにおいて、「Ⅰ－1－1　1.（1）」は「Ⅰ－1－1－1－（1）」と記載する。

No	投信会社プロセス	方向	販社プロセス	条数等	適用内容等	検査マニュアル等
	≪2.1業務開始≫					Ⅱ－1－1、Ⅱ－2－1
1	登録申請書の作成			金29の2②二他	業務方法書等の作成	Ⅱ－2－1－2－(1)－①
				金36	誠実公正義務	
				協	「正会員の業務運営等に関する規則」5・6条（内部者取引管理体制整備、自己取得）と「同細則」	
2	投資運用業の登録申請			金29の2		
	≪2.2商品組成≫					
3	情報収集（販社ヒアリング等）・素案の検討	→	投信会社へ投資家ニーズの提供、新商品の提案			
4	商品案の作成			投2①	委託者指図型投資信託の定義	
	↑（器の選定（国内投か外国投か、公募か私募か））（受託者の選定、（海外資産の場合）カストディの選定）（運用外部委託先の選定）等					
	（FOFS組入対象Fの選定）			協	「投資信託等の運用に関する規則」2条（FOFS定義）	
				協	「投資信託等の運用に関する規則」3章（ファンド・オブ・ファンズ）	
				協	「投資信託等の運用に関する規則細則」8条（FOFSへの投資禁止等）	
	（MMFの組成検討）			協	「MMF等の運営に関する規則」	
5	計理処理方法の確認			協	「投資信託に関する会計規則」と「同細則」	
				協	「投資信託財産の評価及び計理等に関する規則」3編（投資信託財産の計理）	
				協	「投資信託財産の評価及び計理等に関する規則に関する細則」9条（転換社債計理）	

No	投信会社プロセス	方向	販社プロセス	条数等	適用内容等	検査マニュアル等
5				協	「投資信託財産の評価及び計理等に関する委員会決議」（計理処理等）	
6	信託銀行との事務確認					
	↑（カストディとの事務確認）（海外資産、特にエマージング物運用の場合の受渡方法、時価取得方法の確認）等					
7	ほふりとの事務等確認			社振法		
8	リスクの選定・管理方法確認			協	「デリバティブ取引に係る投資制限に関するガイドライン」	
	↑（運用外部委託を行う場合、委託予定先との運用ガイドライン・管理内容等のすり合わせ）					
9	その他適用法令・協会ルール確認					
10	商品案の社内承認					
11	販社への提案・採用交渉	→	投信会社から商品案（代行手数料率を含む）の説明等を受ける			Ⅱ-2-1-1-(3)
	（プレゼン資料の提示）			協	（「広告等に関するガイドライン」参考）	
				協	（「販売用資料におけるファンドの運用実績等の比較について」参考）	
			商品案を検討			
			↑（商品ラインナップと重ならないか）（販売見通し）等			
12	商品内容の見直し	←	投信会社に商品案の修正を打診			
		→	投信会社から修正案の説明等を受ける			
			修正案を検討			
13	商品内容の確定	←	投信会社に修正案の内諾を通知	協	「商品分類に関する指針」と「商品分類に関する指針に関する委員会決議」	
				協	「証券投資信託の定義について」（投資信託財産総額の考え方）	
14	販社での採用決定	←	新商品採用の社内決裁。投信会社へ採用を通知			

No	投信会社プロセス	方向	販社プロセス	条数等	適用内容等	検査マニュアル等
15	販社への勉強会	→	投信会社の勉強会に参加（本部）	協	（「広告等に関するガイドライン」参考） ※監督指針　Ⅲ－2－3－3　(1)主な着眼点 ④顧客を集めての勧誘 ※金融庁・証券取引等監視委員会編「金融商品取引法の疑問に答えます」質問⑨　平成20年2月21日	
			投信会社の勉強会に参加（支店）	協	（「販売用資料におけるファンドの運用実績等の比較について」参考）	
16	投資信託約款の作成			投4②～④	投信約款の記載事項	
				協	「投資信託等の運用に関する規則」1章3節（投資対象等）	
	（私募投信）			協	「投資信託等の運用に関する規則」2章（私募の証券投資信託）	
17	目論見書の作成	→	目論見書の内容確認	金13		
					※日証協Q&A　平成22年4月26日付 「投資信託等の目論見書に関するQ&A」	
				投5	投信約款の内容等記載	
				協	「正会員の業務運営等に関する規則」7条（有効期間）	
				協	「目論見書の作成に当たってのガイドライン」	
	（修正等意見を反映）	←	投信会社に目論見書の修正等意見を通知			
	（印刷を発注）	←	投信会社に必要部数と納品期日等を通知			
	（納品）	→	投信会社の委託先印刷会社等から納品			
			支店に発送			
	（私募投信）	→	（商品概要説明書等の確認）	金23の13	適格機関投資家向け勧誘の告知等	
18	金販法上の重要事項説明	→	（金販法上の重要事項の確認）	他法	「金融商品の販売等に関する法律」	
				協	「投資信託委託会社の『金融商品販売法に基づく説明義務に関するガイドライン』」	
19	販売用資料等の作成	→	販売用資料等の内容確認	金13⑤	虚偽記載の禁止	Ⅱ－2－1－1－(3)

No	投信会社プロセス	方向	販社プロセス	条数等	適用内容等	検査マニュアル等
19				協	「広告等に関するガイドライン」	
				協	「販売用資料におけるファンドの運用実績等の比較について」	
			(内部審査)		※日証協「広告等の表示及び景品類の提供に関する規則」 ※監督指針 Ⅲ-2-3-3 広告等の規制	
	(販売用資料等の修正)	←	投信会社に販売用資料等の修正等を通知			
	(販社に修正案を提示)	→	販売用資料等の修正等内容を確認			
			投信会社に修正等の内諾を通知			
	(販売用資料等の確定)	←	投信会社に社内決裁を通知			
	(印刷を発注)	←	投信会社に必要部数と納品期日等を通知			
	(納品)	→	投信会社の委託先印刷会社等から納品			
			支店に発送			
20	運用外部委託契約の締結等			金42条の3	委託可能先の範囲、全部委託の制限、忠実義務と善管注意義務の適用	Ⅱ-1-5-1-(1)-⑤、Ⅱ-1-5-1-(7)、Ⅱ-1-5-3-(1)-③、Ⅱ-1-5-3-(2)-③④、Ⅱ-1-5-3-(4)-③、Ⅱ-1-5-4-(7)
	(運用ガイドラインの確定)			投12	全部委託の禁止、投9～11の適用	
21	募集販売契約等の締結	→	投信会社から募集販売契約等のドラフトが提示	協	「MMF等の運営に関する規則」15条（MMFの販売留意事項）	
				協	「正会員の業務運営等に関する規則」8～11条（受付時限、大口申込み等）	
	(販社の修正等要請を応諾)	←	投信会社に募集販売契約の修正等を打診（条件交渉）			
	(調印)		調印			
	(代行手数料等の合意)	→	代行手数料率の最終合意			
	(調印)		調印			
	(事務取扱要項の提示)	→	事務取扱要項の内容確認、受領			

No	投信会社プロセス	方向	販社プロセス	条数等	適用内容等	検査マニュアル等
21	(特別解約の覚書締結)		調印(又は確認)			
	≪2.3 取得勧誘≫					Ⅱ-2-1-Ⅱ-(2)
	募集販売契約は販売会社と一契約だけ締結するが、代行手数料に関する覚書は販売を委託する投資信託ごとに締結(注:募集販売契約の別紙方針もあり)。募集販売契約は、販売会社に対し募集の取扱い等と代行事務(金銭の支払い、解約実行請求の受付、運用報告書の交付など)を委託する契約。代行手数料は代行事務に対する対価(販売手数料は、販売会社が説明等の対価として投資家から直接収受)。					
22	募集等の届出			金5	有価証券届出書	Ⅱ-2-5-2-(3)-②
				投4①	投信約款の届出	
				協	「正会員の業務運営等に関する規則」7条(有効期間)	
			(取得勧誘には外部員登録が必要)			
	(効力発生前)		仮募集			
			(使用可能な資料:「届出仮目論見書」(届出の効力発生前)、「販売用資料」)		※特定有価証券開示府令15条の2第1項1号イ ※平成21年12月28日付 パブコメ回答 p.63〜64 項番33参照	
			見込み顧客の選定		※犯罪収益移転防止法3条 ※日証協「反社会的勢力との関係遮断に関する規則」 ※金融庁・証券取引等監視委員会編「金融商品取引法の疑問に答えます」質問①平成20年2月21日	
			(新規顧客の場合、口座開設)			
			取得申込みの受付			
		←	(単位型)投信会社への取得申込口数の通知+証券保管振替機構へ連絡			
			(単位型)振替口座簿へ記載			
23	訂正届出			金7	訂正届出書	
	(訂正事項文書の送付)	→	訂正事項文書の受領+目論見書等への差込			
24	広告等			金37		Ⅱ-2-1-2-(4)、Ⅱ-2-5-2-(3)-③④
				協	「広告等の表示及び景品類の提供に関する規則」	
				協	「広告等に関するガイドライン」	
	(打診内容の検討)	←	広告等の掲載内容・費用分担案等の打診			

No	投信会社プロセス	方向	販社プロセス	条数等	適用内容等	検査マニュアル等
24	（打診内容の応諾通知）	→	広告等の手配			
25	景品類の提供	→	景品類の受領、配布	他法	「不当景品類及び不当表示防止法」	
				協	「広告等の表示及び景品類の提供に関する規則」	
26	セミナー（勧誘目的）			金37		
				協	「広告等の表示及び景品類の提供に関する規則」	
				協	「広告等に関するガイドライン」	
	（資料作成）	→	資料の受領			
	（講師派遣）	→	開催（必要に応じ目論見書の交付）			
27	取得申込みの勧誘			金15②	目論見書の交付	Ⅱ－2－1－2－(2)(3)、Ⅱ－2－5－1－(4)－②④、［販売会社：Ⅱ－2－2－4－(1)(2)、Ⅱ－2－2－5］
				金38	禁止行為	
				金38の2①二	投資運用業に関し勧誘する際の損失補てん禁止	
				金39	損失補てん等の禁止	
				金40	適合性の原則等	
	（特定投資家への告知）			金34		
			（契約締結時書面の交付）			
	（取得申込みの受付）					
			（電子交付）		「電磁的方法による交付に係るＱ＆Ａ」 ※金商法15条2項各号 ※特定有価証券開示ガイドライン15－1	
	（追加型：基準価額の送信）	→	（追加型）基準価額の受信			
		←	（追加型）投信会社へ取得申込口数の通知＋証券保管振替機構へ連絡			
			（追加型）振替口座簿へ記載			
			（払込期日までの入金確認）		※金商法38条6号, ※金商業等府令117条1項3号	

No	投信会社プロセス	方向	販社プロセス	条数等	適用内容等	検査マニュアル等
27			（取得申込みの通知）			
			（乗換え勧誘）		※金商業等府令123条9号 ※投信協「受益証券等の乗換え勧誘時の説明義務に関するガイドライン」	
	≪2.4 運用≫			金42	忠実義務と善管注意義務	Ⅱ－2－5
				協	「投資信託等の運用に関する規則」	
				協	「MMF等の運営に関する規則」	
	投資家は投資運用業者に資産の運用権限を託し、銘柄の選定や投資時期等の判断を投資運用業者に完全に依存することから、金商法上、投資運用業者に対して忠実義務や善管注意義務が課されている。投資運用業者は、これらの義務を尽くして、初めて運用結果について免責される。					
28	運用計画の策定			協	「投資信託等の運用に関する規則」6条（運用計画に基づく指図）	Ⅱ－2－5－1－(1)
				協	「投資信託等の運用に関する規則」3節（投資対象等）	
				協	「投資信託等の運用に関する規則細則」2条（未上場株式等）	
				協	「投資信託等の運用に関する規則細則」3条（外国投資信託証券の要件）	
				協	「投資信託等の運用に関する規則細則」3条の3（受益証券発行信託の要件）	
				協	「MMF等の運営に関する規則」と「同細則」（MMF・MRFの投資対象等）	
29	投資信託契約の締結			投6	受益証券の発行方法	
30	投資判断（FM）			金42の2	禁止行為	Ⅱ－1－5－1－(3)－③、Ⅱ－2－5－1－(3)
				金44①2・3	不必要取引の禁止、府令で定めるもの	
				金157～159	不正行為・風説の流布等・相場操縦行為等の禁止	
				金166・167	インサイダー規制	
				投9	一株式50％超制限	
				協	「投資信託等の運用に関する規則細則」3条の2（投信証券の組入制限例外）	

No	投信会社プロセス	方向	販社プロセス	条数等	適用内容等	検査マニュアル等
30				協	「投資信託等の運用に関する規則細則」4条（資金の借入れ限度額等）	
				協	「投資信託等の運用に関する規則細則」5条・6条（ヘッジ目的の為替予約）	
				協	「投資信託等の運用に関する規則細則」7条（デリバティブのヘッジ利用）	
31	事前チェック					Ⅱ-1-5-1-(5)、Ⅱ-1-5-2、Ⅱ-1-5-5、Ⅱ-2-5-1-(3)
32	発注（トレーディング）			金44の3	アームズレングスルール他	Ⅱ-2-5-1-(3)、Ⅱ-2-5-2-(1)-④
				金162	空売り及び逆指値注文の禁止	
				協	「投資信託等の運用に関する規則」4条（最良執行）	
				協	「投資信託等の運用に関する規則」7条（価格形成）	
				協	「投資信託等の運用に関する規則」8条（引値取引）	
				協	「投資信託等の運用に関する規則」8条の2・3（一括発注、一任契約）	
				協	「投資信託等の運用に関する規則細則」1条の3（一括発注の要件等）	
				協	「投資信託等の運用に関する規則細則」1条の4（平均単価）	
				協	「投資信託等の運用に関する規則細則」1条の5（一括発注の配分方法）	
				協	「投資信託等の運用に関する規則細則」1条の6（一任契約での準用）	
				協	「投資信託等の運用に関する規則」9条（ベビーマザー）	
33	事後チェック			協	「投資信託等の運用に関する規則細則」1条の2（事後チェック体制）	Ⅱ-1-5-1-(5)、Ⅱ-1-5-2、Ⅱ-1-5-5、Ⅱ-2-5-1-(2)、Ⅱ-2-5-1-(3)
34	議決権等の行使指図			投10	委託会社の指図権限	Ⅱ-2-5-1-(3)-⑥

No	投信会社プロセス	方向	販社プロセス	条数等	適用内容等	検査マニュアル等
34				協	「正会員の業務運営等に関する規則」2条（議決権の指図行使）	
				協	「議決権の指図行使に係る規定を作成するに当たっての留意事項」	
35	株主優待物等			協	「投資信託等の運用に関する規則」10条	Ⅱ－1－5－1－(3)－③－チ
	≪2.5 基準価額の算出≫					Ⅱ－1－5－1－(4)、Ⅱ－2－5－3
36	時価評価			協	「投資信託財産の評価及び計理等に関する規則」2編（組入資産の評価）	
				協	「MMF等の運営に関する規則」13・14・27条（MMF・MRFでの評価）	
				協	「投資信託財産の評価及び計理等に関する規則細則」2～8条	
				協	「投資信託財産の評価及び計理等に関する委員会決議」（計算方法等）	
37	基準価額の算定・発表等			協	「投資信託財産の評価及び計理等に関する規則」4編（基準価額の算定）	Ⅱ－1－5－3、Ⅱ－2－5－2－(1)－③－ロ、ハ
				協	「投資信託財産の評価及び計理等に関する規則細則」10条（用語の定義）	
				協	「投資信託の基準価額の連絡、発表等に関する規則」と「同細則」（協会への連絡、事故証券の発表含む）	
	(基準価額の送信)	→	基準価額の受信			
			(設定・解約の口数算出)			
38	価格調査			投11	指定資産以外の特定資産の価格等の調査	
39	分配金の支払い			協	「投資信託財産の評価及び計理等に関する規則」5編（収益分配の計理処理）	
					「投資信託財産の評価及び計理等に関する規則細則」11～15条	
	(分配金額の決定)					
	(分配金額の連絡)	→	分配金額の連絡受付			
	(信託銀行への指図)	→	交付用口座からの送金受領			

No	投信会社プロセス	方向	販社プロセス	条数等	適用内容等	検査マニュアル等
39			受益者指定口座に入金			
	≪2.6 開示≫					
40	公開買付けに関する開示			金27の2他		
41	株券等の大量保有状況の開示			金27の23他	大量保有報告書の提出	
42	半期決算			金24の5	半期報告書	
	（半期決算報告書の送付）	→	半期決算報告書の受領			
			半期決算報告書の受益者宛送付			
43	重要な事項の発生			金24の五	臨時報告書	
					臨時報告書の提出義務が課されているが、特に公益又は投資者保護のため必要かつ適当なものとされる事項に注意。	
44	本決算			金24	有価証券報告書の提出	Ⅱ−1−5−(2)
	（ファンド監査）					
	（決算報告書の送付）	→	決算報告書の受領			
			決算報告書の受益者宛送付			
45	運用報告書の作成			投14		Ⅱ−1−5−(2)、Ⅱ−2−5−1−(4)、Ⅱ−2−5−2−(1)−⑪
				協	「投資信託及び投資法人に係る運用報告書等に関する規則」2・3章	
				協	「投資信託及び投資法人に係る運用報告書等に関する規則細則」2〜10条	
				協	「投資信託及び投資法人に係る運用報告書等に関する委員会決議」1・2項（様式等）	
				協	「正会員の業務運営等に関する規則」6条の五（自社設定投信の取得の開示）	
	（運用報告書の送付）	→	運用報告書の受領			
			運用報告書の受益者宛送付			
46	MMF等月次開示			協	「投資信託及び投資法人に係る運用報告書等に関する規則」4章（MMF等）	

No	投信会社プロセス	方向	販社プロセス	条数等	適用内容等	検査マニュアル等
46				協	「投資信託及び投資法人に係る運用報告書等に関する委員会決議」3項（様式等）	
47	適時開示				「投資信託及び投資法人に係る運用報告書等に関する規則細則」11・11条の二	
				協	「投資信託及び投資法人に係る運用報告書等に関する規則」5章（適時開示）	
				協	「投資信託及び投資法人に係る運用報告書等に関する規則細則」12条（任意開示対象投信）	
				協	「投資信託及び投資法人に係る運用報告書等に関する規則」27条の二（一括発注の開示）	
				協	「MMF等の運営に関する規則」16・27の2条（MMF・MRFの開示）	
	（月次運用レポート等の送信）	→	月次運用レポート等の受信、支店への配布			
48	利益相反のおそれある取引					Ⅱ-2-5-1-(3)-②-イ
	（投信法13条書面）			投13	投信法13条書面の交付	
				協	「投資信託等の運用に関する規則」5条	
49	セミナー（運用実績報告）			協	（「広告等に関するガイドライン」参考）	
				協	（「販売用資料におけるファンドの運用実績等の比較について」参考）	
	（資料作成）	→	資料の受領			
	（講師派遣）	→	開催（必要に応じ目論見書の交付）			
50	FM等の変更等			金31	変更登録等	
51	協会宛定期報告			協	「投資信託及び投資法人に係る定期報告に関する規則」と「同細則」	
52	ファンドモニタリング報告					「金融商品取引業者等向けの総合的な監督指針」Ⅱ-1-1-(4)
			各種報告書類の交付			
			（取引残高報告書等の交付）			

No	投信会社プロセス	方向	販社プロセス	条数等	適用内容等	検査マニュアル等
	≪2.7法定帳簿≫					Ⅱ－1－5－3、Ⅱ－2－5－2
53	帳簿書類の作成・保存			金47	投資運用業の法定帳簿	Ⅱ－2－5－2－(3)－⑤
				投15	投信財産に関する法定帳簿	
54	事業報告書の提出			金47の2		
55	説明書類の縦覧			金47の3	説明書類の営業所等備え置き	
					事業報告書の記載事項の一部を記載した説明書類を、投資家保護の観点から営業所等に備え置き、公衆の縦覧に供する。	
	≪2.8解約≫					
56	解約実行請求の受付		解約実行請求の受付			
			解約価額による解約口数の算出			
	(合計解約口数の連絡受付)	←	合計解約口数の連絡			
	(信託銀行へ一部解約の指図)	→	交付用口座からの送金受領			
			受益者指定口座に入金			
57	特別解約の実行請求の受付		特別解約の実行請求の受付			
			特別解約事由のエビデンス等の受領			
	(実行請求の連絡受付)	←	特別解約の実行請求の連絡			
	(特別解約事由の該当確認)					
	(信託銀行へ特別解約の指図)	→	交付用口座から送金受領			
			受益者指定口座に入金			
	≪2.9約款変更≫					
58	投信約款の変更			投16	変更内容等の届出	Ⅱ－2－5－1－(4)－⑥
	(重大な約款の変更等の通知文書作成)			投17	投資信託約款の変更等（知れている受益者への書面通知、公告ほか）	
				投18	反対受益者の受益権買取請求	
				投25	公告の方法等	
	(当該通知文書の送付)	→	当該通知文書の受領			

No	投信会社プロセス	方向	販社プロセス	条数等	適用内容等	検査マニュアル等
58			当該通知文書を受益者宛送付			
			受益者の議決権行使の受領			
	（当該議決権行使の連絡受付）	←	当該議決権行使の連絡			
	（約款変更の可否判断）					
	（約款変更の通知文書送付）	→	約款変更の通知文書の受領			
			約款変更の通知文書の受益者宛送付			
	＜信託銀行による買取請求の受付＞					
	≪2.10 トラブル≫					
59	事故等			金42、他	忠実義務と善管注意義務、その他行為規制	Ⅱ－1－5－1－(3)－③－ヌ
				投21	損害賠償責任	Ⅱ－2－5－2－(2)－④
	（事故等の連絡）	→	事故等の連絡受付			
			証券事故の該当可否の判断			
			証券事故の場合、当局の事前確認又は事後届出			
	（事故等届出）			金50①8	事故等届出	
					※金商業等府令199条7号、同200条6号（登録金融機関の場合）	
60	苦情等・あっせん			協	「苦情の解決等に関する規則」と「同細則」（苦情・紛争・あっせん定義、対応、仲裁センターほか）	Ⅱ－1－5－1－(1)－⑥－ハ
				協	「正会員の個人情報の取扱いに関する苦情処理規則」	
	（苦情等の受付）		（苦情等の受付）			
	（あっせん申立ての連絡受付）		（あっせん申立ての連絡受付）			
	（あっせんへの参加）		（あっせんへの参加）			
	（あっせんの受入れ判断）		（あっせんの受入れ判断）			
	（あっせんの受入れ）		（あっせんの受入れ）			
61	訴訟			他法	「社債、株式等の振替等に関する法律」280条（裁判所規則への委任）	

No	投信会社プロセス	方向	販社プロセス	条数等	適用内容等	検査マニュアル等
	≪2.11償還≫					Ⅱ-2-5-1-(4)-⑥
62	繰上げ償還					
	<重大な約款の変更手続>					
63	償還			投19	解約の届出	
	(償還報告書の作成)				〈運用報告書を参照〉	
	(償還報告書の送付)	→	償還報告書の受領			
			償還報告書の受益者宛送付			
			(償還乗換優遇措置)			
64	未払償還金等			協	〈償還後の納税還付金その他の返還金の取扱いについて検討中〉	
	(未払償還金等の受領)	←	未払償還金等の送金			
	(顧客分別金信託)					
	≪2.12直販≫					Ⅱ-2-3
65	販売勧誘			金28②1他	自己募集	
				協	「受益証券等の直接募集等に関する規則」と「同細則」(営業役職員の届出等)	
				協	「受益証券等の乗換え勧誘時の説明義務に関するガイドライン」	
					第二種金商業としての取得勧誘等を行う。	
66	顧客分別金信託			金40②、業府令123①10		
				協	「受益証券等の直接募集等に関する規則」12条と「同細則」2条(分別管理)	
				協	「受益証券等の直接募集等に係る顧客分別金信託に関する細則」(要件等)	
	≪2.13役職員への規制≫					
67	役職員の禁止行為等			協	「正会員の業務運営等に関する規則」3条(重要情報での売買、投機禁止等)	Ⅱ-1-5-1(3)-③-ト
				協	「役職員等が自己の計算で行う株式等の取引」に関する社内規定作成に関する規則	

No	投信会社プロセス	方向	販社プロセス	条数等	適用内容等	検査マニュアル等
	≪2.14個人情報の取扱い≫					
68	個人情報の取扱い			他法	「個人情報の保護に関する法律」	
				協	「個人情報の保護に関する指針」	
	≪2.16緊急事態≫					
69	BCP体制構築・管理			協	「緊急事態発生時における投資信託の運営等にかかるガイドライン」	Ⅱ-1-5-4-(4)-⑤、Ⅱ-1-5-4-(5)(6)
					監督指針Ⅵ-2-3-4	
補論			反社会勢力との関係遮断			Ⅱ-2-1-5

2　業務プロセス別留意点（委託会社編）

2.1　業務開始《プロセス1－2》

```
プロセス1　登録申請書の作成：法29の2第2項2号ほか
```

● ワンポイント

　金商法29条の2第2項2号に規定する「業務の内容及び方法として内閣府令で定めるものを記載した書類」は一般に「業務方法書」と呼ばれ、投資運用業を開始する際には法令に基づきこの書類の作成（どのような内容の業務をどのように行うのかの記載）が必要となる。また、この書類は、投資運用業に係る社内規定の最上位規定となり（投資運用業に関する定款のようなもの）、各種社内規定や手続はこの書類に反さないように作成することが必要となる。

● 該当条文
① 業務方法書等の作成（金商法29条の2第2項）
　　※金商業等府令8条（業務の内容及び方法）・9条（登録申請書の添付書類）
　　※金商業府令10条（登録申請書の添付書類）
② 誠実公正義務（金商法36条1項）
　　※金商法施行令15条の27（特定金融商品取引業者等の範囲）・15条の28（親金融機関等及び子金融機関等の範囲）
　　※金商業等府令70条の2（金融商品関連業務の範囲）・70条の3（顧客の利益が不当に害されることのないよう必要な措置）
③ 内部者取引管理体制の整備（正会員の業務運営等に関する規則5条）、自己取得（正会員の業務運営等に関する規則6条）
　　※正会員の業務運営等に関する規則に関する細則2条（自己取得等に係る取締役会決議）・3条（不動産投信等に係る取得等の要件）

● 解　説
① 業務方法書等の作成（金商法29条の2第2項）

項　目	概　要		
業務方法書等の作成（金商法29条の2第2項）	金融商品取引業者の登録申請書への添付書類。		
	1	29条の4第1項各号（1号ハ及び2並びに5号ハを除く）のいずれにも該当しないことを誓約する書面	
	2	業務の内容及び方法として内閣府令で定めるものを記載した書類（業務方法書）その他内閣府令で定める書類	

	※内閣府令：金商業等府令8条（業務の内容及び方法）・同9条（登録申請書の添付書類）
3	前二号に掲げるもののほか、法人である場合においては、定款、登記事項証明書その他内閣府令で定める書類 ※内閣府令：金商業等府令10条（登録申請書の添付書類）

② 誠実公正義務（金商法36条1項）

項　目	概　要
顧客に対する誠実義務（金商法36条1項）	金融商品取引法では、金融商品取引業者及び登録金融機関に対して、行為規制の総則的規定として、顧客に対して誠実かつ公正に、その業務を遂行する義務を課している。 ※金商法施行令15条の27（特定金融商品取引業者等の範囲）・15条の28（親金融機関等及び子金融機関等の範囲） ※金商業等府令70条の2（金融商品関連業務の範囲）・70条の3（顧客の利益が不当に害されることのないよう必要な措置）

③ 内部者取引管理体制の整備（「正会員の業務運営等に関する規則」5条）、自己取得（「正会員の業務運営等に関する規則」6条）

項　目	概　要
内部者取引管理体制の整備（正会員の業務運営等に関する規則5条）	正会員は、内部者取引の未然防止を図るため、その役員又は職員である者がその業務に関して取得した発行会社に係る未公表の重要情報の管理等に関する社内規則を制定する等、内部者取引に関する管理体制の整備に努めるものとする。
自社設定投資信託受益証券等の取得処分（正会員の業務運営等に関する規則6条）	1　正会員は、自らの資産をもって自社設定投資信託受益証券等の取得及びその処分を行ってはならない。 2　正会員が自社設定投資信託受益証券等について、事故処理に伴う一時的な取得等その他通常の業務に必要な取得等を行う場合には、前項の規定を適用しない。
不動産投信等以外の自社設定投資信託受益証券等の取得等（同規則6条の2）	1　正会員は前条1項の規定にかかわらず自社設定投資信託受益証券等について、次の各号のいずれかに該当する取得等を行うことができるものとする。 <table><tr><td>1</td><td>当初設定時又は当初運用時における取得等</td></tr><tr><td>2</td><td>商品性を適正に維持するための取得等</td></tr><tr><td>3</td><td>自社財産の運用を目的とした取得等</td></tr></table>

	2	\multicolumn{2}{l}{前項2号に規定する商品性を適正に維持するための取得等は、次に掲げる取得等とする。}
		1	特定の株価指数等に連動する運用成果を目指す投資信託（インデックス・ファンドをいう。）等の当該投資信託の特色となるポートフォーリオの維持を目的に必要な範囲で行う取得等）
		2	複数の投資信託で構成された投資信託グループであって、当該投資信託グループを構成する投資信託の間で乗換えを行うことができるとされているものにおいて、特定の投資信託の残高が減少したため、当該投資信託グループの運営が維持できなくなる恐れがある場合に必要な範囲で行う取得等
		3	その他理事会において当該投資信託の商品性を維持するために必要と認めた取得等（不動産投信等である自社設定投資信託受益証券等の取得等）
不動産投信等である自社設定投資信託受益証券等の取得等（同規則6条の3）	1	\multicolumn{2}{l}{正会員は、6条1項の規定にかかわらず、次の各号の要件を満たした場合において、不動産投信等の自社設定投資信託受益証券等の取得等を行うことができるものとする。}
		1	クローズド・エンド型の不動産投信等の受益証券、投資証券であること
		2	予め取得等に関する社内手続きが社内規則に定められていること
		3	取得等の実施に関し自社の取締役会において細則に定める事項が決議されていること
		4	その他細則に定める要件を満たす取得等であること
	2	\multicolumn{2}{l}{正会員は、前項3号に定める取締役会の決議を行った場合には、細則に定める事項を速やかに公表しなければならない。}
	3	\multicolumn{2}{l}{正会員は、1項3号に定める取締役会の決議に基づき不動産投信等の自社設定投資信託受益証券等の取得等を行った場合には、細則に定める事項を速やかに公表しなければならない。}
	\multicolumn{3}{l}{※細則：正会員の業務運営等に関する規則に関する細則2条（自己取得等に係る取締役会決議）・3条（不動産投信等に係る取得等の要件）}
不動産投信等である自社設定投資信託受益証券等の取得等の実施（同規則6条の4）	1	\multicolumn{2}{l}{正会員は、前条1項3号に定める取締役会の決議の日から起算して5日を経過した日以降でなければ取得等を行ってはならない。}
	2	\multicolumn{2}{l}{前項の規定にかかわらず、正会員は、不動産投信等において取得価格又は投資家の投資判断に重大な影響を与える重要な事実を公表することが見込まれる場合には、当該事実を公表した日から起算して7日が経過するまでの}

	間、取得等を行ってはならない。 3　正会員は、前項の規定により取締役会で決議をした取得等を実施することができなくなった場合には、予め当該状況への対応について当該取締役会で決議している場合を除き、再度、6条の3第1項3号に定める取締役会の決議を行ったうえで取得等を行わなければならない。
自社設定投資信託受益証券等の取得等を行った場合の開示（同規則6条の5）	正会員は、6条の2又は6条の3に掲げる取得等を行った場合には、別に定める投資信託及び投資法人に係る運用報告書等に関する規則に基づき運用報告書又は資産運用報告において開示を行うものとする。
不動産投信等が原資産となる証券、権利、取引の禁止（同規則6条の6）	正会員は、自社が運用等を行っている不動産投信等のみを原資産とする証券、権利、取引に対して投資してはならない。

プロセス2　投資運用業の登録申請：法29の2

● **ワンポイント**

登録申請時には業務方法書の他にも各種書類の添付が必要となる。これらに虚偽の記載があった場合だけでなく、業務開始後にも法令上求められる事項の変更届出（特に役員等の変更や業務の内容・方法を変更する場合に注意）を怠った場合には、行政処分の対象となる。

● **該当条文**

① 登録申請書記載事項（金商法29条の2第1項）
② 添付書類（金商法29条の2第2項・同3項）
③ 持込資本金の額の計算（金商法29条の2第4項）
④ 登録簿への登録（金商法29条の3第1項）
⑤ 公衆縦覧（金商法29条の3第2項）

● **解　説**

項　目	概　要	
1.登録申請書記載事項（金商法29条の2第1項）	1	商号、名称、氏名
	2	法人であるときは、資本金の額または出資の総額
	3	法人であるときは、役員の氏名または名称

		4	政令で定める使用人があるときは、その者の氏名 ※政令：金商法施行令15条の４（登録の申請に係る使用人） 「政令で定める使用人」とは金商法29条の登録を受けようとする者の使用人で、次の各号のいずれかに該当する者。
			<table><tr><td>1</td><td>金融商品取引業に関し、法令等を遵守させるための指導に関する業務を統括する者その他これに準ずる者として内閣府令で定める者</td></tr><tr><td>2</td><td>投資助言業務又は投資運用業に関し、助言又は運用（指図含む）を行う部門を統括する者その他これに準ずる者として内閣府令で定める者</td></tr></table>
			※内閣府令：金商業等府令６条（登録の申請に係る使用人） 　金商法施行令15条の４第１号および３号に規定する内閣府令で定める者は、部長、次長、課長その他いかなる名称である者かを問わず、業務を統括する者の権限を代行しうる地位にある者。 　金商法施行令15条の４第２号に規定する内閣府令で定める者は、金融商品の価値等の分析に基づく投資判断を行う者。
		5	業務の種別
		6	本店その他の営業所又は事務所の名称及び所在地
		7	他に事業を行っているときは、その事業の種類
		8	その他内閣府令で定める事項 ※内閣府令：金商業等府令７条（登録申請書の記載事項）
２．添付書類（金商法29条の２第２項・３項）		内　　容	
		1	登録拒否事由のいずれにも該当しないことを誓約する書面
		2	業務の内容及び方法として内閣府令で定めるものを記載した書類その他内閣府令で定める書類 ※内閣府令：金商業府令８条（業務の内容及び方法）・同９条（登録申請書の添付書類）
		3	法人である場合においては、定款（書類に代えて電磁的記録可。金商法29条の２第３項）、登記事項証明書、その他内閣府令で定める書類 ※内閣府令：金商業府令10条（登録申請書の添付書類）
３．持込資本金の額の計算（金商法29条の２第	持込資本金の額の計算については政令で定める。 ※政令：金商法施行令15条の５（持込資本金の額の計算）		

	4項）	
4．登録簿への登録（金商法29条の3第1項）	登録の申請があった場合においては、内閣総理大臣は、登録拒否事由（金商法29条の4第1項各号ののいずれか）に該当するか、登録申請書等に虚偽記載等がある場合を除き、次に掲げる事項を金融商品取引業登録簿に登録しなければならない（金商法29条の3第1項）。 《金融商品取引業者登録簿記載事項》 |	内　容
---	---
1	金商法29条の2第1項各号に掲げる事項
2	登録年月日及び登録番号		
5．公衆縦覧（金商法29条の3第2項）	内閣総理大臣は、金融商品取引業者登録簿を公衆の縦覧に供しなければならない。

COLUMN

13　外国投信のコンプライアンス

(1) 外国投信を国内投信に組み入れる場合、国内投信の商品性（キャッシュフローやリスク負担を含む）と外国投信の商品性にミスマッチがないかどうか確認することが重要である（内容によっては国内投信の目論見書等への記載が必要）。特に、外国投信には債務超過が生じた場合受益者にその負担を請求できるものや特殊な解約制限のあるものがあるため注意を要する。

(2) 外国投信の運用を投資一任契約の締結により受託する場合、投資運用業者が行える投資判断の範囲は、金商法において同法上の有価証券及び同法上のデリバティブ取引に係る権利への投資判断に制限されていることから、顧客から受託し、運用する投資対象資産（権利を含む）がその範囲内のものであるかどうかの確認が（運用開始後も含め）重要となる。

(3) 平成24年2月に発覚したいわゆる AIJ 事件を受け、内閣府令・監督指針の改正が行われている。上記(1)、(2)のいずれの場合においても、当該改正内容を遵守するとともに、ファンド及び関係当事者（ファンドの管理会社、カストディー、ファンドアドミニストレーター等）との間における利益相反関係の排除（疑いのある場合は組入れを行わないか、適切な牽制措置を導入する等）、及びそれらに対する適切な運用管理・監督・監査等の確保・運営について、従来以上に運用者として慎重な注意を払うことが求められる。

(4) 外国投信の国内での募集等にあたって投資運用業の付随業務（当該外国投信の管理会社等である海外のグループ会社の業務の代理）を行う場合、管理会社等、その日本における法律上の代理人（弁護士事務所）、代行協会員、販売会社との間において、開示文書等を通じ投資家への説明責任を果たすことが可能かといった観点から適切な連携を図ることが必要である。

2.2 商品組成《プロセス3－21》

プロセス3　情報収集（販社ヒアリング等）・素案の検討

プロセス4　商品案の作成：投2条1項

● **ワンポイント**

投信法や投資信託協会ルールには、投信法上の委託者指図型投資信託となるための各種要件が事細かに規定されており、要件を満たさないものは投信法上の当該投資信託とはならない（投資運用業者が法令違反となる可能性だけでなく、税務上の取扱いが異なるなどの諸問題が発生）。特にファンド・オブ・ファンズや外国投資信託の組入れなどの要件は注意を要する。また、組入れ予定の海外の資産が金商法上の何に該当するのか等（組入れの可否もしくは委託者指図型投資信託の要件を満たさないおそれ、計理処理が異なる可能性など）の確認も重要。

● **該当条文**

① 委託者指図型投資信託の定義（投信法2条1項）
② ファンド・オブ・ファンズ組入対象ファンドの選定（「投資信託等の運用に関する規則」2条）
③ ファンド・オブ・ファンズ（「投資信託等の運用に関する規則」第3章）
④ ファンド・オブ・ファンズへの投資禁止等（「投資信託等の運用に関する規則に関する細則」8条）
⑤ MMFの組成検討（「MMF等の運営に関する規則」）

● **解　説**

① 委託者指図型投資信託の定義（投信法2条1項）

項　目	概　要
委託者指図型投資信託の定義（投信法2条1項）	「委託者指図型投資信託」とは、信託財産を委託者の指図（政令で定める者に指図に係る権限の全部又は一部を委託する場合における当該政令で定める者の指図を含む。）に基づいて主として有価証券、不動産その他の資産で投資を容易にすることが必要であるものとして政令で定めるもの（以下「特定資産」という。）に対する投資として運用することを目的とする信託であつて、この法律に基づき設定され、かつ、その受益権を分割して複数の者に取得させることを目的とするものをいう。 ※政令：金商法施行令2条（委託者指図型投資信託における運用指図権限の委託先の範囲）・同3条（特定資産の範囲）

② ファンド・オブ・ファンズ組入対象ファンドの選定（「投資信託等の運用に関する規則」2条）

項　目	概　要
ファンド・オブ・ファンズの定義（投資信託等の運用に関する規則2条）	この規則において「ファンド・オブ・ファンズ」とは、投資信託及び外国投資信託の受益証券（金商法2条1項10号に規定する投資信託及び外国投資信託の受益証券をいう。以下同じ。）並びに投資法人及び外国投資法人の投資証券（金商法2条1項11号に規定する投資証券及び外国投資証券（外国投資証券で投資法人債券に類する証券を除く。以下同じ。））（以下「投資信託証券」という。）への投資を目的とする投資信託（当該投資信託会社が、自ら運用の指図を行う親投資信託（その受益権を他の投資信託の受託者に取得させることを目的とするもののうち、投資信託約款（以下「約款」という。）においてファンド・オブ・ファンズにのみに取得されることが定められている投資信託以外の投資信託をいう。以下同じ。）の受益証券のみを主要投資対象とするものを除く。）をいう。 ※金商法2条1項10号・同11号（有価証券の定義）

③ ファンド・オブ・ファンズ（「投資信託等の運用に関する規則」第3章）

項　目	概　要	
公募のファンド・オブ・ファンズの要件等（投資信託等の運用に関する規則22条）	1　公募（私募以外のものをいう。以下同じ。）のファンド・オブ・ファンズは、次に掲げる要件を満たすものに限るものとする。	
	1	組入れる投資信託証券が国内の投資信託証券である場合は、公募の投資信託証券（以下「公募投資信託証券」という。）及び公募投資信託に係る本会の規則等が適用されている投資信託証券であること。なお、組入れる投資信託証券が外国投資信託証券である場合は、細則で定める要件に適合する外国投資信託証券であること
	2	投資信託証券への投資以外の投資及び取引については、次に掲げる投資及び取引に限られているものであること イ　CP、短期社債等、CD、預金、指定金銭信託（金商法2条1項14号に規定する受益証券発行信託の受益証券及び同条2項1号に規定する信託の受益権のうち投信法22条1項2号に規定する元本補填契約のある金銭信託の受益権をいう）、コール・ローン及び手形割引市場で売買される手形への投資 ロ　現先取引、債券の貸借取引及び市場に上場されている投資信託証券の貸付 ハ　次に掲げる不動産投信指数先物取引（不動産投信指数を対象とする先物取引をいい、外国における取引で同様のものを含む。以下同じ。） 　　a）組入れる投資信託証券が2項各号の要件を満たす不動産投資信託証券のみに限られているファンド・オブ・ファンズが行う不動産投信指数先物取引 　　b）組入れる不動産投資信託証券の市場価格と目論見書の投資方針及び約款における運用の基本方針において目標とする投資成果との乖離を防止するための不動産投信指数先物取引 ニ　上場投資信託を組入れた場合において、当該上場投資信託の市場価格と当該ファンド・オブ・ファンズの基準価額との乖離を防止するた

	めの当該上場投資信託の連動対象指標（投資信託及び投資法人に関する法律施行規則（平成12年総理府令第129号）19条2項に規定する連動対象指標をいう。）に係る有価証券指標先物取引（有価証券の取引等の規制に関する内閣府令（平成19年内閣府令第59号）14条6号に規定する有価証券指標先物取引をいう。）
	ホ　金商法2条1項14号及び17号に規定する受益証券発行信託の受益証券（イに掲げるものを除く。）、同法2条2項に規定する信託の受益権等のうち細則で定める要件を満たしたものへの投資
3	外国為替の予約取引は、外貨建資産のヘッジを行う場合に限られているものであること
4	組入れる投資信託証券が、約款、又は投資法人規約（以下「規約」という。）に定める組入れを予定する投資信託証券の選定条件及びリストに掲げられた投資信託証券の範囲に限定されているものであること。ただし、不動産投資信託証券及び上場投資信託については、選定条件に投資方針を具体的に明示し、適時、顧客に周知する場合には、リストへの記載を要しないものとする。
5	当該ファンド・オブ・ファンズ及び組入れる投資信託証券の信託報酬率、募集手数料等主たる支払費用をそれぞれの投資信託証券毎に開示するものであること
6	前各号に定めるものの他細則で定める要件を満たしているものであること ※投資信託等の運用に関する規則に関する細則8条（同規則22条1項6号に規定するその他の要件）

2　公募のファンド・オブ・ファンズが組入れる不動産投資信託証券は、次に掲げる要件を満たすものに限るものとする。

1	上場又は店頭登録（以下「上場等」という。）をしているもの（上場等の前の新規募集又は売出し、若しくは上場等の後の追加募集又は売出しに係るものを含む。）で、常時売却可能（市場急変等により一時的に流動性が低下している場合を除く。）なものであること
2	価格が日々発表されるなど、時価評価が可能なものであること
3	決算時点における運用状況が開示されており、当該情報の入手が可能であること

3　公募のファンド・オブ・ファンズが組入れる上場投資信託は、次に掲げる要件を満たすものに限るものとする。

1	上場しているもので、常時売却可能（市場急変等により一時的に流動性が低下している場合を除く。）なものであること
2	価格が日々発表されるなど、時価評価が可能なものであること
3	決算時点における運用状況が開示されており、当該情報の入手が可能であ

	ること
	4　委託会社は、少なくとも 6 ヵ月に 1 回（計算期間が 6 ヵ月に満たない場合は毎決算報告時）、投資される投資信託等が保有している有価証券その他の資産の直近の明細（組入れた投資信託の直近の決算時又は半期時の報告等、当該委託会社が知り得る直近の明細をいう。）を知り得る範囲で開示するものとする。ただし、投資した投資信託証券が不動産投資信託証券の場合については、当該不動産投資信託証券の直近の決算時等における運用概要等について、知り得る範囲で開示するものとする。 5　委託会社は、自ら運用の指図を行う投資信託受益証券の組入れに当たっては、利益相反に十分留意するものとする。
公募のファンド・オブ・ファンズの投資制限等（投資信託等の運用に関する規則23条）	公募のファンド・オブ・ファンズは、原則として複数の投資信託証券に投資するものとする。ただし、当該ファンド・オブ・ファンズが、上場投資信託の場合であって、かつ外国における資産で当該国からの持出し制限のある資産への投資を目的とする投資信託証券に投資する場合はこの限りではない。
私募のファンド・オブ・ファンズ（投資信託等の運用に関する規則24条）	21条において準用する 3 条から 7 条、 9 条から10条、12条（ 1 項 4 号を除く）及び15条 1 項 9 号並びに21条 1 項 2 号ただし書きの規定は、私募のファンド・オブ・ファンズについてそれぞれ準用する。この場合において、 3 条中「証券投資信託」とあるのは「私募のファンド・オブ・ファンズ」と、 4 条中「証券投資信託の信託財産（以下「投資信託財産」という。）」とあるのは「私募のファンド・オブ・ファンズの財産」と、 5 条から 7 条、 9 条から10条、12条及び15条中「投資信託財産」とあるのは「私募のファンド・オブ・ファンズ」と読み替えるものとする。

④　ファンド・オブ・ファンズへの投資禁止等（「投資信託等の運用に関する規則細則」 8 条）

項　目	概　要	
ファンド・オブ・ファンズへの投資禁止等（投資信託等の運用に関する規則細則 8 条）	規則22条 1 項 6 号に規定する細則で定める要件は、次に掲げるものとする。	
	1	投資信託間の相互又は循環保有は行わないものであること
	2	ファンド・オブ・ファンズ（当該ファンド・オブ・ファンズが親投資信託、政令12条 1 号及び 2 号に規定する投資信託（外国投資信託のうちこれに類するものを含む。）の場合を除く。）には投資しないものであること
	3	一委託会社（当該委託会社が運用の指図を行う証券投資法人を含む。）が一つの投資信託証券に投資できる額は、投資される投資信託証券に係る投資信託又は投資法人の運用の指図を行っている委託会社の同意がない限り、投資される投資信託又は投資法人の純資産総額の50％を超えるものではないこと

⑤ MMFの組成検討(「MMF等の運営に関する規則」)

> プロセス5　計算処理方法の確認

● ワンポイント

　投資信託の計理処理方法は投資信託協会ルールに細かな定めがあるが、運用対象資産の範囲は多様化してきており、伝統的資産(株や債券)以外の資産や海外の資産の計理処理方法については注意を要する。また、組入財産の評価は受益者の損益に直接影響を与えるものであり、時価等による適切な評価が可能かどうかあらかじめ確認する。

● 該当条文

内　容	対応する投信協会ルール
投資信託に関する会計規則	●「投資信託に関する会計規則」 ●「投資信託に関する会計規則に関する細則」
投資信託財産の計理	●「投資信託財産の評価及び計理等に関する規則」第3編
転換社債計理	●「投資信託財産の評価及び計理等に関する規則に関する細則」9条
計理処理等	●「投資信託財産の評価及び計理等に関する委員会決議」

> プロセス6　信託銀行との事務確認

● ワンポイント

　外国籍ファンドを組み入れる場合、その時価や分配金の反映スケジュール・フローを双方で確認する。また、信託受益権や組合出資に係る権利などへの投資に際しては、原資産の返還が生じた場合などの取扱いを予め確認する。

> プロセス7　ほふりとの事務等確認：社振法

● ワンポイント

　証券保管振替機構と口座管理機関(販売会社)にある振替口座簿への記録・抹消については証券保管振替機構が手続を定めており、これに沿った各種連絡等が円滑に行われるよう確認する。

プロセス8　リスクの選定・管理方法確認：協会ルール「デリバティブ取引に係る投資制限に関するガイドライン」

● ワンポイント

まずは組成する投資信託にどのようなリスクがあるかを把握し、投資家が投資判断に当たって必要とする事項は目論見書等に記載すると共に、管理を要するリスクの管理方法、軽減可能なリスクの軽減策の策定などを行う。また、運用外部委託を行う場合、これらのリスクを運用外部委託先に伝え、それがどのように管理されるかを確認し、監督責任を果たすためのモニタリング方法などを確認する。

プロセス9　その他適用法令・協会ルール確認

● ワンポイント

大量保有報告・公開買付規制その他の金商法上の義務、運用対象資産に係る法的権利・規制、海外資産に投資する場合の現地規制（例：報告義務など）、などを確認。

プロセス10　商品案の社内承認

● ワンポイント

商品性が確定した場合、以後の情報開示が取得勧誘とされる可能性が高まることに注意。また、合理的根拠適合性（「勧誘しようとする有価証券等が少なくとも一定の顧客にとって投資対象としての合理性を有するものであることを求める考え方」（投信協会「協会員の投資勧誘、顧客管理等に関する規則」3条3項の考え方））の観点から、商品案が一定の顧客にとって投資対象としての合理性を有する商品案となっているか、また商品案を提案する販売会社が合理的根拠適合性の運営等の観点から適当かどうかも確認する。

プロセス11　販社への提案・採用交渉（プレゼン資料の提示）

● ワンポイント

提案する販売会社の商品ラインアップと重ならないか、想定した運用方針に従った安定的な運用が可能な残高を集めることが見込まれるかなどを確認。また、投信委託会社としての組成コンセプト（魅力、ターゲット、目的など）だけでなく、想定されるリスクの提示も重要。

● 該当条文

	対応する投信協会ルール
1	●「広告等に関するガイドライン」
2	●「販売用資料におけるファンドの運用実績等の比較について」

プロセス12　商品内容の見直し

● ワンポイント

販売会社からの修正提案が受益者のために資する内容であるか確認。

プロセス13　商品内容の確定

● ワンポイント

提案時と最終的な商品内容に変更が生じた場合、販売会社が誤認したまま募集の取扱い等を行ってしまう可能性があることから、変更箇所の訂正内容とその影響等の提示・説明は必ず実施。なお、合理的根拠適合性の観点から、一定の顧客にとって投資対象としての合理性を有する商品内容となっているかを最終確認すると共に、必要に応じ販売会社の合理的根拠適合性に対する認識と相違がないかどうかも最終確認する。

● 該当条文

内　容	対応する投信協会ルール
商品分類	●「商品分類に関する指針」 ●「商品分類に関する指針に関する委員会決議」
投資信託財産総額の考え方	●「証券投資信託の定義について」

プロセス14　販社での採用決定

● ワンポイント

販売力の高い販売会社の採用決定情報は、運用対象資産の市場に影響を及ぼす可能性があり、決定情報の開示のタイミングには十分注意。

プロセス15　販社への勉強会

● ワンポイント

目論見書等とならび、販売会社が説明責任を果たす上でのベースとなることから、疑問点の解消やリスクの理解には細心の注意を払う。

● 該当条文

内　容	対応する協会ルール
広告	●「広告等に関するガイドライン」参考
販売用資料	●「販売用資料におけるファンドの運用実績等の比較について」参考

プロセス16　投資信託約款の作成

● ワンポイント

信託契約の内容を記載するだけでなく、受益権の販売に関しても規定。投資信託協会がほふり制度移行時に作成したモデル約款等を基に各投信会社が業界動向も参照しつつ適宜修正し作成。運用の基本方針や運用対象資産だけでなく、受益証券を発行せずに振替口座簿への記録・抹消等により受益権の帰属を確定させること、基準価額の算定方法、受託銀行は解約金等を投信会社が指定する口座に入金すること、受益権の取得申込みや一部解約の中止等の条件、ファンドの早期償還の条件等も規定。

● 該当条文
① 投資信託約款の記載事項（投信法4条2項・3項・4項）
② 投資対象等（「投資信託等の運用に関する規則」1章3節）
③ 私募の証券投資信託（「投資信託等の運用に関する規則」第2章）

● 解　説
① 投資信託約款の記載事項（投信法4条2項・3項・4項）

項　目	概　要	
投資信託約款の記載事項（投信法4条2項・3項・4項）	1. 投資信託約款においては、次に掲げる事項を記載しなければならない（投信法4条2項）。	
	1	委託者及び受託者の商号又は名称
	2	受益者に関する事項

	3	委託者及び受託者としての業務に関する事項
	4	信託の元本の額に関する事項
	5	受益証券に関する事項
	6	信託の元本及び収益の管理及び運用に関する事項（投資の対象とする資産の種類を含む。）
	7	投資信託財産の評価の方法、基準及び基準日に関する事項
	8	信託の元本の償還及び収益の分配に関する事項
	9	信託契約期間、その延長及び信託契約期間中の解約に関する事項
	10	信託の計算期間に関する事項
	11	受託者及び委託者の受ける信託報酬その他の手数料の計算方法並びにその支払の方法及び時期に関する事項
	12	公募、適格機関投資家私募（新たに発行される受益証券の取得の申込みの勧誘のうち、二条九項一号に掲げる場合に該当するものをいう。以下同じ。）、特定投資家私募（新たに発行される受益証券の取得の申込みの勧誘のうち、同項二号に掲げる場合に該当するものをいう。以下同じ。）又は一般投資家私募の別
	13	受託者が信託に必要な資金の借入れをする場合においては、その借入金の限度額に関する事項
	14	委託者が運用の指図に係る権限を委託する場合においては、当該委託者がその運用の指図に係る権限を委託する者の商号又は名称及び所在の場所
	15	前号の場合における委託に係る費用
	16	投資信託約款の変更に関する事項
	17	委託者における公告の方法
	18	前各号に掲げるもののほか、内閣府令で定める事項※

※内閣府令：投信法施行規則7条（投資信託約款の記載事項）

2．前項10号の計算期間は、内閣府令で定める場合を除き、1年を超えることができない（投信法4条3項）。

3．2項各号に掲げる事項の細目は、内閣府令で定める（投信法4条4項）
　※内閣府令：投信施行規則8条（投資信託約款の記載事項の細目）。

② 投資対象等(「投資信託等の運用に関する規則」1章3節)

項　目	概　要	
投資信託等の運用に関する規則1章3節	投資信託等の運用に関する規則　第3節(投資対象等)	
	11条	組入株式等の範囲 ※細則2条、委員会決議1
	12条	組入投資信託証券の範囲等 ※細則3条
	12条の2	親投資信託への投資の特例
	13条	証券化関連商品の範囲
	14条	中期国債ファンドにおける資産の組入れ制限
	15条	その他指図を行うことができる取引 ※細則4条
	16条	ヘッジを目的とした投資信託の外国為替の予約 ※細則5条、6条
	17条	デリバティブ取引等に係る投資制限
	18条	デリバティブ取引等をヘッジ目的以外で利用する投資信託の約款表示 ※細則7条
	19条	組入比率の制限を超えた場合調整等
	20条	証券総合口座用ファンド等の特例

③ 私募の証券投資信託(「投資信託等の運用に関する規則」第2章)

項　目	概　要	
投資信託等の運用に関する規則第2章	私募(金商法2条3項に規定する私募をいう)の証券投資信託の投資信託財産(「私募投資信託財産」)の運用の指図を行うに当たっては、次の各号に掲げるところにより行う(投資信託等の運用に関する規則22条)。	
	1	金商法3条の規定は私募の証券投資信託の有価証券投資について、4条から10条の規定は私募の証券投資信託の運用の指図を行う委託会社について、それぞれ準用する。(以下、省略)

	2	12条（1項4号を除く。以下この項において同じ。）の規定は、私募投資信託財産の投資信託の受益証券又は投資法人の投資証券の組入れについて準用する。 ただし、12条1項1号及び3号に規定する投資信託証券並びに次に掲げる要件を満たす不動産投資信託証券の組入れについては、12条2項の規定にかかわらず投資できるものとする。 　イ　時価評価が可能な不動産投資信託証券であること 　ロ　決算時点等における運用状況等が入手可能な不動産投資信託証券であること
	3	15条1項9号の規定は、私募投資信託財産が行う資金の借入れについて準用する。

プロセス17　目論見書の作成

● ワンポイント

　目論見書の作成義務は投信会社にあり、交付義務は販売会社にある（販売会社は記載内容に相当の注意を払う義務を負う）。目論見書に虚偽記載等があった場合、その使用者は損害賠償責任を負う可能性や課徴金が課される可能性がある。作成義務を負う投信会社は、受益者の損害につながりかねない事項の記載が欠けたり、誤解を与えたりするような記載とならないよう注意が必要。

● 該当条文

① 目論見書の作成及び虚偽記載のある目論見書等の使用禁止（金商法13条）
　　※企業開示府令11条の2 〜 14条・14条の13
　　※外債開示府令8条の2 〜 11条・11条の12
　　※特定有価証券開示府令14条〜 16条の3・18条の10
② 投資信託約款の内容等記載（投信法5条）
　　※投信法規則9 〜 11条
③ 有効期間（投信協会ルール「正会員の業務運営等に関する規則」7条）
④ 投信協会ルール「交付目論見書の作成に関する規則」
　　従来の、「目論見書の作成に当たってのガイドライン」は、「交付目論見書の作成に関する規則」の施行日（2010年7月1日）をもって廃止。
⑤ 私募投信における適格機関投資家向け勧誘の告知等（金商法23条の13）
　　※施行令3条の3
　　※企業開示府令14条の14 〜 14条の15
　　※外債開示府令11条の13 〜 11条の14
　　※特定有価証券開示府令19 〜 20条

● 解　説
① 目論見書の作成及び虚偽記載のある目論見書等の使用禁止（金商法13条）

項　目	概　要
金商法13条1項	その募集又は売出しにつき4条1項本文、2項本文又は3項本文の規定の適用を受ける有価証券の発行者は、当該募集又は売出しに際し、目論見書を作成しなければならない。開示が行われている場合における有価証券の売出し（その売出価額の総額が1億円未満であるものその他内閣府令で定めるものを除く）に係る有価証券（「既に開示された有価証券」）の発行者についても同様とする。 ※内閣府令：企業開示府令11条の2・外債開示府令8条の2・特定有価証券開示府令14条（いずれも「目論見書の作成を要しない有価証券の売出し」）
金商法13条2項	前項の目論見書は、次の各号に掲げる場合の区分に応じ、当該各号に定める事項に関する内容を記載しなければならない。ただし、1号に掲げる場合の目論見書については、5条1項ただし書の規定により同項1号のうち発行価格その他の内閣府令で定める事項（「発行価格等」）を記載しないで5条1項本文の規定による届出書を提出した場合には、当該発行価格等を記載することを要しない。 ※内閣府令：企業開示府令14条の13・外債開示府令11条の12・特定有価証券開示府令18条の10（いずれも「発行登録目論見書等の特記事項」）

	1	15条2項本文の規定により交付しなければならない場合　次のイ又はロに掲げる有価証券の区分に応じ、当該イ又はロに定める事項		
		イ	その募集又は売出しにつき4条1項本文、2項本文又は3項本文の規定の適用を受ける有価証券 次に掲げる事項	
			(1)	5条1項各号に掲げる事項のうち、投資者の投資判断に極めて重要な影響を及ぼすものとして内閣府令で定めるもの ※内閣府令：企業開示府令12条・外債開示府令9条・特定有価証券開示府令15条（いずれも「届出を要する有価証券に係る交付しなければならない目論見書の載内容」）
			(2)	5条1項各号に掲げる事項以外の事項であつて内閣府令で定めるもの ※内閣府令：企業開示府令13条・外債開示府令10条・特定有価証券開示府令15条の2（いずれも「届出を要する有価証券に係る交付しなければならない目論見書の特記事項」）
		ロ	既に開示された有価証券 次に掲げる事項	
			(1)	イ(1)に掲げる事項
			(2)	5条1項各号に掲げる事項以外の事項であつて内閣

				府令で定めるもの ※内閣府令：企業開示府令14条・外債開示府令11条・特定有価証券開示府令15条の3（いずれも「既に開示された有価証券に係る交付しなければならない目論見書の特記事項」）	
	2	15条3項の規定により交付しなければならない場合　次のイ又はロに掲げる有価証券の区分に応じ、当該イ又はロに定める事項			
		イ	その募集又は売出しにつき4条1項本文、2項本文又は3項本文の規定の適用を受ける有価証券 次に掲げる事項		
			(1)	5条1項各号に掲げる事項のうち、投資者の投資判断に重要な影響を及ぼすものとして内閣府令で定めるもの ※内閣府令：特定有価証券開示府令16条（届出を要する有価証券に係る請求があったときに交付なければならない目論見書の記載内容）	
			(2)	5条1項各号に掲げる事項以外の事項であつて内閣府令で定めるもの ※内閣府令：特定有価証券開示府令16条の2（届出を要する有価証券に係る請求があったときに交付しなけれならない目論見書の特記事項）	
		ロ	既に開示された有価証券 次に掲げる事項		
			(1)	イ(1)に掲げる事項	
			(2)	5条1項各号に掲げる事項以外の事項であつて内閣府令で定めるもの ※内閣府令：特定有価証券開示府令16条の3（既に開示された有価証券に係る請求があったときに交付しなければならない目論見書の特記事項）	
	3	15条4項本文の規定により交付しなければならない場合　7条の規定による訂正届出書に記載した事項			
金商法13条3項	前項1号及び2号に掲げる場合の目論見書であつて、5条4項の規定の適用を受けた届出書を提出した者が作成すべきもの又は同条4項各号に掲げるすべての要件を満たす者が作成すべき既に開示された有価証券に係るものについては、参照書類を参照				

		すべき旨を記載した場合には、同条１項２号に掲げる事項の記載をしたものとみなす。
金商法13条4項		何人も、４条１項本文、２項本文若しくは３項本文の規定の適用を受ける有価証券又は既に開示された有価証券の募集又は売出しのために、虚偽の記載があり、又は記載すべき内容の記載が欠けている１項の目論見書を使用してはならない。
金商法13条5項		何人も、４条１項本文、２項本文若しくは３項本文の規定の適用を受ける有価証券又は既に開示された有価証券の募集又は売出しのために１項の目論見書以外の文書、図画、音声その他の資料（電磁的記録（電子的方式、磁気的方式その他人の知覚によつては認識することができない方式で作られる記録であつて、電子計算機による情報処理の用に供されるものをいう。以下同じ。）をもつて作成された場合においては、その電磁的記録に記録された情報の内容を表示したものを含む。17条において同じ。）を使用する場合には、虚偽の表示又は誤解を生じさせる表示をしてはならない。

② 投資信託約款の内容等記載（投信法５条）
　※投信施行規則９～11条

項　目			概　要
投信法５条１項			1　金融商品取引業者は、その締結する投資信託契約に係る受益証券を取得しようとする者に対して、当該投資信託契約に係る投資信託約款の内容その他内閣府令で定める事項を記載した書面を交付しなければならない。ただし、金商法２条10項に規定する目論見書に当該書面に記載すべき事項が記載されている場合その他受益者の保護に欠けるおそれがないものとして内閣府令で定める場合は、この限りでない。 ※内閣府令：投信法規則９・10条
	投資信託約款の内容等を記載した書面の記載事項（投信法規則９条）	1	地域別、用途別及び賃貸の用又はそれ以外の用の別に区分した投資不動産について、各物件の名称、所在地、用途、面積構造、所有権又はそれ以外の権利の別及び価格（投資信託約款に定める評価方法及び基準により評価した価格又は鑑定評価額、公示価格、路線価、販売公表価格その他これらに準じて公正と認められる価格
		2	価格の評価方法及び評価者の氏名又は名称
		3	担保の内容
		4	不動産の状況（不動産の構造、現況その他の投資不動産の価格に重要な影響を及ぼす事項）
		5	不動産の状況に関する第三者による調査結果の概要（行っていない場合には、その旨）及び調査者の氏名又は名称
		6	各物件の投資比率（当該物件の価格がすべての物件の価格の合計額に占める割合）

		7		投資不動産に関して賃貸借契約を締結した相手方（「テナント」）がある場合には、次に掲げる事項（やむを得ない事情により記載できないものにあっては、その旨）
			イ	テナントの総数、賃料収入の合計、賃貸面積の合計、賃貸可能面積の合計及び過去5年間の一定の日における稼働率（賃貸面積の合計が賃貸可能面積に占める割合）
			ロ	主要な物件（一体として使用されていると認められる土地に係る建物又は施設であって、その賃料収入の合計がすべての投資不動産に係る賃料収入の合計の100分の10以上であるもの）がある場合には、当該主要な物件ごとのテナントの総数、賃料収入の合計、賃貸面積の合計、賃貸可能面積の合計及び過去5年間の一定の日における稼働率
			ハ	主要なテナント（当該テナントの賃貸面積の合計がすべての投資不動産に係る賃貸面積の合計の100分の10以上であるもの）がある場合には、その名称、業種、年間賃料、賃貸面積、契約満了日、契約更改の方法、敷又は保証金その他賃貸借契約に関して特記すべき事項
	投資信託約款の内容等を記載した書面の交付を要しない場合（投信法規則10条）	1		受益証券の取得の申込みの勧誘が適格機関投資家私募により行われる場合
		2		受益証券の取得の申込みの勧誘が特定投資家私募により行われる場合であって、その締結する投資信託契約に係る投資信託約款の内容及び前条に規定する事項に係る情報が金商法27条の33に規定する特定証券等情報として同法27条の31第2項又は4項の規定により提供され、又は公表される場合
		3		受益証券を取得しようとする者が現に当該受益証券に係る委託者指図型投資信託（投信法54条1項において準用する場合にあっては委託者非指図型投資信託、投信法59条において準用する場合にあっては外国投資信託）の受益証券を所有している場合
		4		受益証券を取得しようとする者の同居者が既に当該受益証券に係る投信法5条1項（投信法54条1項及び59条において準用する場合を含む。）の規定による書面の交付を受け、又は確実に交付を受けると見込まれる場合であって、当該受益証券を取得しようとする者が当該書面の交付を受けないことについて同意したとき（当該受益証券を取得する時までにその同意した者から当該書面の交付の請求があった

投信法5条1項	2　金融商品取引業者は、前項の規定による書面の交付に代えて、政令で定めるところにより、当該受益証券を取得しようとする者の承諾を得て、当該書面に記載すべき事項を電子情報処理組織を使用する方法その他の情報通信の技術を利用する方法であつて内閣府令で定めるものにより提供することができる。この場合において、当該金融商品取引業者は、当該書面を交付したものとみなす。 ※内閣府令：投信法規則11条（情報通信の技術を利用する方法）
	場合を除く）

（表の続き、上のセルは「場合を除く）」が先に来る構造）

③　有価価証券届出書等の有効期間（協会ルール「正会員の業務運営等に関する規則」7条）

項　目	概　要
正会員の業務運営等に関する規則7条	内国証券投資信託受益証券及び内国投資証券の募集に係る有価証券届出書及び目論見書の有効期間は、16ヵ月以内とする。

④　協会ルール「交付目論見書の作成に関する規則」
＜ポイント＞

項　目	概　要
本則の目的（1条）	この規則は、投資信託の目論見書（金商法15条2項に規定する目論見書（「交付目論見書」）の記載項目及び記載内容等を定めるもの。目的は、開示情報の適正化を図り、もって投資者の保護に資すること。
施行時期	この規則は、2010年7月1日から実施される。ただし、この規定は、実施日以降新たに提出する有価証券届出書に係る交付目論見書から適用される。
従来規則の改廃	投信協会ルール「目論見書の作成に当たってのガイドライン」（2002年3月15日制定）は、本則の制定に伴い、実施日（2010年7月1日）をもって廃止される。

＜「交付目論見書の作成に関する規則」の概要＞

項　目	概　要
2条	交付目論見書の表紙等の記載事項 ※細則2条（商品分類及び属性区分の記載様式）参照
3条	本文中の記載事項及び記載順 ※細則3条（分配の推移の記載方法）、4条（手続・手数料等の記載様式）参照
4条	追加的情報

5条	複数のファンドを対象とする交付目論見書の特例
6条	約款の交付要件
7条	交付目論見書の規格等 ※細則5条（文章表現等）参照

⑤　私募投信における適格機関投資家向け勧誘の告知等（金商法23条の13）

項　目	概　要
1項	1　有価証券発行勧誘等又は有価証券交付勧誘等のうち、次の各号に掲げる場合に該当するもの（2号に掲げる場合にあっては2条3項1号の規定により多数の者から除かれる適格機関投資家を相手方とするものに限り、4号に掲げる場合にあっては同条4項1号の規定により多数の者から除かれる適格機関投資家を相手方とするものに限る。以下この条において「適格機関投資家向け勧誘」という。）を行う者は、当該適格機関投資家向け勧誘が当該各号に掲げる場合のいずれかに該当することにより当該適格機関投資家向け勧誘に関し4条1項の規定による届出が行われていないことその他の内閣府令で定める事項を、その相手方に対して告知しなければならない。 　ただし、当該適格機関投資家向け勧誘に係る有価証券に関して開示が行われている場合及び発行価額又は譲渡価額の総額が1億円未満の適格機関投資家向け勧誘で内閣府令で定める場合に該当するときは、この限りでない。 　1　2条3項2号イに掲げる場合 　　→　適格機関投資家のみを相手方として行う場合であって、当該有価証券がその取得者から適格機関投資家以外の者に譲渡されるおそれが少ないものとして政令で定める場合 　2　2条3項2号ハに掲げる場合（同項1号の規定により多数の者から適格機関投資家を除くことにより同号に掲げる場合に該当しないこととなる場合に限る。） 　　→　前号に掲げる場合並びにイ及びロに掲げる場合以外の場合（当該有価証券と種類を同じくする有価証券の発行及び勧誘の状況等を勘案して政令で定める要件に該当する場合を除く。）であって、当該有価証券が多数の者に所有されるおそれが少ないものとして政令で定める場合 　3　2条4項2号イに掲げる場合 　　→　適格機関投資家のみを相手方として行う場合であって、当該有価証券がその取得者から適格機関投資家以外の者に譲渡されるおそれが少ないものとして政令で定める場合 　4　2条4項2号ハに掲げる場合（同項1号の規定により多数の者から適格機関投資家を除くことにより同号に掲げる場合に該当しないこととなる場合に限る。） 　　→　前号に掲げる場合並びにイ及びロに掲げる場合以外の場合（当該有価証券と種類を同じくする有価証券の発行及び勧誘の状況等を勘案して政令で定める要件に該当する場合を除く。）であって、当該有価証券が多数の者に所有されるおそれが少ないものとして政令で定める場合

	5	2条の2第4項2号イに掲げる場合 → 組織再編成対象会社株主等が適格機関投資家のみである場合であって、当該組織再編成発行手続に係る有価証券がその取得者から適格機関投資家以外の者に譲渡されるおそれ少ないものとして政令で定める場合
	6	2条の2第5項2号イに掲げる場合 → 組織再編成対象会社株主等が適格機関投資家のみである場合であって、当該組織再編成発行手続に係る有価証券がその取得者から適格機関投資家以外の者に譲渡されるおそれ少ないものとして政令で定める場合
	※内閣府令：企業開示府令14条の14（適格機関投資家向け勧誘等に係る告知の内容等） ※内閣府令：外債開示府令11条の13（適格機関投資家向け勧誘等に係る告知の内容等） ※内閣府令：特定有価証券開示府令19条（適格機関投資家向け勧誘等に係る告知の内容等）	
2項	2　前項本文の規定の適用を受ける適格機関投資家向け勧誘等を行う者は、同項本文に規定する有価証券を当該適格機関投資家向け勧誘等により取得させ、又は売り付ける場合には、あらかじめ又は同時にその相手方に対し、同項の規定により告知すべき事項を記載した書面を交付しなければならない。	
3項	3　次の各号に掲げる行為を行う者は、その相手方に対して、内閣府令で定めるところにより、当該各号に定める事項を告知しなければならない。ただし、当該行為に係る有価証券に関して開示が行われている場合は、この限りでない。	

	行　為	告知事項
1	特定投資家向け取得勧誘又は特定投資家向け売付け勧誘等	当該特定投資家向け取得勧誘又は当該特定投資家向け売付け勧誘等に関し4条1項の規定による届出が行われていないことその他の内閣府令で定める事項
2	特定投資家向け有価証券の有価証券交付勧誘等であって、特定投資家向け売付け勧誘等及び特定投資家等取得有価証券一般勧誘（4条3項本文の規定の適用を受けるものに限る）のいずれにも該当しないもの	当該特定投資家向け有価証券に関して開示が行われている場合に該当しないことその他の内閣府令で定める事項

	※内閣府令：企業開示府令14条の14の2（特定投資家向け勧誘等に係る告知の方法等） ※内閣府令：外債開示府令11条の13の2（特定投資家向け勧誘等に係る告知の方法等） ※内閣府令：特定有価証券開示府令19条の2（特定投資家向け勧誘等に係る告知の方法等）	
4項	4　有価証券発行勧誘等又は有価証券交付勧誘等のうち次の各号に掲げる有価証券の区分に応じ、当該各号に定める場合に該当するもの（2条1項9号に掲げる有価証券の有価証券発行勧誘等又は有価証券交付勧誘等その他政令で定めるものを除き、1号イ又はロに掲げる場合にあっては適格機関投資家向け勧誘に該当するものを除く。以下この条において「少人数向け勧誘」という。）を行う者は、当該少人数向け勧誘が次の各号に掲	

げる有価証券の区分に応じ、当該各号に定める場合（1号イ又はロに掲げる場合にあっては適格機関投資家向け勧誘に該当する場合を除く。）のいずれかに該当することにより当該少人数向け勧誘に関し4条1項の規定による届出が行われていないことその他の内閣府令で定める事項を、その相手方に対して告知しなければならない。ただし、当該少人数向け勧誘に係る有価証券に関して開示が行われている場合及び発行価額又は譲渡価額の総額が1億円未満の少人数向け勧誘で内閣府令で定める場合に該当するときは、この限りでない。

1	1項有価証券　次のいずれかの場合	
	イ	2条3項2号ハに該当する場合 →　前号に掲げる場合並びにイ及びロに掲げる場合以外の場合（当該有価証券と種類を同じくする有価証券の発行及び勧誘の状況等を勘案して政令で定める要件に該当する場合を除く。）であって、当該有価証券が多数の者に所有されるおそれが少ないものとして政令で定める場合
	ロ	2条4項2号ハに該当する場合 →　前号に掲げる場合並びにイ及びロに掲げる場合以外の場合（当該有価証券と種類を同じくする有価証券の発行及び勧誘の状況等を勘案して政令で定める要件に該当する場合を除く。）であって、当該有価証券が多数の者に所有されるおそれが少ないものとして政令で定める場合
	ハ	2条の2第4項2号ロに該当する場合 →　前号に掲げる場合及びイに掲げる場合以外の場合（当該組織再編成発行手続に係る有価証券と種類を同じくする有価証券の発行及び勧誘の状況等を勘案して政令で定める要件に該当する場合を除く。）であって、当該組織再編成発行手続に係る有価証券がその取得者から多数の者に譲渡されるおそれが少ないものとして政令で定める場合
	ニ	2条の2第5項2号ロに該当する場合 →　前号に掲げる場合及びイに掲げる場合以外の場合（当該組織再編成発行手続に係る有価証券と種類を同じくする有価証券の発行及び勧誘の状況等を勘案して政令で定める要件に該当する場合を除く。）であって、当該組織再編成発行手続に係る有価証券がその取得者から多数の者に譲渡されるおそれが少ないものとして政令で定める場合
2	2項有価証券　次のいずれかの場合	
	イ	2条3項3号に掲げる場合に該当しない場合 →　その取得勧誘に応じることにより相当程度多数の者が当該取得勧誘に係る有価証券を所有することとなる場合として政令で定める場合
	ロ	2条の2第4項3号に掲げる場合に該当しない場合

		→ 組織再編成対象会社株主等が相当程度多数の者である場合として政令で定める場合
	※政令：金商法施行令3条の3（少人数向け勧誘に係る告知を要しない勧誘） ※内閣府令：企業開示府令14条の15（少人数向け勧誘等に係る告知の内容等） ※内閣府令：外債開示府令11条の14（少人数向け勧誘等に係る告知の内容等） ※内閣府令：特定有価証券開示府令20条（少人数向け勧誘等に係る告知の内容等）	
5項	5　前項本文の規定の適用を受ける少人数向け勧誘等を行う者は、当該少人数向け勧誘等により取得させ、又は売り付ける場合には、あらかじめ又は同時にその相手方に対し、同項の規定により告知すべき事項を記載した書面を交付しなければならない。	

COLUMN

14　運用外部委託

・投信会社が運用外部委託先の管理監督をどのレベルまで行う必要があるかについては明確に整理されていない。また、受益者と投信会社において代理関係があると考えた場合には、運用外部委託先に対する選任監督責任を投信会社が負うことになるが、明確に代理関係にあるとの整理にもなっていない。

・一方で、投信会社は投信法上、運用外部委託先と連帯し受益者に対し賠償責任を負うことから、むしろ自己の賠償責任リスクをコントロールする観点から運用外部委託先を管理監督すると整理することは可能かつ現実的な取扱いであると考えられる。

・運用業務以外を含めた業務委託全般について、当局は最近、コア業務（運用等）については外部委託（Delegation）、ノンコア業務（トレーディング、バックオフィス、財務等）については事務委託（Outsourcing）と区分しているといわれる。2009年6月の利益相反管理規定の整備以降、適切な利益相反管理手続及び委託先の管理手続が社内的に整備されていれば、業務委託の範囲に関し原則的に制約はなくなったものと解される。

・ただし、事務委託についても、運用外部委託とは顧客保護上のリスクの程度の差はあるものの、委託先の管理監督責任については運用外部委託と同様の問題があり、特にトレーディングのような受益者の損益に直接影響を与える業務の外部委託においては、コア業務と同等の管理監督責任を果たす必要があると考えられる。

COLUMN

15　代理権

・投資信託の受益権の販売会社と投信委託会社の法律関係については、歴史的な沿革を経て構築されてきた部分があるため、理論的に整合的な説明を行うのは困難であり、端的な理解は容易ではない。その一つに販売会社は投信委託会社の代理人の関係になるのかどうかがある。

・例えば、販売会社は、投信委託会社の名称を投資家に示したうえで取得勧誘を行うことや、解約の実行請求を受け付ける業務を募集販売契約で委託されていることなどから、代理人であるとする考えもあるようである。

・一方で、投信委託会社が募集の取扱い等を販売会社に委託する、いわゆる募集販売契約には代理権を授与する旨の規定は通常含まれていない。しかも投資信託は、投信委託会社と受託銀行による投資信託契約の締結や投信委託会社から受託銀行への指図により設定や解約が行われるため、（投資家が販売会社に受益権の取得を申し込み又は受益者が販売会社に解約の実行を請求したとしても）販売会社が投信委託会社にそのことを通知しない限り、投資信託が

> 設定されたり解約されたりすることが生じない仕組みとなっている。また、投資信託の設定や解約に使用する基準価額は日々変動することから、例えば、販売会社が投資家の取得申込みや解約実行の請求を投信委託会社に1日遅延して通知してしまった場合には、投資家は本来とは異なる価値の受益権や解約代金を取得することとなる（そして、遅延の原因が販売会社の過失等に起因する場合は、販売会社が本来の価値や解約代金との差額を補填している等の状況もある）。さらには、投資家の取得申込みや解約実行の請求の取扱い等を定めた取引約款等（内容は販売会社により異なる）を販売会社は投資家と締結しており、販売会社が得る販売手数料は、目論見書上に記載された上限の範囲内で販売会社自身が決めている等の状況も存在する。
> ・このような仕組みや状況を勘案とした場合、代理人ではないとも考えられるが、代理人であることに言及した裁判例も存在するなど混乱も生じていることから、これらの関係についても今後明確化されることが期待される。

プロセス18　金販法上の重要事項説明

● ワンポイント

金販法上の重要事項の説明をしなかったことと受益者の損害の因果関係の立証は販売会社もしくは投信会社が責任を負うことに注意（因果関係がないという趣旨の立証）。また、受益者の損害の原因は当該重要事項に留まらない可能性があるため、投資家への説明は当該重要事項に限られないことに注意。

● 該当条文
① 「金融商品の販売等に関する法律」（金販法）
② 投信協会ルール「投資信託委託会社の「金融商品販売法に基づく説明義務に関するガイドライン」」

● 解　説
＜「投資信託委託会社の「金融商品販売法に基づく説明義務に関するガイドライン」」＞

項　目	概　要
Ⅰ　本ガイドラインの趣旨	投資信託委託会社が自ら設定する証券投資信託受益証券の募集等（募集又は私募）を行うに当たり、金融商品販売法において定められている金融商品販売業者等の説明義務を遂行するうえで留意すべき事項及び実務上の取扱いの参考事例を示すものである。
Ⅱ　金販法における説明義務の概要	1　受益証券の募集等を行おうとするときは、当該受益証券の募集等が行われるまでの間に、顧客に対し、重要事項（価格変動リスク、信用リスク、権利行使・契約解除の期間の制限等）について説明をしなければならない（金販法3条1項）。 2　前項の説明は、顧客の知識、経験、財産の状況及び当該金融商品の販売に係る契約を締結する目的に照らして、当該顧客に理解させるために必要な方法及び程度によるものでなければならない（金販法3条2項）。

Ⅲ 説明の内容	1 基本的な考え方 　金販法においては、顧客に対し説明すべき重要事項について具体的な説明内容は定められていないが、投資信託委託会社は、多数の顧客にとって重要事項を理解できる程度の説明を行うことが求められている。 2 実務上の取扱い 　「多数の顧客にとって重要事項を理解できる程度の説明を行う」という点を考慮すると、各受益証券の募集等に際し、説明すべき重要事項の内容及び具体的な説明の参考事例は以下のとおりと考えられる。 （例）証券投資信託受益証券	

	価格変動リスク	信用リスク	権利行使・契約解除期間の制限
主な投資対象が国内株式であるもの	・証券投資信託受益証券の基準価額変動リスク ・組入れ株式の株価変動リスク	・組入れ株式の発行者の信用リスク	——
主な投資対象が円建公社債でかつ外貨建資産又は株式・出資等に投資しないもの	・証券投資信託受益証券の基準価額変動リスク ・組入れ債券の価格変動リスク	・組入れ債券の発行者の信用リスク	——
主な投資対象が株式・一般債にわたりかつ円建・外貨建の双方にわたるもの	・証券投資信託受益証券の基準価額変動リスク ・組入れ有価証券の価格変動リスク ・為替変動リスク	・組入れ有価証券の発行者の信用リスク	——

（注）　他の種類の証券投資信託受益証券の説明は異なり得る。

Ⅳ 説明の時期等	1 基本的な考え方	

	説明の時期等
金販法	「金融商品の販売が行われるまでの間」
受益証券の募集等	約定までに顧客に重要事項の説明を行うべき。一般的な大多数の顧客にとって重要事項を理解できる程度の説明を行うことが求められていることに留意。

Ⅴ 説明の方法	1 基本的な考え方 　金販法においては、重要事項の説明について、具体的な説明の方法は規定されていない。したがって、重要事項の説明は、口頭、書面又はその他の方法により行うことが可能である。ただし、投資信託委託会社は、説明の方法を問わず、一般的な大多数

		の顧客にとって重要事項を理解できる程度の説明を行うことが求められている。
Ⅵ 説明が不要な場合	<説明が不要な場合>	
		留意事項
	顧客が特定顧客である場合	顧客が特定顧客である場合には重要事項の説明を要しないこととされているが、この特定顧客は政令10条で「金融商品販売業者等又は金商法2条31項に規定する特定投資家」と定められている。
	説明不要の意思表明	① 同種の受益証券について当該顧客に説明を行ったことがなく、当該顧客が当該種類の受益証券の取引の経験も有しないといった場合には、重要事項の説明を行う等の措置を講じることが望ましい。 ② 周知度の低さ又は仕組みが複雑・高度な受益証券に係る説明不要の意思表明は、慎重に取り扱うことが望ましい。 ③ 意思表明の対象となる受益証券の範囲を明確にすべき。 ④ 一旦、顧客から説明不要の意思表明が行われた後に、当該顧客から重要事項の説明を求められた場合は、必ずしも説明不要の意思表明が撤回されたものと解する必要はないが、重要事項の説明は行うべき。
Ⅶ 取引形態毎の考え方	1 非対面取引 (1) インターネット取引 (2) ATM取引 (3) アンサー・システム取引 2 法人顧客との取引 3 総合取引の契約に基づく取引	
Ⅷ 金融商品販売業者等の断定的判断の提供等の禁止	金販法においては、金融商品販売業者等が、金融商品の販売等を業として行おうとするときは、当該金融商品の販売等に係る金融商品の販売が行われるまでの間に、顧客に対し、当該金融商品の販売に係る事項について、不確実な事項について断定的判断を提供し、又は確実であると誤認させるおそれのあることを告げる行為(「断定的判断の提供等」)を行ってはならない(金販法4条)。	
Ⅸ 他の法令・諸規則等との関係	<他の法令・諸規則等との関係>	
		考え方
	金商法等における説明義務	金販法における説明義務に関わらず、投資信託委託会社は、金商法、投信法、関連政省令及び投資信託協会の業務規程等諸規則に定められた義務を遵守する必要がある。 ただし、これらの法令及び投信協会の業務規程等諸規則の説明と同時に、金融商品販売法に基づく説明を行うことも可能である。例えば、各受益証券の目論見書に、金融商品販売法により求められている重要事項が記載されている場合には、金融商品販売法に基づく説明につき当該目論見書を使用して行うこともできる。

	適合性の原則等	金販法における説明義務の遂行とは別に、投資信託委託会社は、顧客の知識、投資経験、投資目的、財産の状況及び当該金融商品の販売に係る契約を締結する目的に照らし、顧客の意向と実情に適合した投資勧誘を行うよう努める必要がある。
	民法の一般原則	金販法は、重要事項について説明をしなかったこと又は断定的判断の提供等を行ったことにより顧客に損害が生じた場合における金融商品販売業者等の損害賠償の責任等について定めることにより、裁判における顧客の立証負担を軽減させるものであり、民法の一般原則に基づく損害賠償請求を排除するものではない。 　したがって、投資信託委託会社は、受益証券の募集等に関して蓄積されてきた裁判例等に留意し、顧客の投資経験、投資目的及び資力等並びに商品の性質、取引の形態等に照らし、顧客が取引に伴う危険性について正しい認識を形成できるよう配慮すべき。

プロセス19　販売用資料等の作成

● ワンポイント

　投信会社が販売用資料等を作成する場合、目論見書と同様の注意義務を払い作成する必要がある。印刷会社の印刷ミスも一義的には投信会社の責任となることに注意。また、印刷費などの作成費用を投信財産から支弁する場合で、不要な費用を支弁した場合には、投信財産への補填を要する可能性があり注意。

● 該当条文

① 　虚偽記載の禁止（金商法13条5項）
② 　投信協会ルール「広告等に関するガイドライン」
③ 　投信協会ルール「販売用資料におけるファンドの運用実績等の比較について」

● 解　説

① 　虚偽記載の禁止（金商法13条5項）

項　目	概　要
金商法13条5項	何人も、4条1項本文、2項本文若しくは3項本文の規定の適用を受ける有価証券又は既に開示された有価証券の募集又は売出しのために1項の目論見書以外の文書、図画、音声その他の資料（電磁的記録（電子的方式、磁気的方式その他人の知覚によつては認識することができない方式で作られる記録であつて、電子計算機による情報処理の用に供されるものをいう。以下同じ。）をもつて作成された場合においては、その電磁的記録に記録された情報の内容を表示したものを含む。17条において同じ。）を使用する場合には、虚偽の表示又は誤解を生じさせる表示をしてはならない。

② 投信協会ルール「広告等に関するガイドライン」

第1部　法令諸規則の概要等
1　広告等の定義等
2　金融商品取引法におけるその他規制の概要
3　内部審査の必要性
4　内部審査体制
5　審査基準
6　広告等の保管

第2部　投資信託等に係る広告等の作成等に係る留意事項

Ⅰ　全般
1　表示に関する基本事項
2　誇大広告等に関する留意事項
3　募集又は売出しに関する事項
4　金融商品販売法に基づく重要事項の表示
5　税に関する表示
6　消費税法における総額表示義務
7　キャッチ・コピーの表示
8　記事コピー、類似挿し絵等の表示
9　統計資料等の転載
10　第三者の意見等
11　特定投資家に対する広告等
12　預金等との誤認防止に関する注意
13　金融商品仲介業に関する注意
14　インターネットにおける広告等について

Ⅱ　投資信託等
1　販売用資料の作成に当たっての留意事項
2　販売用資料等の使用に当たっての留意事項

Ⅲ　ETF（株価指数連動型上場投資信託）及びREIT（上場不動産投資証券）
1　総論
2　REITの募集・売出しにおける広告等
3　ETFの表示項目
4　ETFに係る留意事項
5　REITの表示項目
6　REITに係る留意事項

Ⅳ　投資信託等のリスク・リターンの商品分類の作成

③ 投信協会ルール「販売用資料におけるファンドの運用実績等の比較について」

項　目	基本的な考え方
販売用資料におけるファン	1　有価証券届出書（目論見書）への記載は不要である。
	2　ファンド運用実績と市場指数、ファンド間の運用実績の比較を行う場合は、

ドの運用実績等の比較	(1) 各々のファンドの商品性格を明確に記載する必要がある。 (2) 投資家に誤解を与えないため使用（作成）目的等も明示する。 　例えば、使用（作成目的としては、「投資家の資産運用にあたって、多様なファンドへの分散投資の有効性を知ってもらうための商品選択の一助である。」旨の記載。 ※上記の基本的な考え方に従い、「不当景品類及び不当表示防止法」との関連も認識した上で各社の責任において判断する。

プロセス20　運用外部委託契約の締結等

● ワンポイント

　運用外部委託先は金商法上委託することが可能な先であるかを確認し、運用の基本方針や運用対象資産の範囲、金商法や投資信託協会ルール上の行為規制、運用外部委託先と委託元である投信会社との責任関係、記録保存義務、投信会社が監督責任を果たすうえでの必要事項等を記載（現地規制も考慮）。運用外部委託先からの契約解除は、原則として投信法上の重大な約款変更手続を経ることが必要な旨を、運用外部委託契約に記載する等により委託先に徹底する必要がある。

● 該当条文

① 委託可能先の範囲、全委託の制限、忠実義務と善管注意義務の適用（金商法42条の3）

　※運用権限を委託することができる者（金商法施行令16条の12）、運用権限の委託に関する事項（金商業等府令131条）

② 運用ガイドラインの確定（投信法12条）

● 解　説

① 委託可能先の範囲、全委託の制限、忠実義務と善管注意義務の適用（金商法42条の3）

　投資運用業は、委託信任関係に基づいて受託財産を運用する行為であり、受託者は自己執行義務を負うが、一定の場合には、再委託することができる（金商法42条の3第1項、金商法施行令16条の12、金商業等府令131条）。ただし、再委託のうち、運用権限の委託先による全部再委託、再委託先による再々委託は禁止されている（一部再委託は容認されている）。

項　目	概　要
1　委託可能先の範囲（金商法42条の	金融商品取引業者等は、次に掲げる契約その他の法律行為において内閣府令で定める事項の定めがある場合に限り、権利者のため運用を行う権限の全部または一部を他の金融商品取引業者等（投資運用業を行う者に限る。）その他の政令で定める者に委

3第1項）	託することができる。 (1) 登録投資法人と締結する資産の運用に係る委託契約（2条8項12号イ）または投資一任契約（同号ロ） (2) 2条8項14号に規定する有価証券に表示される権利その他の政令で定める権利に係る契約 (3) 2条8項15号イからハまでに掲げる権利その他同号に規定する政令で定める権利に係る契約その他の法律行為 ＜政令：運用権限を委託することができる者（金商法施行令16条の12）＞ |	運用権限を委託することができる者
---	---
1	他の金融商品取引業者等（投資運用業を行う者に限る）
2	外国の法令に準拠して設立された法人で外国において投資運用業を行う者（金商法29条の登録を受けた者を除く） | ＜内閣府令：内閣府令で定める運用権限の委託に関する事項（金商業等府令131条）＞ |	運用権限の委託に関する事項
---	---
1	権利者のため運用を行う権限の全部または一部の委託（当該委託に係る権限の一部を更に委託するものを含む）をする旨およびその委託先の商号または名称
2	委託の概要
3	委託に係る報酬を運用財産から支払う場合には、当該報酬の額（あらかじめ報酬の額が確定しない場合においては、当該報酬の額の計算方		
2 全委託の制限（同2項）	金融商品取引業者等は、金商法42条の3第1項の規定にかかわらず、すべての運用財産につき、その運用に係る権限の全部を同項に規定する政令で定める者に委託してはならない。	
3 忠実義務と善管注意義務の適用（同3項）	金融商品取引業者等が金商法42条の3第1項の規定により委託をした場合における法42条1項の規定（忠実義務）は、当該金融商品取引業者等から42条の3第1項の規定により委託を受けた者にも適用される。	

② 運用ガイドラインの確定（投信法12条）

項　目	概　要
運用の指図に係る権限の委託（投信法12	1　投資信託委託会社は、その運用の指図を行うすべての委託者指図型投資信託につき、当該指図に係る権限の全部を、投信法2条1項に規定する政令で定める者その他の者に対し、委託してはならない。

条)	2 投資信託委託会社がその運用の指図を行う特定の投資信託財産について、当該指図に係る権限の全部又は一部を委託した場合における前三条の規定の適用については、これらの規定中「投資信託委託会社」とあるのは、「投資信託委託会社(当該投資信託委託会社からその運用の指図に係る権限の全部又は一部の委託を受けた2条1項に規定する政令で定める者を含む。)」とする。

プロセス21　募集販売契約等の締結

● ワンポイント

募集販売契約は販売会社と一契約だけ締結するが、代行手数料に関する覚書は販売を委託する投資信託ごとに締結（注：募集販売契約の別紙方針もあり）。募集販売契約は、販売会社に対し募集の取扱い等と代行事務（金銭の支払い、解約実行請求の受付、運用報告書の交付など）を委託する契約。代行手数料は販売会社の代行事務に対する対価（販売手数料は、販売会社が説明等の対価として投資家から直接収受）。

● 該当条文
① MMFの販売留意事項（投信協会ルール「MMF等の運営に関する規則」15条）
② 受付時限、大口申込等（投信協会ルール「正会員の業務運営等に関する規則」8～11条）

● 解　説
① MMFの販売留意事項（「MMF等の運営に関する規則」15条）

項　目	概　要
MMFの販売留意事項（「MMF等の運営に関する規則」15条）	1　委託会社は、販売会社と協議し、次に掲げる事項の遵守に努める。 (1)　MMFの販売に当たっては、個人投資家主体の販売となるよう努めること (2)　大口申込者への販売に当たっては、MMFの資金管理の重要性を十分説明するとともに、大口顧客からの解約請求の取り扱いに際し、当該顧客の一定金額以上の解約については、販売業者から約定日の4営業日前までに連絡を受けることとすること 2　委託会社は、当該顧客の1日当たりの解約受付限度額及び前項2号に規定する一定金額の額を販売会社と協議して決定する。

② 受付時限、大口申込等（「正会員の業務運営等に関する規則」8～11条）

項　目	概　要	
受付時限、大口申込等（「正会員の業務運	「正会員の業務運営等に関する規則」8～11条	
	8条	株式投資信託の買付及び解約の申込みの受付時限等

営等に関する規則」8～11条)	9条	大口申込者への販売等
	10条	分配金等の支払い
	11条	手数料内枠制の投資信託に係る募集手数料及び消費税の返戻の通知

COLUMN

16　パッシブ運用とインサイダー取引

　パッシブ運用とは、あらかじめ定めた目標である各種指数と同じ運用成果を目指して、システム的に保守的な運用を行うことである。その代表例として、TOPIXや日経平均株価などの指数（インデックス）の動きに連動することを目指すインデックス運用がある。これに対し、ファンドマネージャーが積極的・戦略的に投資対象、組入れ比率、売買のタイミング等の投資判断を行い、あらかじめ定めた指数を上回る運用成果を目指す運用スタイルをアクティブ運用という。

　インサイダー規制の観点からは、インデックス運用とアクティブ運用の双方のファンドを運用している投資運用業者において、アクティブ運用を担当するファンドマネージャーが、ある上場会社のインサイダー規制上の重要事実を公表前に知った場合、インデックス運用を担当する部署において、当該上場会社の株式を重要事実が公表される前に解約に伴う換金目的などにより売却することが、インサイダー取引に問われるであろうか（金商法166条・167条）。

　この点については、インデックス運用を担当する部署と、アクティブ運用を担当する部署の間に情報交換を遮断する措置を講じ（いわゆるチャイニーズウォールの構築）、インデックス運用を担当する部署が重要事実に接触しないようにすることにより、重要事実を「知った」ものに該当することを回避することが考えられる。インデックス運用の担当部署からすれば、重要事実の認識とは無関係に売買は実行するので、たとえ重要事実を知ってもインサイダー規制違反として非難される覚えはないように感じるが、インサイダー規制は情報を利用したことの有無を問わず、重要事実を知って売買したものを捕捉する構成になっており、情報交換の遮断措置の構築はやむを得ないと考えられる。

　さらに次の問題として、上記二つの部署を統轄する会社単位として、インサイダー規制違反を問われうるか。例えば、アクティブ運用を担当する部署と、インデックス運用を担当する部署の両方を統括する部署があり、当該部署がアクティブ運用を担当する部署からある上場企業に係る未公表の重要事実の報告を受け、他方で同時にインデックス運用を担当する部署からその上場企業の株式を売買する予定であるとの報告を受けた状況下において、その統括する部署がインデックス運用を担当する部署に対しその株式の売買を積極的に止めなかったという不作為により、売買が執行された場合である。

　理論的には、統括する部署の担当者において、インデックス運用を担当する部署が売買するのを認識し、これを止めることが可能であるにもかかわらずこれを止めなかったことは、作為と同視される懸念があり、違法と評価される可能性が否定できない。しかしながら、引受部門と自己売買部門を有し従来から類似の問題に直面する証券会社が、情報隔壁の構築によりインサイダー規制違反に問われていない現状に鑑みると、運用業者においても同様に情報隔壁の構築により対処することになると考えられる。

2.3 取得勧誘《プロセス22－27》

プロセス22　募集等の届出

● **ワンポイント**

有価証券届出書の記載内容は、投資信託契約（投信約款）に反しない内容である必要があり、目論見書の記載内容は有価証券届出書に反しない内容であることが必要。よって、投信約款の内容がすべての基本となるが、投資家は実際には交付目論見書を見て投資判断を行うことから、交付目論見書の記載内容がもっともわかりやすくかつ必要事項が的確に記載されていることが必要。

● **該当条文**

① 有価証券届出書（金商法5条）
   ※金商法施行令2条の13、企業開示府令7 ～ 10・第二号様式～第九号様式、外債開示府令5 ～ 7条、特定有価証券開示府令11 ～ 12
② 投信約款の届出（投信法4条1項）
   ※投信法規則6条（投資信託約款の内容の届出）
③ 有効期間（投信協会ルール「正会員の業務運営等に関する規則」7条）

● **解　説**

① 有価証券届出書（金商法5条）

項　目	概　要
有価証券届出書（金商法5条）	1　前条1項から3項までの規定による有価証券の募集又は売出し（特定有価証券に係る有価証券の募集及び売出しを除く）に係る届出をしようとする発行者は、内閣府令で定めるところにより、次に掲げる事項を記載した届出書を内閣総理大臣に提出しなければならない。ただし、当該有価証券の発行価格の決定前に募集をする必要がある場合その他の内閣府令で定める場合には、1号のうち発行価格その他の内閣府令で定める事項を記載しないで提出することができる。 (1) 当該募集又は売出しに関する事項 (2) 当該会社の商号、当該会社の属する企業集団及び当該会社の経理の状況その他事業の内容に関する重要な事項その他の公益又は投資者保護のため必要かつ適当なものとして内閣府令で定める事項 ※内閣府令：金商法施行令2条の13（特定有価証券の範囲） ※内閣府令：企業開示府令7条（外国会社の代理人）・8条（有価証券届出書の記載内容等）・8条の2（密接な関係を有する者の要件等）・9条（有価証券届出書の記載の特例）・第二号様式～第九号様式 ※内閣府令：外債開示府令5条（有価証券届出書の記載内容等）・6条（有価証券届出書の記載の特例） ※内閣府令：特定有価証券開示府令11条（有価証券届出書の記載の特例）

2　前条1項本文、2項本文又は3項本文の規定の適用を受ける有価証券の募集又は売出しのうち発行価額又は売出価額の総額が5億円未満のもので内閣府令で定めるもの（24条2項において「少額募集等」という。）に関し、前項の届出書を提出しようとする者のうち次の各号のいずれにも該当しない者は、当該届出書に、同項2号に掲げる事項のうち当該会社に係るものとして内閣府令で定めるものを記載することにより、同号に掲げる事項の記載に代えることができる。

(1)	24条1項1号、2号又は4号に掲げる有価証券に該当する有価証券の発行者
(2)	前条1項本文、2項本文又は3項本文の規定の適用を受けた有価証券の募集又は売出しにつき前項2号に掲げる事項を記載した同項の届出書を提出した者又は提出しなければならない者（前号に掲げる者を除く）
(3)	既に、有価証券報告書（24条1項に規定する報告書）のうち同項本文に規定する事項を記載したもの又は24条の4の7第1項若しくは2項の規定による四半期報告書のうち24条の4の7第1項に規定する事項を記載したもの若しくは半期報告書（24条の5第1項に規定する報告書）のうち24条の5第1項に規定する事項を記載したものを提出している者（前二号に掲げる者を除く）

※内閣府令：企業開示府令9条の2（少額募集等に該当する有価証券の募集又は売出し）

3　既に内閣府令で定める期間継続して有価証券報告書のうち内閣府令で定めるものを提出している者は、前条1項から3項までの規定による届出をしようとする場合には、1項の届出書に、内閣府令で定めるところにより、その者に係る直近の有価証券報告書及びその添付書類並びにその提出以後に提出される四半期報告書又は半期報告書並びにこれらの訂正報告書の写しをとじ込み、かつ、当該有価証券報告書提出後に生じた事実で内閣府令で定めるものを記載することにより、同項2号に掲げる事項の記載に代えることができる。
※内閣府令：企業開示府令9条の3（組込方式による有価証券届出書）
※内閣府令：外債開示府令6条の2（組込方式による有価証券届出書）
※内閣府令：特定有価証券開示府令11条の2（組込方式による有価証券届出書）

4　次に掲げるすべての要件を満たす者が前条1項から3項までの規定による届出をしようとする場合において、1項の届出書に、内閣府令で定めるところにより、その者に係る直近の有価証券報告書及びその添付書類並びにその提出以後に提出される四半期報告書又は半期報告書及び臨時報告書（24条の5第4項に規定する報告書をいう。）並びにこれらの訂正報告書（「参照書類」）を参照すべき旨を記載したときは、1項2号に掲げる事項の記載をしたものとみなす。

(1)	既に内閣府令で定める期間継続して有価証券報告書のうち内閣府令で定めるものを提出していること
(2)	当該者に係る1項2号に掲げる事項に関する情報が既に公衆に広範に提供されているものとして、その者が発行者である有価証券で既に発行されたものの取引所金融商品市場における取引状況等に関し内閣府令で定める基準に該当すること

	※企業開示府令9条の5（コマーシャル・ペーパーに係る参照方式の利用適格要件の特例）
	※内閣府令：企業開示府令9条の4（参照方式による有価証券届出書） ※内閣府令：外債開示府令6条の3（参照方式による有価証券届出書） ※内閣府令：特定有価証券開示府令11条の3（参照方式による有価証券届出書）
	5　1項から前項までの規定は、当該有価証券が特定有価証券である場合について準用する。
	6～9　略
	10　1項の届出書には、定款その他の書類で公益又は投資者保護のため必要かつ適当なものとして内閣府令で定めるものを添付しなければならない。 ※内閣府令：企業開示府令10条（有価証券届出書の添付書類） ※内閣府令：外債開示府令7条（有価証券届出書の添付書類） ※内閣府令：特定有価証券開示府令12条（有価証券届出書の添付書類）

② 投信約款の届出（投信法4条1項）

項　目	概　要		
投信約款の届出（投信法4条1項）	金融商品取引業者は、投資信託契約を締結しようとするときは、あらかじめ、当該投資信託契約に係る委託者指図型投資信託約款（「投資信託約款」）の内容を内閣総理大臣に届け出なければならない。		
	投信法施行規則6条1項	法4条1項の規定による届出は、次に掲げる事項を記載した届出書を所管金融庁長官等（令135条5項の規定により金融庁長官の指定する権限に係る場合にあっては金融庁長官、それ以外の権限に係る場合にあっては金融商品取引業者、信託会社等又は投資法人の本店の所在地を管轄する財務局長）に提出して行わなければならない。	
		1	当該投資信託約款に係る委託者指図型投資信託の名称
		2	単位型又は追加型の別
		3	証券投資信託にあっては、公社債投資信託又は株式投資信託の別
		4	投資の対象とする資産の種類に関する事項として次に掲げる事項
			イ　投資の対象とする特定資産の種類
			ロ　投資の対象とする特定資産以外の資産の種類
		5	投資信託財産の運用方針

	6	設定予定額又は当初設定予定額
	7	設定日
	8	信託契約期間
	9	公募、適格機関投資家私募、特定投資家私募又は一般投資家私募の別
	10	募集又は私募の期間
	11	募集の取扱い又は私募の取扱いを行う金融商品取引業者等の商号、名称又は氏名
	12	自ら募集又は私募を行うときは、その旨
	13	その他当該投資信託約款に係る委託者指図型投資信託の特徴と認められる事項
同2項	前項の届出書には、次に掲げる書類を添付しなければならない。	
	1	投資信託約款の案
	2	受託会社の承諾書

③ 有効期間(「正会員の業務運営等に関する規則」7条)

項　目	概　要
有価証券届出書等の有効期間(「正会員の業務運営等に関する規則」7条)	内国証券投資信託受益証券(振替投資信託受益権を含む。)及び内国投資証券の募集に係る有価証券届出書及び目論見書の有効期間は、16ヵ月以内とする。

プロセス23　訂正届出

● ワンポイント

　訂正届出を行う際は、効力発生日がいつであるかを確認。また、訂正内容が受益者にとって不利なものでないか、商品性を変えることにならないか注意。

● 該当条文

① 訂正届出書(金商法7条)

※企業開示府令11条、外債開示府令8条、特定有価証券開示府令13条

● 解　説
① 訂正届出書（金商法7条）

項　目	概　要
訂正届出書 （金商法7条）	4条1項から3項までの規定による届出の日以後当該届出がその効力を生ずることとなる日前において、5条1項及び6項の規定による届出書類に記載すべき重要な事項の変更その他公益又は投資者保護のため当該書類の内容を訂正する必要があるものとして内閣府令で定める事情があるときは、届出者（会社の成立後は、その会社）は、訂正届出書を内閣総理大臣に提出しなければならない。これらの事由がない場合において、届出者が当該届出書類のうちに訂正を必要とするものがあると認めたときも、同様とする。 ※内閣府令：企業開示府令11条（有価証券届出書の自発的訂正） ※内閣府令：外債開示府令8条（有価証券届出書の自発的訂正） ※内閣府令：特定有価証券開示府令13条（有価証券届出書の自発的訂正）

COLUMN

17　コミッション・アンバンドリング

・コミッション・アンバンドリング（あるいはコミッション・シェアリング）とは、株式取引を発注した際にかかるコミッション（売買委託手数料）を、執行を提供するブローカーとリサーチを提供するブローカーの間でコストに応じて分割することをいう。
・コミッション・アンバンドリングのもとでは、運用会社は執行ブローカーに発注し、その対価として執行ブローカーは執行とリサーチの対価を合わせた手数料を受け取る。執行ブローカーは、その内リサーチ提供に相当する手数料をプールし、一定期間ごとに運用会社から受ける指図に従い、リサーチブローカーに対し配分する。
・各ブローカーに対する発注割合の決定基準について、現行はブローカレッジの対価である売買執行手数料が執行及びリサーチの対価が一体化（バンドル）したものであることを受け、ブローカーごとに執行能力とリサーチ能力を両方加味して行われている（双方の配分比率は各社各様であるが）。その結果、執行能力の高くないブローカーに対しても一定割合の発注が行われることになり、最良執行の点で問題なしとしない。
・コミッション・アンバンドリングのもとでは、執行サービスとリサーチ提供サービスを明確に切り分けることで、各ブローカーに対する発注割合は執行能力のみを基準として決定し、執行は純粋に執行能力の高いブローカーに対して行うことが可能となるため、最良執行義務を従来以上に遂行できる体制が整えられるという点がメリットとして挙げられている。
・すでに英国等では市場慣行といえる程の普及をみせており、米国でも実施が始まっている。日本においては、数年前から金融庁と大手ブローカーとの間で導入に向けての協議が行われているが、リサーチブローカーに対する投資助言業の登録の要否等について整理が行われている段階といわれる。
・運用会社側においては、執行サービスとリサーチ提供サービスの間の対価の配分比率をどう設定するかについて整理が必要となる。また、顧客の総コストが増えるものではないが、売買委託手数料が売買執行及びリサーチの対価という位置付けになる点を開示し、最良執行を遂行するに当たっての意義とともに顧客の理解を求めることが必要になるものと考えられる。

プロセス24　広 告 等

● ワンポイント

広告類似行為も金商法上の広告規制の適用あり。細かな規制となっており、金融庁や投資信託協会からのガイドライン等が出されており、投資家保護上支障がない内容で作成。

● 該当条文

① 広告等の規制（金商法37条）
　　※金商法施行令16条、金商業等府令72 〜 78条
② 投信協会ルール「広告等の表示及び景品類の提供に関する規則」
③ 投信協会ルール「広告等に関するガイドライン」

● 解　　説

① 広告等の規制（金商法37条）

項　目	概　要
広告等の規制（金商法37条1項）	1　金融商品取引業者等は、その行う金融商品取引業の内容について広告その他これに類似するものとして内閣府令で定める行為をするときは、内閣府令で定めるところにより、次に掲げる事項を表示しなければならない。 ※内閣府令：金商業等府令72条（広告類似行為） ※内閣府令：金商業等府令73条（金融商品取引業の内容についての広告等の表示方法） (1) 当該金融商品取引業者等の商号、名称または氏名 (2) 金融商品取引業者等である旨及び登録番号 (3) 金融商品取引業者等の行う金融商品取引業の内容に関する事項であって、顧客の判断に影響を及ぼすこととなる重要なものして政令で定めるもの ※政令：金商法施行令16条（顧客の判断に影響を及ぼす重要事項） ※内閣府令：金商業等府令74条（顧客が支払うべき対価に関する事項） ※内閣府令：金商業等府令75条（売付けの価格と買付けの価格に相当する事項） ※内閣府令：金商業等府令76条（顧客の判断に影響を及ぼす重要事項） ※内閣府令：金商業等府令77条（一般放送事業者の放送設備により放送をさせる方法に準ずる方法等） ※金商法施行令16条1項にいう「重要事項」について <table><tr><td>項　目</td><td>表示事項</td></tr><tr><td>① 手数料等</td><td>手数料等の種類ごとの金額及び合計額（これらは上限額を記</td></tr></table>

		載すればよく、また計算方法の概要を記載することもできる。表示できない場合は、その旨及びその理由）
②	保証金等	その額又は計算方法
③	保証金等の取引額に対する比率	デリバティブ取引等の額が②の額を上回る可能性がある場合は、その旨及び取引等の額の②の額に対する比率（比率算出できない場合は、その旨及びその理由）
④	損失が生ずるおそれ	金利等の指標に係る変動を直接の原因として損失が生ずることとなるおそれがある場合にあっては、その旨・その理由・当該指標
⑤	元本超過損が生ずるおそれ	元本超過損が生ずるおそれがある場合にあっては、その旨・その理由・その直接の原因
⑥	売付け価格と買付け価格の差	店頭デリバティブ取引について、金融商品取引業者等が提示する金融商品の売付けの価格と買付けの価格とに差がある場合にあっては、その旨
⑦	①から⑥に掲げる事項に準ずるもの	（金商業等府令76条） 1　重要な事項について顧客の不利益となる事実 2　金融商品取引業協会に加入している場合は、その旨及び協会の名称

＜広告類似行為＞（金商業等府令72条）

　広告以外のものであっても広告類似行為として内閣府令で定める行為は規制対象となる。具体的には、「郵便、信書便、ファクシミリ送信、電子メール送信又はビラ・パンフレットの配布等、多数の者に同様の内容で行う情報提供」がこれに該当するが、一定の場合には広告類似行為に該当しない。（金商業等府令72条）。「多数の者に同様の内容で行う情報提供」である限りは販売用資料等も広告等規制が適用されるし、相手方が特定されていても広告規制が適用されると考えられる。また、「住居を訪問してビラ・パンフレットを配布する方法」についても広告類似行為に該当する可能性がある。もっとも、単独の顧客のみを対象として行われる当該顧客に対する情報の提供については広告等規制の適用はないと考えられる。

	広告類似行為に該当しないもの・対象取引
1	法令又は法令に基づく行政官庁の処分に基づき作成された書類を配布する方法
2	個別の企業の分析及び評価に関する資料であって、金融商品取引契約の締結の誘引に使用しないものを配布する方法
3	次に掲げるすべての事項のみが表示されている景品その他の物品を提供する方法 　イ　次に掲げるいずれかのものの名称、銘柄又は通称

　　　　　(1) 金融商品取引契約又はその種類
　　　　　(2) 有価証券又はその種類
　　　　　(3) 出資対象事業又はその種類
　　　　　(4) (1)から(3)までに掲げる事項に準ずる事項
　　　ロ　金融商品取引業者等の商号、名称・氏名又はこれらの通称
　　　ハ　顧客が行う金融商品取引行為について金利等の指標に係る変動を直接の原因として損失が生ずることとなるおそれがある場合にあっては、その旨
　　　ニ　次に掲げるいずれかの書面の内容を十分に読むべき旨
　　　　　(1) 契約締結前交付書面
　　　　　(2) 上場有価証券等書面
　　　　　(3) 目論見書
　　　　　(4) 契約変更書面
　　　(注) ロからニは明瞭かつ正確に表示しなければならず、また、ハについてはハ以外の事項のうち最大のものと著しく異ならない大きさで表示しなければならない。なお、③の方法は複数の物品を一体で提供する方法もできる。

＜金融商品取引業の内容についての広告等の表示方法＞（金商業等府令73条）

　広告等は、明瞭かつ正確に表示し、元本損失リスク・元本超過損失リスクについての文字・数字は他の文字・数字のうち最も大きなものと著しく異ならない大きさで表示しなければならない（金商業等府令73条）。広告には勧誘資料やインターネットのホームページが含まれる（金商業者等向監督指針Ⅲ－2－3－3の注）。電子メールについて、全ての電子メールが広告になるわけではなく、実際に広告や広告類似行為に該当するか否かの判断は投資者との電子メール等のやり取り、イメージCMやロゴ等を記載した粗品の提供などはその外形ではなく、実体を見て個別具体的に判断する必要があると考えられる（同）。

　なお、広告等を「金融商品取引業者等」がしているか否かは、広告等の名義で形式的に判断するのではなく、実質的に判断されると考えられる。また、「金融商品取引業の内容」に該当するか否かは、特定の商品・取引や一定類型の商品・取引を言及しているかどうか等から個別事例ごとに実質的に判断されることになる。

＜TVCM等の放送・看板による場合の特則＞

項　目	表示事項	
TVCM等の放送・看板による場合の特則（金商法施行令16条2項、金商業等府令77条1項）	令16条1項の「重要事項」に代わり、次の1・2で足りる。	
	1	顧客が行う金融商品取引行為について金利等の指標に係る変動を直接の原因として損失が生ずることとなるおそれがある場合にあっては、その旨
	2	契約締結前交付書面・上場有価証券等書面・目論見書・契約変更書面のいずれかを十分に読むべき旨

誇大広告の禁止（金商法37条2項）	2　金融商品取引業者等は、その行う金融商品取引業に関して広告その他これに類似するものとして内閣府令で定める行為（金商業等府令78条）をするときは、金融商品取引行為を行うことによる利益の見込みその他内閣府令で定める事項について、著しく事実に相違する表示をし、又は著しく人を誤認させるような表示をしてはならない。 ※内閣府令：金商業等府令78条（誇大広告をしてはならない事項） ＜誇大広告をしてはならない事項（金商業等府令78条各号）＞

項　目	誇大広告をしてはならない事項
全ての取引に共通	1　金融商品取引行為を行なうことによる利益の見込み（金商法37条2項参照） 2　金融商品取引契約の解除 3　金融商品取引契約に係る損失の全部若しくは一部の負担又は利益の保証 4　金融商品取引契約に係る損害賠償額の予定 5　金融商品取引契約に係る金融商品市場等 6　金融商品取引業者等の資力又は信用 7　金融商品取引業者等の金融商品取引業（登録金融機関業務）の実績 8　金融商品取引契約に関して顧客が支払うべき手数料等の額又はその計算方法、支払の方法及び時期並びに支払先
抵当証券等の取引	1　抵当証券等に記載された債権の元本及び利息の支払の確実性又は保証 2　金融商品取引業者等に対する推薦 3　利息 4　抵当証券等に記載された抵当権の目的
その他の取引	（下記参照）

投資顧問契約	助言の内容及び方法に関する事項
投資一任契約等	投資判断の内容及び方法に関する事項
競走用馬投資関連業務に関する権利に係る募集又は私募	競走用馬の血統及び飼養管理の状況に関する事項

② 投信協会ルール「広告等の表示及び景品類の提供に関する規則」
③ 投信協会ルール「広告等に関するガイドライン」

項　目	「広告等の表示及び景品類の提供に関する規則」の内容		
1条	目的…投資信託等に係る広告等の表示及び景品類の提供に関し、その表示、方法及び遵守すべき事項等を定めることにより、広告等の表示及び景品類の提供の適正化を図り、もって投資者の保護に資すること		
2条	定義…(1) 広告等の表示、(2) 景品類		
3条	基本原則		
4条	禁止行為		
5条	正会員の内部審査等…広告等の表示又は景品類の提供を行うときは、広告審査担当者を任命し、前条の規定に違反する事実がないかどうかを広告審査担当者に審査させなければならない。（中略）		
6条	社内管理体制の整備		
7条	違反に対する調査		
8条	「広告等に関するガイドライン」		
	第1部 法令諸規則の概要	1　広告等の定義等 2　金融商品取引法におけるその他規制の概要 3　内部審査の必要性 4　内部審査体制 5　審査基準 6　広告等の保管	
	第2部 投資信託等に係る広告等の作成に係る留意事項	Ⅰ　全般 　1　表示に関する基本事項 　2　誇大広告等に関する事項 　3　募集又は売出しに関する事項 　4　金融商品販売法に基づく重要事項の表示 　5　税に関する表示 　6　消費税法における総額表示義務 　7　キャッチコピーの表示 　8　記事コピー、類似挿し絵等の表示 　9　統計資料等の転載 　10　第三者の意見等 　11　特定投資家に対する広告等 　12　預金等との誤認防止に関する注意 　13　金融商品仲介業に関する注意 　14　インターネットにおける広告等について Ⅱ　投資信託等 　1　販売用資料の作成に当たっての留意事項 　2　販売用資料の使用に当たっての留意事項	

	Ⅲ　ETF（上場投資信託）及びREIT（上場不動産投資証券） 　　1　総論 　　2　REITの募集・売出しにおける広告等 　　3　ETFの表示項目 　　4　ETFに係る留意事項 　　5　REITの表示項目 　　6　REITに係る留意事項 Ⅳ　投資信託等のリスク・リターンの商品分類の作成
9条	その他
10条	所管委員会への委任

COLUMN

18　基準価額

基準価額の過誤訂正

・海外では運用会社や受託者等の過失によりNAVに誤謬が生じた場合であっても、軽微な誤謬については補填しない（基準価額も訂正しない）との商慣行（英米等）や制度（例：ルクセンブルク）が存在している国や地域がある。

・米国、英国、シンガポール、香港などにおいては、NAV対比50bpまでの誤謬は軽微として訂正等は行わないことが一般的な市場慣行として受け入れられている。

・ルクセンブルクにおいては、当局であるCSSFのCircularにおいて、運用資産ごとに設定しうる軽微基準の上限（NAV対比でMMF／マネーファンド0.25％、公社債ファンド0.50％、株式ファンド1.00％、混合型ファンド0.50％）が公表されており、これを超えない基準価額の過誤については、再計算や弁済に要する時間及びコストに鑑み、訂正等を行わないことが許容されている。

・一方、わが国では、そのような商慣行や制度が確立していないため、例えば僅か1円の損害であったとしても、原因者が損害賠償しなくてよいという法的根拠が存在していない（民法415条・416条）。

・損害賠償においては、被害者が請求のうえ、自己の損害と原因との因果関係を立証することを原則とするが、投資信託においては、受益者が多数でありかつ個人も含まれる等の投資家保護を考慮し、投資信託委託会社の受益者に対する賠償責任を投信法21条に規定し、能動的に賠償することが事実上求められている。

・一方、「金融商品取引業者等検査マニュアル」Ⅱ－2－5業務編・投資運用業者－2－(2)約定訂正等－④では「事務処理ミス等により権利者又は運用財産に損害を与え、その損害について損害賠償を行わない場合は、忠実義務違反に該当する可能性があることに留意しているか。」と、損害賠償を行わないこともありうることを前提として記載がされており、1円足りとも賠償しなければならないとの当局スタンスではないことが伺える。

・投資信託委託会社がどのくらいの損害まで能動的に賠償しなければならないのかについては、投資信託委託会社も株式会社でもある以上、本来ならば賠償を見送ることもある程度許容されるべきと考えられる（例えば1円を賠償するために100万円を費やすことについて受益者がそれを期待しているか、また株主やステークホルダーがそれを認めうるかについては疑義があると考えられる）が、その基準や考え方については残念ながら未だ整理されていない。

・現在、投信協会において基準価額の過誤訂正に関するガイドライン等の設定が検討されており、このあたりの許容水準がわが国でも海外での商慣行等を勘案し確立されることが期待される。

プロセス25　景品類の提供

● ワンポイント

　投資家への景品類の提供では、景表法や協会規則や社会通念上許容されるだけでなく、受益者の公平性に配慮し、投資家の投資判断に影響しない程度であることが必要。販売会社への販売促進の一環としての物品等の提供においては、販売会社の過当勧誘を誘引しないよう注意。

● 該当条文
① 「不当景品類及び不当表示防止法」
② 投信協会ルール「広告等の表示及び景品類の提供に関する規則」（プロセス24参照）

プロセス26　セミナー（勧誘目的）

● ワンポイント

　勧誘目的のセミナーの資料は広告等の要件を満たすと共に、リスクや解約等の制限は必ず説明。委託会社は運用戦略・内容の説明のみを行い、勧誘・販売は販売会社が行うといった投信会社と販売会社との役割の違いにつき、事前に明確にしておく必要がある。

● 該当条文　（プロセス24参照）
① 広告等の規制（金商法37条）
② 投信協会ルール「広告等の表示及び景品類の提供に関する規則」
③ 投信協会ルール「広告等に関するガイドライン」

プロセス27　取得申込みの勧誘

● ワンポイント

　金融における説明とはリスク移転であるため、目論見書等の交付のみで説明責任が果たされるものではなく、投資家が理解できて初めてリスクが移転し説明責任を果たしたことになると考えられる。販売会社は、受け付けた投資家の取得申込み口数のみを投信委託会社や証券保管振替機構へ連絡し投資家の氏名は連絡しないため、投信会社、受託銀行及び証券保管振替機構は受益者名を知ることがない。

● 該当条文
① 目論見書の交付（金商法15条2項）

② 禁止行為（金商法38条）

※金商法施行令16条の4（不招請勧誘等が禁止される契約）、金商業等府令116条（不招請勧誘の禁止の例外）・117条（禁止行為）

③ 投資運用業に関し勧誘する際の損失補てん禁止（金商法38条の2第2号）

④ 損失補てん等の禁止（金商法39条）

※金商法施行令16条の5、金商業等府令118～122条

⑤ 適合性の原則等（金商法40条）

※金商業等府令123条

⑥ 特定投資家への告知義務（金商法34条）

※金商業等府令53条

⑦ 取得申込の受付

● 解　説

① 目論見書の交付（金商法15条2項）

項　目	概　要
目論見書の交付（金商法15条2項）	発行者、有価証券の売出しをする者、引受人、金融商品取引業者、登録金融機関又は金融商品仲介業者は、前項の有価証券又は既に開示された有価証券を募集又は売出しにより取得させ、又は売り付ける場合には、13条2項1号に定める事項に関する内容を記載した目論見書をあらかじめ又は同時に交付しなければならない。ただし、次に掲げる場合は、この限りでない。 <目論見書の交付が不要な場合><table><tr><td>1</td><td colspan="2">適格機関投資家に取得させ、又は売り付ける場合</td></tr><tr><td>2</td><td colspan="2">当該目論見書の交付を受けないことについて同意した次に掲げる者に当該有価証券を取得させ、又は売り付ける場合</td></tr><tr><td></td><td>イ</td><td>当該有価証券と同一の銘柄を所有する者</td></tr><tr><td></td><td>ロ</td><td>その同居者が既に当該目論見書の交付を受け、又は確実に交付を受けると見込まれる者</td></tr></table>　ただし、この場合においても、「特定有価証券の内容等の開示に関する留意事項について」15－1により、目論見書の記載内容に重要な変更があった場合、交付の必要があることに留意。

② 禁止行為（金商法38条）

　金融商品取引業者等又はその役員若しくは使用人は、次に掲げる行為をしてはならない。ただし、4号から6号までに掲げる行為にあつては、投資者の保護に欠け、取引の公正を害し、又は金融商品取引業の信用を失墜させるおそれのない

ものとして内閣府令で定めるものを除く。

項　目	禁止行為の内容
1　虚偽告知（金商法38条1号）	1　金融商品取引契約の締結又はその勧誘に関して、顧客に対し虚偽のことを告げる行為
2　断定的判断の提供（金商法38条2号）	2　顧客に対し、不確実な事項について断定的判断を提供し、又は確実であると誤解させるおそれのあることを告げて金融商品取引契約の締結の勧誘をする行為 （注）　例えば、株価が絶対に上がるから儲かる、などである。
3　信用格付業者以外の者の信用格付けの利用（金商法38条3号）	3　顧客に対し、信用格付業者以外の信用格付業を行う者の付与した信用格付けについて、所要の事項（当該信用格付けを付与した者が登録を受けていないこと、信用格付業者の登録の意義その他の事項）を告げることなく提供して、金融商品取引契約の締結の勧誘をする行為 （注）　信用格付業者とは、金商法66条の27により金融庁長官から登録を受けた信用格付業を行う法人をいう。2012年初現在、①株式会社日本格付研究所、②ムーディーズ・ジャパン株式会社、③ムーディーズSFジャパン株式会社、④スタンダード＆プアーズ・レーティング・ジャパン株式会社、⑤株式会社格付投資情報センター、⑥フィッチ・レーティングス・ジャパン株式会社、の6業者が登録されている。
4　不招請勧誘（金商法38条4号）	4　金融商品取引契約（当該金融商品取引契約の内容その他の事情を勘案し、投資者の保護を図ることが特に必要なものとして政令で定めるもの）の締結の勧誘の要請をしていない顧客に対し、訪問し又は電話をかけて、金融商品取引契約の締結の勧誘をする行為 ※政令：金商法施行令16条の4（不招請勧誘等が禁止される契約） （注） 　1．対象となる金融商品取引契約は、店頭デリバティブ取引および個人顧客に対する店頭デリバティブ取引に限定されている（金商法施行令16条の4第1項）。なお、次の者に対する行為は禁止されない。 　　ア　一定の継続的取引関係にある顧客、外国貿易を行う者で為替リスクをヘッジする目的のとき（金商業等府令116条） 　　イ　相手方が特定投資家の場合 　2．適合性の原則の遵守がおよそ期待できない取引に限って、旧金融先物取引法において新設された規定である。同法の廃止、金商法への吸収に伴い、規定されている。行政解釈について、金融商品取引業者等向けの総合的な監督指針（以下「監督指針」という）Ⅳ－3－3－2(9)「不招請勧誘の禁止規定に係る留意事項」において、詳細な指針が示されている。 　3．規制される行為は、訪問または電話に限定されており、ダイレクトメール、電子メールなどは文理上、規制の対象とは考えられない。
5　勧誘受諾意思未確認勧誘（金商法38条5号）	5　金融商品取引契約（当該金融商品取引契約の内容その他の事情を勘案し、投資者の保護を図ることが必要なものとして政令で定めるものに限る。）の締結につき、その勧誘に先立って、顧客に対し、その勧誘を受ける意思の有無を確認することをしないで勧誘をする行為 ※政令：金商法施行令16条の4（不招請勧誘等が禁止される契約）

		(注) 対象となる金融商品取引契約は、市場デリバティブ取引および外国市場デリバティブ取引に限定されている（金商法施行令16条の4第2項）。
6 再勧誘（金商法38条6号）	6	金融商品取引契約（当該金融商品取引契約の内容その他の事情を勘案し、投資者の保護を図ることが必要なものとして政令で定めるものに限る。）の締結の勧誘を受けた顧客が当該金融商品取引契約を締結しない旨の意思（当該勧誘を引き続き受けることを希望しない旨の意思を含む。）を表示したにもかかわらず、当該勧誘を継続する行為 ※政令：金商法施行令16条の4（不招請勧誘等が禁止される契約） (注) 対象となる金融商品取引契約は、市場デリバティブ取引および外国市場デリバティブ取引に限定されている（金商法施行令16条の4第2項）。
7 内閣府令で定める禁止行為（金商法38条7号・金商業等府令117条1項各号）	7	前各号に掲げるもののほか、投資者の保護に欠け、若しくは取引の公正を害し、又は金融商品取引業の信用を失墜させるものとして内閣府令で定める行為 ※内閣府令：金商業等府令117条（禁止行為） ＜金商業等府令117条1項1号～32号で定める禁止行為＞

号	内　容	
1	書面交付の際の説明未済…次のイ～ニの書面の交付に関し、一定のリスクについて顧客の知識、経験、財産の状況及び金融商品取引契約を締結する目的に照らして当該顧客に理解されるために必要な方法及び程度による説明をすることなく、金融商品取引契約を締結する行為	

	一定の書面の項目	根拠条文
イ	契約締結前交付書面	金商法37条の3
ロ	上場有価証券等書面	金商業等府令80条1項1号
ハ	目論見書（目論見書の交付により契約締結前書面の交付が免除されている場合、金商業等府令80条1項3号）	金商法13条2項
ニ	契約変更書面	金商業等府令80条1項4号

(注)
1．金融商品取引業者等は、形式的に書面を交付するのみならず、実質的に必要な情報を提供することが必要であり（説明義務の実質化）、違反に対して本規定により行政処分の対象となる。
2．顧客が特定投資家の場合には適用がない。説明義務の実質化について、松尾直彦・松本圭介編著『実務論点　金融商品取引法』（金融財政事情研究会）148頁参照。
3．インターネットを通じた説明の方法につき、顧客が理解した旨のボタンをクリックする等の方法で足りる（監督指針Ⅲ－2－3－4(1)④）。
4．民事の場合については、金融商品販売法3条2項参照。

2	虚偽表示…金融商品取引契約の締結又はその勧誘に関し、虚偽の表示をし、又は重要な事項につき誤解を生ぜしめるべき表示をする行為	
3	特別の利益の提供…金融商品取引契約につき、顧客もしくはその指定した者に対し、特別の利益の提供を約し、又は提供する等の行為	
4	偽計、暴行、脅迫…金融商品取引契約の締結・解約に関し、偽計を用い、又は暴行若しくは脅迫をする行為	
5	債務の履行拒否及び不当遅延…契約に基づく債務の全部・一部の履行を拒否し、又は不当に遅延させる行為（例えば、顧客の出金依頼に対して、業者が自己の資金繰りのため出金を遅延させる行為が考えられる。旧金融先物取引法76条7号から承継された）	
6	不正の手段による顧客財産の取得…金融商品取引契約に基づく顧客の計算に属する金銭・有価証券その他の財産又は委託保証金その他の保証金を、虚偽の相場を利用することその他不正の手段により取得する行為（不正の手段については限定がない。旧金融先物取引法76条8号から承継された）	
7	迷惑時間勧誘…金融商品取引契約の締結・解約に関し、顧客に迷惑を覚えさせるような時間に電話又は訪問により勧誘する行為	
8	セミナー勧誘時の目的秘匿…契約の締結を勧誘する目的があることを顧客にあらかじめ明示しないで、顧客を集めて契約締結を勧誘する行為 （注） 　1．たとえば、一般的な経済セミナーと謳って人を集めた後、契約締結の勧誘をする行為である。対象となる金融商品取引契約は、店頭デリバティブ取引に限定されており（金商法施行令16条の4第1項）、これは主に通貨に関する店頭金融先物取引であり不招請勧誘が禁止される取引である。 　2．行政解釈として、監督指針Ⅲ－2－3－3(1)④「顧客を集めての勧誘」において、勧誘目的の明示のあり方などの指針を示している。	
9	取引拒否表明後の勧誘…顧客が、あらかじめ金融商品取引契約を締結しない意思（勧誘を受けることを希望しない意思を含む）を表明したにもかかわらず、勧誘をする行為 （注） 　1．対象となる金融商品取引契約は、一定の市場デリバティブ取引及び外国市場デリバティブ取引に限定されている（金商法施行令16条の4第2項）。 　2．顧客が勧誘を受けたかどうかにかかわりなく適用される点で、再勧誘（金商法38条6号）とは異なる。	
10	フロントランニング…顧客から有価証券の取引等の委託等を受け、その成立前に自己の計算において同一又はそれよりも有利な価格で有価証券の取引等をする行為 （注）　一般にフロントランニングと呼ばれ、業者が顧客より早く有利に	

			約定する行為。一つの業者が、顧客のために行う注文の受託業務と、自己の計算で行う自己取引業務の双方を行っている場合に、利益相反が生じるため、顧客の利益を保護するため規定されている。
		11	無断売買…あらかじめ顧客の同意を得ずに、顧客の計算により有価証券の取引等をする行為 （注）　顧客の事後的な追認があっても、瑕疵が治癒されるものではない。本規定は、顧客に注文意思がそもそもない点で、注文意思はあり注文行為は行われたが業者が内容を誤ったいわゆる未確認売買（金商業等府令123条1項）とは異なる。
		12	役職員の自己取引…個人である金融商品取引業者または金融商品取引業者等の役員・使用人が、自己の職務上の地位を利用して、顧客の有価証券の取引等の注文動向等の職務上知り得た特別の情報に基づいて、又はもっぱら投機的利益の追求を目的として、有価証券の売買その他の取引等をする行為 （注） 　1．名宛人が、個人である金融商品取引業者又は法人の役職員であり、法人である金融商品取引業者自体は除外されている点に注意。名宛人である個人が、自己の計算で行った場合に適用される。 　2．「有価証券の売買その他の取引等」とは、金商業等府令1条3項26号により、有価証券の売買その他の取引又はデリバティブ取引をいう（金商法41条の2第4号）。
		13	インサイダー取引の受託…顧客の有価証券の取引等が内部者取引に違反する又は違反するおそれがあることを知りながら、当該取引等を受託する行為 （注） 　1．インサイダー取引は、主に金商法166・167条において禁止されている。本規定は、その禁止規定の幇助的態様を行政処分の対象とし、内部者取引規制を実効化するためにある。 　2．行政解釈として、監督指針Ⅳ－3－2－3(1)「顧客の不公正取引防止のための売買管理体制に係る留意事項」において、内部者登録の正確性の確保等の投資家に対するチェック機能について指針を示している。
		14	法人関係情報を提供した勧誘…有価証券の取引等につき、顧客に対して当該有価証券の発行者の法人関係情報を提供して勧誘する行為 （注） 　1．法人関係情報とは、上場会社等の運営、業務又は財産に関する重要な情報であり投資判断に影響するもの、公開買付け等（これに準ずる株式等の買集めを含む。）の実施に係る情報で非公表のものである（金商業等府令1条4項14号）。内部者取引における重要事実よりも広範な概念といえる。 　2．本規定は、勧誘行為を禁止するが、自己で取引をした場合は別の禁止規定がある（金商業等府令117条1項16号）。また、新株予約権の行使の勧誘についても別の禁止規定がある（同府令117条1項33号）。さらに、法人関係情報に関する管理や、不公正な取引の防止措置が不十分な業務の状況に対しても、別に禁止状況と

		して規制される（同府令123条1項5号）。
	15	プレヒアリング規制…募集にかかる投資者の需要見込み調査を行う場合において、所要の措置を講ずることなく、調査対象者に対し、当該募集にかかる法人関係情報を提供する行為 （注） 　1．このような行為はプレヒアリングと呼ばれる。プレヒアリング自体を禁止するものではなく、社内の法令遵守管理部門の承認等の所要の措置を講ずることが必要である。 　2．本規定の「募集」とは、会社法の募集を指すため、金商法の「募集」と異なる。そのため、有価証券は株式（優先出資を含む）と新株予約権に限定されること、少人数私募、適格機関投資家私募も含む点に注意が必要である。 　3．行政解釈につき、監督指針Ⅳ－3－2－3⑵「プレ・ヒアリングに係る留意事項」参照。
	16	法人関係情報に基づく自己取引…法人関係情報に基づいて、自己の計算において有価証券の取引等をする行為 （注） 　1．名宛人は、第一種金融商品取引業で有価証券関連業を行う者、またはその役員若しくは使用人、取引一任契約に基づきこれらの取引をする者に限定される。インサイダー取引規制（金商法166・167条）と類似の規制であるが、重要事実（金商法166条2項）よりも広範に規制される。 　2．本規定は自己取引を禁止するが、顧客に勧誘した場合は別の禁止規定がある（金商業等府令117条1項14号）。さらに、法人関係情報に関する管理や、不公正な取引の防止措置が不十分な業務の状況に対しても、別に禁止状況として規制される（同府令123条1項5号）。
	17, 18	大量推奨販売 | 項　目 | 概　要 | |---|---| | 公正な価格形成阻害 （17号） | 不特定かつ多数の顧客に対し、特定かつ少数の有価証券の取引等を一定期間継続して一斉かつ過度に勧誘する行為で、公正な価格形成を損なうおそれがあるもの | | 図利目的の過度な勧誘 （18号） | 顧客の取引に基づく価格等の変動を利用して自己又は他の顧客の利益を図ることを目的として不特定かつ多数の顧客に対し、有価証券の取引等を一定期間継続して一斉かつ過度に勧誘する行為 |
	19, 20	相場操縦関係 | 項　目 | 概　要 | |---|---| | 相場操縦目 | 上場金融商品等の価格等を変動させる等の目的を |

		的の自己取引（19号）	もって、当該上場金融商品等の取引等をする行為
		作為的相場形成の受託（20号）	上場金融商品等の価格を変動させる等により実勢を反映しない作為的なものとなることを知りながら、当該上場金融商品等の取引等の受託等をする行為

（注）
1．相場操縦規制（金商法159条）は、何人にも適用され、かつ、その代表的な類型の構成要件には「取引を誘引する目的」が存在し（金商法159条2項1号）、重い刑罰も存在する（金商法197条1項5号）。これに対し、本規定は、取引を誘因する目的の要件がなく、規制範囲が広い。しかし、名宛人が業者やその役職員に限定され、刑罰はなく行政処分の対象となるに過ぎない点で、均衡が図られている。
2．受託等とは、委託等を受けることをいう（金商法44条の2第1項1号）。
3．作為的相場形成の受託を防止するための売買管理が不十分な場合には、本規定とは別に、禁止状況にも該当する（金商業府令123条12項）。

	21	書面によらない取引一任契約…有価証券の売買もしくはデリバティブ取引またはこれらの受託等につき、顧客から資金総額について同意を得たうえで、その他の取引の要素につきシステムなどの予定の方式により処理される取引一任勘定取引契約を締結する場合において、書面によらないで締結する行為 （注）取引一任勘定取引は、本規定とは別に、禁止状況として社内管理体制の整備が義務づけられている（金商業等府令123条1項13号）。
	22, 23	安定操作関係（所定の金融商品取引業者に対する規制）

号	内　容
22号	安定操作期間内における買付けに関し行う一定の行為
23号	安定操作期間において、安定操作取引が行なわれた旨の表示をしないで、買付けの受託をする行為

（注）安定操作取引とは、相場操縦規制（金商法159条1項・2項）の例外として政令で定めるところにより許される取引で（金商法159条3項）、募集又は売出しを容易にするために厳格な条件で行われる取引である。条件の内容は、金商法施行令20〜26条において規定されている。

	24	顧客の信用取引の自己向かい…顧客の信用取引を自己の計算においてする買付け・売付けと対当させ、かつ、金銭・有価証券の受渡しを伴わない方法により成立させた場合において、当該買付け又は売付けに係る未

		決済の勘定を決済するため、これと対当する買付け又は売付けをする行為 （注） このような行為は、信用取引の客向かい、自己向かいと呼ばれている。業者が、顧客の注文に対して取引の相手方に立つと、利益相反の関係が生じるため禁止された。特に、信用取引の場合に限定されている。信用取引とは、金融商品取引業者が顧客に信用を供与して行う有価証券の売買等である（金商法156条の24第1項、金商業等府令1条3項43号）。
	24の2	空売りに際し、当該空売りに係る有価証券について受渡しを確実にする措置（有価証券の借入契約の締結その他の当該有価証券の受渡しを確実にする措置。以下「決済措置」。）が講じられているか確認をせずに、当該空売り等を行なう行為
	24の3	あらかじめ有価証券を所有し、又は調達措置を講ずることなく、決済措置として有価証券の貸付けを約する行為
	24の4	一般信用取引に係る有価証券につき、所有し、調達し、又は調達するための措置を講ずることなく、当該有価証券の売付けを受託等する行為 （注） 一般信用取引とは、金商法156条の24第1項に規定する信用取引（証券金融会社が介在する制度信用取引）とは異なり、個々の金融商品取引業者が顧客に信用を供与して行なうものをいう。
	24の5	有価証券の売付けの委託をする者に当該売付けに係る有価証券の管理方法を確認することなく、金融商品取引所等の会員に対して当該有価証券の売付けが空売りでないことを明示する行為（当該売付けが有価証券の取引等の規制に関する内閣府令10条各号又は11条各号の取引のいずれかに該当する場合には、当該取引に係る有価証券の管理の方法の確認をすることなく、当該売付け又は当該売付けの委託の取次ぎを行う行為）
	25	外国会社報告書が英語で記載されていることの説明未済…顧客に対して、外国会社報告書等が英語により記載される旨の説明を行わず、又はその旨を記載した文書を交付しないで、外国ETFの買付けの媒介等をする行為 （注） 証券投資信託に類する外国投資信託の受益証券（外国ETF）は、英語開示が認められていることに対応する。顧客が買付けをする場合に限定され、特定投資家に対しては除外される。
	26	店頭金融先物取引の両建勧誘…店頭金融先物取引又はその受託等につき、顧客に対し、当該顧客が行う店頭金融先物取引の売付け又は買付け等の取引と対当する取引の勧誘その他これに類似する行為 （注） 1．「店頭金融先物取引」とは、主に通貨に関する店頭デリバティブ取引であり（金商法施行令16条の4第1項1号、金商業等府令79条2項2号）、不招請勧誘の禁止の対象となる取引である。特定投資家に対しては除外される。旧金融先物取引法施行規則25条6号を承　継したもの。 2．平成20年改正により、店頭金融先物取引の「受託等」のみならず店頭金融先物取引も含むことが明確にされた。

	3．「その他これに類似する行為」については、行政解釈である監督指針Ⅳ－3－3－2(4)②「店頭金融先物取引業者の説明責任に係る留意事項」②両建て取引において、詳細に指針が示されている。もっとも、対象となる範囲がきわめて不明確な規定として批判もある（三浦章生「一問一答　金融商品取引法の実務　行為規制・取引規制詳説」227頁）。
27	通貨関連デリバティブ取引（金商業等府令123条１項21号の2にいう通貨関連デリバティブ取引。ただし、決済の場合を除く。）に係る契約締結時に、顧客が証拠金等預託先に預託した証拠金等の額に、当該取引を決済した場合に顧客に生ずる利益の額を加算し又は当該取引を決済した場合に顧客に生ずる損失の額を減算し、て得た額（以下「実預託額」という。）が約定時必要預託額に不足する場合に、当該契約の締結後直ちに当該顧客に不足額を証拠金等預託先に預託させることなく、当該契約を継続する行為
28	営業日ごとの一定時刻における通貨関連デリバティブ取引に係る証拠金等の実預託額が維持必要預託額に不足する場合に、速やかに当該顧客に不足額を証拠金等預託先に預託させることなく、当該契約を継続する行為（27号に掲げる行為を除く。）
29	有価証券関連店頭デリバティブ取引（次に掲げる行為をいう。ただし、決済の場合を除く。）に係る契約締結時に、顧客（個人に限る。）が証拠金等預託先に預託した証拠金等につき、実預託額が約常時必要預託額に不足する場合に、当該契約の締結後直ちに当該顧客に不足額を証拠金等預託先に預託させることなく、当該契約を継続する行為 　イ　金商法28条8項4号イに掲げる行為 　　（売買の当事者が将来の一定の時期において有価証券及びその対価の授受を約する売買であって、当該有価証券の売り戻し又は買戻し等をしたときは差金の授受によって決済できる取引） 　ロ　金商法28条8項4号ロに掲げる行為 　　（有価証券約定数値と有価証券現実数値の差に基づいて算出される金銭の授受を約する取引又はこれに類似する取引） 　ハ　金商法28条8項4号ハに掲げる行為 　　（いわゆるオプション取引。当事者の一方の意思表示により当事者間において、有価証券の売買等を成立させることができる権利を相手方が当事者の一方に付与し、当事者の一方がこれに対して対価を支払うことを約する取引又はこれに類似する取引）
30	営業日ごとの一定時刻における有価証券関連店頭デリバティブ取引に係る証拠金等の実預託額が維持必要預託額に不足する場合に、速やかに当該顧客に不足額を証拠金等預託先に預託させることなく、当該契約を継続する行為（29号に掲げる行為を除く。）
31	関連会社から借入れをしている者の資金調達に際しての告知義務…委託金融商品取引業者が、その親法人等又は子法人等に対して借入金を有する者が発行する有価証券又は売出しもしくは特定投資家向け売付け勧誘等をする自己の株式の引受人となる場合において、当該有価証券に係る手取金が当該借入金に係る債務の弁済に充てられることを、登録金融機

		関又はその役員若しくは使用人が知りながら、その事情を顧客に告げることなく、当該有価証券の売買の媒介等をする行為 （注） 　1．委託金融商品取引業者とは、金融商品仲介業務の委託を受ける第1種金融商品取引業を行う金融商品取引業者をいう（金商業等府令44条5号）。 　2．業者の親法人等・子法人等が発行体に対して債権を有しており、当該発行体が資金調達を行ってその債権の弁済をする場合、業者は顧客の利益よりも親法人等・子法人等の利益を図るおそれがあるため、告知義務を課すことで顧客の利益保護を図るものである。
	32	裏書以外の抵当証券の売買…裏書以外の方法による抵当証券等の売買等の取引をする行為 （注） 　1．抵当証券法において、「抵当証券ノ譲渡ハ裏書ニ依リテ之ヲ為ス」（同法15条）と規定していることに対応している。 　2．抵当証券等とは、抵当証券と、外国証券で抵当証券の性質を有するものをいう（金商業等府令78条8号）。
	33	有価証券の引受け（いわゆるライツ・オファリング）を行う場合において、次に揚げる行為 　イ　新株予約権の行使の勧誘に関して、新株予約権証券を取得した者に対し虚偽のことを告げる行為 　ロ　新株予約権証券と取得した者に対し、不確実な事項について断定的判断を提供し、又は確実であると誤認させるおそれのあることを告げて新株予約権の行使を勧誘する行為

③　投資運用業に関し勧誘する際の損失補てん禁止（金商法38条の2第2号）

項　目	概　要	
投資運用業に関し勧誘する際の損失補てん禁止	金融商品取引業者等は、その行う投資助言・代理業又は投資運用業に関して、次に掲げる行為をしてはならない（金商法38条の2）。	
	偽計 （1号）	投資顧問契約、投資一任契約若しくは2条8項12号イ（投資法人における資産運用）に掲げる契約の締結又は解約に関し、偽計を用い、又は暴行若しくは脅迫をする行為
	損失補てんの約束（2号）	顧客を勧誘するに際し、顧客に対して、損失の全部又は一部を補てんする旨を約束する行為 （注）　損失補てんの禁止は、金商法41条の2第5号・同42条の2第6号にもあるが、いずれも損失又は利益が「生じた」後の行為が対象であり、本規定は「勧誘時」の約束行為が対象である点で異なる。

④ 損失補てん等の禁止（金商法39条）

<金融商品取引業者等が禁止される行為の3類型（金商法39条1項1号～3号）>

項　目	目　的	行　為
事前における損失保証、利益保証（1号）	顧客に損失が生ずることとなり、又はあらかじめ定めた額の利益が生じないこととなった場合には自己又は第三者が補てんし、又は補足するため	当該顧客又はその指定した者に対し、財産上の利益の提供を、申し込み、若しくは約束し、又は第三者に申し込ませ、又は約束させる行為
損失補てん、利益追加の事後約束（2号）	顧客に生じた損失を補てんし、又は生じた利益に追加するため	当該顧客又は第三者に財産上の利益を提供する旨を、申し込み、若しくは約束し、又は第三者に申し込ませ、又は約束させる行為
損失補てん、利益追加の実行（3号）	顧客に生じた損失を補てんし、又は生じた利益に追加するため	当該顧客又は第三者に対し、財産上の利益を提供し、又は第三者に提供させる行為

（注）
1．有価証券等の取引と関係のないところで生じた顧客の損失や利益は、禁止される補てん又は補てんの対象とはならない
2．特定投資家が顧客の場合でも適用される（金商法45条1項）
3．本規定に類似する規定として、禁止行為である「特別の利益の提供」（金商業等府令117条1項3号）がある

<顧客が禁止される行為の3類型（金商法39条2項1号～3号）>

号	時　点	行　為
1号	顧客に損失又は利益が生じる前	金融商品取引業者等又は第三者との間で、前項1号の約束をし、又は第三者に約束させる行為（当該約束は、自己がし、又は第三者にさせた要求による場合に限る）
2号	顧客に損失又は利益が生じた後	金融商品取引業者等又は第三者との間で、前項2号の約束をし、又は第三者に約束させる行為（当該約束は、自己がし、又は第三者にさせた要求による場合に限る）
3号	顧客に損失又は利益が生じた後	金融商品取引業者等又は第三者から、前項3号の提供に係る財産上の利益を受け、又は第三者に当該財産上の利益を受けさせる行為（ア　前2号の約束による場合であって当該約束を自己がし、又は第三者にさせた要求によるとき、イ　当該財産上の利益の提供が、自己がし、又は第三者にさせた要求による場合に限る）

<「事故」の場合の禁止の例外>
　金融商品取引業者やその役職員による不当又は違法な行為によって、顧客に損失が生じた場合（「事故」という。金商法39条3項、金商業等府令118条）、損害賠償とし

て損失を補てんすることは当然のことであるから、損失補てん禁止規定は適用されない。また、この場合に顧客が補てんを要求するのも当然であるから禁止規定は適用されない（金商法39条4項）。

しかし、事故に名を借りた補てんなど、損失補てん禁止の法の潜脱を防止するため、本当に事故（証券会社の帰責事由）に起因するのか、当局による確認が必要とされており（金商法39条3項）、金融商品取引業者等は確認申請書を当局に提出する（金商法39条5項）。

不当又は違法な行為の内容（金商業等府令118条1号）			
	項　目	内　　容	備　　考
イ	未確認取引	顧客の注文の内容について確認しないで、当該顧客の計算により有価証券売買取引等を行うこと。	聞き間違いなど。頻繁に生じると禁止状況（金商業等府令123条1項1号）に該当しかねない点に留意。
ロ	誤認勧誘	次の1～3に掲げるものについて 1　有価証券の性質 2　取引の条件 3　金融商品等の価格の騰貴又は下落等 断定的判断の提供であれば下記「ホ」	具体例 1　元本保証の有無 2　信用取引余裕枠の誤り 3　根拠なき情報提供。 行為者の過失により行われたことが前提である。
ハ	注文の執行誤り	顧客の注文の執行において、過失により事務処理を誤ること （注文を正しく受けたことが前提）	帳簿書類や注文伝票等の客観的書類から、事故であることが明らかなときは、事故確認不要（金商業等府令119条1項10号）。事後報告で足りる。
ニ	システムトラブル	電子情報処理組織の異常により、顧客の注文の執行を誤ること	
ホ	その他法令違反行為	法令違反全般。詐欺・横領等の刑法違反、契約法上の義務違反も含まれる。	

＜事故確認が不要な場合＞

確認に代わる手続を経ており、当該手続が法の潜脱を防止できると考えられる一定の場合には、当局による確認なしに補てんが可能である（金商法39条3項ただし書に規定する内閣府令で定める場合である金商業等府令119条1項）。

	事故確認が不要な場合（金商業等府令119条1項1号～11号）
1	裁判所の確定判決を得ている場合
2	裁判上の和解（訴え提起前の和解を除く）が成立している場合
3	民事調停が成立している場合又は調停に代わる裁判所の決定が行われ、かつ、2週間以内に異議の申立てがない場合
4	金融商品取引業協会若しくは認定投資者保護団体のあっせん又は指定紛争解決機関の紛争解決手段による和解が成立している場合
5	弁護士法33条1項に規定する会則若しくは当該会則の規定により定められた規則に規定する機関におけるあっせんによる和解が成立している場合又は当該機関における仲裁手続による仲裁判断がされている場合
6	消費者基本法19条1項若しくは25条に規定するあっせんによる和解が成立している場合又は同条に規定する合意による解決が行われている場合
7	認証紛争解決事業者が行う認証紛争解決手続による和解が成立している場合
8	和解が成立している場合であって、次に掲げるすべての要件を満たす場合

8	イ	当該和解の手続について弁護士又は司法書士（司法書士法3条1項7号に掲げる事務を行う場合に限る。）が顧客を代理していること。
	ロ	当該和解の成立により金融商品取引業者等が顧客に対して支払をすることとなる額が1000万円（イの司法書士が代理する場合にあっては、140万円）を超えないこと。
	ハ	ロの支払が事故による損失の全部又は一部を補てんするために行われるものであることをイの弁護士又は司法書士が調査し、確認したことを証する書面が金融商品取引業者等に交付されていること。
	（注）	イの司法書士が代理する金額は、簡易裁判所が裁判権を有する訴訟の目的物の価額と同一である。いわゆる認定司法書士の業務範囲（司法書士法3条）である。
9	事故による損失について、金融商品取引業者等と顧客との間で顧客に対して支払をすることとなる額が定まっている場合であって、次に掲げるすべての要件を満たす場合（前各号に掲げる場合を除く）	
	イ	金融商品取引業者等が顧客に対して支払をすることとなる額が1000万円（ロに規定する委員会が司法書士である委員のみにより構成されている場合にあっては、140万円）を超えないこと。
	ロ	イの支払が事故による損失を補てんするために行われるものであることが、金融商品取引業協会の内部に設けられた委員会（金融商品取引業協会により任命された複数の委員（事故に係る金融商品取引業者等及び顧客と特別の利害関係のない弁護士又は司法書士である者に限る）により構成されるものをいう。）において調査され、確認されていること。

	（注） 1．イの司法書士が代理する金額は、簡易裁判所が裁判権を有する訴訟の目的物の価額と同一である。いわゆる認定司法書士の業務範囲（司法書士法3条）である。 2．ただし、当局に対する事後報告が必要となる（金商業等府令119条3項）。
10	金融商品取引業者等の代表者等が前条一号イからホまでに掲げる行為により顧客に損失を及ぼした場合で、一日の取引において顧客に生じた損失について顧客に対して申し込み、約束し、又は提供する財産上の利益が10万円に相当する額を上回らないとき（前各号に掲げる場合を除く）。 （注）　ただし、当局に対する事後報告が必要となる（金商業等府令119条3項）。
11	金融商品取引業者等の代表者等が前条一号ハ又はニに掲げる行為により顧客に損失を及ぼした場合（法定帳簿書類又は顧客の注文の内容の記録により事故であることが明らかである場合に限り、1号から9号までの場合を除く。） （注）　ただし、当局に対する事後報告が必要となる（金商業等府令119条3項）。

＜投資助言業務または投資運用業務に関する損失補てん＞

　これらの業務の場合における損失補てんは、別途の条文で禁止され（金商法41条の2第5号・42条の2第6号）、金商法39条の適用はない。しかし、損失補てんが許される「事故」の定義についてのみ、金商法39条3項が委任する金商業等府令118条2号に規定されている。したがって、これらの業務に関して事故確認の規定は適用されず、業者において事故であると適正に判断されるべきであり、その場合に当局の確認は不要であるものと考えられる（金融庁考え方424頁）。

項　目	概　要	
事故に該当する場合（金商業等府令118条2号）	投資助言業務又は投資運用業に関し、次に掲げる行為を行うことにより顧客又は権利者に損失を及ぼしたもの	
	イ	過失又は電子情報処理組織の異常（システムトラブル等）により事務処理を誤ること （注）　故意に顧客に損害を与えた場合はロかハに該当する。
	ロ	任務を怠ること
	ハ	その他法令又は投資顧問契約若しくは42条の3第1項各号に掲げる契約（運用権限の委託）その他の法律行為に違反する行為を行うこと

⑤　適合性の原則等（金商法40条）

項　目	概　要
適合性の原則等（金商法40条）	金融商品取引業者等は、業務の運営の状況が次の各号のいずれかに該当することのないように、その業務を行わなければならない。

	1	金融商品取引行為について、顧客の知識、経験、財産の状況及び金融商品取引契約を締結する目的に照らして不適当と認められる勧誘を行つて投資者の保護に欠けることとなつており、又は欠けることとなるおそれがあること
	2	前号に掲げるもののほか、業務に関して取得した顧客に関する情報の適正な取扱いを確保するための措置を講じていないと認められる状況、その他業務の運営の状況が公益に反し、又は投資者の保護に支障を生ずるおそれがあるものとして内閣府令で定める状況にあること ※金商業等府令123条1項（業務の運営の状況が公益に反し又は投資者の保護に支障を生ずるおそれがあるものとして、1号から26号までを規定）

（注）
1．行政解釈として、監督指針Ⅲ－2－3－1「適合性原則」において、顧客の属性等及び取引実態を的確に把握しうる顧客管理態勢の確立が重要であるとして、詳細な指針が示されている。
2．本規定に基づく行政処分は、旧証券取引法43条1号であるが、平成16年3月5日、証券取引等監視委員会が旧泉証券について勧告を求めた事案がある。
3．特定投資家に対しては1号のみが適用除外となる（金商法45条1項）。

⑥ 特定投資家への告知（金商法34条）

項　目	概　要
特定投資家への告知義務（金商法34条）	金融商品取引業者等は、顧客を相手方とし、又は顧客のために金融商品取引契約の申込みを特定投資家から受けた場合であつて、当該申込みに係る金融商品取引契約と同じ金融商品取引契約の種類として内閣府令で定める「契約の種類」に属する金融商品取引契約を過去に当該特定投資家との間で締結したことがない場合には、当該申込みに係る金融商品取引契約を締結するまでに、当該特定投資家に対し、当該特定投資家が次条1項の規定による申出ができる旨を告知しなければならない。 ※内閣府令：金商業等府令53条（契約の種類）

2.4 運用　《プロセス28－35》

● ワンポイント

投資家は投資運用業者に資産の運用権限を託し、銘柄の選定や投資時期等の判断を投資運用業者に完全に依存することから、金商法上、投資運用業者に対して忠実義務や善管注意義務が課されている。投資運用業者は、これらの義務を尽くして、初めて運用責任について免責される。

● 該当条文
① 投資運用業者の忠実義務と善管注意義務（金商法42条）

② 投信協会ルール「投資信託等の運用に関する規則」
③ 投信協会ルール「MMF等の運営に関する規則」

● 解　説
① 投資運用業者の忠実義務と善管注意義務（金商法42条）

　金融商品取引法では、販売・勧誘等の業務だけでなく、資産運用・助言、資産管理といった各業務においても、受託者責任が確保されるよう行為規制を整理している。具体的には、投資助言業務、投資運用業務、有価証券管理業務に対する行為規制について、通則とは別に特則として、法41条以下で次のとおり整理している。

　なお、受託者責任については、立法過程において、(1)善管注意義務、(2)忠実義務、(3)自己執行義務、(4)分別管理義務を規定すべきであるとの議論があり（第一部会報告「中間整理」平成17年7月7日）、下記の行為規制も、当該議論に沿った整理となっている。

＜業務別の行為規制の比較＞

	投資助言業務	投資運用業務	有価証券等管理業務
忠実義務	41条1項	42条1項	
善管注意義務	41条2項	42条2項	43条
利益相反取引および損失補てんの禁止	41条の2	42条の2	
有価証券の売買等の禁止	41条の3		
金銭または有価証券の預託の受入れ等の禁止	41条の4	42条の5	
金銭または有価証券の貸付け等の禁止	41条の5	42条の6	
運用権限の委託に関する特則		42条の3	
分別管理業務		42条の4	43条の2・43条の3
運用報告書の交付義務		42条の7	
顧客の有価証券を担保に供する行為等の制限			43条の4

＜忠実義務と善管注意義務（金商法42条）＞

項　目	概　要		
忠実義務と善管注意義務（金商法42条）	忠実義務（1項）	金融商品取引業者等は、権利者のため忠実に投資運用業を行わなければならない。「権利者」とは次の(1)〜(3)を指す（金商法42条1項各号）。	
		(1)	投資法人資産運用委託契約、投資一任契約に基づく運用の場合、契約の相手方
		(2)	投資信託、外国投資信託の運用の場合、受益権等の権利者
		(3)	受益証券発行信託、信託受益権、集団投資スキームに係る運用の場合、それぞれの権利を有する者
	善管注意義務（2項）	金融商品取引業者等は、権利者に対し、善良な管理者の注意をもって投資運用業を行わなければならない。	

② 投信協会ルール「投資信託等の運用に関する規則」
③ 投信協会ルール「MMF等の運営に関する規則」

プロセス28　運用計画の策定

● ワンポイント

投機的な運用や顧客の利益に反する恣意的な運用を牽制するだけでなく、投資判断プロセスの過失がなかったこと（善管注意義務を果たしたこと）を証明するためのエビデンスの一つとなるものであり、証明できるための必要事項を記載。

● 該当条文
① 運用計画に基づく指図（投信協会ルール「投資信託等の運用に関する規則」6条）
② 投資対象等（投信協会ルール「投資信託等の運用に関する規則」3節）
③ 未上場株式等（投信協会ルール「投資信託等の運用に関する規則細則」2条）
④ 外国投資信託証券の要件（投信協会ルール「投資信託等の運用に関する規則細則」3条）
⑤ 受益証券発行信託の要件（投信協会ルール「投資信託等の運用に関する規則細則」3条の3）
⑥ MMF・MRFの投資対象等（投信協会ルール「MMF等の運営に関する規則」と「同細則」）

● 解　説

① 運用計画に基づく指図（投信協会ルール「投資信託等の運用に関する規則」6条）

項　目	概　要
運用計画に基づく指図（「投資信託等の運用に関する規則」6条）	委託会社は、投資信託財産の運用の指図を行うに当たっては、次のいずれかの方法（「運用計画書等」）により行うものとする。<table><tr><td>1</td><td>運用計画書に基づいて指図を行う方法。 なお、1号に定める運用計画書に基づいて指図を行う方法による場合において、当該運用計画書を変更して指図を行うときには、その変更の理由を明示するものとする。</td></tr><tr><td>2</td><td>細則で定める事後チェック体制の整備を行うことにより指図を行う方法 ※細則1条の2（事後チェック体制） 　事後チェック体制は、運用の計画、運用の実行、運用計画に沿わない実行が行われた際の理由等、これらの事跡を保存し、事後的に検証できる体制</td></tr></table>

② 投資対象等（投信協会ルール「投資信託等の運用に関する規則」3節）

項　目	概　要
投資対象等（「投資信託等の運用に関する規則」3節11～20条）	投資対象等<table><tr><th>条</th><th>内　容</th></tr><tr><td>11</td><td>組入株式等の範囲　（細則2条、委員会決議1）</td></tr><tr><td>12</td><td>組入投資信託証券の範囲等（細則3条）</td></tr><tr><td>12の2</td><td>親投資信託への投資の特例</td></tr><tr><td>13</td><td>証券化関連商品の範囲</td></tr><tr><td>14</td><td>中期国債ファンドにおける資産の組入れ制限</td></tr><tr><td>15</td><td>その他指図を行うことができる取引（細則4条）</td></tr><tr><td>16</td><td>ヘッジを目的とした投資信託の外国為替の予約（細則5条、6条）</td></tr><tr><td>17</td><td>デリバティブ取引等に係る投資制限</td></tr><tr><td>18</td><td>デリバティブ取引等をヘッジ目的以外で利用する投資信託の約款表示（細則7条）</td></tr><tr><td>19</td><td>組入比率の制限を超えた場合の調整等</td></tr></table>

	20	証券総合口座用ファンド等の特例

③ 未上場株式等（投信協会ルール「投資信託等の運用に関する規則細則」2条）

項　目	概　要		
未上場株式等（「投資信託等の運用に関する規則細則」2条）	規則11条2号に規定する細則で定める要件を満たすものは、次の各号に掲げるいずれかの要件を満たすものとする		
	(1)		金商法24条の規定に基づき有価証券報告書を提出している会社で、当該有価証券報告書に総合意見が適正である旨の監査報告書が添付されている会社の発行するものであること
	(2)		公認会計士又は監査法人により、会社法に基づく監査が行われ、かつ、その総合意見が適正又は適法である旨の監査報告書が添付されている財務諸表等が入手できる会社の発行するものであること
	(3)		公認会計士又は監査法人により、金商法又は会社法に準ずる監査が行われ、かつ、その総合意見が適正又は適法である旨の監査報告書が添付されている財務諸表等を入手できるものであって、今後も継続的に開示が見込める会社の発行するものであること

④ 外国投資信託証券の要件（投信協会ルール「投資信託等の運用に関する規則細則」3条）

項　目	概　要		
外国投資信託証券の要件（「投資信託等の運用に関する規則細則」3条）	規則12条1項4号及び22条1項1号なお書に規定する細則で定める要件に適合する外国投資信託証券は、次に掲げる要件に適合している外国投資信託証券とする。		
	(1)		次に掲げる要件を満たしている国又は地域の法令に基づき設立されたものであること
		イ	外国投資信託証券に係る制度について法令が整備されていること
		ロ	外国投資信託証券に係る開示について法令等が整備されていること
		ハ	外国投資信託証券の発行者を監督する監督官庁又はこれに準ずる機関が存在していること
		ニ	外国投資信託証券の購入代金、売却代金及び果実等について送受金が可能であること

(2) 次に掲げる事項に適合している外国投資信託証券（外国金融商品市場又は外国市場に上場又は登録されているもの及び外国市場における取引が予定されている場合を除く）であること

イ	外国投資信託等の純資産総額が1億円以上であること
ロ	運用会社又は管理会社の自己資本又は純資産総額が5,000万円以上であること
ハ	銀行又は信託会社に資産の保管に係る業務を委託しているものであること
ニ	有価証券（現物に限る。）の空売りについて、空売りを行った有価証券の時価総額が純資産総額を超えるものでないこと
ホ	借入れについて、純資産総額の10％を超えて借入れを行うものでないこと（合併等により、一時的に10％を超える場合を除く）
ヘ	一発行会社の発行する株式について、発行済総株数の50％を超えて当該発行会社の株式に投資するものでないこと ただし、信託契約型投資信託の場合は、当該投資信託の運用会社又は管理会社が運用の指図を行っているすべての投資信託に組み入れられた株式の合計額が、発行済総株数の50％を超えて投資するものでないこと
ト	私募株式、非上場株式、流動性の乏しい証券化関連商品等流動性に欠ける資産に投資する場合については、価格の透明性を確保する方法が取られているものであること ただし、投資方針として、流動性に欠ける資産の組入れを15％以下としていることが明らかなものについてはこの限りでない
チ	外国投資法人が自ら発行した有価証券を取得するものでないこと
リ	組入れる投資信託証券が外国投資信託受益証券の場合は、運用会社又は管理会社が、自己又は投資信託受益証券以外の第三者の利益を図る目的で行う取引等、受益者の保護に欠け、若しくは投資信託財産の適正を害する取引を禁止している外国投資信託であること
ヌ	組入れる投資信託証券が外国投資証券の場合は、運用会社が、自己又は第三者の利益を図る目的で行う取引等、投資主の保護に欠け、若しくは投資法人の資産の適正を害する取引を禁止している外国投資法人であること
ル	設定又は設立された国若しくは地域において、投資者からの売戻しに対する買取方法が明確にされているものであること

	ヲ	設定又は設立された国若しくは地域において、投資者及び監督官庁に対し外国投資信託受益証券又は外国投資法人の内容に関する開示が行われているものであること ただし、金商法による開示が行われている場合はこの限りでない
	ワ	外国投資信託又は外国投資法人の財務諸表について、独立した監査人の監査を受けているものであること

⑤ 受益証券発行信託の要件（投信協会ルール「投資信託等の運用に関する規則細則」3条の3）

項　目	概　要	
受益証券発行信託の要件（「投資信託等の運用に関する規則細則」3条の3）	規則22条1項2号ホに規定する細則で定める要件を満たすものは、次の各号に掲げる要件を満たすものとする。	
	(1)	価格が公表されるなど、時価評価が可能なものであること
	(2)	決算時点における運用状況が開示されており、当該情報の入手が可能であること

⑥ MMF・MRFの投資対象等（投信協会ルール「MMF等の運営に関する規則」と「同細則」）

プロセス29　投資信託契約の締結

● **ワンポイント**

投信約款の記載内容を契約内容として、投信会社と受託銀行間で投資信託契約を締結。投資信託契約は信託法、投信約款は投信法、受益証券は金商法、振替受益権は社振法が、各々適用される。

● **該当条文**
① 受益証券の発行方法（投信法6条）
　　※投信法施行規則13条

● **解　説**

項　目	概　要
受益証券の発行方法（投信法6条）	1　委託者指図型投資信託の受益権は、均等に分割し、その分割された受益権は、受益証券をもつて表示しなければならない。 2　委託者指図型投資信託の分割された受益権の譲渡及び行使は、記名式の受益証券をもつて表示されるものを除くほか、受益証券をもつてしなければならない。 3　委託者指図型投資信託の受益者は、信託の元本の償還及び収益の分配に関して、受益権の口数に応じて均等の権利を有するものとする。 4　受益証券は、無記名式とする。ただし、受益者の請求により記名式とすることができる。 5　記名式の受益証券は、受益者の請求により無記名式とすることができる。 6　委託者指図型投資信託の受益証券には、次に掲げる事項及び当該受益証券の番号を記載し、委託者の代表者がこれに署名し、又は記名押印しなければならない。 | 1 | 委託者及び受託者の商号又は名称 | | 2 | 受益権の口数 | | 3 | 投資信託契約締結当初の信託の元本の額及び受益権の総口数 | | 4 | 信託契約期間 | | 5 | 信託の元本の償還及び収益の分配の時期及び場所 | | 6 | 受託者及び委託者の受ける信託報酬その他の手数料の計算方法並びにその支払の方法及び時期 | | 7 | 公募、適格機関投資家私募、特定投資家私募又は一般投資家私募の別 | | 8 | 元本の追加信託をすることができる委託者指図型投資信託の受益証券については、追加信託をすることができる元本の限度額 | | 9 | 委託者が運用の指図に係る権限を委託する場合においては、当該委託者がその運用の指図に係る権限を委託する者の商号又は名称及び所在の場所 | | 10 | 前号の場合における委託に係る費用 | | 11 | 前各号に掲げるもののほか、内閣府令で定める事項（投信法施行規則13条） 　　| 1 | 委託者が運用の指図に係る権限を託する場合におけるその委託の内容 | 　　| 2 | 証券投資信託のうち、次に掲げるもの以外については、投資信託約款に定める買取り又は償還の価額が当該信託の元本を下回ることとなる場合においても当該価額を超える価額によって買取り又は償還を行うことはない旨の表示 | |

イ	公社債投資信託	
	(1)	金商法2条1項1号から5号までに掲げる有価証券
	(2)	金商法2条1項11号に規定する投資法人債券及び外国投資証券で投資法人債券に類する証券
	(3)	金商法2条1項14号に規定する有価証券で、銀行、協同組織金融機関の優先出資に関する法律2条1項に規定する協同組織金融機関及び金融商品取引法施行令1条の9各号に掲げる金融機関又は信託会社の貸付債権を信託する信託又は指定金銭信託に係るもの
	(4)	金商法2条1項15号に掲げる有価証券
	(5)	金商法2条1項16号に掲げる有価証券
	(6)	金商法2条1項17号に掲げる有価証券で(1)又は(3)から(5)までに掲げる有価証券の性質を有するもの
	(7)	金商法2条1項18号に掲げる有価証券
	(8)	金商法施行令1条1号に掲げる有価証券
ロ	親投資信託（その受益権を他の投資信託の受託者に取得させることを目的とする投資信託）	

COLUMN

19　重大な約款変更等手続

- 「商品としての同一性」を失わせることとなる投信約款の変更は、重大な約款変更等の手続を要する（投信法施行規則29条）。
- 投信法上、「商品」の定義は規定されていないが、「金融商品」については「キャシュフローの移転」と「リスク負担の変更」を取引内容とすることをメルクマールとすることが金融審議会中間報告の「金融商品の販売・勧誘ルールの整備について」（平成11年12月7日）と規定されており、投信受益証券も金融商品の一つであるので、投信約款変更において「キャシュフローの移転」や「リスク負担の変更」を伴う場合には、重大な約款変更等の手続を経る必要があると考えられる。

- 一方で、重大な約款変更等の手続を経ることにより、投信約款の変更への反対者は買取請求権を付与される。これは、投信約款の内容は受益者と委託者・受託者間の債権債務関係を変更することに該当し、約款変更が成立した場合には、反対受益者は強制的に債権（受益権）の内容を変えられてしまうことから、変更前の状態で換価できる機会や権利を反対受益者に与えることで受益者保護を図ろうとしたものと考えられる。この点を考慮すれば、実際に重大な約款変更等の手続を要すかどうかの判断においては、変更前の状態での換価機会を反対受益者に与える必要があるかどうかも判断材料の一つとなるものと考えられる。ただし、当局としては、受益者保護の観点から当該判断は保守的に判断することを要求している実情にあり、単に約款変更前の状態での換価機会を与える必要があるかどうかのみで判断することは不十分とされる可能性がある。

COLUMN

20　損失補てん

- 投信会社は、「基準価額の過誤訂正」の項で述べたとおり能動的に賠償を行うことが期待されているが、損害額を合理的に算定できない場合又は損害額の認定に何らかの疑義が残る場合もあり、これらを能動的に補填した場合、禁止される損失補てん又は利益供与に該当しないかどうかが常に課題となっている。
- この点、投信会社の過失が明確である場合には、仮に損害額を合理的に算定できない場合や損害額の認定に何らかの疑義が残る場合であっても、客観的に損害額の範囲が類推できる場合であれば、投資家保護の観点から原則として補填を認めるべきと考えられる。
- 一方で、損害額を合理的に算定できない場合や損害額の認定に何らかの疑義が残る場合での補填額を、投資信託委託会社が損金として経理処理した場合には、税務当局から損害（損金扱い）として認められないこともあり、注意を要する。

プロセス30　投資判断

● ワンポイント

　投資判断とは、投資の対象となる有価証券の「種類、銘柄、数及び価格並びに売買の別、方法及び時期についての判断」又は行うべき「デリバティブ取引の内容及び時期についての判断」をいう。金融商品の価値等の分析に基づき、これらのなかの要素の一つでも判断することは投資助言業務あるいは投資運用業における投資判断となり、忠実義務や善管注意義務等を果たすことが必要となる。

● 該当条文

① 禁止行為（金商法42条の2）
　※金商業等府令128～130条
② 二以上の種別の業務及びその他業務に関する禁止行為（金商法44条・44条の2）
　※金商業等府令147条
③ 不正行為・風説の流布等・相場操縦行為等の禁止（金商法157～159条）
　※金商法施行令20～26条
④ インサイダー規制（金商法163条・166条・167条）

※主として166条関連：金商法施行令27〜32条の2、有価証券規制府令48〜53条・55条・58条・59条

※主として167条関連：金商法施行令30条・31条・33〜33条の4、有価証券規制府令62条・63条

⑤ 一株式50％超制限（投信法9条）
※投信法規則20条

⑥ 投資信託証券の組入制限例外（投信協会ルール「投資信託等の運用に関する規則細則」3条の2）

⑦ 資金の借入限度額等（投信協会ルール「投資信託等の運用に関する規則細則」4条）

⑧ ヘッジ目的の為替予約（投信協会ルール「投資信託等の運用に関する規則細則」5条・6条）

⑨ デリバティブのヘッジ利用（投信協会ルール「投資信託等の運用に関する規則細則」7条）

● 解　説

① 禁止行為（金商法42条の2）

項　目	概　要
禁止行為（金商法42条の2）	金融商品取引業者等は、その行う投資運用業に関して、次に掲げる行為をしてはならない。ただし、1号及び2号に掲げる行為にあつては、投資者の保護に欠け、若しくは取引の公正を害し、又は金融商品取引業の信用を失墜させるおそれのないものとして内閣府令で定めるものを除く。 1　利益相反取引の禁止 　　自己またはその取締役もしくは執行役との間における取引を行うことを内容とした運用を行うこと ＜利益相反取引等の禁止の適用除外（金商業等府令128条）＞ 　1　第一種金融商品取引業、第二種金融商品取引業または登録金融機関業務として、運用財産に係る有価証券の売買又はデリバティブ取引の取次ぎを行うことを内容とした運用を行うこと 　2　次に掲げる要件のすべてを満たす取引を行うことを内容とした運用を行うこと 　　イ　個別の取引ごとにすべての権利者に当該取引の内容および当該取引を行おうとする理由の説明を行い、当該すべての権利者の同意を得たものであること

				ロ	次のいずれかに該当するものであること
					(1) 取引所金融商品市場または店頭売買有価証券市場における有価証券の売買
					(2) 市場デリバティブ取引または外国市場デリバティブ取引
					(3) 前日の公表されている最終の価格に基づき算出した価額またはこれに準ずるものとして合理的な方法により算出した価額により行う取引
		3	その他投資者の保護に欠け、若しくは取引の公正を害し、または金融商品取引業の信用を失墜させるおそれがないと認められるものとして所管金融庁長官等の承認を受けた取引を行うことを内容とした運用を行うこと		
	2	運用財産相互間取引の禁止 運用財産相互間において取引を行うことを内容とした運用を行うこと			
		＜運用財産相互間取引の禁止の適用除外（金商業等府令129条1項）＞			
		1	次に掲げる要件のすべてを満たす取引を行うことを内容とした運用を行うこと		
			イ	次のいずれかの場合に該当するものであること	
				(1) 一の運用財産の運用を終了させるために行うものである場合	
				(2) 投資信託または外国投資信託の受益証券に係る解約金または投資証券、投資法人債券、外国投資証券、受益証券発行信託、信託受益権、集団投資スキームの権利に係る払戻金の支払に応ずるために行うものである場合	
				(3) 法令または金商法42条の3第1項各号に掲げる契約その他の法律行為に定められている投資の対象とする資産の保有額または保有割合に係る制限を超えるおそれがある場合において、当該制限を超えることを避けるために行うものであるとき	

				(4)	双方の運用財産について、運用の方針、運用財産の額および市場の状況に照らして当該取引を行うことが必要かつ合理的と認められる場合
			ロ		対象有価証券売買取引等であって、3項で定めるところにより公正な価額により行うものであること
		2	次に掲げる要件のすべてを満たす取引を行うことを内容とした運用を行うこと		
			イ		個別の取引ごとに双方の運用財産のすべての権利者に当該取引の内容および当該取引を行おうとする理由の説明を行い、当該すべての権利者の同意を得たものであること
			ロ		次のいずれかに該当するものであること
				(1)	取引所金融商品市場または店頭売買有価証券市場における有価証券の売買
				(2)	市場デリバティブ取引または外国市場デリバティブ取引
				(3)	前日の公表されている最終の価格に基づき算出した価額またはこれに準ずるものとして合理的な方法により算出した価額により行う取引
		3	その他投資者の保護に欠け、若しくは取引の公正を害し、又は金融商品取引業の信用を失墜させるおそれがないと認められるものとして所管金融庁長官等の承認を受けた取引を行うことを内容とした運用を行うこと		
	<上記運用財産相互間取引の例外の整理> (1) 双方の運用財産の運用方針・運用財産額・市場の状況に照らして必要かつ合理的と認められる取引、かつ、合理的な価額により行う上場有価証券の売買その他一定の取引 (2) 個別取引ごとに双方の運用財産の全権利者（原則）に取引の内容・理由を説明して同意を得た取引、かつ、合理的な価額により行う取引				
	3	スキャルピングによる運用の禁止 　特定の金融商品、金融指標又はオプションに関し、取引に基づく価格、指標、数値または対価の額の変動を利用して自己又は権利者以外の第三者の利益を図る目的をもって、正当な根拠を有しない取引を行うことを内容				

		4	通常の取引の条件と異なる取引 　通常の取引の条件と異なる条件で、かつ、当該条件での取引が権利者の利益を害することとなる条件での取引を行うことを内容とした運用を行うこと
		5	運用情報を利用した自己取引の禁止 　運用として行う取引に関する情報を利用して、自己の計算において有価証券の売買その他の取引等を行うこと
		6	損失補てんの禁止 　運用財産の運用として行った取引により生じた権利者の損失の全部若しくは一部を補てんし、又は運用財産の運用として行つた取引により生じた権利者の利益に追加するため、当該権利者または第三者に対し、財産上の利益を提供し、又は第三者に提供させること（事故による損失の全部又は一部を補てんする場合を除く）
		7	その他内閣府令で定める投資運用業に関する禁止行為（金商業等府令130条） 　前各号に掲げるもののほか、投資者の保護に欠け、若しくは取引の公正を害し、又は金融商品取引業の信用を失墜させるものとして内閣府令で定める行為

＜内閣府令：金商業等府令130条１項（投資運用業に関する禁止行為）＞

1	自己の監査役、役員に類する役職にある者または使用人との間における取引を行うことを内容とした運用を行うこと
2	自己又は第三者の利益を図るため、権利者の利益を害することとなる取引を行うことを内容とした運用を行うこと
3	第三者の利益を図るため、その行う投資運用業に関して運用の方針、運用財産の額又は市場の状況に照らして不必要な取引を行うことを内容とした運用を行うこと
4	他人から不当な取引の制限その他の拘束を受けて運用財産の運用を行うこと
5	有価証券の売買その他の取引等について、不当に取引高を増加させ、又は作為的な値付けをすることを目的とした取引を行うことを内容とした運用を行うこと
6	第三者の代理人となって当該第三者との間における取引を行うことを内容とした運用を行うこと
7	運用財産の運用に関し、取引の申込みを行った後に運用財産を特定すること

		8	運用財産に関し、金利、通貨の価格、金融商品市場における相場その他の指標に係る変動その他の理由により発生し得る危険に対応する額としてあらかじめ金融商品取引業者等が定めた合理的な方法により算出した額が当該運用財産の純資産額を超えることとなる場合において、デリバティブ取引を行い、または継続することを内容とした運用を行うこと （注）本号は、運用財産に係る受益証券について、その取得の申込みの勧誘が有価証券の私募により行われている場合には、適用されない（金商業等府令130条2項）。つまり、運用財産についてリスク額が純資産額を超える場合におけるデリバティブ取引が禁止されるのは公募型投資信託の場合であり、当該規定は、平成19年9月30日前の旧投信法施行規則27条1項5号・同80条1項5号に代わる規定といえる。
		9	次に掲げる者が有価証券の引受け等を行っている場合において、当該者に対する当該有価証券の取得又は買付けの申込みの額が当該者が予定していた額に達しないと見込まれる状況の下で、当該者の要請を受けて、当該有価証券を取得し、又は買い付けることを内容とした運用を行うこと <table><tr><td>イ</td><td>当該金融商品取引業者の関係外国法人等</td></tr><tr><td>ロ</td><td>直近2事業年度において金商法2条8項1号から3号まで、同8号及び9号に掲げる行為を行った運用財産に係る有価証券の合計額が当該2事業年度において発行された運用財産に係る有価証券の額の100分の50を超える者</td></tr></table>
		10	金商法42条の3第1項の規定により権利者のため運用を行う権限の全部又は一部の委託を行う場合において、当該委託を受けた者が当該委託に係る権限の再委託をしないことを確保するための措置を講ずることなく、当該委託を行うこと
		11	金商法42条の5ただし書の規定により取引の決済のため顧客からその計算に属する金銭又は有価証券を自己の名義の口座に預託を受ける場合において、当該取引の決済以外の目的で当該口座を利用し、又は当該金銭若しくは有価証券を当該取引の決済のため必要な期間を超えて当該口座に滞留させること

② 二以上の種別の業務及びその他業務に関する禁止行為（金商法44条・44条の2）

項　目	概　要		
二以上の種別の業務を行う場合の禁止行為（金商法44条）	金融商品取引業者等又はその役員若しくは使用人は、二以上の業務の種別に係る業務を行う場合には、次に掲げる行為をしてはならない。		
	1	投資助言業務に係る助言を受けた顧客が行う有価証券の売買その他の取引等に関する情報又は投資運用業に係る運用として行う有価証券の売買その他の取引等に関する情報を利用して、有価証券の売買その他の取引等の委託等（媒介、取次ぎ又は代理の申込みをいう。以下同じ。）を勧誘する行為	
	2	投資助言業務及び投資運用業以外の業務による利益を図るため、その行う投資助言業務に関して取引の方針、取引の額若しくは市場の状況に照らして不必要な取引を行うことを内容とした助言を行い、又はその行う投資運用業に関して運用の方針、運用財産の額若しくは市場の状況に照らして不必要な取引を行うことを内容とした運用を行うこと	
	3	前二号に掲げるもののほか、投資者の保護に欠け、若しくは取引の公正を害し、又は金融商品取引業の信用を失墜させるものとして内閣府令で定める行為 ＜内閣府令：金商業等府令147条（二以上の種別の業務を行う場合の禁止行為）＞	
		1	投資助言業務に係る助言に基づいて顧客が行った有価証券の売買その他の取引等又は投資運用業に関して運用財産の運用として行った有価証券の売買その他の取引等を結了させ、又は反対売買を行わせるため、その旨を説明することなく当該顧客以外の顧客又は当該運用財産の権利者以外の顧客に対して有価証券の売買その他の取引等を勧誘する行為
		2	投資助言業務又は投資運用業に関して、非公開情報に基づいて、顧客の利益を図ることを目的とした助言を行い、又は権利者の利益を図ることを目的とした運用を行うこと。
		3	有価証券の引受けに係る主幹事会社である場合において、当該有価証券の募集若しくは売出し又は特定投資家向け取得勧誘若しくは特定投資家向け売付け勧誘等の条件に影響を及ぼすために、その行う投資助言業務に関して実勢を反映しない作為的な相場を形成することを目的とした助言を行い、又はその行う投資運用業に関して実勢を反映しない作為的な相場を形成することを目的とした運用を行うこと
		4	有価証券の引受け等を行っている場合において、当該有価証券の取得又は買付けの申込みの額が当該金融商品取引業者等が予定していた額に達しないと見込まれる状況の下で、その行う投資助言業務に関して当該有価証券を取得し、若しくは買い付けることを内容とした助言を行い、又はその行う投資運用業に

			関して当該有価証券を取得し、若しくは買い付けることを内容とした運用を行うこと
	その他業務に係る禁止行為（金商法44条の2）	1　金融商品取引業者又はその役員若しくは使用人は、金融商品取引業及びこれに付随する業務以外の業務（2号及び3号において「金融商品取引業者その他業務」という。）を行う場合には、次に掲げる行為をしてはならない。	
		1	156条の24第1項に規定する信用取引以外の方法による金銭の貸付けその他信用の供与をすることを条件として有価証券の売買の受託等をする行為
		2	金融商品取引業者その他業務による利益を図るため、その行う投資助言業務に関して取引の方針、取引の額若しくは市場の状況に照らして不必要な取引を行うことを内容とした助言を行い、又はその行う投資運用業に関して運用の方針、運用財産の額若しくは市場の状況に照らして不必要な取引を行うことを内容とした運用を行うこと
		3	前二号に掲げるもののほか、金融商品取引業者その他業務に関連して行う2条8項各号に掲げる行為で投資者の保護に欠け、若しくは取引の公正を害し、又は金融商品取引業の信用を失墜させるものとして内閣府令で定める行為 ＜内閣府令：金商業等府令149条（金融商品取引業者その他業務に係る禁止行為）＞
		2　登録金融機関又はその役員若しくは使用人は、登録金融機関業務以外の業務（2号及び3号において「登録金融機関その他業務」という。）を行う場合には、次に掲げる行為をしてはならない。	
		1	金銭の貸付けその他信用の供与をすることを条件として有価証券の売買の受託等をする行為（投資者の保護に欠けるおそれが少ないと認められるものとして内閣府令で定めるものを除く。） ＜内閣府令：金商業等府令149条の2（登録金融機関における信用の供与を条件とした有価証券の売買の受託等の禁止の例外）＞
		2	登録金融機関その他業務による利益を図るため、その行う投資助言業務に関して取引の方針、取引の額若しくは市場の状況に照らして不必要な取引を行うことを内容とした助言を行い、又はその行う投資運用業に関して運用の方針、運用財産の額若しくは市場の状況に照らして不必要な取引を行うことを内容とした運用を行うこと。
		3	前二号に掲げるもののほか、登録金融機関その他業務に関連して行う登録金融機関業務に係る行為で投資者の保護に欠け、若しくは取引の公正を害し、又は登録金融機関業務の信用を失墜させるものとして内閣府令で定める行為

	<内閣府令:金商業等府令150条(登録金融機関その他業務に係る禁止行為)>

③ 不正行為・風説の流布等・相場操縦行為等の禁止（金商法157～159条）

項目	概要
不正行為の禁止（金商法157条）	何人も、次に掲げる行為をしてはならない。 1　有価証券の売買その他の取引又はデリバティブ取引等について、不正の手段、計画又は技巧をすること 2　有価証券の売買その他の取引又はデリバティブ取引等について、重要な事項について虚偽の表示があり、又は誤解を生じさせないために必要な重要な事実の表示が欠けている文書その他の表示を使用して金銭その他の財産を取得すること 3　有価証券の売買その他の取引又はデリバティブ取引等を誘引する目的をもつて、虚偽の相場を利用すること
風説の流布、偽計、暴行又は脅迫の禁止（金商法158条）	何人も、有価証券の募集、売出し若しくは売買その他の取引若しくはデリバティブ取引等のため、又は有価証券等の相場の変動を図る目的をもつて、風説を流布し、偽計を用い、又は暴行若しくは脅迫をしてはならない。
相場操縦行為等の禁止（金商法159条）	何人も、有価証券の売買、市場デリバティブ取引又は店頭デリバティブ取引のうちいずれかの取引が繁盛に行われていると他人に誤解させる等これらの取引の状況に関し他人に誤解を生じさせる目的をもつて、次に掲げる行為をしてはならない。 1　権利の移転を目的としない仮装の有価証券の売買、市場デリバティブ取引又は店頭デリバティブ取引をすること。 2　金銭の授受を目的としない仮装の市場デリバティブ取引又は店頭デリバティブ取引をすること。 3　オプションの付与又は取得を目的としない仮装の市場デリバティブ取引又は店頭デリバティブ取引をすること。 4　自己のする売付けと同時期に、それと同価格において、他人が当該金融商品を買い付けることをあらかじめその者と通謀の上、当該売付けをすること。 5　自己のする買付けと同時期に、それと同価格において、他人が当該金融商品を売り付けることをあらかじめその者と通謀の上、当該買付けをすること。

6	市場デリバティブ取引又は店頭デリバティブ取引の申込みと同時期に、当該取引の約定数値と同一の約定数値において、他人が当該取引の相手方となることをあらかじめその者と通謀の上、当該取引の申込みをすること。
7	市場デリバティブ取引又は店頭デリバティブ取引の申込みと同時期に、当該取引の対価の額と同一の対価の額において、他人が当該取引の相手方となることをあらかじめその者と通謀の上、当該取引の申込みをすること。
8	市場デリバティブ取引又は店頭デリバティブ取引の申込みと同時期に、当該取引の条件と同一の条件において、他人が当該取引の相手方となることをあらかじめその者と通謀の上、当該取引の申込みをすること。
9	前各号に掲げる行の委託等又は受託等すること。

2　何人も、有価証券の売買、市場デリバティブ取引又は店頭デリバティブ取引（「有価証券売買等」）のうちいずれかの取引を誘引する目的をもつて、次に掲げる行為をしてはならない。

1	有価証券売買等が繁盛であると誤解させ、又は取引所金融商品市場における上場金融商品等若しくは店頭売買有価証券市場における店頭売買有価証券の相場を変動させるべき一連の有価証券売買等又はその申込み、委託等若しくは受託等をすること
2	取引所金融商品市場における上場金融商品等又は店頭売買有価証券市場における店頭売買有価証券の相場が自己又は他人の操作によつて変動するべき旨を流布すること
3	有価証券売買等を行うにつき、重要な事項について虚偽であり、又は誤解を生じさせるべき表示を故意にすること

3　何人も、政令で定めるところに違反して、取引所金融商品市場における上場金融商品等又は店頭売買有価証券市場における店頭売買有価証券の相場をくぎ付けし、固定し、又は安定させる目的をもつて、一連の有価証券売買等又はその申込み、委託等若しくは受託等をしてはならない
※政令：金商法施行令20〜26条

令	項目	内容
20	安定操作取引をすることができる場合	①　有価証券の募集又は売出しを容易にする場合に限られる。 ②　安定操作取引をすることができる者は金融商品取引業者に限られる。 ③　安定操作取引の委託をすることができる者は発行者の役員および売出しの場合の所有者等に限られる（有価証券規制府令4条）。

21	目論見書への記載等	安定操作を行う旨、行われる市場・取引所等について、目論見書又は特定証券等情報に記載又は記録する必要がある。
22	場所及び期間	① 安定操作取引は、目論見書又は特定証券等情報記載の市場における取引による。 ② 安定操作取引は、一定期間に行われる必要がある。
23	届出	安定操作取引が開始された日における安定操作届出書の提出義務(有価証券規制府令5条)。
24	価格の制限	最初の安定操作取引について、安定操作期間初日の前日の最終価格又は安定操作開始日の前日の安定操作基準価格のいずれか低い方が、安定操作取引価格の最高限度とされる。
25	安定操作報告書の提出	最初に行った安定操作取引の日から安定操作期間の末日までの間における安定操作有価証券の売買について、当該売買を行った日の翌日までに安定操作報告書の提出が必要である(様式:有価証券規制府令6条)。提出先は財務局長である(有価証券規制府令7条)。
26	公衆縦覧	安定操作届出書及び安定操作報告書の公衆縦覧。財務局に備え置きされている(有価証券規制府令8条)。

④ インサイダー取引規制(金商法163条・166条・167条)

　※主として166条関連:金商法施行令27〜32条の2、有価証券規制府令48〜53条・55条・58条・59条

　※主として167条関連:金商法施行令30条・31条・33〜33条の4、有価証券規制府令62条・63条

⑤ 一株式50%超制限(投信法9条)

項　目	概　要	
一株式50%超制限(投信法9条)	投資信託委託会社は、同一の法人の発行する株式を、1号に掲げる数が2号に掲げる数を超えることとなる場合においては、投資信託財産をもつて取得することを当該投資信託財産の受託者である信託会社等(受託会社)に指図してはならない。	
	1	その運用の指図を行うすべての委託者指図型投資信託につき、投資信託財産として有する当該株式に係る議決権の総数
	2	当該株式に係る議決権の総数に内閣府令で定める率を乗じて得た数(50%) ※内閣府令:投信法施行規則20条(同一の法人の発行する株式の取得割合)

⑥ 投資信託証券の組入制限例外（投信協会ルール「投資信託等の運用に関する規則細則」3条の2）

項　目	概　要
投資信託証券の組入制限例外（「投資信託等の運用に関する規則細則」3条の2）	規則12条2項（組入投資信託証券の範囲等）に規定する細則で定める投資信託証券は、以下に掲げるものとする。
	(1) 取引所金融商品市場又は外国市場に上場等され、かつ当該取引所において常時売却可能なもの
	(2) 投資信託財産に既に組入れていた株式等が転換等により投資信託証券に該当することとなったもの

⑦ 資金の借入限度額等（投信協会ルール「投資信託等の運用に関する規則細則」4条）

項　目	概　要
資金の借入れの限度額等（「投資信託等の運用に関する規則細則」4条）	規則15条（その他指図を行うことができる取引）1項9号（資金の借入れ）に規定する細則で定める限度額は、次に掲げる場合について当該各号で定める期間及び限度額とする。
	(1) 投資信託財産が当該投資信託財産の解約代金の支払いに応ずるために資金手当て（解約代金の支払いのために借入れた資金の返済を含む。）を目的とする場合の借入れは、投資信託の解約時における顧客への解約代金の支払日から投資信託財産で保有する有価証券等（有価証券及び金融商品をいう。以下同じ。）の売却代金の受渡日まで、又は有価証券等の解約代金の入金日まで、若しくは有価証券等の償還金の入金日までの期間が5営業日以内の場合の当該期間とし、当該有価証券等の売却代金、解約代金及び償還金の合計額を借入残高の限度額とする
	(2) 分配金再投資型投資信託の分配金の支払いに応ずるための資金手当てを目的とする場合の借入れは、分配金の支払日から翌営業日までの間とし、分配金再投資額を借入れ残高の限度額とする

⑧ ヘッジ目的の為替予約（投信協会ルール「投資信託等の運用に関する規則細則」5条・6条）

項　目	概　要
ヘッジを目的とした投資信託の外国為替	1　規則16条1号に規定する外貨建資産の取得代金その他の細則で定める金銭等は、次に掲げるものとする。

の買予約の限度額等(「投資信託等の運用に関する規則細則」5条)	(1)	信託財産において投資を行う外貨建資産(取得予定を含む。)の代金
	(2)	信託財産において行うデリバティブ取引等(規則17条に規定するデリバティブ取引等をいう。)に係る外貨建の証拠金及びオプション料等取引を行うに必要な金銭
	(3)	信託財産において外貨で支払うべき諸費用
	(4)	売予約の決済代金
	2 規則16条1項に規定する細則で定める限度額は、予約締結時において信託財産の外貨建資産の組入可能額から当該信託財産が保有する外貨建資産の時価総額を差し引いた金額とする。ただし、反対売買契約を締結した予約(通貨及び受渡日が同一のものをいう。)は、予約の残高から差し引けるものとする。	
ヘッジを目的とした投資信託の外国為替の売予約の限度額等(「投資信託等の運用に関する規則細則」6条)	1 規則16条2号に規定する保有外貨建資産その他の細則で定める金銭等は、次に掲げるものとする。	
	(1)	信託財産において保有している外貨建資産(取得が確実なものを含む。)
	(2)	信託財産の保有外貨建資産に係る利金及び配当金等信託財産が信託期間中に受取る金銭(受取り予定のものを含む。)
	(3)	買予約の決済代金
	2 規則16条2号に規定する細則で定める限度額は、予約締結時において信託財産が保有する外貨建資産の時価総額に当該信託財産が信託期間中に受取ることが予定されている利金及び配当金等を加えた金額とする。ただし、反対売買契約を締結した予約(通貨及び受渡日が同一のものをいう。)は、予約の残高から差し引けるものとする。	
	3 前項に規定する外貨建資産の時価総額の計算に当たっては、信託期間中に償還となる債券について、当該債券の時価に代えて償還金額で計算できるものとする。	

⑨ デリバティブのヘッジ利用(投信協会ルール「投資信託等の運用に関する規則細則」7条)

項 目	概 要	
デリバティブのヘッジ利用(「投資信託等の運用に関する規則細則」7条)	規則18条2項に規定する細則で定める投資信託は、次に掲げる投資信託とする。	
	(1)	長期公社債投資信託(昭和36年に発足した長期公社債投資信託をいう。)
	(2)	中期国債ファンド
	(3)	財形株投

	(4)	利金ファンド
	(5)	フリー　ファイナンシャル　ファンド
	(6)	財形給付金ファンド

COLUMN

21　金融ADRの実際－FINMACの例(2)

・FINMACの業務規定では、担当あっせん委員は、当事者に対して、あっせんに必要な事項について、文書も又は口頭による説明や資料の提出を求めることができ、業者は求めがあった場合には、正当な理由なくこれを拒んではならないという資料提出義務が定められている。実際の手続では、申立人が業者から交付された書類をきちんと整理し保存している例はあまりない。そこで、販売資料、契約提携前交付書面、締結時書面、勘定元帳など、関連する資料を業者側から提出してもらわないと手続の審理が進まない。

・資料提出義務については、業者は正当な理由がない限り拒めない。そこをついてか、申立人に代理人がついていて、訴訟の資料集めのために手続を利用しているとしか思われないケースがある。証券会社の外務員の電話による顧客との会話は録音されていることが多く、争点に関係のある録音テープ又はその反訳の提出はたいていのあっせん手続で業者側から行われているところであるが、それを手に入れようとして、あるいは、ほかに請求を基礎づける事実がないかを探査するための資料集めにあっせん手続を利用しようとするような代理人の対応は、ADR手続上問題である。

・他方、業者側が「あっせん委員のみで」といって提出してくる資料もある。訴訟手続で文書提出命令の範囲に入るであろう資料ならば、最初から申立人に渡してもいいのではと思うし、申立人に渡さないというのは手続的正義からみて疑問がある。

・ところで銀行窓販の場合には、録音テープというものがない。しかし年寄りが定期預金をつくりに窓口にきて、年若い女性行員から優しくノックイン型投信を薦めるというケースもある。そういう場合、行員がきちんと説明したのか、また、顧客が理解したのかは、銀行が取得している契約締結前交付書面や確認書等の書面をみてもそう簡単にはわからない。書類のみを盾にしてここに書いてあるとおり説明したので責任はないと強弁されると、業者の実質的説明義務に対するコンプライアンス態勢が弱いのではないかという疑問をあっせん委員がもつことになるし、適合性原則を厳しく判定しなければならないと判断するあっせん委員もでてくる。

・法定書類以外に、どのような説明をしたのかを具体的に説明できるような記録がない場合には、業者は実態の説明に窮することになるが、他方、申立人の説明もあやふやということもしばしばであり、そういう場合には、結局双方の主張に歩み寄りがみられない結果、和解の見込みがないとしてあっせん手続を打ち切らざるをえないことも多い。

・あっせん手続における「公正」さとは、結論だけではなく、個々の手続の運用がそれを形づくるのだが、具体的事案において、当事者双方にバランスの取れた手続の進行を行うことができるあっせん委員の手腕に、ADR制度の成功が委ねられる点が多いといえるであろう。

プロセス31　事前チェック

● ワンポイント

金商法や投信約款に違反しないための事前チェックが重要。また、忠実義務の観点から利益相反が生じるような疑わしい取引は行わない。

プロセス32　発注（トレーディング）

● ワンポイント

最良執行義務とは、平たくいえばベストプライスを探す注意を尽くす義務（ベストプライスの結果が必ず求められるものではない）となる。受益者の利益・公平性、金商法の遵守、発注事務の効率性、物理的・時間的な制約、利益相反など考慮すべき要素も多く、投資運用の専門家としての高度な注意義務が要請される。関係証券会社への発注は利益相反（忠実義務）の観点からの注意を要する。

● 該当条文

● 解　説

① アームズレングスルール他（金商法44条の３）
② 空売り及び逆指値注文の禁止（金商法162条）
③ 最良執行（「投資信託等の運用に関する規則」４条）
④ 価格形成（「投資信託等の運用に関する規則」７条）
⑤ 引値取引（「投資信託等の運用に関する規則」８条）
⑥ 一括発注・一任契約（「投資信託等の運用に関する規則」８条の２・８条の３）
⑦ 一括発注の要件等（「投資信託等の運用に関する規則細則」１条の３）
⑧ 平均単価（「投資信託等の運用に関する規則細則」１条の４）
⑨ 一括発注の配分方法（「投資信託等の運用に関する規則細則」１条の５）
⑩ 一任契約での準用（「投資信託等の運用に関する規則細則」１条の６）
⑪ ベビーマザー（「投資信託等の運用に関する規則」９条）

プロセス33　事後チェック

● ワンポイント

基準価額確定後（又は追加信託後）の違反発見は受益者の損益的には後の祭りであるが、さらなる不正・違反取引発生への牽制効果や被害の拡大（注：投信は毎日設定解約があるものが多く、誤りの訂正が遅れると被害者が増える可能性が高い）防止につながる効果が期待される。

● 該当条文

● 解　説
① 事後チェック体制（「投資信託等の運用に関する規則細則」1条の2）

項　目	概　要
事後チェック体制（「投資信託等の運用に関する規則細則」1条の2）	規則6条2号に規定する細則で定める事後チェック体制は、運用の計画、運用の実行、運用計画に沿わない実行が行われた際の理由等、これらの事跡を保存し、事後的に検証できる体制とする。

プロセス34　議決権等の行使指図

● ワンポイント
　投資信託が保有する株式の議決権等株主権の行使は投信会社が忠実義務や善管注意義務の観点から行使の指図を実施。ただし、外国株式の一部については行使のために追加的なコストが生じるものがあり、注意が必要。

● 該当条文
① 委託会社の指図権限（投信法10条）
　※投信法施行令13～16条、投信法施行規則21条
② 議決権の指図行使（投信協会ルール「正会員の業務運営等に関する規則」2条）
③ 投信協会「議決権の指図行使に係る規定を作成するに当たっての留意事項」

● 解　説
① 委託会社の指図権限（投信法10条）

項　目	概　要
委託会社の指図権限（投信法10条）	1　投資信託財産として有する有価証券に係る議決権並びに会社法166条1項、202条2項及び469条1項の規定に基づく株主の権利、同法828条1項の規定に基づき同項2号及び3号に掲げる行為の無効を主張する権利その他これらに準ずる株主の権利で内閣府令で定めるもの（「優先出資法」）に基づく優先出資者その他政令で定める者の権利でこれらに類する権利として政令で定めるものを含む。）の行使については、投資信託委託会社がその指図を行うものとする。 ※政令：投信法施行令13条（指図行使の対象となる権利を有する者）・同14条（指図行使の対象となる権利） ※内閣府令：投信法施行規則21条（指図行使すべき株主権等） 2　投資信託財産として有する株式（投資口、優先出資法に規定する優先出資その他政令で定める権利を含む。）に係る議決権の行使については、会社法310条5項（94条1項、優先出資法40条2項その他政令で定める規定において準用する場合を含む。）の規定は、適用しない。

	※政令：投信法施行令15条（議決権の行使について代理人の数が制限されない権利）・同16条（議決権の行使について代理人の数を制限する会社法の規定を準用する規定）

② 議決権の指図行使（「正会員の業務運営等に関する規則」2条）

項　目	概　要

議決権の指図行使（「正会員の業務運営等に関する規則」2条）	1　投資信託委託会社等会員は、投資信託財産として有する株式に係る議決権の行使について、次の各号に定めるところにより、その指図を行うものとする。
	
	(1)　投資信託委託会社等会員がその運用の指図を行う投資信託財産として有する株式に係る議決権の行使の指図については、書面をもって行うものとする。ただし、投資信託委託会社等会員が、あらかじめ運営機関及び受託会社と利用規約等を取り交わし、電磁的方法により議決権の行使を行う場合には、この限りではない。
	
	(2)　投資信託委託会社等会員は、受託者に対し、株主総会招集通知書に記載された各議案について、次の意思表示を明示するものとする。
	
	  イ　議案に対し賛成であること
	  ロ　議案に対し反対であること
	  ハ　投資信託委託業者を代理人として白紙委任すること
	  ニ　棄権すること
	
	2　投資信託委託会社等会員は、前項に規定する議決権の指図行使の基本的考え方及び意思決定に係る権限等に関する規定を定めるものとする。
	3　投資信託委託会社等会員は、投資信託財産として有する外国株式に係る議決権の行使については、当該国の実情に応じてその指図を行うものとする。

③ 「議決権の指図行使に係る規定を作成するに当たっての留意事項」

項　目	概　要
投資信託委託会社が議決権の指図行使に係る規定を作成するに当たっての留意事項	1　作成上の留意事項 (1)　規定作成の目的及び議決権の指図行使に係る基本姿勢 (2)　議決権の指図行使に係る意思決定プロセスおよび体制等の整備 (3)　スクリーニング基準 (4)　根拠データの保存

2　その他留意事項

(1) 開示について
① 投資信託委託会社は、議決権行使の考え方として前記(1)～(3)について具体的に開示する。
② 投資信託委託会社は、国内株式の議決権行使の結果について、開示する項目その他の必要事項をあらかじめ社内規定に定め、原則として5月及び6月に開催された株主総会における議決権行使の結果を取り纏め、8月末を目途に開示する。

(2) 外国株式に係る議決権の指図行使について
外国株式に係る議決権行使に当たっては、投信法及び業務規程の定めに従い、当該国の実情に応じてその指図を行うことに留意する。

［議決権の指図行使結果の開示項目例］

議案項目案	集計項目
１．会社提案 ① 剰余金処分 ② 取締役選任　③　監査役選任 ④ 定款一部変更 ⑤ 退職慰労金支給 ⑥ 役員報酬額改定 ⑦ 新株予約権発行 ⑧ 会計監査人選任 ⑨ 再構築関連 ⑩ その他の会社提案 ２．株主提案	① 議案数 ② 賛成の数 ③ 反対の数

COLUMN

22　ファンド償還後の収益

- 投資信託の償還時に未収金がある場合には受託銀行が立替払いをしている（回収不能時に相殺できるよう、投信会社が同額を受託銀行に預金）が、立替えの対象は償還後1年程度での回収見込みがありかつ合理的に見積もれる金額に実務上限定しているため、回収に数年を要する外税還付金や支払い自体が未定であるクラスアクションの和解金等など（以下「還付金等」という）は立て替えられていない。償還後に受託銀行が還付金等を受領した場合、帰属する受益者が特定できかつ販売会社の協力が得られる場合には当該受益者に支払うこととなるが、何らかの理由で支払えない場合には、その受領や保管をどうするかが課題となる。
- この点、ほふり制度への移行前であれば、受託銀行は投信会社に償還金を振込むことで投資信託契約上の金銭債務を履行（それを投信会社が販売会社に振込み）していたことから、償還後に支払われた還付金等も投信会社に同様に支払うことが可能であり、また投信会社も受益証券の発行者としての金銭債務の履行請求に備えるために還付金等を受領し履行まで預かることが可能であった。
- しかしながら、ほふり制度への移行後は、受託銀行は償還金を自己の預金口座に振り替える（そ

れを受託銀行が販売会社に振込む）ことで投資信託契約上の金銭債務を履行することとなったため、償還後に支払われた還付金等を投信会社に従前同様支払うことが可能かどうかについては疑義が生じている。一方、還付金等はみなし信託財産であるために受領放棄や安易な償却はできず、帰属する受益者に支払えない場合には、その取扱いに苦慮している状況にある。
・他方で投信会社は、社振法上振替受益権の発行者として実務上取り扱われ、受益者に対する債権者にとっての第三債務者となるため、金銭債務に見合う金銭債権を信託財産（みなし信託財産を含む）に対しもちえないとされた場合には、債権債務のバランスが取れず、財務の健全性確保の支障となる可能性がある。
・投信協会では償還後の還付金等の取扱いについて議論を重ねているが、関係者の債権債務を考慮しかつ実務上対応可能な、受益者保護にも資する整理が待たれるところである。

プロセス35　株主優待等

● ワンポイント

投資信託協会と信託協会間の合意に基づき、投信会社と受託銀行間で株主優待物等の換金に係る契約を締結している。この契約に基づき、受託銀行において換価処分が可能な株主優待物等の換金及び投信財産への繰り入れが実施されている。

● 該当条文

① 投信協会ルール「投資信託等の運用に関する規則」10条

● 解　説

項　目	概　要
株主優待物等の取扱い（「投資信託等の運用に関する規則」10条）	1　委託会社は、投資信託財産に組入れられた株式から派生する株主優待等の名目で支給される物品その他のもの（「株主優待物等」）で次に該当するものについては、受託者と協議のうえ、換金して投資信託財産に繰り入れるものとする。 （1）個別に換金する市場が存在する等容易に換金できるもの （2）基準価額に影響する等受益者の利益のため必要と判断されるもの 2　前項の基準に該当せず、株主優待物等を一括して換金できる場合は、受託者と協議のうえ、恣意性を排除した一定の配分方法により信託財産に繰り入れることができるものとする。

2.5 基準価額の算出 《プロセス36 – 39》

プロセス36　時価評価

● ワンポイント

　評価方法は投資信託協会がルールを定めているが、最終的に時価あるいはその他の投信協会ルールで規定された評価額であるかどうかの判断は投信会社が責任を負っており、善管注意義務を尽くすことが必要。なお、取引所価格が常に時価と評価できるものとは限らない場合がある（例えば価格が数日間付かない中でイレギュラー的に単発で付いたような価格は時価とは評価できない場合がある）ことに注意する。

● 該当条文

① 組入資産の評価（投信協会ルール「投資信託財産の評価及び計理等に関する規則」2編）
② MMF・MRFでの評価（投信協会ルール「MMF等の運営に関する規則」13条・14条・27条）
③ （投信協会ルール「投資信託財産の評価及び計理等に関する規則に関する細則」2～8条）
④ 計算方法等（投信協会「投資信託財産の評価及び計理等に関する委員会決議」）

● 解　説

① 組入資産の評価（「投資信託財産の評価及び計理等に関する規則」2編）

項　目	概　要	
組入資産の評価（「投資信託財産の評価及び計理等に関する規則」2編）	第1章　通則	
	条　項	内　容
	2	委託会社の忠実義務及び善管注意義務
	3	組入資産の評価の原則
	4	委託会社の社内体制の整備
	5	評価方法等の開示
	第2章　株式の評価	
	条　項	内　容
	6	国内取引所の上場株式の評価

7	評価取引所の変更
8	計算日に最終相場がない場合の株式の評価
9	権利落相場等の場合の株式の評価 ＊細則2条 ＊委員会決議第1
10	同一発行会社の旧株式及び新株式がともに権利落相場等となった場合の評価
11	発行日取引を行っている新株式の評価の特例
12	（削除）
13	上場予定株式の評価
14	未上場株式の評価
15	外国株式の評価
15の2	預託証券又は預託証書の評価

第3章　転換社債並びに新株引受権証券及び証書等の評価

条　項	内　容
16	国内転換社債等の評価
17	（削除）
18	外国転換社債等の評価
19	新株引受権証券（ワラント）及び新株予約権証券の評価
19の2	オプション証券等の評価
20	新株引受権証書等の評価

第4章　公社債等の評価

条　項	内　容
21	公社債の評価 ＊細則3条
22	償却原価法による評価

	＊細則4条
23	MMF等の特例

第5章　その他の組入資産の評価

条　項	内　容
24	投資信託又は貸付信託等の受益証券の評価
25	親投資信託受益証券の評価
26	出資証券等の評価
27	金融資産の評価 ＊細則5条
28	市場デリバティブ取引の評価等
29	店頭デリバティブ取引の評価
30	信用取引の評価
31	抵当証券の評価
31の2	商品の評価

第6章　外貨建資産の評価

条　項	内　容
32	外貨建資産の評価レート ＊細則7条 ＊委員会決議第2
33	外国為替予約取引等の評価 ＊細則8条 ＊委員会決議第3、第4
34	（削除）

② MMF・MRFでの評価（「MMF等の運営に関する規則」13条・14条・27条）

項　目	概　要			
MMF・MRFでの評価（「MMF等の運営に関する規則」13・14・27条）	13条（組入れ債券等の評価）			
	1	組入債券の評価は、原則として時価により評価するものとし、時価は組入債券の銘柄毎に委託会社が次に掲げる価額のいずれかから採用した価額とする。		
		(1)	日本証券業協会が発表する店頭売買参考統計値（平均値）	
		(2)	金融商品取引業者等（第一種金融商品取引業者及び外国の法令に準拠して設立された法人でこの者に類する者をいう。）又は銀行等が提示する価額（売気配相場を除く。）	
		(3)	価格情報会社の提供する価額	
	2	その他の有価証券等は、投資信託財産に係る評価及び計理等に関する規則の規定に基づき評価するものとする。		
	14条（償却原価法による評価）			
	1	次に掲げる債券は、償却原価法により評価することができるものとする。		
		(1)	残存期間が1年以内の次に掲げる債券 イ　国債 ロ　信用格付業者等からA－2又はP－2相当以上の短期信用格付若しくはA3又はA－相当以上の長期格付を取得している債券 ハ　委託会社が発行者の財務内容等を基にロに規定するものと同等の信用力を有すると認めたもの	
		(2)	満期保有目的債券	
	2	前項に規定する償却原価法は、当該債券の買付約定成立の日又は償還日の前年応当日（応当日が休日に当たる場合は休日明け営業日）の前日の帳簿価額を取得価額として、同日から償還日の前日まで当該帳簿価額と償還価額（割引債は税込みの価額（額面価額に源泉税額を加えた価額）とする。以下27条において同じ。）の差額を当該期間で日割り計算して得た金額を日々帳簿価額に加算又は減算した価額により評価する方法とする。 なお、加算又は減算した価額は、売買損益に計上するものとする。		
	3	償却原価法により評価している債券が、格付の引下げ等により時価と評価額に著しい乖離が生じた場合、又は1項に規定する償却原価法の適用債券に適合しなくなった場合には、委託会社は監査法人又は公認会計士と協議し、適切に対応するものとする。		

	27条（MRFの組入有価証券の評価）	
	1	MRFの組入有価証券は、買付に係る受渡日から償還日の前日まで取得価額と償還価額の差額を当該期間で日割計算して得た金額を日々帳簿価額に加算又は減算した額により評価するものとする。なお、買付約定日から同受渡日前日までの間は、帳簿価額で評価するものとする。
	2	MRFが組入れているCPについては、前項の規定にかかわらず取得価額で評価するものとし、当該CPの割引料は受取利息として日々計上するものとする。

③ （「投資信託財産の評価及び計理等に関する規則に関する細則」2～8条）
④ 計算方法等（「投資信託財産の評価及び計理等に関する委員会決議」）

項　目	概　要	
「投資信託財産の評価及び計理等に関する規則に関する細則」2～8条	条　項	内　容
	2	権利落相場等の株式に係る評価額の計算方法 ＊委員会決議第1
	3	公社債等
	4	償却原価法による評価
	5	金融資産
	6	（削除）
	7	外貨建資産の評価レート ＊委員会決議第2
	8	外国為替予約取引等の評価レート ＊委員会決議第3、第4

プロセス37　基準価額の算定・発表等

● ワンポイント

　基準価額の算出方法は投信約款上に通常定めており、投信約款上では投信協会ルールに基づき行うことを規定している。よって、投信協会ルールや投信約款上の算出方法に反しない限り、基準価額に影響が生じた場合であっても形式的には投信

約款違反(債務不履行)は生じていないことになるが、時価評価等において善管注意義務違反があった場合には債務不履行とみなされる場合があり、注意を要する。

● **該当条文**

① 基準価額の算定(投信協会ルール「投資信託財産の評価及び計理等に関する規則」4編)
② 用語の定義(投信協会ルール「投資信託財産の評価及び計理等に関する規則に関する細則」10条)
③ 投信協会への連絡、事故証券の発表含む(投信協会ルール「投資信託の基準価額の連絡、発表等に関する規則」と「同細則」)

● **解　説**

項　目	概　要		
基準価額の算定(「投資信託財産の評価及び計理等に関する規則」4編)	基準価額の算定(「投資信託財産の評価及び計理等に関する規則」4編)		
	条　項	内　容	
	51	基準価額の算定の原則	
	52	基準価額の算定方法	
	53	基準価額算定に係る用語の定義等 ＊細則10条(基準価額の算定に係る用語の定義)	
		(1)	基準価額表示通貨建有価証券評価損益
		(2)	基準価額表示通貨建先物取引等評価損益
		(3)	外国投資勘定評価損益
		(4)	為替評価損益
		(5)	残存受益権口数
		(6)	基準価額
投信協会への連絡、事故証券の発表含む(「投資信託の基準価額の連絡、発表等に	投信協会への連絡(事故証券の発表含む)(「投資信託の基準価額の連絡、発表等に関する規則」)		
	条　項	内　容	
	1	目的…この規則は、投資信託受益証券(「受益証券」)を信用取引に	

247

関する規則」と「同細則」)			係る委託保証金等の代用有価証券として使用するために必要な基準価額の連絡、発表及び事故受益証券の連絡、発表その他必要な事項を定める。
	2		代用有価証券の対象受益証券
	3		基準価額の連絡 ＊細則2条（基準価額の連絡時間）
	4		基準価額の発表 ＊細則3条（基準価額の発表方法）
	5		事故証券の連絡
	6		事故証券の発表
	7		協会への連絡様式等 ＊細則4条（協会への連絡様式）
	8		ファンドコードの統一
	9		（削除）
	10		細則
	11		その他
	12		所管委員会への委任

プロセス38　価格調査

● ワンポイント

監査法人等が行う価格調査とは、価格そのもの妥当性等を判断するものではなく、投信会社の時価評価プロセスの妥当性等を判断するもの。

● 該当条文

① 特定資産の価格等の調査（投信法11条）
　　※投信法施行令17条・18条
　　※投信法規則22条

● 解　説

項　目	概　要
特定資産の価格等の調査（投信法11条）	1　投資信託委託会社は、運用の指図を行う投資信託財産について特定資産（土地若しくは建物又はこれらに関する権利若しくは資産であつて政令で定めるものに限る。）の取得又は譲渡が行われたときは、内閣府令で定めるところにより、当該特定資産に係る不動産の鑑定評価を、不動産鑑定士であつて利害関係人等（当該投資信託委託会社の総株主の議決権の過半数を保有していることその他の当該投資信託委託会社と密接な関係を有する者として政令で定める者をいう。次項並びに13条1項2号及び3号において同じ。）でないものに行わせなければならない。ただし、当該取得又は譲渡に先立つて当該鑑定評価を行わせている場合は、この限りでない。 2　投資信託委託会社は、運用の指図を行う投資信託財産について前項に規定する特定資産以外の特定資産（金商法2条16項に規定する金融商品取引所に上場されている有価証券その他の内閣府令で定める資産（以下「指定資産」という。）を除く。）の取得又は譲渡その他の内閣府令で定める行為が行われたときは、当該投資信託委託会社、その利害関係人等及び受託会社以外の者であつて政令で定めるものに当該特定資産の価格その他内閣府令で定める事項の調査を行わせなければならない。ただし、当該行為に先立つて当該調査を行わせている場合は、この限りでない。

プロセス39　分配金の支払い

● ワンポイント

　分配金は、支払原資の範囲等が投信協会ルールに規定されており、投信約款上の分配方針に基づき投信会社が判断し分配する。分配額の決定に当たっては、分配方針だけでなく、運用の基本方針に反しないかどうかの確認も要する。毎月分配型投信に関しては、分配原資の内訳、分配金と基準価額との関係等について、交付目論見書等においてよりわかりやすい開示が要請される。

● 該当条文
① 　収益分配の計算処理（投信協会ルール「投資信託財産の評価及び計理等に関する規則」5編）
② 　投信協会ルール「投資信託財産の評価及び計理等に関する規則に関する細則」11～15条

● 解　説

項　目	概　要
収益分配の計算処理「投資信託財産の評	収益分配等に当っての計理処理（「投資信託財産の評価及び計理等に関する規則」5編）

価及び計理等に関する規則」5編	条項	内容
	54	単位型投資信託の収益の分配等 ＊細則11条
	55	追加型投資信託の収益の分配等の処理 ＊細則12条
	56	追加型投資信託の追加信託金等の処理 ＊細則13条
	57	追加型公社債投資信託の収益の分配等の処理
	58	追加型公社債投資信託の追加信託金及び一部解約金の処理
	59	ファミリーファンドの収益分配の処理 ＊細則14条
	60	ファミリーファンドの追加信託金及び一部解約金の処理等
	61	計算期間の末日における親投資信託の組入れ有価証券等の評価
	62	ファミリーファンドの当期損益金の計算
	63	上場投資信託の収益分配の処理 ＊細則15条

2.6 開示 《プロセス40－52》

● 概　要

● 該当条文
＜金商法第2章（開示）の整理表＞

金商法		金商法施行令	内容
章	条文		
第2章	2条の2 ～ 27条	2条～ 5条	企業内容等の開示（プロセス42－44）
第2章の2	27条の2 ～ 27条の35	1条の9、6条～ 14条の3の13	公開買付けに関する開示

250

第一節	27条の2 ～ 27条の22	1条の9、6条 ～ 14条の3	発行者以外の者による株券等の公開買付け（プロセス40）
第二節	27条の22の2 ～ 27条の22の4	14条の3の2 ～ 14条の3の13	発行者による上場株券等の公開買付け
第2章の3	27条の23 ～ 27条の30	1条の9、14条の4 ～ 14条の9	株券等の大量保有の状況に関する開示（プロセス41）
第2章の4	27条の30の2 ～ 27条の30の11	3条、14条の10 ～ 14条の13	開示用電子情報処理組織による手続の特例等
第2章の5	27条の31 ～ 27条の35	14条の14	特定証券情報等の提供又は公表

プロセス40　公開買付けに関する開示

● **ワンポイント**

投信会社による純投資目的の投資の場合、最も関係するのは市場外での買付け等による5％ルール制限である。施行令に一定の例外規定はあるが、市場外取引による買付けを社内規定等で制約する必要があろう。一方で、当該5％ルール制限は、最良執行実現の観点から制約になっている側面があり、将来的には制度の合理的な改訂が望まれる。公開買付けを行う際は、金商法に基づく開示を要し、開示までの間の情報管理に注意する。

● **該当条文**

① 発行者以外の者による株券等の公開買付け（金商法27条の2 ～ 27条の22）
　　※金商法施行令1条の9・6 ～ 14条の3
　　※買付府令2 ～ 33条

● **解　　説**

金商法	内　容
27条の2	発行者以外の者による株券等の公開買付け 　＊金商法施行令1条の9（金融機関の範囲）、金商法施行令6条（公開買付けによらなければならない有価証券等） 　　＃買付府令2条（株券等に含めない有価証券） 　　＃買付府令2条の2（有償の譲受けに類するもの） 　＊金商法施行令6条の2（公開買付けの適用除外となる買付け等） 　　＃買付府令2条の3（特別支配関係にある法人等から除かれるもの） 　　＃買付府令2条の4（関係法人等） 　　＃買付府令2条の5（株券等の所有者が少数である場合）

		#買付府令2条の6（適用除外となる買付け等） ＊金商法施行令7条（公開買付規制の適用となる買付け等） 　　#買付府令4条（株券等の所有に準ずるもの） 　　#買付府令4条の2（株券等の取得に係る割合等の計算） ＊金商法施行令8条（買付け等の期間等） 　　#買付府令5条（買付け等の通知書の記載事項等） ＊金商法施行令9条（特別の関係） ＊金商法施行令9条の2（株券等所有割合の算定に加算する有価証券） ＊買付府令3条（特別関係者で除外される者等） ＊買付府令6条（株券等の所有割合の計算） ＊買付府令7条（所有の態様その他の事情を勘案し所有する株券等から除外するもの） ＊買付府令8条（議決権の数の計算等）
	27条の3	公開買付開始公告及び公開買付届出書の提出 ＊金商法施行令9条の3（公開買付開始公告等） 　　#買付府令9条（公告の方法） 　　#買付府令9条の2（公告をした旨の日刊新聞紙への掲載） 　　#買付府令9条の3（電子公告による公告ができない場合の承認等） 　　#買付府令9条の4（公告の中断の内容の公告） ＊金商法施行令10条（公開買付者の関係者） ＊金商法施行令11条（上場株券等に準ずる株券等） ＊買付府令9条の6（株券等の数） ＊買付府令10条（公開買付開始公告の掲載事項） ＊買付府令11条（公開買付者が非居住者である場合の代理人） ＊買付府令12条（公開買付届出書の記載内容等） ＊買付府令13条（公開買付届出書の添付書類） ＊買付府令14条（日曜日その他の日） ＊買付府令15条（売付け等の申込みの勧誘等の行為） ＊買付府令16条（公開買付届出書の写しの送付）
	27条の4	有価証券をもつて対価とする買付け等 ＊買付府令15条（売付け等の申込みの勧誘等の行為） ＊買付府令17条（有価証券届出書等が提出される公開買付けの場合の記載の特例）
	27条の5	公開買付けによらない買付け等の禁止 ＊金商法施行令12条（公開買付けによらないで買付け等ができる場合） ＊買付府令18条（別途買付け禁止の特例）
	27条の6	公開買付けに係る買付条件等の変更 ＊金商法施行令9条の3（公開買付開始公告等） ＊金商法施行令13条（禁止される買付条件等の変更） ＊買付府令19条（買付条件等の変更の公告の掲載事項） ＊買付府令20条（公表の方法）
	27条の7	公開買付開始公告の訂正 ＊買付府令9条の5（公開買付開始公告の訂正公告等の方法等） ＊買付府令20条（公表の方法）

27条の8	公開買付届出書の訂正届出書の提出 ＊金商法施行令9条の3（公開買付開始公告等） ＊買付府令9条の5（公開買付開始公告の訂正公告等の方法等） ＊買付府令15条（売付け等の申込みの勧誘等の行為） ＊買付府令20条（公表の方法） ＊買付府令21条（訂正届出書又は訂正報告書の提出） ＊買付府令22条（買付け等の期間の延長を要しない訂正届出書等） ＊買付府令23条（訂正の公告又は公表を要しない訂正届出書）
27条の9	公開買付説明書等の作成及び交付 ＊買付府令24条（公開買付説明書の作成等） ＊買付府令33条の2（公開買付説明書の交付についての情報通信の技術を利用する方法に係る企業内容等の開示に関する内閣府令の準用等）
27条の10	公開買付対象者による意見表明報告書等及び公開買付者による対質問回答報告書等の提出 ＊金商法施行令9条の3（公開買付開始公告等） ＊金商法施行令13条の2（意見表明報告書等を提出すべき期間等） ＊買付府令9条の5（公開買付開始公告の訂正公告等の方法等） ＊買付府令20条（公表の方法） ＊買付府令25条（対象者の意見表明等） ＊買付府令25条の2（期間延長請求公告の掲載事項）
27条の11	公開買付者による公開買付けの撤回及び契約の解除 ＊金商法施行令9条の3（公開買付開始公告等） ＊金商法施行令14条（公開買付けの撤回等） 　＃買付府令26条（撤回条件から除外される場合） ＊買付府令27条（公開買付けの撤回等の公告の掲載事項） ＊買付府令28条（公開買付撤回届出書の記載事項等）
27条の12	応募株主等による契約の解除 ＊金商法施行令14条の2（契約の解除の方法等） 　＃買付府令29条（契約の解除書面の交付又は送付を受ける者の指定）
27条の13	公開買付けに係る応募株券等の数等の公告及び公開買付報告書等の提出 ＊金商法施行令9条の3（公開買付開始公告等） ＊金商法施行令9条の4（応募株券の数等の公表） 　＃買付府令30条の2（応募株券の数等の公表） ＊金商法施行令14条の2の2（部分的公開買付けを行うことができる場合） ＊買付府令30条（公開買付けの結果の公告の掲載事項） ＊買付府令31条（公開買付報告書の記載事項等） ＊買付府令32条（あん分比例の方式）
27条の14	公開買付届出書等の公衆縦覧 ＊金商法施行令14条の3（公衆縦覧を行う認可金融商品取引業協会） ＊買付府令33条（公衆縦覧の方法）
27条の15	公開買付届出書等の真実性の認定等の禁止

27条の16	公開買付けに係る違反行為による賠償責任
27条の17	〃
27条の18	〃
27条の19	虚偽記載等のある公開買付説明書の使用者の賠償責任
27条の20	虚偽記載等のある公開買付開始公告を行つた者等の賠償責任
27条の21	公開買付けに係る違反行為による賠償請求権の時効
27条の22	公開買付者等に対する報告の徴取及び検査

プロセス41　株券等の大量保有状況の開示

● ワンポイント

共同保有者・みなし共同保有者がある場合には共同保有に関する報告書の提出が必要となる。報告書の提出の遅延等は課徴金の対象となりうるので、共同保有者のデータのタイムリーな収集・集計のための事務管理体制の整備が必須となる。

● 該当条文

① 大量保有報告書の提出（金商法27条の23～27条の30）
　　※金商法施行令（1条の9・14条の4～14条の9）
　　※大量保有府令1条の2～22条

● 解　説

項　目	概　要
27条の23	大量保有報告書の提出 ＊金商法施行令14条の4（株券関連有価証券の範囲） ＊金商法施行令14条の4の2（対象有価証券に係る権利を表示する有価証券の範囲） ＊金商法施行令14条の5（報告期間に算入しない休日） ＊金商法施行令14条の5の2（対象有価証券の範囲） 　＃大量保有府令3条の2（議決権のない株式） ＊金商法施行令14条の6（株券等の引渡請求権を有する者に準ずる者） ＊金商法施行令14条の6の2（保有株券等から除外するもの） ＊金商法施行令14条の7（特別の関係） 　＃大量保有府令5条の3（特別の関係） ＊大量保有府令1条の2（発行者の定義） ＊大量保有府令2条（大量保有報告書の記載内容等） ＊大量保有府令3条（大量保有報告書を提出する必要がない場合）

	＊大量保有府令3条の3（権限を有することを知った有価証券） ＊大量保有府令4条（保有の態様その他の事情を勘案し保有する株券等から除外するもの） ＊大量保有府令5条（新株予約権証券等の換算） ＊大量保有府令5条の2（株券等保有割合に加算しない有価証券） ＊大量保有府令6条（みなし共同保有者から除外されるための保有株券等の数の基準）	
27条の24	株券保有状況通知書の作成及び交付 　＊大量保有府令7条（金商法27条の24に規定する通知書の記載内容）	
27条の25	大量保有報告書に係る変更報告書の提出 　＊金商法施行令14条の7の2（大量保有報告書に記載すべき重要な事項の変更） 　　＃大量保有府令9条の2（重要な事項の変更から除外されるもの等） 　＊金商法施行令14条の8（短期大量譲渡の基準） 　＊大量保有府令8条（変更報告書の記載内容等） 　＊大量保有府令9条（変更報告書を提出する必要がない場合） 　＊大量保有府令10条（短期大量譲渡に該当する場合の変更報告書の記載内容）	
27条の26	特例対象株券等の大量保有者による報告の特例 　＊金商法施行令14条の7の2（大量保有報告書に記載すべき重要な事項の変更） 　＊金商法施行令14条の8の2（重要提案行為等） 　　＃大量保有府令16条（重要提案行為等となるもの） 　＊大量保有府令2条（大量保有報告書の記載内容等） 　＊大量保有府令8条（変更報告書の記載内容等） 　＊大量保有府令11条（特例対象株券等の保有者である金融商品取引業者等の者） 　＊大量保有府令12条（特例対象株券等から除外される場合の株券等保有割合の基準） 　＊大量保有府令13条（保有の態様その他の事情を勘案し特例対象株券等から除外される場合） 　＊大量保有府令14条（特例対象株券等の保有者である国等の者） 　＊大量保有府令15条（特例対象株券等に係る大量保有報告書等の記載内容等） 　＊大量保有府令17条（特例対象株券等に係る変更報告書を提出しなければならない場合） 　＊大量保有府令18条（特例対象株券等の保有者となるための基準日の届出）	
27条の27	大量保有報告書等の写しの金融商品取引所等への提出 　＊金商法施行令14条の9（上場株券等に準ずる株券等） 　＊大量保有府令19条（大量保有報告書等の提出先）	
27条の28	大量保有報告書等の公衆縦覧 　＊金商法施行令1条の9（金融機関の範囲） 　＊金商業施行令14条の9（上場株券等に準ずる株券等） 　＊大量保有府令20条（大量保有報告書等の備置き及び公衆縦覧） 　＊大量保有府令21条（大量保有報告書等の備置き及び公衆縦覧） 　＊大量保有府令22条（公衆縦覧に供する場合）	
27条の29	大量保有報告書等の訂正報告書の提出命令	
27条の30	大量保有報告書の提出者等に対する報告の徴取及び検査	

プロセス42　半期決算

● ワンポイント
投資信託の種類によって扱いが異なることに注意。

● 該当条文
① 半期報告書（金商法24条の5第3項）
　　※特定有価証券開示府令28条

● 解　説

項　目	概　要
半期報告書の提出（金商法24条の5第3項）	3　前二項の規定は、24条5項において準用する同条1項の規定による有価証券報告書を提出しなければならない会社のうち、24条の7第3項において準用する同条1項の規定によりに四半期報告書を提出しなければならない会社以外の会社について準用する。 （参考　金商法24条の5第1項・2項） 1　24条1項の規定による有価証券報告書を提出しなければならない会社のうち、24条の4の7第1項の規定により四半期報告書を提出しなければならない会社以外の会社は、その事業年度が6月を超える場合には、内閣府令で定めるところにより、事業年度ごとに、当該事業年度が開始した日以後6月間の当該会社の属する企業集団及び当該会社の経理の状況その他事業の内容に関する重要な事項その他の公益又は投資者保護のため必要かつ適当なものとして内閣府令で定める事項を記載した報告書（以下「半期報告書」）を、当該期間経過後3月以内に、内閣総理大臣に提出しなければならない。 2　24条2項に規定する事項を記載した同条1項の規定による有価証券報告書を提出した、又は提出しようとする会社のうち次の各号のいずれにも該当しない会社は、前項の規定により提出しなければならない半期報告書に、同項に規定する事項のうち当該会社に係るものとして内閣府令で定めるものを記載することにより、同項に規定する事項の記載に代えることができる。 　一　既に、24条1項本文に規定する事項を記載した有価証券報告書又は前項に規定する事項を記載した半期報告書を提出している者 　二　4条1項本文、2項本文又は3項本文の規定の適用を受けた有価証券の募集又は売出しにつき、5条1項2号に掲げる事項を記載した同項に規定する届出書を提出した又は提出しなければならない者（前号に掲げる者を除く） ※内閣府令：特定有価証券開示府令28条1項1号（半期報告書の記載内容等） 　1　金商法24条の5第3項において準用する法24条の5第1項の規定により半期報告書を提出すべき特定有価証券の発行者は、次の各号に掲げる特定有価証券の区分に応じ、当該各号に定める様式により半期報告書3通を作成し、関東財務局長に提出しなければならない。 　　　1号　内国投資信託受益証券　第10号様式

<国内投資信託の記載内容（第10号様式）>

1	【ファンドの運用状況】	(1) 【投資状況】 (2) 【運用実績】 　① 【純資産の推移】 　② 【分配の推移】 　③ 【収益率の推移】
2	【設定及び解約の実績】	
3	【ファンドの経理状況】	(1) 【中間貸借対照表】 (2) 【中間損益及び剰余金計算書】 (3) 【中間注記表】
4	【委託会社等の概況】	(1) 【資本金の額】 (2) 【事業の内容及び営業の状況】 (3) 【その他】
5	【委託会社等の経理状況】	(1) 【貸借対照表】 (2) 【損益計算書】 (3) 【株主資本等変動計算書】

プロセス43　重要な事項の発生

● ワンポイント

臨時報告書の提出義務が課されているが、特に公益又は投資者保護のため必要かつ適当なものとされる事項に注意。

● 該当条文
① 臨時報告書（金商法24条の5第4項）
　　※特定有価証券開示府令29条2項

● 解　説

項　目	概　要
臨時報告書の提出（金商法24条の5第4項）	4　金商法24条1項の規定による有価証券報告書を提出しなければならない会社は、その会社が発行者である有価証券の募集又は売出しが外国において行われるとき、その他公益又は投資者保護のため必要かつ適当なものとして内閣府令で定める場合に該当することとなつたときは、内閣府令で定めるところにより、その内容を記載した報告書（以下「臨時報告書」）を、遅滞なく、内閣総理大臣に提出しなければならない。 ※内閣府令：特定有価証券開示府令29条2項（臨時報告書の記載内容等）

2 金商法24条の5第4項の規定により臨時報告書を提出すべき特定有価証券の発行者は、次の各号に掲げる場合の区分に応じ、当該各号に掲げる事項を記載した臨時報告書3通を作成し、関東財務局長に提出しなければならない。

<臨時報告書記載事項>特定有価証券開示府令29条2項1号～4号）

1	当該発行者の発行する特定有価証券と同一の種類の特定有価証券の募集又は売出しを本邦以外の地域において行う場合	
	イ	当該特定有価証券の名称
	ロ	発行数又は売出数
	ハ	発行価格又は売出価格
	ニ	発行価額の総額又は売出価額の総額
	ホ	引受人又は売出しをする者の氏名又は名称
	ヘ	募集又は売出しをする地域
	ト	発行年月日又は受渡し年月日
2	主要な関係法人の異動（関係法人であった法人が関係法人でなくなること又は関係法人でなかった法人が関係法人になることをいう）があった場合	
	イ	当該主要な関係法人の名称、資本金の額及び関係業務の概要
	ロ	当該異動の年月日
3	当該発行者が発行する投資信託証券に係るファンドの運用に関する基本方針、投資制限若しくは利子若しくは配当の分配方針、当該発行者が発行する資産流動化証券に係る管理資産の状況若しくは資産流動化に関する計画、当該発行者が発行する資産信託流動化受益証券に係る特定信託財産の状況若しくは資産流動化に関する計画又は当該発行者が発行する信託受益証券若しくは信託受益権に係る信託財産の状況について、重要な変更があった場合	
	イ	変更の内容についての概要
	ロ	当該変更の年月日
4	特定有価証券開示府令23条ただし書の規定により、6月ごとに有価証券報告書が提出されている場合において、当該特定有価証券に係る信託の計算期間（3月に満たない場合は3月とすることができる。）が到来した場	

		合　当該特定有価証券に係る信託財産又は特定信託財産の計算に関する書類

プロセス44　本決算（ファンド監査）

● ワンポイント

有価証券報告書の提出においては監査法人のファンド監査意見の添付が求められている。ただし、償還（繰上償還を含む）に伴う最終決算に関する有価証券報告書の提出は必要とはされていない（平成11年の投信協会による関東財務局の見解確認）。

● 該当条文
① 　有価証券報告書の提出（金商法24条5項）
※ 　企業内容等の開示等に関する権限の財務局長等への委任（金商法施行令39条）
※ 　有価証券報告書の記載内容等（特定有価証券開示府令22条）
※ 　有価証券報告書の提出が免除される者（特定有価証券開示府令22条の2）
※ 　特定期間（特定有価証券開示府令23条）
※ 　有価証券報告書の提出期限の承認の手続等（特定有価証券開示府令24条）
※ 　外国特定有価証券の発行者における有価証券報告書の提出期限の承認の手続等（特定有価証券開示府令24条の2）
※ 　有価証券報告書の提出を要しない旨の承認申請書の提出の手続等（特定有価証券開示府令25条）
※ 　有価証券報告書の提出を要しない場合（特定有価証券開示府令26条）
※ 　有価証券の所有者数の算定方法（特定有価証券開示府令26条の2）
※ 　有価証券報告書の添付書類（特定有価証券開示府令27条）

● 解　説

項　目	概　要
有価証券報告書の提出（金商法24条5項）	5　前各項の規定は、特定有価証券が1項各号に掲げる有価証券のいずれかに該当する場合について準用する。 （参考　金商法24条1項～4項） 　1　有価証券の発行者である会社は、その会社が発行者である有価証券が次に掲げる有価証券のいずれかに該当する場合には、内閣府令で定めるところにより、事業年度ごとに、当該会社の商号、当該会社の属する企業集団及び当該会社の経理の状況その他事業の内容に関する重要な事項その他の公益又は投資者保護のため必要かつ適当なものとして内閣府令で定める事項を記載した報告書（以下「有価証券報告書」）を、内国会社にあつては当該事業年度経過後3月以内（やむを得

ない理由により当該期間内に提出できないと認められる場合には、内閣府令で定めるところにより、あらかじめ内閣総理大臣の承認を受けた期間内)、外国会社にあつては公益又は投資者保護のため必要かつ適当なものとして政令で定める期間内に、内閣総理大臣(金商法施行令39条2項で有価証券報告書及びその添付書類については財務局長等に委任されている)に提出しなければならない。
一　金融商品取引所に上場されている有価証券(特定上場有価証券を除く。)
二　流通状況が前号に掲げる有価証券に準ずるものとして政令で定める有価証券(流通状況が特定上場有価証券に準ずるものとして政令で定める有価証券を除く。)
三　その募集又は売出しにつき4条1項本文、2項本文若しくは3項本文又は23条の8第1項本文若しくは2項の規定の適用を受けた有価証券(前二号に掲げるものを除く。)
四　当該会社が発行する有価証券(株券、2条2項の規定により有価証券とみなされる有価証券投資事業権利等その他の政令で定める有価証券に限る)で、当該事業年度又は当該事業年度の開始の日前4年以内に開始した事業年度のいずれかの末日におけるその所有者の数が政令で定める数以上であるもの(前三号に掲げるものを除く。)
2　前項3号に掲げる有価証券に該当する有価証券の発行者である会社で、少額募集等につき5条2項に規定する事項を記載した同条1項に規定する届出書を提出した会社のうち次の各号のいずれにも該当しない会社は、前項本文の規定により提出しなければならない有価証券報告書に、同本文に規定する事項のうち当該会社に係るものとして内閣府令で定めるものを記載することにより、同項本文に規定する事項の記載に代えることができる。
一　既に、前項本文に規定する事項を記載した有価証券報告書又は24条の4の7第1項若しくは2項の規定による四半期報告書のうち同条1項に規定する事項を記載したもの若しくは24条の5第1項に規定する事項を記載した半期報告書を提出している者
二　4条1項本文、2項本文又は3項本文の規定の適用を受けた有価証券の募集又は売出しにつき、5条1項2号に掲げる事項を記載した同項に規定する届出書を提出した者又は提出しなければならない者(前号に掲げる者を除く。)
3　1項本文の規定の適用を受けない会社が発行者である有価証券が同項1号から3号までに掲げる有価証券に該当することとなつたとき(内閣府令で定める場合を除く)は、当該会社は、内閣府令で定めるところにより、その該当することとなつた日の属する事業年度の直前事業年度に係る有価証券報告書を、遅滞なく、内閣総理大臣に提出しなければならない。
4　1項4号に規定する所有者の数の算定に関し必要な事項は、内閣府令で定める。
※内閣府令:特定有価証券開示府令22条1項
1　金商法24条5項において準用する同条1項(27条において準用する場合を含む。次項及び次条において同じ。)又は3項の規定により有価証券報告書を提出すべき特定有価証券の発行者は、次の各号に掲げる特定有価証券の区分に応じ、当該各号に定める様式により有価証券報告書3通を作成し、関東財務局長に提出しなければならない。
1号　内国投資信託受益証券　第7号様式

＜国内投資信託の記載内容(第7号様式)＞

第一部【ファンド情報】	
第1　【ファンドの状況】	

1	【ファンドの状況】	(1) 【ファンドの目的及び基本的性格】 (2) 【ファンドの沿革】 (3) 【ファンドの仕組み】
2	【投資方針】	(1) 【投資方針】 (2) 【投資対象】 (3) 【運用体制】 (4) 【分配方針】 (5) 【投資制限】
3	【投資リスク】	
4	【手数料等及び税金】	(1) 【申込手数料】 (2) 【換金（解約）手数料】 (3) 【信託報酬等】 (4) 【その他の手数料等】 (5) 【課税上の取扱い】
5	【運用状況】	(1) 【投資状況】 (2) 【投資資産】 　① 【投資有価証券の主要銘柄】 　② 【投資不動産物件】 　③ 【その他投資資産の主なもの】 (3) 【運用実績】 　① 【純資産の推移】 　② 【分配の推移】 　③ 【収益率の推移】 (4) 【設定及び解約の実績】
第2　【管理及び運営】 　1　【申込（販売）手続等】		
2	【換金（解約）手続等】	
3	【資産管理等の概要】	(1) 【資産の評価】 (2) 【保管】 (3) 【信託期間】 (4) 【計算期間】 (5) 【その他】
4	【受益者の権利等】	
第3　【ファンドの経理状況】 　1　【財務諸表】		(1) 【貸借対照表】 (2) 【損益及び剰余金計算書】 (3) 【注記表】 (4) 【附属明細表】
2	【ファンドの現況】	【純資産計算書】平成　年　月　日 　Ⅰ　資産総額

		Ⅱ　負債総額 Ⅲ　純資産総額（Ⅰ－Ⅱ） Ⅳ　発行済数量 Ⅴ　1単位当たり純資産額（Ⅲ／Ⅳ）
	第4　【内国投資信託受益証券事務の概要】	
第二部【委託会社等の情報】		
	第1　【委託会社等の概況】 　　1　【委託会社等の概況】	
	2　【事業の内容及び営業の概況】	
	3　【委託会社等の経理状況】	(1)　【貸借対照表】 (2)　【損益計算書】 (3)　【株主資本等変動計算書】
	4　【利害関係人との取引制限】	
	5　【その他】	
	第2　【その他の関係法人の概況】 　　1　【名称、資本金の額及び事業の内容】	
	2　【関係業務の概要】	
	3　【資本関係】	
	第3　【参考情報】	

プロセス45　運用報告書の作成

● ワンポイント

　運用報告書は、受益者の投資判断（追加購入、解約、継続保有の判断）に影響を与えるものであり、記載を誤らぬよう事前チェックを行う等の注意を要する（善管注意義務）。また、投信会社の忠実義務の履行状況を明らかにする目的もある。

● **該当条文**

① 運用報告書の交付等（投信法14条）
② 投信協会ルール「投資信託及び投資法人に係る運用報告書に関する規則」2章・3章
③ 投信協会ルール「投資信託及び投資法人に係る運用報告書に関する規則に関する細則」2～10条
④ 様式等（投信協会「投資信託及び投資法人に係る運用報告書に関する委員会決議」1項・2項）

● **解　説**

① 運用報告書の交付等（投信法14条）

項　目	概　要
運用報告書の交付等（投信法14条）	1　投資信託委託会社は、その運用の指図を行う投資信託財産について、内閣府令で定めるところにより、当該投資信託財産の計算期間の末日（内閣府令で定める投資信託財産にあつては、内閣府令で定める期日。2号において「作成期日」という。）ごとに、運用報告書を作成し、当該投資信託財産に係る知れている受益者に交付しなければならない。ただし、次に掲げる場合は、この限りでない。 ※内閣府令：投信計算規則58条（運用報告書の表示事項等） ※内閣府令：投信計算規則59条（運用報告書の作成等の期日） 　一　受益証券の取得の申込みの勧誘が適格機関投資家私募の方法により行われたものであつて、投資信託約款において運用報告書を交付しない旨を定めている場合 　二　受益者の同居者が確実に当該運用報告書の交付を受けると見込まれる場合であつて、かつ、当該受益者が当該運用報告書の交付を受けないことについてその作成期日までに同意している場合（当該作成期日までに当該受益者から当該運用報告書の交付の請求があつた場合を除く。） 　三　前二号に掲げる場合のほか、運用報告書を受益者に交付しなくても受益者の保護に欠けるおそれがないものとして内閣府令で定める場合 2　5条2項の規定は、前項の規定による運用報告書の交付について準用する。 3　投資信託委託会社は、1項の運用報告書を作成したときは、遅滞なく、これを内閣総理大臣に届け出なければならない。 4　金商法42条の7の規定は、投資信託委託会社がその運用の指図を行う投資信託財産については、適用しない。

② 「投資信託及び投資法人に係る運用報告書等に関する規則」2章・3章
③ 「投資信託及び投資法人に係る運用報告書等に関する規則に関する細則」2～10条
④ 「投資信託及び投資法人に係る運用報告書等に関する委員会決議」1項・2項（様式等）

項　目	概　要
投資信託（日々決算を行う追加型公社債投資信託及び不動産投資信託を除く）の運用報告書の表示事項等（「投資信託及び投資法人に係る運用報告書等に関する規則」2章）	投資信託（日々決算を行う追加型公社債投資信託及び不動産投資信託を除く）の運用報告書の表示事項等（「投資信託及び投資法人に係る運用報告書等に関する規則」2章）

規　則	内　容
2	表紙の表示事項
3	本文中に表示すべき事項及び表示順 ＊細則2条（組入れ資産の売買状況等） ＊細則3条（派生商品の取引状況等） ＊細則4条（主要な売買銘柄） ＊細則5条（利害関係人との取引状況等） ＊細則6条（組入れ資産の明細） ＊細則7条（投資信託財産の構成） ＊細則7条の2（分配原資の内訳）
4	親投資信託に係る開示
5	選択型の追加型投資信託
6	ファンド・オブ・ファンズの特例等
7	財形給付金ファンド
8	運用報告書の様式等 ＊委員会決議1
9	運用報告書の規格
10	運用報告書の交付 ＊細則8条（運用報告書の交付を要しない場合） ＊細則9条（取りまとめ交付の受益者確認）

項　目	概　要
公社債への投資運用を目的とする追加型投資信託であって日々決算を行う投資信託の表示事項（「投資信	公社債への投資運用を目的とする追加型投資信託であって日々決算を行う投資信託の表示事項（「投資信託及び投資法人に係る運用報告書等に関する規則」3章）

規　則	内　容
11	表紙の表示事項

	12	本文中に表示すべき事項 ＊細則10条（日々決算型公社債投信の組入債券の個別銘柄明細）
託及び投資法人に係る運用報告書等に関する規則」3章）	13	MMFの追加表示事項
	14	様式及び表示要領 ＊委員会決議2
	15	運用報告書の交付

プロセス46　MMF等月次開示

● ワンポイント
MMFとMRFは日々決算を行っているが、開示は月次とされている。

● 該当条文
① 投信協会ルール「投資信託及び投資法人に係る運用報告書に関する規則」4章
② 投信協会ルール「投資信託及び投資法人に係る運用報告書に関する規則に関する細則」11条・11条の2
③ 様式等（投信協会「投資信託及び投資法人に係る運用報告書に関する委員会決議」3項）

● 解　説

項　目	概　要		
MMF及びMRFの月次開示の表示事項（「投資信託及び投資法人に係る運用報告書に関する規則」4章）	MMF及びMRFの月次開示の表示事項（「投資信託及び投資法人に係る運用報告書に関する規則」4章）		
	規　則	内　容	
	16条	MMFの月次開示 ＊細則11条（MMFの月次開示の表示事項） ＊委員会決議3	
	16条の2	MRFの月次開示 ＊細則11条の2（MRFの月次開示の表示事項） ＊委員会決議3	
	17条	月次開示の方法	

プロセス47　適時開示

● ワンポイント

投信協会ルールで一括発注の開示や適時開示が求められている事項があり、注意を要する。「月報」を発行する根拠規定が、この適時開示の規定である。また、金融庁が公表した平成23事務年度金融商品取引業者等向け監督方針においては、商品の販売後の丁寧な顧客管理（アフターケア）の重要性が強調され、投信協会においても市況の急変時の市場動向・基準価額状況等に関する販売会社への適時適切な情報提供を促す対応策が導入された。これらを受け、投信委託会社においてはアフターケアへの一層の重点化に対応した適切な内容・方法による適時開示の運営が求められる。

● 該当条文

① MMF・MRF の月次開示（投信協会ルール「投資信託及び投資法人に係る運用報告書に関する規則」4章）
② 投信協会ルール「投資信託及び投資法人に係る運用報告書に関する規則に関する細則」11条・11条の2
③ 適時開示（投信協会ルール「投資信託及び投資法人に係る運用報告書に関する規則」5章）
④ 任意開示対象投信（投信協会ルール「投資信託及び投資法人に係る運用報告書に関する規則に関する細則」12条）
⑤ 一括発注の開示（投信協会ルール「投資信託及び投資法人に係る運用報告書に関する規則」27条の2）
⑥ MMF・MRF の開示（投信協会ルール「MMF 等の運営に関する規則」16条・27条の2）

● 解　説

項　目	概　要		
上記①② MMF・MRF の月次開示	「投資信託及び投資法人に係る運用報告書に関する規則」		
	規　則	内　容	
	16条	MMF の月次開示 ＊細則11条（MMF の月次開示の表示項目）	
	16条の2	MRF の月次開示 ＊細則11条の2（MRF の月次開示の表示項目）	
前記③④	「投資信託及び投資法人に係る運用報告書に関する規則」第5章（適時開示）		

適時開示	規則	内　容
	18	適時開示
	19	基準価額に重大な影響を与えた内容の開示
	20	任意開示投資信託 ＊細則12条（任意開示対象投資信託）

前記⑤ 一括発注の開示	「投資信託及び投資法人に係る運用報告書に関する規則」（一括発注の開示）	
	規則	内　容
	27の2	一括発注の開示

前記⑥ MMF・MRFの開示	「MMF等の運営に関する規則」（MMF・MRFの開示）	
	規則	内　容
	16	開示に関する事項 ＊運用報告書規則13条（MMFの追加表示事項）
	27の2	開示に関する事項（16条2項の規定はMRFの月次開示について準用）

プロセス48　利益相反のおそれのある取引

● ワンポイント

利益相反のおそれがある取引を行った場合には投信法に基づき書面の交付が必要。当然のこととして、利益相反が生じていた場合には忠実義務違反となるため、当該書面は生じていないことを明らかにすることを目的とする。

● 該当条文

① 投信法13条（投信法13条の交付書面）
② 投信協会ルール　「投資信託等の運用に関する規則」5条

● 解　説

項　目		概　要
利益相反のお	1	投資信託委託会社は、次の各号に掲げる取引が行われたときは、内閣府令で定め

それがある場合の受益者等への書面の交付（投信法13条）	るところにより、当該取引に係る事項を記載した書面を、当該各号に定める投資信託財産に係るすべての受益者（政令で定める者を含む。）に対して交付しなければならない。ただし、当該投資信託財産についてその受益証券の取得の申込みの勧誘が公募の方法により行われたものである場合には、当該各号に定める投資信託財産に係る知れている受益者（政令で定める者を含む。）に対して交付しなければならない。	
	一	自己の計算で行つた特定資産（不動産その他の政令で定めるものに限る。以下この号及び次号において同じ。）の売買その他の政令で定める取引　当該特定資産と同種の資産を投資の対象とする委託者指図型投資信託に係る投資信託財産
	二	運用の指図を行う投資信託財産と自己又はその取締役若しくは執行役、運用の指図を行う他の投資信託財産（当該投資信託委託会社が資産運用会社である場合にあつては、資産の運用を行う投資法人を含む。次号において同じ。）、利害関係人等その他の政令で定める者との間における特定資産の売買その他の政令で定める取引　当該運用の指図を行う投資信託財産及び当該特定資産と同種の資産を投資の対象とする委託者指図型投資信託に係る他の投資信託財産
	三	前号に掲げるもののほか、運用の指図を行う投資信託財産と自己又はその取締役若しくは執行役、運用の指図を行う他の投資信託財産、利害関係人等その他の政令で定める者との間における特定資産（指定資産及び内閣府令で定めるものを除く。）の売買その他の政令で定める取引　当該運用の指図を行う投資信託財産
	2　5条2項の規定は、前項の規定による書面の交付について準用する。この場合において、同条2項中「受益証券を取得しようとする者」とあるのは、「受益者」と読み替えるものとする。	
	3　前二項の規定は、次に掲げる場合には、適用しない。	
	一	投資信託財産についてその受益証券の取得の申込みの勧誘が適格機関投資家私募の方法により行われるものであつて、投資信託約款において1項の書面を交付しない旨を定めている場合
	二	投資信託財産についてその受益証券が金商法4条3項に規定する特定投資家向け有価証券に該当するものであつて、1項の書面に記載すべき事項に係る情報が同法27条の32第1項に規定する発行者情報として同項又は同条2項の規定によりすべての受益者（政令で定める者を含む。）に提供され、又は公表される場合（投資信託約款において1項の書面の交付に代えて当該情報の提供又は公表が行われる旨を定めている場合に限る。）
利害関係人との取引の指図	「投資信託等の運用に関する規則」5条 　委託会社は、投資信託財産と利害関係人との取引若しくは利害関係人が発行する有価証券等の取得又は処分に係る指図を行うに当たっては、受益者に対する忠実義務に十分留意するものとする。	

プロセス49　セミナー（運用実績報告）

● ワンポイント

　勧誘目的ではない運用セミナーであっても、追加型投信の場合には追加購入の判断を誘引する可能性があり、注意を要する。また、受益者の損益は、購入の判断だけではなく解約の判断（タイミング等）によっても変化する。よって、追加購入はできない単位型投信であっても、中途解約（注：中途解約が可能な日を投信業界では解約の「窓開き日」等と呼ぶ）ができる投信である場合には、運用セミナーでの提供情報が中途解約の判断を誘引する可能性がある点にも注意を要する。

● 該当条文

　投信協会ルール「広告等に関するガイドライン」参考
　投信協会ルール　「販売用資料におけるファンドの運用実績等の比較について」参考

プロセス50　FM等の変更等

● ワンポイント

　いわゆるスターファンドマネージャーの交代等は受益者にとって投資判断上の重要事項である場合があり、法的な定めはないものの、受益者保護上十分な措置を取る必要がある。

● 該当条文
① 変更登録等（金商法31条）

● 解　説

項　目	概　要
変更登録等 （金商法31条）	1　金融商品取引業者は、29条の2第1項各号（5号を除く）に掲げる事項について変更があつたときは、その日から2週間以内に、その旨を内閣総理大臣に届け出なければならない。 2　内閣総理大臣は、前項の規定による届出を受理したときは、届出があつた事項を金融商品取引業者登録簿に登録しなければならない。 3　金融商品取引業者は、29条の2第2項2号に掲げる書類に記載した業務の内容又は方法について変更があつたときは、内閣府令で定めるところにより、遅滞なく、その旨を内閣総理大臣に届け出なければならない。 4　金融商品取引業者は、29条の2第1項5号に掲げる事項について変更をしようと

	するときは、内閣府令で定めるところにより、内閣総理大臣の行う変更登録を受けなければならない。
	5　29条の3及び29条の4の規定は、前項の変更登録について準用する。この場合において、29条の3第1項中「次に掲げる事項」とあるのは「変更に係る事項」と、29条の4第1項中「次の各号」とあるのは「次の各号（1号イからハまで、2号及び3号を除く。）」と読み替えるものとするほか、必要な技術的読替えは、政令で定める。
	6　30条1項の認可を受けた金融商品取引業者は、3項の規定にかかわらず、当該認可を受けた業務に係る損失の危険の管理方法、売買価格の決定方法、受渡しその他の決済の方法その他内閣府令で定める業務の内容及び方法を変更しようとする場合においては、内閣総理大臣の認可を受けなければならない。

プロセス51　協会宛定期報告

● **ワンポイント**

投資信託協会では、会員の実態把握や統計データを収集するため、会員である投信会社に各種報告を義務付けている。

● **該当条文**

投信協会ルール「投資信託及び投資法人に係る報告に関する規則」と「同細則」

● **解　説**

項　目	概　要	
投資信託及び投資法人に係る報告に関する規則	投資信託及び投資法人に係る報告に関する規則（1～6条）	
	規　則	内　容
	1	目的
	2	投資信託等の定期報告 ＊細則2条（投資信託等に係る報告書等の様式等）
	2の2	交付目論見書のURL等の報告
	3	不動産投信等の定期報告 ＊細則3条（不動産投信等に係る報告書等の様式等）
	4	細則
	5	その他

| | 6 | 所管委員会への委任 | |

プロセス52　ファンドモニタリング報告

● ワンポイント

金融庁では平成22年から投資信託のモニタリングを実施しており、そのためのデータ提供義務を監督指針に規定。

● 該当条文

「金融商品取引業者等向けの総合的な監督指針」Ⅱ－1－1－(4)

2.7 法定帳簿 《プロセス53 － 55》

プロセス53　帳簿書類の作成・保存

● ワンポイント

法定帳簿は投信会社の忠実義務や善管注意義務の証拠となるものであり、当局検査の対象であるだけでなく、受益者の閲覧請求権行使時には閲覧謄写の対象となる。法定の保存期間が設けられているが、それに限らず事後的に必要となる可能性が具体的に想定されるような場合には保存を要する。運用外部委託先にも同様の保存を義務づける（又は運用外部委託元で代替保存）。

● 該当条文
① 業務に関する帳簿書類（金商法47条）
② 投資信託財産に関する法定帳簿（投信法15条）

● 解　説

項　目	概　要
業務に関する帳簿書類（金商法47条）	金融商品取引業者（第一種金融商品取引業を行う者を除く。以下この款において同じ。）は、内閣府令で定めるところにより、その業務に関する帳簿書類を作成し、これを保存しなければならない。 ※内閣府令：金商業等府令181条（業務に関する帳簿書類）
投資信託財産に関する法定	1　投資信託委託会社は、内閣府令で定めるところにより、投資信託財産に関する帳簿書類を作成し、これを保存しなければならない。

帳簿（投信法15条）	※内閣府令：投信法規則26条
	2　委託者指図型投資信託の受益者は、投資信託委託会社に対し、その営業時間内に、当該受益者に係る投資信託財産に関する帳簿書類の閲覧又は謄写を請求することができる。 ＜投資信託財産に関する帳簿書類＞投信法規則26条 1　投信法15条1項の規定により投資信託委託会社が作成すべき帳簿書類は、次に掲げるものとする。 　　1　信託勘定元帳 　　2　分配収益明細簿 　　3　投資信託財産明細簿 　　4　不動産の収益状況明細表 　　5　繰延資産の償却状況表 　　6　受益権原簿 　　7　受益証券基準価額帳 　　8　投資信託財産運用指図書 　　9　一部解約価額帳（投資信託約款において、基準価額以外の価額をもって一部解約に応じることとしている委託者指図型投資信託の場合に限る。） 　　10　特定資産の価格等の調査結果等に関する書類 2　前項各号に掲げる帳簿書類は、別表第一により作成し、当該投資信託財産の計算期間の終了後又は信託契約期間の終了後10年間これを保存しなければならない。 3　外国法人である投資信託委託会社にあっては、1項各号に掲げる帳簿書類は、国内における主たる営業所又は事務所が作成し、これを保存しなければならない。

プロセス54　事業報告書の提出

● ワンポイント

金商法上の要件を満たした事業報告書を提出。様式あり。

● 該当条文

① 事業報告書の提出（金商法47条の2、金商業等府令182条）

● 解　説

項　目	概　要
事業報告書の提出（金商法47条の2）	金融商品取引業者は、事業年度ごとに、内閣府令で定めるところにより、事業報告書を作成し、毎事業年度経過後3月以内に、これを内閣総理大臣に提出しなければならない。 ※内閣府令：金商業等府令182条（事業報告書）

プロセス55　説明書類の縦覧

● ワンポイント

事業報告書の記載事項の一部を記載した説明書類を、公衆開示・投資家保護の観点から営業所等に備え置き、公衆の縦覧に供する。

● 該当条文

① 説明書類の縦覧［説明書類の営業所等備え置き］（金商法47条の3、金商業等府令183条）

● 解　説

項　目	概　要
説明書類の営業所等備え置き（金商法47条の3）	金融商品取引業者は、内閣府令で定めるところにより、事業年度ごとに、前条の事業報告書に記載されている事項のうち投資者保護のため必要と認められるものとして内閣府令で定めるものを記載した説明書類を作成し、毎事業年度経過後政令で定める期間を経過した日から1年間、これをすべての営業所又は事務所に備え置き、公衆の縦覧に供しなければならない。 ※内閣府令：金商業等府令183条（説明書類の縦覧）

2.8 解約 《プロセス56 – 57》

プロセス56　解約実行請求の受付

● ワンポイント

　解約実行請求の受付場所は投信約款に規定され、募集販売契約をもって販売会社に受付と解約金の支払事務を委託。解約金は投資信託財産から信託銀行名義の当座預金（交付用口座）に移された後、販売会社の預金口座に振り込まれ、販売会社が受益者に支払う。

プロセス57　特別解約の実行請求の受付

● ワンポイント

　特別解約は投信約款上に規定されており（注：代わりに販売会社の買取りを規定したものもあり）、受益者が死亡した場合や天災等で財産の大部分を滅失した場合などに限り、解約可能時期にかかわらず解約に応じるもの。解約事由は投信協会が過去に定めたものに各投信会社が多少追加等しているものがあるが、概ね各投信委託会社とも同様の取扱いを実施している。

2.9 約款変更《プロセス58》

プロセス58　投信約款の変更（重大な約款の変更等）

● ワンポイント

　商品としての同一性を失わせる約款変更を行う場合には、重大な約款変更等の手続を要する。ただし、重大な約款変更等手続は、全受益者の意思を必ずしも能動的に確認するものではないため、入院や海外出張など何らかの理由で通知文書に気づかなかった受益者との間ではトラブルが生じる可能性もあることから、明らかに受益者不利の約款変更までをこの手続はカバー仕切れていない点に注意を要する。

● 該当条文
① 投信法16条（投資信託約款の変更内容等の届出）
② 投信法17条（投資信託約款の変更等［知れている受益者への書面通知、公告他］）
　　※投資信託約款の重大な内容の変更（投信法規則29条）
　　※電磁的方法（投信法規則30条）
　　※書面による決議の決定事項（投信法規則31条）
　　※電磁的記録（投信法規則40条）

③ 反対受益者の受益権買取請求（投信法18条）
④ 公告の方法等（投信法25条）
　※金商法施行前に設定された投資信託については、投信約款上の重大な約款変更条項を金商法に依拠するものに変更する約款変更が行われていない限り、旧投信法の規定が適用される。

● 解　説
① 変更内容等の届出（投信法16条）

項　目	概　要
変更内容等の届出（投信法16条）	投資信託委託会社は、次に掲げる場合には、あらかじめ、その旨及びその内容を内閣総理大臣に届け出なければならない。

	1	投資信託約款を変更しようとする場合
	2	委託者指図型投資信託の併合（受託者を同一とする2以上の委託者指図型投資信託の信託財産を一の新たな委託者指図型投資信託の信託財産とすることをいう。次条1項2号において同じ）をしようとする場合

② 知れている受益者への書面通知、公告他（投信法17条）

項　目	概　要
知れている受益者への書面通知、公告他（投信法17条1項〜10項）	1　投資信託委託会社は、前条各号に掲げる場合（同条1号に掲げる場合にあつては、その変更の内容が重大なものとして内閣府令で定めるもの［投信法規則29条］に該当する場合に限る。）には、次に掲げる事項を定め、書面による決議を行わなければならない。

	1	書面による決議の日
	2	投資信託約款の変更又は委託者指図型投資信託の併合（以下「重大な約款の変更等」）の内容及び理由
	3	受益者が電磁的方法（電子情報処理組織を使用する方法その他の情報通信の技術を利用する方法であつて内閣府令で定めるものをいう。3項において同じ）によつて議決権を行使することができることとするときは、その旨 　※内閣府令：投信法規則30条（電磁的方法）
	4	前三号に掲げるもののほか、内閣府令で定める事項 　※内閣府令：投信法規則31条（書面による決議の決定事項）

※内閣府令：投信法規則29条（投資信託約款の重大な内容の変更）
　法17条1項に規定する投資信託約款の変更の内容が重大なものとして内閣府令で

定めるものは、法4条2項1号、2号、5号から11号まで及び13号から15号までに掲げる事項並びに7条各号に掲げる事項の変更であって、当該投資信託約款に係る委託者指図型投資信託の商品としての同一性を失わせることとなるものとする。

2 書面による決議を行うには、投資信託委託会社は、当該決議の日の2週間前までに、知れている受益者に対し、書面をもってその通知を発しなければならない。

3 投資信託委託会社は、前項の書面による通知の発出に代えて、政令で定めるところにより、同項の通知を受けるべき者の承諾を得て、電磁的方法により通知を発することができる。この場合において、当該投資信託委託会社は、同項の書面による通知を発したものとみなす。

4 前二項の通知には、1項各号に掲げる事項を記載し、又は記録しなければならない。

5 無記名式の受益証券が発行されている場合において、書面による決議を行うには、投資信託委託会社は、当該決議の日の3週間前までに、書面による決議を行う旨及び1項各号に掲げる事項を公告しなければならない。ただし、当該投資信託委託会社がすべての受益者に対し2項の通知を発したときは、この限りでない。

6 受益者（当該投資信託委託会社を除く。）は、書面による決議において、受益権の口数に応じて、議決権を有する。

7 投資信託委託会社は、投資信託約款によつて、知れている受益者が議決権を行使しないときは、当該知れている受益者は書面による決議について賛成するものとみなす旨の定めをすることができる。この場合において、当該定めをした投資信託委託会社は、2項又は3項の通知にその定めを記載し、又は記録しなければならない。

8 書面による決議は、議決権を行使することができる受益者の半数以上であつて、当該受益者の議決権の3分の2以上に当たる多数をもつて行う。

9 信託法110条、111条、112条2項、114条、115条2項、116条1項及び2項、117条、120条並びに121条の規定は、投資信託委託会社が書面による決議を行う場合について準用する（以下、省略）。

10 前各項の規定は、投資信託委託会社が重大な約款の変更等について提案をした場合において、当該提案につきすべての受益者が書面又は電磁的記録（電子的方式、磁気的方式その他人の知覚によつては認識することができない方式で作られる記録であつて、電子計算機による情報処理の用に供されるものとして内閣府令で定めるものをいう。）により同意の意思表示をしたときその他受益者の保護に欠けるおそれがないものとして内閣府令で定める場合には、適用しない。
※内閣府令：投信法規則40条（電磁的記録）

③ 反対受益者の受益権買取請求（投信法18条）

項　目	概　要
反対受益者の受益権買取請求（投信法18条）	1　重大な約款の変更等がされる場合には、書面による決議において当該重大な約款の変更等に反対した受益者は、受託者に対し、自己の有する受益権を公正な価格で当該受益権に係る投資信託財産をもつて買い取ることを請求することができる。 2　信託法103条6項から8項まで、104条1項から10項まで、262条1項及び3項、263条並びに264条の規定は、前項の規定による請求について準用する。この場合において、同法103条6項中「第4項の規定による通知又は前項の規定による公告」とあるのは「書面による決議」と、同条8項中「重要な信託の変更等」とあるのは「重大な約款の変更等」と読み替えるものとするほか、必要な技術的読替えは、政令で定める。 ※政令：投信法施行令23条（反対受益者の受益権買取請求に関する読替え） 1　法18条2項（法54条1項において準用する場合を含む。）の規定において法18条1項（法54条1項において準用する場合を含む。）の規定による請求について信託法104条1項及び10項の規定を準用する場合におけるこれらの規定に係る技術的読替えは、次の表のとおりとする。 	読み替える信託法の規定	読み替えられる字句	読み替える字句
---	---	---
104条1項	効力発生日が	効力発生日（重大な約款の変更等がその効力を生ずる日をいう。以下この項において同じ。）が
104条10項	185条1項	投資信託及び投資法人に関する法律2条7項 | 2　法20条1項において準用する法18条2項の規定において同条1項の規定による請求について信託法104条1項及び10項の規定を準用する場合におけるこれらの規定に係る技術的読替えは、次の表のとおりとする。 | 読み替える信託法の規定	読み替えられる字句	読み替える字句
---	---	---
104条1項	効力発生日が	効力発生日（投資信託契約の解約がその効力を生ずる日をいう。以下この項において同じ。）が
104条10項	185条1項	投資信託及び投資法人に関する法律2条7項	

④　公告の方法等（投信法25条）

項　目	概　要
公告の方法等 （投信法25条）	1　投資信託委託会社（前条3項の規定により公告をする投資信託委託会社であつた法人を含む。以下この条において同じ。）がこの法律の規定によりする公告は、当該投資信託委託会社における公告の方法（次に掲げる方法のいずれかに限り、公告の期間を含む。）により、しなければならない。
	一　時事に関する事項を掲載する日刊新聞紙に掲載する方法
	二　電子公告（会社法2条34号に規定する電子公告をいう。次項において同じ。）
	2　会社法940条1項（2号及び3号を除く）及び3項、941条、946条、947条、951条2項、953条並びに955条の規定は、外国法人である投資信託委託会社が電子公告によりこの法律の規定による公告をする場合について準用する。この場合において、必要な技術的読替えは、政令で定める。

2.10　トラブル《プロセス59 − 61》

プロセス59　事　故　等

● ワンポイント

　金商法上の事故等に該当する場合には届出を要す。事故等に該当しない場合でも、受益者や投資運用業者への影響が大きい場合などは、金融庁に任意に報告することが求められる。なお、価格変動リスクや日々設定解約が生じる投信の特性等を勘案し、投資運用業における運用上の事故等による損害の補填ついては、証券事故のような事前承認を要していない。

● 該当条文
① 　権利者に対する義務［忠実義務と善管注意義務］、その他行為規制（金商法42条他）
② 　休止等の届出［事故等届出］（金商法50条1項8号）
③ 　損害賠償責任（投信法21条）

● 解　説
① 忠実義務と善管注意義務、その他行為規制（金商法42条他）
＜忠実義務と善管注意義務(金商法42条)＞　→参照解説2.4.運用《プロセス28-35》

項　目	概　要		
忠実義務と善管注意義務（金商法42条）	忠実義務（1項）	金融商品取引業者等は、権利者のため忠実に投資運用業を行わなければならない。 「権利者」とは次の(1)～(3)を指す（42条1項各号）。	
		(1)	投資法人資産運用委託契約、投資一任契約に基づく運用の場合、契約の相手方
		(2)	投資信託、外国投資信託の運用の場合、受益権等の権利者
		(3)	受益証券発行信託、信託受益権、集団投資スキームに係る運用の場合、それぞれの権利を有する者
	善管注意義務（2項）	金融商品取引業者等は、権利者に対し、善良な管理者の注意をもつて投資運用業を行わなければならない。	

＜禁止行為(金商法42条の2)＞　→参照解説プロセス30　投資判断

項　目	概　要			
禁止行為（金商法42条の2）	金融商品取引業者等は、その行う投資運用業に関して、次に掲げる行為をしてはならない。ただし、第一号及び第二号に掲げる行為にあつては、投資者の保護に欠け、若しくは取引の公正を害し、又は金融商品取引業の信用を失墜させるおそれのないものとして内閣府令で定めるものを除く。			
	1	自己取引等の禁止 　自己またはその取締役もしくは執行役との間における取引を行うことを内容とした運用を行うこと		
		＜自己取引等の禁止の適用除外（金商業等府令128条）＞		
		1	第一種金融商品取引業、第二種金融商品取引業または登録金融機関業務として、運用財産に係る有価証券の売買またはデリバティブ取引の取次ぎを行うことを内容とした運用を行うこと	
		2	次に掲げる要件のすべてを満たす取引を行うことを内容とした運用を行うこと	
			イ	個別の取引ごとにすべての権利者（当該権利者が

279

	1	2	イ	投資信託及び投資法人に関する法律2条13項に規定する登録投資法人である場合にあっては、同条16項に規定する投資主。イ、次条1項2号イ及び130条1項6号において同じ。）に当該取引の内容および当該取引を行おうとする理由の説明（(2)において「取引説明」という。）を行い、当該すべての権利者の同意（法二条八項十五号イからハまでに掲げる権利に係る契約その他の法律行為において次に掲げる事項のすべての定めがある場合において行う取引にあっては、(1)の同意を含む。）を得たものであること（(1)と(2)は省略）
			ロ	次のいずれかに該当するものであること
				(1) 取引所金融商品市場または店頭売買有価証券市場における有価証券の売買
				(2) 市場デリバティブ取引または外国市場デリバティブ取引
				(3) 前日の公表されている最終の価格に基づき算出した価額またはこれに準ずるものとして合理的な方法により算出した価額により行う取引
		3		その他投資者の保護に欠け、若しくは取引の公正を害し、又は金融商品取引業の信用を失墜させるおそれがないと認められるものとして所管金融庁長官等の承認を受けた取引を行うことを内容とした運用を行うこと
	2			運用財産相互間取引の禁止 運用財産相互間において取引を行うことを内容とした運用を行うこと ＜運用財産相互間取引の禁止の適用除外（金商業等府令129条1項）＞
		1		次に掲げる要件のすべてを満たす取引を行うことを内容とした運用を行うこと
			イ	次のいずれかの場合に該当するものであること
				(1) 一の運用財産の運用を終了させるために行うものである場合
				(2) 投資信託または外国投資信託の受益証券に係る解約金または投資証券、投資法人債券、外国投資証券、受益証券発行信

		2	1	イ	託、信託受益権、集団投資スキームの権利に係る払戻金の支払に応ずるために行うものである場合
				(3)	法令または法42の3①各号に掲げる契約その他の法律行為に定められている投資の対象とする資産の保有額または保有割合に係る制限を超えるおそれがある場合において、当該制限を超えることを避けるために行うものであるとき
				(4)	双方の運用財産について、運用の方針、運用財産の額および市場の状況に照らして当該取引を行うことが必要かつ合理的と認められる場合
			ロ		対象有価証券売買取引等であって、第三項で定めるところにより公正な価額により行うものであること
		2	次に掲げる要件のすべてを満たす取引を行うことを内容とした運用を行うこと		
			イ		個別の取引ごとに双方の運用財産のすべての権利者に当該取引の内容および当該取引を行おうとする理由の説明（(2)において「取引説明」という。）を行い、当該すべての権利者の同意（双方の運用財産の法2条8項15号イからハまでに掲げる権利に係る契約その他の法律行為において次に掲げる事項のすべての定めがある場合において同号に掲げる行為として行う取引にあっては、双方の運用財産に係る(1)の同意を含む。）を得たものであること　（(1)と(2)は省略）
			ロ		次のいずれかに該当するものであること
				(1)	取引所金融商品市場または店頭売買有価証券市場における有価証券の売買
				(2)	市場デリバティブ取引または外国市場デリバティブ取引
				(3)	前日の公表されている最終の価格に基づき算出した価額またはこれに準ずるものとして合理的な方法により算出した価額により行う取引

	2	3	その他投資者の保護に欠け、若しくは取引の公正を害し、又は金融商品取引業の信用を失墜させるおそれがないと認められるものとして所管金融庁長官等の承認を受けた取引を行うことを内容とした運用を行うこと
		\<上記運用財産相互間取引の例外の整理\> (1) 双方の運用財産の運用方針・運用財産額・市場の状況に照らして必要かつ合理的と認められる取引、かつ、合理的な価額により行う上場有価証券の売買その他一定の取引 (2) 個別取引ごとに双方の運用財産の全権利者（原則）に取引の内容・理由を説明して同意を得た取引、かつ、合理的な価額により行う取引	
	3	スキャルピングによる運用の禁止 　特定の金融商品、金融指標またはオプションに関し、取引に基づく価格、指標、数値又は対価の額の変動を利用して自己又は権利者以外の第三者の利益を図る目的をもって、正当な根拠を有しない取引を行うことを内容とした運用を行うこと	
	4	アームズ・レングス・ルールの制約 　通常の取引の条件と異なる条件で、かつ、当該条件での取引が権利者の利益を害することとなる条件での取引を行うことを内容とした運用を行うこと	
	5	運用情報を利用した自己取引の禁止 　運用として行う取引に関する情報を利用して、自己の計算において有価証券の売買その他の取引等を行うこと	
	6	損失補てんの禁止 　運用財産の運用として行つた取引により生じた権利者の損失の全部若しくは一部を補てんし、又は運用財産の運用として行った取引により生じた権利者の利益に追加するため、当該権利者または第三者に対し、財産上の利益を提供し、又は第三者に提供させること（事故による損失の全部または一部を補てんする場合を除く。）	
	7	その他内閣府令で定める投資運用業に関する禁止行為（金商業等府令130条） 　前各号に掲げるもののほか、投資者の保護に欠け、若しくは取引の公正を害し、又は金融商品取引業の信用を失墜させるものとして内閣府令で定める行為	
		\<内閣府令：金商業等府令130条1項（投資運用業に関する禁止行為）\>	
			1	自己の監査役（委員会設置会社にあっては、会社法400条4項に規定する監査委員。134条1項6号イにおいて同じ。）、役員に類する役職にある者または使用人との間における取引を行うことを内容とした運用を行うこと（128条各号に掲げる行為を除く。）

		7	2	自己または第三者の利益を図るため、権利者の利益を害することとなる取引を行うことを内容とした運用を行うこと
			3	第三者の利益を図るため、その行う投資運用業に関して運用の方針、運用財産の額または市場の状況に照らして不必要な取引を行うことを内容とした運用を行うこと（法44条の3第1項3号及び2項3号に掲げる行為を除く。）
			4	他人から不当な取引の制限その他の拘束を受けて運用財産の運用を行うこと
			5	有価証券の売買その他の取引等について、不当に取引高を増加させ、または作為的な値付けをすることを目的とした取引を行うことを内容とした運用を行うこと
			6	第三者の代理人となって当該第三者との間における取引を行うことを内容とした運用を行うこと（第一種金融商品取引業、第二種金融商品取引業又は登録金融機関業務として当該第三者を代理して行うもの並びにあらかじめ個別の取引ごとにすべての権利者に当該取引の内容及び当該取引を行おうとする理由を説明し、当該権利者の同意を得て行うものを除く。）
			7	運用財産の運用に関し、取引の申込みを行った後に運用財産を特定すること
			8	運用財産（法2条8項14号に掲げる行為を行う業務に係るものに限る。以下この号及び次項において同じ。）に関し、金利、通貨の価格、金融商品市場における相場その他の指標に係る変動その他の理由により発生し得る危険に対応する額としてあらかじめ金融商品取引業者等が定めた合理的な方法により算出した額が当該運用財産の純資産額を超えることとなる場合において、デリバティブ取引（新株予約権証券又はオプションを表示する証券若しくは証書に係る取引及び選択権付債券売買を含む。）を行い、または継続することを内容とした運用を行うこと （注）　本号は、運用財産に係る受益証券について、その取得の申込みの勧誘が有価証券の私募により行われている場合には、適用されない（金商業等府令130条2項）。つまり、運用財産についてリスク額が純資産額を超える場合におけるデリバティブ取引が禁止されるのは公募型投資信託の場合であり、当該規定は、旧投信法施行規則27条1項5号・同80条1項5号に代わる規定といえる。
			9	次に掲げる者が有価証券の引受け等（法2条8項6号から9号までに掲げる行為をいう。147条4号、153条1項13号及び154条7号において同じ。）を行っている場合において、当該者に対する当該有価証券の取得または買付けの申込みの額が当該者が予定していた額に達しないと見込まれる状況の下で、当該者の要請を受けて、当該有価証券を取得し、又は買い付けるこ

	7	とを内容とした運用を行うこと	
			イ	当該金融商品取引業者の関係外国法人等
			ロ	直近2事業年度において法2条8項1号から3号まで、同8号及び9号に掲げる行為を行った運用財産に係る有価証券の合計額が当該2事業年度において発行された運用財産に係る有価証券の額の100分の50を超える者
	10	法42条の3第1項の規定により権利者のため運用を行う権限の全部又は一部の委託を行う場合において、当該委託を受けた者が当該委託に係る権限の再委託をしないことを確保するための措置を講ずることなく、当該委託を行うこと	
	11	法42条の5ただし書の規定により取引の決済のため顧客からその計算に属する金銭又は有価証券を自己の名義の口座に預託を受ける場合において、当該取引の決済以外の目的で当該口座を利用し、又は当該金銭若しくは有価証券を当該取引の決済のため必要な期間を超えて当該口座に滞留させること	

② 事故等届出（金商法50条1項8号）

項　目	概　要
事故等届出（金商法50条1項8号）	1　金融商品取引業者等は、次の各号のいずれかに該当することとなつたときは、遅滞なく、その旨を内閣総理大臣に届け出なければならない。 八　その他内閣府令で定める場合に該当するとき。 ※内閣府令：金商業等府令199条 　金融商品取引業者にあっては、法50条1項8号に規定する内閣府令で定める場合は、次に掲げる場合とする。

	1	法29条の4第1項1号イ（法に相当する外国の法令の規定に係る部分に限る。）若しくはロ、3号（重要な使用人に係る部分を除く。）又は4号に該当することとなった場合
	2	役員又は重要な使用人が法29条の4第1項2号イからトまでのいずれかに該当することとなった事実を知った場合
	3	他の法人その他の団体が、親法人等又は子法人等に該当し、又は該当しないこととなった場合
	4	他の法人その他の団体が、持株会社に該当し、又は該当しないこととなった場合

	5		破産手続開始、再生手続開始又は更生手続開始の申立てが行われた事実を知った場合（外国法人にあっては、本店の所在する国において当該国の法令に基づき同種類の申立てが行われた事実を知った場合を含む。）
	6		定款を変更した場合
	7		役職員に法令等に反する行為（金融商品取引業又はこれに付随する業務以外の業務に係るものにあっては、当該金融商品取引業者の業務の運営又は財産の状況に重大な影響を及ぼすおそれのあるものに限る。以下この条において「事故等」）があったことを知った場合（事故等が118条1号イからニまで若しくは2号イ若しくはロに掲げる行為又は同号ハに掲げる行為（法令に違反する行為を除く。）であって、過失による場合を除く。次号において同じ。）
	8		前号の事故等の詳細が判明した場合
	9		訴訟若しくは調停（金融商品取引業又はこれに付随する業務以外の業務に係るものにあっては、当該金融商品取引業者の業務の運営又は財産の状況に重大な影響を及ぼすおそれがあるものに限る。）の当事者となった場合又は当該訴訟若しくは調停が終結した場合
	10		外国法人又は外国に住所を有する個人にあっては、法に相当する外国の法令に基づく行政官庁の不利益処分を受けた場合（法29条の4第1項1号イに該当する場合を除く。）
	11		第一種金融商品取引業又は投資運用業を行う者にあっては、次に掲げる場合
		イ	法29条の4第1項5号イ又はロに該当することとなった場合
		ロ	純財産額が資本金の額に満たなくなった場合（イに該当する場合を除く。）
		ハ	主要株主が法29条の4第1項5号ニ(1)もしくは(2)又はホ(1)から(3)までのいずれかに該当することとなった事実を知った場合（外国法人にあっては、主要株主に準ずる者が同号ヘの確認が行われていない者に該当することとなった事実を知った場合）
		ニ	自己を所属金融商品取引業者等とする金融商品仲介業者が訴訟若しくは調停（金融商品仲介業に係るものに限る。）の当事者となったことを知った場合又は当該訴訟若しくは調停が終結したことを知った場合
		ホ	自己を所属金融商品取引業者等とする金融商品仲介業者又はその役職員に事故等があったことを知った場合（事故等が118条1号イからニまで若しくは2号イ若しくはロに掲げる行為又は同号ハに掲げる行為（法令に違反する行為を除く。）であって、過失による場合を除く。ヘにおいて同じ。）

		ヘ	ホの事故等の詳細が判明した場合
		ト	金融商品仲介業者に法2条11項各号に掲げる行為に係る業務の委託を行った場合又は当該委託を行わなくなった場合
		チ	外国において駐在員事務所を設置又は廃止した場合
	12	第一種金融商品取引業を行う者にあっては、次に掲げる場合	
		イ	劣後特約付借入金を借り入れた場合又は劣後特約付社債を発行した場合
		ロ	劣後特約付借入金について期限前弁済をした場合又は劣後特約付社債について期限前償還をした場合(期限のないものについて弁済又は償還をした場合を含む。)

③ 損害賠償責任（投信法21条）

項　目	概　要
投資信託委託会社の責任（投信法21条）	投資信託委託会社（当該投資信託委託会社からその運用の指図に係る権限の全部又は一部の委託を受けた2条1項に規定する政令で定める者を含む。）がその任務を怠ったことにより運用の指図を行う投資信託財産の受益者に損害を生じさせたときは、その投資信託委託会社は、当該受益者に対して連帯して損害を賠償する責任を負う。

プロセス60　苦情等・あっせん

● ワンポイント

　平成22年からFINMACによるあっせん申立ての対象となった。苦情等の定義は投信協会ルールに定められており、会員である投信会社はFINMACへの協力義務、あっせん手続への参加義務等が課されている。

● 該当条文
① 投信協会ルール「苦情及び紛争の解決のための業務委託等に関する規則」
② 投信協会ルール「正会員の個人情報の取扱いに関する苦情処理規則」

● 解　説
投信協会ルール「苦情及び紛争の解決のための業務委託等に関する規則」

項　目	概　要
附則	1　この改正は、本会が別に定める日（以下「実施日」という。）から実施する。 2　苦情の解決等に関する規則に関する細則（平成15年4月18日制定）は、本則の改正に伴い、実施日をもって廃止する。 3　前2項の規定にかかわらず、実施日の前日において本会に対し現にあっせんが求められ、改正前の12条に規定する仲裁センターへ業務委託しているあっせんについては、当該あっせんのすべての事案が終結するまでの間、改正及び廃止前の規定は、なおその効力を有する。実施日の前日において本会に対し現に申し出られている苦情についても同様とする。 ＊実施日は、特定非営利活動法人証券・金融商品あっせん相談センターの業務開始日（平成22年2月1日）とする。

プロセス61　訴　訟

● ワンポイント
　訴訟等を提起された場合や提起した場合には金融庁等への届出を要し、終結時にも届出を要する。投信会社は実務上、振替受益権の発行者として取り扱われており、社振法との関係上、第三債務者とされる可能性がある。

● 該当条文
① 　裁判所規則への委任（「社債、株式等の振替に関する法律」280条）

● 解　説

項　目	概　要
最高裁判所規則への委任	・社債、株式等の振替に関する法律280条 　振替社債等に関する強制執行、仮差押え及び仮処分の執行、競売並びに没収保全に関し必要な事項は、最高裁判所規則で定める。

2.11　償還《プロセス62 − 64》

プロセス62　繰上げ償還

● ワンポイント
　投信約款上に繰上償還条項（例：5億円を下回った場合には可能とする）が定められている場合であっても、投信法20条等を考慮し、重大な約款変更等手続により受

益者の意思確認を経て行う場合が多い模様。

● 該当条文
① 解約の届出（投信法19条）
② 投資信託約款の解約等（投信法20条）
　　※投信法施行令21条
　　※解約の届出が不要な場合等（投信法規則43条）
　　※金商法施行前に設定された投資信託については、投信約款上の繰上償還条項を金商法に依拠するものに変更する約款変更が行われていない限り、旧投信法の規定が適用される。

● 解　説

項　目	概　要
投資信託契約の解約の届出（投信法19条）	投資信託委託会社は、投資信託契約を解約しようとするときは、あらかじめ、その旨を内閣総理大臣に届け出なければならない。
投資信託契約の解約等（投信法20条）	1　17条及び18条の規定は、投資信託委託会社が投資信託契約を解約しようとする場合について準用する。この場合において、17条1項2号中「内容及び理由」とあるのは「理由」と読み替えるものとするほか、必要な技術的読替えは、政令で定める。 2　前項の規定は、受益者の保護に欠けるおそれがないものとして内閣府令で定める場合には、適用しない。 ※政令：投信法施行令21条（書面による決議に関する読替え） ※内閣府令：投信法規則43条（投資信託契約の解約の届出が不要な場合等） ＜投信法規則43条：投資信託契約の解約の届出が不要な場合＞ <table><tr><td>1</td><td>投資信託契約の解約をしようとする投資信託財産の状態に照らし、真にやむを得ない事情が生じている場合であって、法20条1項において準用する法17条の規定による投資信託契約の解約の手続を行うことが困難な場合</td></tr><tr><td>2</td><td>一定の条件を満たした場合には投資信託契約の解約を行う旨があらかじめ投資信託約款に定められている場合であって、当該一定の条件を満たして行われる投資信託契約の解約である場合</td></tr></table>

プロセス63　償還（償還報告書の作成）

● ワンポイント
　解約金や償還金はその全額を販売会社に振り込み、それを販売会社が各受益者に

口数に応じ支払うが、支払う際の調整上生じる金額（通常は10円未満）は販売会社が負担する実務となっている。

● 該当条文
① 解約の届出（投信法19条）
　※償還報告書の作成…運用報告書を参照

● 解　説

項　目	概　要
投資信託契約の解約の届出（投信法19条）	投資信託委託会社は、投資信託契約を解約しようとするときは、あらかじめ、その旨を内閣総理大臣に届け出なければならない。

プロセス64　未払償還金等

● ワンポイント
　銀行が販売会社の場合は、当該銀行にある受益者の預金口座に償還金等を振り込むため、当該銀行が受益者に払えずに長く償還金等を預かるというような問題はまず生じないが、証券会社が販売会社の場合には、受益者が証券会社に連絡なく償還金等の振込先預金口座を閉鎖したりするケースがあることから、償還金等の支払いができないケースがある。この場合、一定期間が経過後に投信会社に未払い相当額が渡され、投信会社はこれを時効まで預かる実務が存在している。なお、この預かり金は本質的には受益者のものであるため、本来ならば顧客分別金信託を設け保全すべきところではあるが、直販の場合と異なり投信会社が支払うべき受益者を把握していないことから、信託銀行が受益者確認義務等を果たせない等として他益信託での受託ができないという事態が生じている。

2.12　直販《プロセス65 − 66》

プロセス65　販売勧誘

● ワンポイント
　第二種金融商品取引業としての取得勧誘等（転売を目的としない買取りを含む）を行う。

● 該当条文
① 自己募集（金商法28条2項1号他）

② 営業役職員の届出等(投信協会ルール「受益証券等の直接募集及び解約等に関する規則」と「同細則」)
③ 投信協会ルール「受益証券等の乗換え勧誘時の説明義務に関するガイドライン」

● 解　説
① 自己募集(金商法28条2項1号他)

項　目	概　要
自己募集(金商法28条2項1号)	2項　この章において「第二種金融商品取引業」とは、金融商品取引業のうち、次に掲げる行為のいずれかを業として行うことをいう。 一　有価証券の募集・私募(いわゆる自己募集、法2条8項7号に掲げる行為)

② 営業役職員の届出等(投信協会ルール「受益証券等の直接募集等に関する規則」と「同細則」)

項　目	概　要	
「受益証券等の直接募集等に関する規則」	第1章　総則	
	1	目的
	1の2	直接募集等の基本方針
	第2章　投資勧誘	
	2	法令等の遵守
	3	勧誘の方針等
	4	自己責任原則の徹底等
	第3章　服務基準	
	5	禁止行為
	第4章　顧客管理	
	6	顧客の登録
	6の2	勧誘開始基準

	7	顧客の本人確認等
	8	暴力団員等との取引の抑制
	9	取引の安全性の確保
	10	顧客管理体制の整備

第5章　受益証券等の預託の受入れの禁止及び金銭の分別保管		
	11	受益証券等の預託の受入れの禁止 ＊細則2条
	12	分別管理 ＊顧客分別金信託に関する細則

第6章　書面の電磁的方法による提供等の取扱い		
	12の2	書面の電磁的方法による提供等の取扱い

第7章　雑則		
	13	店舗借りによる直接募集等
	13の2	追加型投資信託の収益分配金による再投資
	14	営業役職員の届出等 ＊細則3条
	15	細則
	16	その他
	17	所管委員会への委任

プロセス66　顧客分別金信託

● ワンポイント

　直接募集による受益者への解約金等の支払いに際しては金商法に定める顧客分別金信託を設けることが必要。

● **該当条文**
① 適合性原則等（金商法40条2号、金商業等府令123条1項10号）
② 分別管理（投信協会ルール「受益証券等の直接募集等に関する規則」12条と「同細則」2条）
③ 要件等（投信協会ルール「受益証券等の直接募集等に係る顧客分別金信託に関する細則」）

● **解　説**

項　目	概　要
該当してはならない業務運営状況（禁止状況）（金商法40条2号）	40条　金融商品取引業者等は、業務の運営の状況が次の各号のいずれかに該当することのないように、その業務を行わなければならない。 二　前号に掲げるもののほか、業務に関して取得した顧客に関する情報の適正な取扱いを確保するための措置を講じていないと認められる状況、その他業務の運営の状況が公益に反し、又は投資者の保護に支障を生ずるおそれがあるものとして内閣府令で定める状況にあること。 ※内閣府令：金商業等府令123条1項10号（業務の運営の状況が公益に反し又は投資者の保護に支障を生ずるおそれがあるもの） 　金融商品取引業者が投資信託受益証券の募集等またはその転売を目的としない買取りその他これに類する行為を行い、当該行為に関して顧客（特定投資家を除く）の応募代金等の預託を受ける場合において、当該預託を受けた金銭について、法43条の2第2項に規定する方法に準じた方法により、当該金融商品取引業者が金融商品取引業を廃止した場合その他金融商品取引業を行わないこととなった場合に当該顧客に返還すべき額に相当する金銭を管理することを目的として、国内において、信託会社又は信託業務を営む金融機関に信託をしていない状況
分別管理（「受益証券等の直接募集等に関する規則」12条）	「受益証券等の直接募集等に関する規則」12条 　1　投資信託委託会社等会員は、顧客から預託を受けた金銭について金商法43条の2第2項に規定する方法に準じた方法及び受益証券等の直接募集等に係る顧客分別金信託に関する細則に基づき、自己の財産と分別して保管しなければならないものとする。 　2　投資信託委託会社等会員は、前項に規定する預託を受けた金銭の分別管理の状況について、金商法43条の2第3項の規定に準じた方法により、毎年一回以上、定期的に公認会計士又は監査法人の監査を受けなければならない。 　＊顧客分別金信託に関する細則 「受益証券等の直接募集等に関する規則に関する細則」2条（保管会社） 　規則11条3項に規定する保管会社は、所得税法施行令51条の2第1項1号に規定する金融機関の営業所等その他財産的基礎及び有価証券の保管・管理業務の実績等を勘案して、委託業者が投資者保護上問題がないと認めた会社とする。

2.13 役職員への規制《プロセス67》

プロセス67　役職員の禁止行為等

● **ワンポイント**

　投資運用業者の役職員は、ファンドマネージャー以外であっても投資信託財産での売買計画などの各種運用情報に触れる機会があり、その情報を私的に利用し株式等の売買を行った場合には、投資信託財産との利益相反や何らかの不利益を与えかねない事態も想定されることから、自らを自発的に律することとし、投信協会ルール上、一定の役職員等における株式等取引を規制している。海外では本来運用会社のコンプライアンスの一つの柱であり、外資系投信会社ではグループのコンプライアンスコードに則り、投信協会ルールより厳格なルールで運営するケースが多い。

● **該当条文**

① 役職員の禁止行為（投信協会ルール「正会員の業務運営等に関する規則」3条）［重要情報での売買、投機禁止等］
② 投信協会ルール「役職員等が自己の計算で行う株式等の取引に係る運営に関する規則」［社内規定作成に関する規則］

● **解　説**

項　目	概　要
重要情報での売買、投機禁止等（「正会員の業務運営等に関する規則」3条）	正会員は、その役員又は職員である者が、自己の職務上の地位を利用して、信託財産等の運用の動向若しくは業務に関して取得した発行会社に係る未公表の重要情報その他職務上知り得た特別の情報に基づいて又はもっぱら投機的利益の追求を目的として有価証券の売買をする行為をすることのないようにしなければならない。
社内規定作成に関する規則（「役職員等が自己の計算で行う株式等の取引に係る運営に関する規則」3条）	1　正会員は、株式等の運用及び調査等に関与する役職員等が行う株式等の自己取引に係る社内規則を定め、これを役職員に遵守させるため、定期的な研修を実施するなどの必要な措置をとることとする。 　なお、社内規則に定める事項は、この規則に定めるものの他、細則に定める事項とする。 2　正会員は、株式等の運用及び調査等に関与する役職員等が行う株式等の自己取引の審査を行う担当者（以下「自己取引審査担当者」という。）を任命し、社内規則に違反する事実がないかどうかを自己取引審査担当者に審査させなければならない。 　なお、複数の自己取引審査担当者を設置し審査を分担して行うこともできることとする。 ＊細則3条（社内規則に定める事項）

2.14 個人情報の取扱い《プロセス68》

プロセス68　個人情報の取扱い

● ワンポイント

　個人情報取扱事業者に該当しない投信会社であっても同様の取扱いを行うよう投信協会ルールに規定。なお、顧客である個人の情報管理は金融庁の所管となり、役職員である個人の情報は厚生労働省の所管となる。

● 該当条文
① 「個人情報の保護に関する法律」
② 「個人情報の保護に関する指針」

2.15 緊急事態《プロセス69》

プロセス69　BCP体制構築・管理

● ワンポイント

　震災時対応などさまざまなBCP体制の構築が求められているが、投資信託の運用に関しては、資金がファンドの外に流れてしまった後は手の打ちようがなくなる場合もあることから、そのような懸念があるような場合には、可能な場合は例えば投資信託財産からの資金拠出を必要に応じ一時的に（又は一瞬でも）止めて拠出して構わないかどうか等を冷静に判断する等の行動が重要となる。

● 該当条文
① 投信協会ルール「緊急事態発生時における投資信託の運営等にかかるガイドライン」
② BCP体制構築・管理（監督指針Ⅵ－2－3－4）

● 解　説

項　目	概　要
「緊急事態発生時における投資信託の運営等にかかるガイドライン」	Ⅰ．目的 Ⅱ．緊急事態が生じた場合に委託業者が講じる措置及びその内容等 Ⅲ．想定される事象とその発生に伴い講じる措置等 Ⅳ．受付中止措置等の措置が講じられた場合の販売会社の対応 Ⅴ．受付中止措置等の措置の実施等の連絡 Ⅵ．受付中止措置等の措置の実施日における基準価額の公表 Ⅶ．会員等における連絡体制の整備等

	Ⅷ．協会における連絡体制等の整備 Ⅸ．特別対策部会の運営等 Ⅹ．実施日等
投資信託委託会社の業務継続体制(BCM) （監督指針Ⅵ－2－3－4）	(1) 意義・対応 　金融商品市場の仲介者として、重要な役割を果たしている投資信託委託会社においては、危機発生時において、迅速な復旧対策を講じ、必要最低限の業務の継続を確保する等適切な対応を行うことが、国民生活・経済にとっても極めて重要であることから、平時より業務継続体制（Business Continuity Management；BCM）を構築し、危機管理（Crisis Management；CM）マニュアルの策定等を行っておくことが必要である。こうした観点から、投資信託委託会社の監督に当たっては、その業容に応じ、例えば以下の点に留意して、その適切性について検証することとする。 (2) 主な着眼点 　業務継続計画（BCP）においては、テロや大規模な災害等の事態においても早期に被害の復旧を図り、金融システムの機能の維持にとって必要最低限の業務の継続が可能となっているか。その際、金融商品取引業協会、証券会社等及び関係機関等と連携し対応する体制が整備されているか。また、業務の実態等に応じ、国際的な広がりを持つ業務中断に対応する計画となっているか。 例えば、 　① 災害等に備えた顧客データ等の安全対策（紙情報の電子化、電子化されたデータファイルやプログラムのバックアップ等）は講じられているか。 　② コンピュータシステムセンター等の安全対策（必要に応じたバックアップセンターの配置、要員・通信回線確保等）は講じられているか。 　③ これらのバックアップ体制は、地理的集中を避けているか。 　④ 顧客の生活、経済活動及び金融商品市場の機能維持の観点から重要な業務（投資信託（MMF、MRF を含む。）の解約注文に伴う解約口数の集計、連絡業務（販売会社からの解約連絡受付、集計、受託銀行への連絡等）、基準価額の算出、発表業務、既存ポジションの把握、必要最小限の運用指図業務及び直販顧客に係る解約業務（直販顧客からの解約受付等窓口業務）並びにこれらの業務を遂行するための法令対応（有価証券届出書等の作成・提出等も含む。）、組織管理、システム管理及び危機管理業務等（顧客説明業務を含む。））を、暫定的な手段（手作業、バックアップセンターにおける処理等）により再開（リカバリー）するまでの目標時間が具体的に計画されているか。 　⑤ 業務継続計画の策定及び重要な見直しを行うに当たっては、取締役会による承認を受けているか。また、業務継続体制が、内部監査、外部監査など独立した主体による検証を受けているか。 （参考） 「金融機関における業務継続体制の整備について」（日本銀行、2003年7月） 「業務継続のための基本原則」（ジョイント・フォーラム、2006年8月） 　このほか、基本的に、Ⅲ－2－9に基づき、対応することとする。

3 業務プロセス別留意点（販売会社編）

2.1 業務開始《プロセス1－2》

● ワンポイント

　投資信託の受益証券の募集の取扱い等を行うには、金商法に定める第一種金融商品取引業の登録が必要である。また、銀行などの金融機関が同様に募集の取扱い等を行うには、登録金融機関として所定の登録を経なければならない。また、銀行法は、金商法の関連する多くの条文を準用している。

● 該当条文
① 募集の取扱い（金商法2条8項9号）
② 登録関係（第一種金融商品取引業につき、金商法28条1項1号・29条の2第1項5号。登録金融機関につき、金商法33条の2第2号・33条2項2号、金融商品仲介業につき、金商法66条、登録金融機関の行う金融商品仲介業務につき、金商法33条の2第2号・33条2項3号ハ）
③ 参考　相場の変動により元本毀損のおそれがある特定預金につき、銀行法13条の4

2.2 商品組成《プロセス3－21》

19　販売用資料等の作成

● ワンポイント

　投資信託の受益証券に係る目論見書の作成義務は投信委託会社にあるところ、販売用資料については法令諸規則に特段の定めがない。目論見書の簡素化の進展により、交付目論見書の交付及び説明の比重が高まっている。他方、販売会社としては、自社の外務員及び顧客の状況等を十分にふまえ、顧客（投資者）にとり理解しやすい適切な販売用資料の作成に積極的に関与すべきである。2011年4月以降、店頭デリバティブ取引に類する複雑な内容の投資信託等の勧誘に係る諸規則が強化されたことから、販売会社においては販売用資料の有効な活用が求められるであろう。

● 該当条文
① 目論見書以外の販売用文書における虚偽記載の禁止（金商法13条5項）

2.3 取得勧誘《プロセス22-27》

22　募集等の届出

● **ワンポイント**

　募集等の届出が効力を生ずると投資信託の受益証券の取得の申込みの勧誘が可能となる。ただし、金融商品取引業者等（登録金融機関を含む）がその従業員に投資信託の受益証券の取得勧誘をさせるには、外務員登録が必要となる。かかる外務員登録事務は、認可金融商品取引業協会である日証協に委任されている。

　証券会社において、その従業員が投資信託証券の取得勧誘を行うには日証協における二種外務員資格が最低限必要となる。また、登録金融機関の場合、特別会員二種外務員等の資格が必須である。

　外務員資格ごとに取り扱える商品の範囲に違いがある。この点、近時、規制が強化された店頭デリバティブ取引に類する複雑な投資信託又はレバレッジ投資信託につき、外形が投資信託であることから、本来、デリバティブ商品を取り扱えない者（信用取引外務員、二種外務員、特別会員二種外務員及び特別会員四種外務員）が扱える点につき、外務員制度の不備ではないかと問題視された。2012年から、こうした複雑な投資信託およびレバレッジ投資信託の取引に係る外務員の職務を行えるのは、一種外務員および特別会員一種外務員に限定されることとなった。

● **該当条文**

① 　外務員登録（金商法64条1項1号イ・同条2項以下）
　　外務員に対する監督上の処分（金商法64条の5第1項各号）
② 　登録事務の委任（金商法64条の7）
　　※登録手数料（金商法施行令17条の15第1項）
　　※財務局長への届出（金商業等府令255条）、登録手数料の額（同256条）
③ 　日証協ルール「協会員の外務員の資格、登録等に関する規則」
④ 　日証協ルール「「協会員の外務員の資格、登録等に関する規則」に関する細則」
⑤ 　日証協ルール「外務員等資格試験に関する規則」
⑥ 　日証協ルール「協会員の従業員に関する規則」
⑦ 　日証協ルール「「協会員の従業員に関する規則」第4章に規定する不都合行為者の取扱いに係る手続に関する細則」
⑧ 　日証協ガイドライン「協会員の役職員に対する処分の考え方」（2010年9月14日）

● **解説（規則等の概要）**

③ 日証協ルール「協会員の外務員の資格、登録等に関する規則」

項　目	概　要
定義（同規則2条各号）	外務員とは、協会員の役員又は従業員のうち、その協会員のために金商法64条1項各号に掲げる行為で、日証協の定款5条各号に掲げる会員、店頭デリバティブ取引会員又は特別会員の業務を行う者をいう。 外務員には、もっぱら第一種金融商品取引業者の役員又は従業員向けの「一種外務員」、「信用取引外務員」、「二種外務員」および登録金融機関のそれを対象とする「特別会員一種外務員」、「特別会員二種外務員」、「特別会員四種外務員」、がある。合計6種の外務員資格があり、取り扱える業務範囲が異なる。
外務員の登録義務、資格、処分等（同規則2章）	・協会員は、その役員又は従業員に外務員の職務を行わせるには、その者の氏名、生年月日その他細則で定める事項につき、日証協に備える「外務員登録原簿」に登録を受けなければならない（3条）。 ・さらに、外務員として登録するには、その者が上記の外務員資格に応じた資格試験に合格することを要する（4条）。 ・また、登録後に、外務員に所定の法令違反行為等があれば、「外務員資格取消処分」又は期間2年以内の「外務員資格停止処分」を受けることがある（6条）。

④ 日証協ルール「「協会員の外務員の資格、登録等に関する規則」に関する細則」

項　目	概　要
外務員の登録手続、処分等（同規則3章）	・協会員は外務員の登録を受けようとする場合、所定の登録申請書を日証協に提出する（7条）。 ・日証協は、登録拒否事由（金商法29条の4第1項2号イ～トに規定する欠格事由に該当、外務員登録が取り消されてその日から5年を経過しない者等）に該当する場合、細則の手続に従い審問を行い、登録を拒否する（9条）。それ以外の場合には登録を行う。 ・日証協は、登録後の外務員が所定の事項（欠格事由に抵触、法令違反行為等）に該当すると判断する場合、所定の手続に従い登録取消処分又は期間2年以内の資格停止処分を行うこととなる（11条）。
外務員の継続的な研修（同規則4章）	・外務員には、原則として、登録日から5年目ごとに、所定の「資格更新研修」の受講が義務付けられる（18条1項）。現在、資格更新研修は、業務委託先の研修会社のPCベースで行われ、試験合格で研修の修了となる。 ・外務員が受講義務期限内に資格更新研修を修了しなかった場合、外務員資格の効力停止となる（同条3項）。 ・協会員は、外務員資格の効力が停止された者に外務員の職務を行わせてはならない（同条4項）。 ・協会員は、受講義務期限までに資格更新研修の未了の者に対し、猶予期間に資格更新研修を受講させる努力義務を負う（同条5項）。 ・日証協は、猶予期間内に資格更新研修を修了した者につき、外務員資格の効力停止措置を解除する。（同条6項） ・なお、猶予期間に資格更新研修を修了しなかった者は、外務員資格が取り消される（同条7項）。

⑤ 日証協ルール「外務員等資格試験に関する規則」

項　目	概　要
実施される試験の種類（同規則3条）	外務員等資格試験委員会が実施するのは、次のとおり、5つの外務員資格に係る試験及び2つの内部管理責任者資格試験である。信用取引外務員資格に係る試験は、すでに廃止されている。 1　一種外務員資格試験 2　二種外務員資格試験 3　会員内部管理責任者資格試験 4　特別会員一種外務員資格試験 5　特別会員二種外務員資格試験 6　特別会員四種外務員資格試験 7　特別会員内部管理責任者資格試験
外務員資格試験の一般開放（同規則4条）	・上記の資格試験については、協会員の使用人であること等の受験資格が、各々の資格ごとに規定されている（4条）。従来、一種外務員、特別会員一種外務員を受験するには、二種外務員資格、特別会員二種外務員資格が必要であったところ、2011年10月の改正により直接受験が可能になった（直接受験制度）。 ・なお、一種外務員資格試験及び二種外務員資格試験については、受験資格が撤廃され、一般向けに開放されている。大学生なども受験できる。ただし、合格しても外務員登録はできない。

⑥ 日証協ルール「協会員の従業員に関する規則」

⑦ 日証協ルール「「協会員の従業員に関する規則」4章に規定する不都合行為者の取扱いに係る手続に関する細則」

項　目	概　要
採用の禁止される場合（規則4条、4章12条等）	・他の協会員の使用人の採用禁止（4条1項）。 ・金融商品取引業の信用への影響が特に著しい行為を行ったと認められる者を"一級不都合行為者"（12条1項）として取り扱われている者の採用禁止（4条2項）。 ・同様に、その他法令違反等を行い"二級不都合行為者"（12条1項）として取り扱われている者につき、当該取扱いの決定日から5年間の間の採用禁止（4条3項）。
不都合行為者の取扱い手続（細則）	第1章　総則 第2章　弁明の手続 第3章　不都合行為者決定通知 第4章　不服の手続 第5章　解除 第6条　雑則

⑧　日証協ガイドライン「協会員の役職員に対する処分の考え方」(2010年9月14日)

項　目	概　要
構成、内容等	Ⅰ．処分の検討要素 　さまざまな項目を考慮し、行為の重大性、悪質性、反復可能性、社会的影響度等を総合的に審査する。 Ⅱ．審査の指針 　登録を受けている外務員が金商法第64条の5第1項第2号又は第3号に該当する場合で、当該行為が金融商品取引業の信用を著しく失墜させるものであるときは、登録取消しとし、取消しに至らないものは職務停止の検討を行う。 　1．審査項目 　2．登録取消しが原則となる行為 　3．欠格事項該当者に対する処分 　4．法令違反行為者に対する不都合行為者の取扱い 　　協会員の従業員が退職し又は協会員より解雇相当の社内処分を受けた者で、かつ、その者が行った法令等違反行為が金融商品取引業（以下「業界」という。）の信用を著しく失墜させるものである場合は、不都合行為者の取扱いとする。このうち、業界の信用への影響が特に著しいと認められる者を一級不都合行為者とし、その他の者を二級不都合行為者とする。 　　A．一級不都合行為者の取扱い（2010年7月1日以降の行為） 　　　(1) 金商法上で重い罰則のある法令違反行為、かつ、業界の信用を著しく失墜させた場合 　　　(2) 業務において詐欺的行為等を行った場合又は自己の利得のために法令違反行為を行った場合、かつ、当該行為が業界の信用を著しく失墜させた場合 　　　(3) 業務において反社会的勢力と共謀し法令等違反行為を行い、かつ、当該行為が業界の信用を著しく失墜させた場合 　　　(4) 過去に不都合行為者の取扱いを受けた者について、再び不都合行為者の取扱いの検討を行う場合 　　B．二級不都合行為者 　　　(1) 登録取消処分の対象となる行為を行った場合 　　　(2) 協会員の役員及び執行役員が法令等違反行為について主導的な役割を担った場合 　5．営業責任者資格及び内部管理責任者資格の取消し又は停止

23　取得の申込みの勧誘

● ワンポイント（全体）

　投資信託の受益証券につき取得の申込みの勧誘を行うことは金融商品取引行為に該当し、さまざまな行為規制が課せられる。これらの行為規制を逐一解説するのは販売会社の活動を理解する上でさほど効果的でないため、投資信託の受益証券の販売会社として、特に留意すべき点に絞って法令諸規則の引用又は解説をすることとする。

　それは、(1)法定書面の交付義務及び説明義務、(2)適合性の原則、である。さらに、適合性の原則に関連しては、2011年4月以降、金商法において不招請勧誘禁止

の対象が個人向けの有価証券に関連する店頭デリバティブ取引等に拡大されたのに伴い、日証協を始めとする各自主規制機関の自主規制が改正された。この点について、認識を深めるとともに個社ごとに十分な態勢を整備する必要がある。

また、販売会社としては、日証協（正会員又は特別会員）の自主規制ルールを業務推進上の指標とすべきである。

(1) 法定書面の交付義務及び説明義務

● ワンポイント

ア．目論見書の交付と契約締結前交付書面の交付

金商法の施行により、投資信託の受益証券の取得の申込みの勧誘に際しては、募集等の際の目論見書交付義務（金商法15条）と事前説明資料である契約締結前交付書面の交付義務（同法37条の3）の交錯する点について正確に理解すべきである。これら2つの法定書面の交付義務は、目論見書の交付により履行しうる。

ただし、投資信託の目論見書（厳密には交付目論見書）交付により契約締結前交付書面の交付が不要となるのは、契約締結前交付書面の必要的記載事項すべてが目論見書に記載されている場合である。もっとも、目論見書には販売会社に関する事項が記載されないことが通例である（特に多数の販売会社と募集委託契約を締結している投資信託に顕著）。そこで、販売会社においては、自社に関する情報（例えば、「申込手数料」、「払込取扱場所」、「営業時間」、「販売会社に関する事項」など）を記載した書面を用意し、当該書面を目論見書に挟み込む等して目論見書と一体化して交付する実務が行われている。かかる書面は、目論見書補完書面といわれる。

イ．交付のタイミング及び説明義務

法定書面の交付タイミングについては留意を要する。金商法において、有価証券の取得の申込みの勧誘に際して、「目論見書をあらかじめ又は同時に交付」することが求められている（金商法15条2項）。投資者への投資判断のための情報提供として交付しただけでは足りず、顧客に応じた適切な説明をすることも欠かせない。契約締結前交付書面については、「金融商品取引契約を締結しようとするときは」と同様に幅を持たせて規定されている（同法37条の3第1項）。

販売会社によっては、この事前の書面交付を交付管理システム等により管理し、最新の目論見書の事前交付等が確認できなければ、発注できない扱いにしている。さらに、目論見書の交付につき、立法論として「あらかじめ」だけでなく「又は同時に」となっている点につき、目論見書交付義務の意義を減殺するのではと疑問を投げかけ、再検討を唱える見解もある。また、金融ADR等のあっせん手続において、投資信託目論見書の交付説明義務に関連するものが、継続して高い割合を占めていることに注意を要する。販売会社としては、自社の外務員に対し、時間的余裕を持って目論見書を顧客に交付し説明等するよう指導を徹底するほかない。

さらに、取得の申込みの勧誘は顧客との対面でなく電話により行われることも多い。そうした場合、外務員は、顧客が目論見書を読みその内容（とりわけ勧誘対象

の投資信託固有の運用に係る情報）を理解したかについて、慎重に確認すべきである。また、インターネットを介する、いわゆるネット取引においても同様に留意する。

> **COLUMN**
> **23　販売用資料と目論見書の関係─販売会社における実情**
> ・公募投信の取得勧誘に際しては、交付目論見書をあらかじめ又は同時に交付して行わなければならない。
> ・目論見書の簡素化前の販売用資料の状況は、証券会社により異なろう。大雑把にタイプ分けをしてみると、目論見書の重要部分を抜粋の上圧縮したもの（目論見書圧縮タイプ）、目論見書においては説明の足りない部分を補うべくチャートなどを使用したもの（目論見書補完の強調タイプ）等がみられた。
> ・目論見書簡素化後の販売用資料の状況は、どうなっているのであろうか。交付目論見書が簡素化されてくることで、従来の目論見書圧縮タイプ的なものは駆逐されているようだ。取得勧誘に際しては、交付目論見書の交付及び適合性原則に従った同目論見書の適切な説明が不可欠となる。
> ・他方、販売用資料は誰が作成すべきなのかという、投信会社と販売会社の役割分担の問題もある。慣行として、投信会社が作成するケースが圧倒的に多いのではなかろうか。しかし、販売用資料である以上、本来的に販売会社が作成すべきものである。販売会社は、投資家の投資判断に資するよう、もっと主体的に販売用資料の作成に関与すべきではないか。

ウ．広告に関する留意点

法定書面の交付の前段階として、投資信託を新規の投資家に案内するため広告を行う際には、必要的な表示事項、表示方法について詳細な規制が定められている（金商法37条）。また、郵便、信書便、ファクシミリ装置、電子メール、ビラ、パンフレットなどのほか、昨今の情報通信技術の進歩によりインターネットのホームページ、ブログ、フェイスブック、ツイッターなどによる方法も広告に含まれる。

さらに、日証協は、広告については必ず会員会社内において任命されている広告審査担当者の審査を受けた後に、広告を行うように定めているので留意が必要である。

● **該当条文等（引用条文とその概要）**
① 目論見書の交付一般（金商法15条）
　・交付目論見書の交付義務（同法15条2項本文）
　・請求目論見書の交付義務（同法15条3項）
　・訂正目論見書の交付義務（同法15条4項）
　　※請求目論見書の対象となる有価証券として、投資信託受益証券、投資証券等を指定（金商法施行令3条の2）
　　※金融庁、証券取引等監視委員会「金融商品取引法の疑問に答えます」質問⑧（2008年2月21日公表）
　　※目論見書制度の改正に伴い目論見書の交付等の在り方について整理（日証

協「投資信託等の目論見書に関するQ&A（2010年4月版）」
　　　※日証協「電磁的方法による交付に係るQ&A（2010年4月版）」
② 目論見書の交付義務の例外（金商法15条2項ただし書）
　・適格機関投資家に取得等させる場合（同条同項1号）
　・当該有価証券と同一の銘柄を所有する者から目論見書の未交付の同意を得た場合（同条同項2号イ）
　・その者の同居者がすでに目論見書の交付を受けまたは確実に交付を受けることが見込まれ、当該者が未交付につき同意した場合（同条同項2号ロ）
　　※金商法15条2項ただし書により目論見書を交付していない場合であっても、金融商品取引業者等は未交付の目論見書と最新の目論見書を比較し重要な事項に変更があったと判断したときに、最新の目論見書の交付を要するとされている。特定有価証券開示ガイドラインがあるため、金商法の目論見書交付義務免除規定、特に15条2項2号イは、実務上、使える場面が限定される。投資信託は決算を迎えるごとに、配当実績など重要な事項に変更が生ずることとなるため、取得勧誘時に最新の目論見書を交付しなければならない場合が少なくない（特定有価証券の内容等の開示に関する留意事項15－1）。
③ 請求目論見書の交付請求があった場合の交付義務（金商法15条2項1号カッコ書及び2号カッコ書）
④ 契約締結前交付書面の交付義務（金商法37条の3）
　　※日証協「契約締結前の書面交付義務及び特定投資家制度に関するQ&A（改訂4版）」（2011年4月）
⑤ 同書面の交付義務の例外（金商法37条の3第1項ただし書）
　　※金商法37条の3第1項ただし書に規定する、契約締結前交付書面の交付をしなくても"投資者の保護に支障を生ずることがない場合として内閣府令で定める場合"を限定列挙。投資信託については、契約締結前交付書面の法定記載事項すべてが記載されている目論見書等を交付している場合に契約締結前交付書面の交付義務が免除される（金商業等府令80条1項3号）。
　　※投資信託目論見書につき、目論見書本体に販売会社に関する事項が記載されていない場合に、販売会社に関する事項を記載した書面を目論見書と書面としての一体性を確保する形で交付する方式につき回答。綴じ込み方式だけでなく、挟み込み方式も許容されるとする（2009年7月30日公表「金融庁パブコメ回答」330頁48～54番）。
⑥ 特定投資家に対する行為規制の例外として、契約締結前交付書面の交付義務につき適用除外（金商法45条2号）
⑦ 契約締結時交付書面の交付義務（金商法37条の4）
　　投資信託証券に係る契約締結時交付書面としては、取引報告書がある。
　　※有価証券の取引の都度、交付する契約締結時交付書面の記載内容（金商業府令100条・101条）

※日証協「契約締結時等交付書面に関するQ&A（改訂版）」（2008年2月19日）
⑧ 同書面の交付義務の例外（金商法37条の4第1項ただし書）
※金商法37条の4第1項ただし書に規定する、契約締結時交付書面の交付をしなくとも「公益又は投資者保護のため支障を生ずることがないと認められるものとして内閣府令で定める場合」を限定列挙。累積投資契約に基づき買付け等する場合などに交付義務が免除（金商業等府令110条1項各号）。
⑨ 特定投資家に対する行為規制の例外の一つとして、契約締結時交付書面の交付義務につき適用除外（金商法45条2号）
⑩ 金融商品販売業者等の重要事項の説明義務（金融商品販売法3条1項各号）
　・マーケットリスクの説明（元本欠損が生ずるおそれ、当初元本を上回る損失が生ずるおそれ）
　・金融商品販売業者等に係るクレジットリスクの説明（元本欠損が生ずるおそれ、当初元本を上回る損失が生ずるおそれ）
　・上記以外の事由に基づくリスクの説明（元本欠損が生ずるおそれ、当初元本を上回る損失が生ずるおそれ）
　・権利行使期間等の制限の説明
　※投資信託会社の直販における金販法上の説明義務のあり方（投信協会「投資信託委託会社の「金融商品販売法に基づく説明義務に関するガイドライン」」）
　⑩－1　同法3条7項各号（金融商品販売業者等の重要事項の説明義務の適用除外）
　　　・顧客が政令で定める特定顧客である場合
　　　　※特定顧客として、金融商品販売業者等又は特定投資家を規定（金融商品販売法施行令10条1項）
　　　・重要事項について説明を要しない旨の顧客の意思の表明があった場合
　⑩－2　金融商品販売業者等の断定的判断の提供等の禁止（金融商品販売法4条）
　⑩－3　損害額の推定規定（同法6条）
　⑩－4　金融商品販売業者等における勧誘の適正確保のための勧誘方針の策定等（同法9条）
⑪ 日証協ルール「書面の電磁的方法による提供等の取扱いに関する規則」
⑫ 広告（金商法37条）関連の日証協ルール等
　※日証協ルール「広告等の表示及び景品類の提供に関する規則」
　※日証協ガイドライン「広告等に関する指針」（2012年3月（改訂））
　※日証協ガイドライン「金融商品取引法における広告等規制について＜第4版＞」（2009年7月（改訂中））
⑬ 日証協ガイドライン「インターネット取引において留意すべき事項について」（2005年12月）

● **解説（Q&A 等の概要説明）**

① 目論見書の交付一般（金商法15条）関係
　　※日証協「投資信託等の目論見書に関する Q&A（2010年4月版）」
　　※日証協「電磁的方法による交付に係る Q&A（2010年4月版）」

項　目	概　要
「投資信託等の目論見書に関する Q&A」	・平成22年に投資信託の目論見書簡素化及び交付目論見書と請求目論見書の分冊化徹底に関する改正がされたのに伴い、あらためて協会員向けに、投資信託の目論見書に係る実務の基本原則を解説した必読資料である。日証協ホームページから閲覧可能である。 ・特に、交付目論見書の交付と説明は取得勧誘の前提であるところ、請求目論見書については、同等の厳格さでの交付管理を求めるものではない旨の解説がされている。 ・さらに、金商法15条2項ただし書の各号における目論見書交付の省略について、詳細に解説されている。 ・また、届出仮目論見書を交付し、それに「届出の効力の発生の有無を確認する方法」として、当該届出の効力発生の有無が表示されている投信委託会社等のホームページアドレスが記載されていれば、新たに交付目論見書を交付する必要はないとされる。
「電磁的方法による交付に係る Q&A」	・日証協の協会員が顧客に対し、書面を電磁的方法で交付する際の実務指針である。日証協ホームページから閲覧可能である ・電磁的方法により書面交付するには、金商法及び金商法施行令に規定する顧客の承諾等の要件のほか、「印刷ができること」等の要件を満たす必要があることに留意する。 ・電磁的方法により交付可能な書類が整理されている。主なものは次のとおりである。 　① 目論見書（金商法15条） 　② 適格機関投資家向け勧誘の告知書（金商法23条の13第2項） 　③ 少人数向け勧誘の告知書（金商法23条の13第5項） 　④ 契約締結前交付書面（金商法37条の3） 　⑤ 契約締結時交付書面（金商法37条の4） 　⑥ 一般投資家への移行承諾書（金商法34条の2第3項） 　⑦ 最良執行方針等の交付（金商法40条の2第4項） 　⑧ 投信法上の約款に係る書面（投信法5条、13条） 　⑨ 投資信託受益証券の運用報告書（投信法14条等） ・顧客が実際に電磁的交付に係る書面の記載事項を閲覧したことを確認することまで求められていないが、「書面の内容を読んで理解した」旨の確認を行うことが求められている。

④ 契約締結前交付書面の交付義務（金商法37条の3）関係
　　※日証協「契約締結前の書面交付義務及び特定投資家制度に関するQ&A（改訂4版）」（2011年4月）

項　目	概　要
1．契約締結前の書面交付等義務関係	・協会員の契約締結前交付書面の交付義務一般について、詳細に解説している。日証協ホームページより閲覧可能である。
2．特定投資家制度関係	・特定投資家制度全般について、解説している。特定投資家制度は、顧客の知識、経験、資産状況を勘案し、契約の種類ごとにプロ投資家である「特定投資家」と特定投資家以外の「一般投資家」に区分し、特定投資家について誠実義務等の市場の公正確保等のための行為規制を除き、契約締結前交付書面の交付義務などの行為規制を適用除外とするものである。したがって、顧客につき「特定投資家」と「一般投資家」の属性把握が重要であり、また特定投資家と一般投資家の移行措置について理解することが重要である。 ・特定投資家と一般投資家の区分は、次のとおりである。 　① 特定投資家（一般投資家への移行不可） 　　適格機関投資家、国、日本銀行 　② 特定投資家（申出により、一般投資家への移行可能） 　　特殊法人・独立行政法人、上場会社、資本金5億円以上の株式会社等の一定の法人 　③ 一般投資家（申出により特定投資家への移行可能） 　　上記①、②以外の法人、金融資産3億円以上などの一定の要件を満たす個人 　④ 一般投資家（特定投資家への移行不可） 　　上記③以外の個人 ・平成21年改正金商法により、特定投資家（プロ）と一般投資家（アマ）の移行措置が、一部変更されている。 　① 特定投資家から一般投資家への移行の効果を1年から、顧客の変更の申出があるまでとする。 　② なお、一般投資家から特定投資家への移行の効果は従来とおり　1年とされるが、それ以前でも、いつでも申出により一般投資家に戻ることができる。

⑦ 契約締結時交付書面の交付義務（金商法37条の4）関係
　　※日証協「契約締結時等交付書面に関するQ&A（改訂版）」（2008年2月19日）

項　目	概　要
契約締結時交付書面について	・金商法及び関連府令に規定される契約締結時交付書面の記載事項を記載した書面の交付である。金融商品取引契約の契約書等とは、必ずしも同義ではないことに留意する。

⑫　広告等（金商法37条）関連の日証協ルール等
　　※日証協ルール「広告等の表示及び景品類の提供に関する規則」

項　目	概　要
基本原則（3条）	・協会員は、広告等の表示を行う場合には、投資者保護の精神に則り、取引の信義則を遵守し、品位の保持を図るとともに、的確な情報提供及び明瞭かつ正確に表示を行うよう努める（1項）。 ・同様に、景品類等の提供を行うときは、取引の信義則を遵守し、品位の保持を図るとともに、適正な提供に努める（2項）。
禁止行為（4条）	・協会員の禁止行為として、次の8つを規定している（1項各号）。 　1　取引の信義則に反するもの 　2　協会員としての品位を損なうもの 　3　金商法その他の法令等に違反する表示 　4　脱法行為を示唆する表示 　5　投資者の投資判断を誤らせる表示 　6　協会員間の公正競争を妨げるもの 　7　恣意的又は過度に主観的な表示 　8　判断、評価等が入る場合において、根拠を明示しないもの ・顧客に、景品類の提供を行う場合、不当景品類及び不当表示防止法その他の法令等に抵触する又はそのおそれがある景品類の提供禁止（2項）。 ・協会員が第三者に上記の禁止行為を行わせることの禁止（3項）。
広告の内部審査体制（5条）	・協会員は、広告等の表示又は景品類の提供を行うときは、内部に「広告審査担当者」を任命し、かかる者に禁止行為に該当しないか審査させなければならない（1項）。 ・会員の広告審査担当者の資格要件（2項）。 ・特別会員（登録金融機関）の広告審査担当者の資格要件（3項）。 　また、協会員は、広告審査担当者の審査を受けずに、従業員が従業員限りで広告等の表示又は景品類の提供を行うことを、させてはならない。 ※日証協ルール「協会員の従業員に関する規則」7条3項19号参照。

　　※日証協ガイドライン「広告等に関する指針」（2012年3月改訂）

項　目	概　要
目的等	・協会員の広告審査担当者が、自社の行う広告等の社内審査を行う際の参考用に、実戦的に作成されている。 ・改訂前の指針は金商法施行前に作成されたものであることから、日証協の「広告等に関するワーキング・グループ」において改訂作業が進められ、2012年3月に改訂された。
構成	・本指針の構成骨子は、次のとおりである。 　第1部　法令諸規則の概要 　第2部　広告等の作成に係る留意事項 　　Ⅰ．全般 　　Ⅱ．株式 　　Ⅲ．債券

	Ⅳ．投資信託及び外国投資信託 Ⅴ．ETF（上場投資信託）、ETN（指標連動証券）及びREIT（上場不動産） Ⅵ．店頭デリバティブ取引 Ⅶ．店舗の新設・営業の案内等 付録Ⅰ　景品類の提供に関する留意事項 付録Ⅱ　アフィリエイト広告に関するQ&A （注）アフィリエイト広告とは、広告主たる協会員以外のブログその他のホームページの運営者（以下「アフィリエイター」）が、当該サイトに協会員が取り扱う商品・サービス等のバナー広告等を掲載し、当該サイトを閲覧した者がバナー広告等をクリックした場合など、予め定められた条件に従って、協会員からアフィリエイターに対して成功報酬が支払われるもの、と定義されている。

※日証協ガイドライン「金融商品取引法における広告等規制について＜第4版＞」（2009年7月）

項　目	概　要
目的等	・金商法の施行により、広告等の定義が新たにされたことから、啓蒙用に作成されている。上記の「広告等に関する指針」と対をなすものであるから、改訂作業が行われている。
構成等	・本ガイドラインの構成は、次のとおりである。 1．金融商品取引法における広告規制等について 2．Q&A 　(1)　「広告等」について 　(2)　「金融商品取引業の内容」について 　(3)　「広告等」の表示について 　(4)　「広告等」の表示方法について 　(5)　経過措置について 　(6)　その他

⑬　日証協ガイドライン「インターネット取引において留意すべき事項について」（2005年12月）

項　目	概　要
趣旨	・インターネット取引における「非対面性」及び「非書面性」という特性に鑑み、投資者保護及び証券取引の公正性を確保し、投資者のインターネット取引に対する信頼性確保の観点から、証券会社が留意すべき事項について整理している。 ・本ガイドラインは、必要に応じて見直しするとされているところ、しばらく改訂されていない。
一般的留意事項	・一般的留意事項として、次の4点が挙げられている。 ①　インターネット取引についても、現行の法令・諸規則すべてが適用されること。 ②　インターネット取引に係る社内管理体制を整備すること。 ③　投資者がインターネット取引を適正かつ円滑に行うために必要と考えられる情

	報について、投資者に周知又は連絡すること。特に、法令・諸規則により営業所への備え置き等が求められている書類に係る情報については、投資者に対し周知又は連絡するよう努めること。 ④ インターネットを利用して提供する投資情報等は、投資者にとってわかりやすく、かつ、必要な情報を含んでいること。
内容	・構成は、次のとおりである。 　Ⅰ　趣旨 　Ⅱ　一般的な留意事項 　Ⅲ　具体的な留意事項 　　1　一般的な事項 　　2　内部管理体制の整備及び取引の安全確保に係る事項 　　3　顧客に対する情報の提供及び取引の手続に係る事項 　　4　法令・諸規則の遵守に係る事項

COLUMN

24　投資信託の取得勧誘全般

・投資信託の取得勧誘が金融ADRのあっせん手続等において、なぜよく問題になるのか。まず、投資対象として安定した運用益を見込める資産クラスが国内において少なくなっていることが指摘できる。日本の1970年代から80年代の高金利時代にあっては、商品内容のシンプルな公社債投信が安定的な運用益をもたらしてくれた。しかし、長期化する低金利時代にあって運用益を叩き出すため、新興国の株式及び債券等を投資対象に組み入れたり、デリバティブ商品を組み込んだ複雑な内容の投資信託が増加するなど投資信託における商品性の多様化が急速に進展している。そうしたなか、購入する投資信託の商品内容を正しく理解していない顧客が依然として存在しているとみられることから、本来証券投資の特徴である顧客の自己責任原則を問えるまでの適切な取得勧誘が行われているかどうか改めて見直すことには意義がある。

・ここで、投資する立場の顧客側から「投資判断」を分解すると、①取得に係る判断、②売却（解約）に係る判断、③保有継続に係る判断、に大別される。
　販売会社においては、①の取得に関連する情報提供が中心になっているのではなかろうか。受益者である顧客の上記②又は③の判断に資する情報源としては、投信会社作成の運用報告書などがある。販売会社としては、顧客が解約のタイミングや乗換え等の相談をしてきた場合には、親身になって運用報告書や投信会社の提供するマンスリー・レポートのほかに必要に応じ参考情報・資料を提供し、受益者が解約か保有継続かの判断を自己責任のもとで適切に行えるよう促すことが肝要である。

・最近普及している高分配型（毎月安定分配型、通貨選択型）投信については、分配金の変更情報（引上げ、引下げ）も上記②又は③の判断材料となる。なお、分配金の決定は投信会社の専決事項であり、販売会社が投信会社による公表前に特定の受益者に伝えることは受益者間の公平性の観点から認められない。

・さらに、販売会社の抱える顧客層の違いに配慮することも欠かせない。例えば、ネット証券の顧客は、比較的若年層が多く、投資関連の知識及び経験が豊富で、投資に係るリスクをうまくコントロールできているほうが多いようである。これに対し、対面販売中心の伝統的総合証券会社の顧客は、平均的に高齢であり自分で判断することが苦手のほうが多いように思われる。

・販売会社としては、顧客ごとに、リスク許容度などを適正に把握することは当然のこととして、取得勧誘時などの説明方法を工夫することが重要である。

(2) 適合性の原則等

● **ワンポイント（全体）**

適合性の原則は、投資信託の受益証券の取得の申込みの勧誘に際して重要な原則である。投資者の知識・経験・財産・目的といった属性に応じて取得の申込みの勧誘を行ってよいか否かに関する原則（狭義の適合性原則）と、取得の申込みの勧誘の際に顧客の属性に応じた適切な説明等を行うことに関する原則（広義の適合性原則）を含むとされる。

さらに派生的な、投資信託の乗換勧誘に関する規制、不招請勧誘禁止の対象の拡大に伴う取得の申込みの勧誘・顧客管理に係る追加的な規制も重要である。

● **該当条文**

① 適合性の原則一般（金商法40条1号）
② 勧誘・説明態勢（監督指針Ⅲ-2-3）
③ 日証協ルール「協会員の投資勧誘、顧客管理等に関する規則」13条
　適合性の原則の大前提である、仮名取引受託の禁止
　（日証協ルール「協会員の従業員に関する規則」7条3項11号）

COLUMN

25 適合性原則―総論

適合性原則は、事前説明義務と並ぶ、販売・勧誘ルールの原則である。金融商品取引業者等は、「金融商品取引について高度の知識・経験を有しない投資者に対して複雑な商品を勧誘することや、顧客の資産状況に照らして過当な取引を勧誘することなど、個々の投資者の属性に見合わず、当該投資者の保障に支障を生ずるおそれがあるような勧誘」が禁止されることになる（2007年7月31日公表「パブコメ回答」413頁1番）。

具体的には、販売・勧誘に当たって、①まず、顧客の属性に鑑みて当該商品を販売・勧誘してよいかどうかを判断すること、②次に、やはり顧客の属性に鑑みて当該商品の販売・勧誘に当たって適切な説明をすることが求められる。①のように、知識・経験・財産・目的といった顧客の属性によって、そもそも一定の金融商品の販売・勧誘を行ってはいけないルールを「狭義の適合性原則」と呼び、②のように金融商品取引業者等が顧客の属性に応じて説明しなければならないルールを「広義の適合性原則」と呼ぶ。

①の判断や②の説明を行うためには、当然のこととして、これを判断又は説明する担当者自身が該当投資信託の商品性を的確に理解していることが当然の前提となるが、近時、担当者らの理解不足が指摘された判例も見受けられる（コラム28参照）。

一方、適合性原則は、顧客の理解という目にみえないものを対象に①の判断や②の説明を行うことから、その判断や説明の適不適の見極めは容易ではなく、どうしても顧客の確認書面への記名押印に頼ることになりがちであるが、重要なことは本当に顧客が理解できているかということであり、そうすると単に記名押印をもらうだけではなく、「これはわかりますか？」と質問したり、「考えるお時間を設けましょうか？」といった理解に要する時間を与えたりという確認プロセスを設けることが、販売会社の実務として重要となる。

ア．投資信託の乗換勧誘に関する規制

● ワンポイント

現在保有する投資信託の解約を行い、併せて他の投資信託の取得の申込みを顧客に勧誘する場合、乗換えの合理性など十分に顧客に説明の上理解してもらうことが肝要である。

これは、個人顧客を前提とすると、証券投資の専門家である金融商品取引業者等の外務員において顧客向けの投資提案に一定の合理性を確保すべきであるというものである。平均的な個人顧客と金融商品取引業者等の間には、依然として証券投資に関する大きな情報格差が存在していることから、丁寧な説明が求められる。

投資者保護の規制の一環として、金商法の委任を受けた金商業等府令において、投資信託の乗換え時の説明のない状況が業務運営上において生じてはならない行為として規定されている。

● 該当条文等（引用条文等とその概要）

① 投資者保護のための禁止規定（金商法40条2項）
   ※投資信託受益証券等の乗換えを勧誘するに際し、顧客に対して、当該乗換えに関する重要な事項について説明を行っていない状況が、業務の運営が投資者の保護に支障を生ずるおそれがあるものとして規定（金商業等府令123条1項9号）
   ※投資信託の乗換えに関する重要事項の説明に係る留意事項（監督指針Ⅳ3－1－2(3)）
② 投資信託乗換えに際し、重要事項につき説明を行わない外務員の行為の禁止規制（日証協ルール「協会員の従業員に関する規則」7条3項26号）
③ 投資信託会社の直接募集における投資信託乗換えの勧誘に関する禁止規制（投信協会ルール「受益証券等の直接募集等に関する規則」5条13項）
   ※投資信託の乗換えに際しての規制の円滑な実施を図るためのガイドライン（投信協会「受益証券等の乗換え勧誘時の説明義務に関するガイドライン」及び同Q&A）

COLUMN

26 投資信託の乗換勧誘（その1）

・投信乗換勧誘は、販売会社における古くからの悩ましい課題である。ここに"乗換えの勧誘行為"とは、顧客が現在保有している投資信託の受益証券等の解約もしくは投資口の払戻し又は売付け（以下「解約」という）を行い、あわせて他の投資信託の受益証券等の買付けを行うことを当該顧客に勧誘する行為と一般に定義される。ある投信の解約と別の投信の買付けをセットで勧誘する行為が当てはまる。

・乗換えを勧誘する際、販売会社は、顧客に対し「解約する受益証券等」と「買付けする受益証券等」の商品性、顧客ニーズ等を勘案し、投資判断に影響を及ぼすと考えられる重要事項について説明を行い、乗換えの合理性を提示する必要がある（投資信託協会「受益証券等の

乗換え勧誘時の説明義務に関するガイドライン」参照）。販売会社としては、こうした乗換えの合理性の説明を営業担当者に徹底させている筈である。
・では、なぜ、投信の乗換勧誘が証券取引等監視委員会の検査等において問題視されるのであろうか。実態として、ニューマネーを導入できない販売会社の担当者が苦肉の策として投信の乗換えをときとして強引に勧誘し、乗換えの合理性に疑義が生ずる事例が散見されるようである。
・また、販売会社の担当者の意識の問題を指摘できるかもしれない。顧客の損益は売買により決まるが、売るタイミングによって大きく損益状況が変動する。こうした顧客目線に立った認識が販売会社の担当者に希薄であると、受益者である顧客に売却（解約）判断や保有継続判断を適切にさせずに顧客本位とは言いがたい乗換えが行われることが考えられる。
・本来、投信は中長期投資のための商品である。買付け後の短期間での乗換えは、手数料稼ぎとの批判を受けかねない。乗換えについて、合理性の判断枠組みはさまざまなものが考えられるが、例えば、次のように複数の基準を組み合わせてガイドラインを策定することもあり得よう。

　ア．乗換え自体の損得（経済的合理性の観点）
　イ．当該投信が顧客の投資意向、リスク許容度に沿うか（適合性の観点）
　ウ．市況見通し又は相場観からの乗換え
　エ．特定の資産クラスの投資対象比率を下げ、他の資産クラスの同比率を上げる資産選択（顧客の投資資産におけるアセットアロケーションの観点）

・投信のように中長期投資を基本とする商品の場合、短期間での乗換えや同一の商品性をもつ他の投信への乗換えについて、一見して明らかな合理性を認めにくい事例が多いと思われる。また、商品性が異なる投信間における乗換えも経済合理性の観点から問題となりうる。販売会社においては、乗換勧誘に関し、合理性の判断枠組みを確立するとともに、顧客に対し合理性の根拠等について丁寧な説明を行うことが求められる。

COLUMN

27　投資信託の乗換勧誘（その２）

・証券取引等監視委員会が公表した資料「最近の証券検査における指摘事項に係る留意点（平成22年４月～平成23年３月公表分）」（証券取引等監視委員会ホームページに掲載）において、投信の乗換勧誘が挙げられている。該当箇所をそのまま引用すると次のとおりである。

平成22年４月～６月公表分
証券会社
　投信の乗換勧誘に際し重要な事項について説明等を行っていない状況等
　【事実関係等】
　　○　毎月分配型投信から他の投信への乗換勧誘に際し、売却銘柄の大幅な分配金引上げの事実という顧客の投資判断に影響を及ぼす重要な事項について顧客に説明していない事例が、多部店にわたり多数認められた。
　　○　大半の営業管理職において、営業員からの乗換勧誘に係る事前申請の内容確認が形骸化し、不適切な乗換勧誘の状況を看過していた。
　　○　コンプライアンス担当部署は、投信の乗換勧誘に係る重要事項の説明状況のモニタリングを行っていないなど、牽制機能が十分に果たされていなかった。
　（以上引用終わり）
　【留意点】
　　○　当該乗換勧誘時における売却銘柄の大幅な分配金引上げの事実のように、顧客の投資判断に影響を及ぼす重要な事実については、勧誘時に顧客へ十分に説明する必要がある。
　　○　内部管理部門等においては、営業員による勧誘状況のモニタリング態勢を整備し、不適切な勧誘行為に対する牽制機能を発揮することが求められる。

・販売会社としては、投信の関係する乗換勧誘について、合理的な根拠の説明に不足が生じないよう、細心の注意を払い行うことが求められる。営業担当者に対し徹底することが肝要である。

COLUMN

28 適合性の原則―裁判例

近時、投資信託を高齢者に勧誘・販売した銀行・証券会社に対し、適合性原則違反を理由に損害賠償責任を認めた裁判例として大阪地判平22.8.26（金融法務事情1907号101頁）、東京地判平23.2.28（同1920号108頁）などがみられる。

これらの判決では、顧客の確認書類への記名押印や目論見書等の交付という形式面よりも、結局のところ、当該顧客に対し、その属性に鑑みて適切な判断や説明がなされたか、すなわち適合性原則や説明責任が十全に果たされたかという実質面が重視されている。かかる裁判所の見解は、金融商品取引業者等に義務付けられる勧誘・説明の方法や程度については、顧客の属性に照らして適切な勧誘・説明であるかどうかといった実質的側面が重視されることに留意すべきであるという金融庁の見解とも親和的であると思われる（2007年7月31日公表「パブコメ回答」414頁）。

一方、これらの判決では、「リスクが高い」投資信託であるとの主張がなされているが、リスクが何であるかについては、あるときは元本割れのことであり、あるときは仕組みが複雑であることであり、またあるときはデリバティブという用語のことであったりしており、これらすべてをリスクという用語で呼ぶには必ずしも適しない部分もあるように思われるが、重要なことは、①リスクとされたこれらの事項はいずれも、一般的にみても顧客が投資を判断する際に間違いなく考慮する事項であるということであり、②金融商品取引業者等がこれらの事項を踏まえて顧客に適する商品であるかを判断できなかったり、これらの事項を顧客が理解できなかったりした場合には、金融商品取引業者等に何らかの責任が残りかねないことが改めて明確になったことである。金融商品取引業者等やその担当者らは、自己に責任が残るというリスクを負わないためにも、これら裁判例でリスクとされたような事項を踏まえた適合性原則や説明責任を果たすことが必要となる。

実務上、販売金融機関には、適合性原則の観点から、顧客への勧誘・説明が形骸化することを防止しつつも、顧客の利便性等を過度に阻害しない運用が求められる。具体的には、形式的に目論見書や販売用資料を交付するだけではなく、より実質的に顧客属性に照らして理解できる方法や程度で適切な勧誘・説明をすべきである。そのために販売金融機関としては、特にリスクの高い投資信託等については、販売担当者に対する十分な研修を行うなどして適合性原則の要請を満たすよう留意することが肝要であろう。他方で、過去に同じ商品について説明を受けた顧客が当該商品の内容、リスク等について理解しているような場合には、その投資経験が他社におけるものであっても、比較的短時間の説明で販売することも可能と考えられる（金融庁・証券取引等監視委員会「金融商品取引法の疑問に答えます」平成20年2月）。実務上の観点からは、販売金融機関の本店と支店とが一緒になって投資信託等の販売に係るリスクをコントロールする実務運用を構築することが重要であると思われる。その際、法の趣旨を検討するに当たっては、これら近時の裁判例が参考になるであろう。

なお、適合性原則の概要についてはコラム25を、また、複雑な投資信託についての勧誘時の自主規制ルールについてはコラム29を参照されたい。

イ．適合性の原則徹底のための追加的規制

● **ワンポイント**

　2011年4月以降、不招請勧誘禁止の対象が個人顧客向けの有価証券に関連する店頭デリバティブ取引に拡大されたことに伴い、日証協において取得の申込みの勧誘及び顧客管理に関し追加的な規制が実施されている。これは、協会員に対し、より適合性の原則を反映した取得の申込みの勧誘及び顧客管理を促すというものである。背景は、依然として、高齢者などに対し、説明不足の状態で複雑な内容の投資信託の受益証券が販売され、その結果多額の損失の発生によりトラブルとなる事例が散見されることである。

　追加的規制の中で、日証協の協会員すべてに義務付けられる「合理的根拠適合性」の検証は、重要なものである。適合性の原則が個々の投資者につき判断するものであるのに対し、「合理的根拠適合性」は有価証券等という商品群について判断するものである。日証協ルールにおいて、会員にとって新たな有価証券等の販売に際し、「当該有価証券等の特性やリスクを十分に把握し、当該有価証券等に適合する顧客が想定できないものは、販売してはならない。」とされている。協会員個社ごとに、自社の抱える外務員の力量及び顧客の理解度・投資経験等を総合的に勘案した上で、コンプライアンス関連部署において、商品特性等により仕分けられた商品群ごとに"合理的根拠適合性"の検証作業が行われているようである。

　ただ、適合性原則の徹底のため新たに導入された判断基準であるため、わかりにくい点は否めない。検証作業の積み重ねにより、適合性原則徹底の観点から販売会社において効果的に活用されることが望まれる。

　なお、全銀協が2011年2月に定めた「デリバティブを内包する預金に関するガイドライン」は、日証協の上記ルールと概ね同様の体制整備を求めているが、わずかに異なる部分もあり、留意が必要である。

● **該当条文等（引用条文等とその概要）**

① 不招請勧誘禁止に関する規定（金商法38条ただし書・4号）
　　※新たに不招請勧誘禁止の対象として、個人向けの有価証券に関連する店頭デリバティブ取引などを追加（金商法施行令16条の4第1項1号）
　　※金融庁「デリバティブ取引に対する不招請勧誘規制等のあり方について」
　　（2010年9月13日公表）

② 勧誘における適合性原則の徹底（日証協ルール「協会員の投資勧誘、顧客管理等に関する規則」）
　　・会員における"合理的根拠適合性"の検証（同規則3条3項）
　　・会員における"重要な事項"の説明（同規則3条4項）
　　・特定の商品の販売に関する"勧誘開始基準"の設定（同規則2条7号・8号・9号・5条の2）
　　（ⅰ）店頭デリバティブ取引に類する複雑な仕組債に係る販売

(ii)　店頭デリバティブ取引に類する複雑な投資信託に係る販売
　　(iii)　レバレッジ投資信託に係る販売
　※日証協ガイドライン「協会員の投資勧誘、顧客管理等に関する規則3条3項の考え方」(2011年2月1日)
　※店頭デリバティブ取引に類する複雑な投資信託、レバレッジをかけることを運用方針としている投資信託、各々につき重要な事項を整理(日証協ガイドライン「協会員の投資勧誘、顧客管理等に関する規則3条4項の考え方」(2011年2月1日))
　※日証協ガイドライン「協会員の投資勧誘、顧客管理等に関する規則5条の2の考え方」(2011年2月1日)

③　特定の商品の販売に関し、あらかじめ顧客に対する"注意喚起文書"の交付(日証協ルール「協会員の投資勧誘、顧客管理等に関する規則」6条の2)
　※日証協ガイドライン「協会員の投資勧誘、顧客管理等に関する規則6条の2の考え方」(2011年2月1日)

④　特定の商品の販売に関し顧客から"確認書"の徴求(日証協ルール「協会員の投資勧誘、顧客管理等に関する規則」8条2項・3項)

COLUMN

29　適合性の原則―自主規制ルール

　金融庁は、投資者保護の充実を図るため、2010年9月13日、「デリバティブ取引に対する不招請勧誘規制等のあり方について」を公表した(下記図表参照)。金融庁は、見直しの内容として、①法令による不招請勧誘規制の見直しと②自主規制による販売勧誘ルールの強化を掲げ、②については、(1)適合性の原則等の具体化(勧誘開始基準・合理的根拠適合性)、(2)顧客に対する説明の充実、(3)勧誘方法等に関する注意喚起文書の配布を具体的な項目と定めた(なお、適合性原則の概要についてはコラム25参照)。

　これを受けて各自主規制機関は、店頭デリバティブに類する複雑な金融商品について勧誘時の自主規制ルールを策定しており、具体的には、全銀協が2011年2月22日より新たなガイドラインを施行し、日証協・投信協会が2011年4月1日より改正した自主規制規則を施行している。

　なお、適合性原則が実際に個別の顧客に即して問題となる行為規制であるのに対し、合理的根拠適合性において求められるものは、実際に個別の顧客に接触する前に(又は接触することなく)すべての顧客又は特定の顧客へ販売・勧誘することを回避すること等であり、いわば商品の市場適合性判断といえる。平成10年の日本版金融ビックバン以降、投資家保護を図りつつ多様な金融商品の提供が追及されてきたが、今回の合理的根拠適合性導入はこれまで以上に投資家保護を優先した、日本ではこれまでにない(少なくとも明文化されていなかった)行為規制である。この行為規制が今後どのような形で定着化するかについては、投資家自身が多様な金融商品の提供と保護のいずれを今後重視・選択していくかにもよるものと考えられる。

　一方、このような行為規制が課される前提としての投資家被害が生じていることも事実であり、まずは金融商品取引業者等が、節度ある商品の組成とわかりやすい説明や説明資料の作成に努めていくことが重要である。

● 解説（規則、考え方等の概要）
② 勧誘における適合性原則の徹底その他
　　※日証協ルール「協会員の投資勧誘、顧客管理等に関する規則」（改正部分2011年4月1日施行）

項　目	概　要
定義（同規則2条）	・今回、適合性原則の貫徹のために、追加的に規制された店頭デリバティブ取引に類する3つの商品の定義がされている。 ① 店頭デリバティブ取引に類する複雑な仕組債（7号） ② 店頭デリバティブ取引に類する複雑な投資信託（8号） ③ レバレッジ投資信託（9号）
"合理的根拠適合性"の検証（同規則3条3項）	・協会員は、当該協会員にとって新たな有価証券等の販売を行うに当たっては、当該有価証券等の特性やリスクを十分に把握し、当該有価証券等に適合する顧客が想定されないものは、販売禁止となる（3条3項）。いわゆる、"合理的根拠適合性"といわれるものである。
ガイドライン	・3条3項を個々の協会員において実施する上での参考として、日証協からガイドラインが発出されている。 「協会員の投資勧誘、顧客管理等に関する規則第3条第3項の考え方」 以下、その概要である。 　a．新設の経緯について 　　適合性原則等の具体化の一つとして、投資者へ販売する商品としての適否を事前検証（合理的根拠適合性）することが求められる。合理的な根拠に基づき当該有価証券等に適合する顧客が全く想定できないものは、販売しない。 　　これは、一部のデリバティブ取引に類するリスク特性をもった複雑な商品が金融資産の乏しい高齢者に販売され、多額の損失が生ずる事例がみられることから導入された。【問1参照】。 　b．合理的根拠適合性について 　　「合理的根拠適合性」とは、個々の顧客に対する勧誘の適正性を問うものではなく、勧誘しようとする有価証券等が少なくとも一定の顧客にとり投資対象としての合理性を有するものであることを要請する考え方である。事前検証の結果、ある一定の顧客のみへの販売が適正と判断した場合、社内において当該情報を共有し、取扱基準を設ける、研修の実施など、適切な勧誘が行われるよう留意すべきとされる。【問2参照】。 　c．新たな有価証券等 　　「新たな有価証券等」とは、2011年4月1日以後において、当該協会員にとって新たに顧客へ販売する商品や取引など、すべての有価証券の取引又はデリバティブ取引が対象となる。ただし、一度検証済みのものについては、販売の都度、新たな検証は求められない。また、検証済みの有価証券等と同種の商品性やリスク特性であるものは同種であることの確認をもって検証としうる。 　　もっとも、環境変化等により検証済みの有価証券等のリスク等に重大な変化があったと認めうる場合には、再検証が慫慂されている。 　　なお、本改正の施行日以前に販売済みで、改正対象の店頭デリバティブ取引に類するものについて、従来の社内体制が、合理的根拠適合性の観点からみて

十分でないと認められる場合には、あらためて検証を行うことが慫慂されている。【問3参照】。

　　d．事前検証
　　「事前検証」とは、すべての有価証券等について同レベルの検証が求められているものではなく、上場商品や国債等の単純な仕組みのものは柔軟な対応でよいとされる。商品性が複雑でないもの、社会的認知度の高いもの等は簡便な検証をもって、「一定の顧客」の有無や範囲を特定しうるとされる。
　　これに対して、店頭デリバティブ取引に類する投資信託などについては、より詳細な検証が奨励されている。その際の観点として次の事項が列挙されている。【問4参照】。
　　(1) 販売する有価証券等の確認
　　　① リスクの種類と大きさ
　　　② 費用とパフォーマンス
　　(2) 販売する投資者の確認
　　　① 対象となる顧客
　　　② 制限を付す場合の方法
　　　　販売する有価証券等につき制限を付す場合（例えば、販売対象顧客の条件設定、販売禁止顧客の選定等）、「勧誘開始基準」もしくは「取引開始基準」を用いるのか、又は確認書徴求とするのか。
　　(3) 販売方法
　　　検証結果、販売形態（公募・私募等の別）等を踏まえ、販売チャネルや販売用資料の適切性の確認が慫慂されている。
　　　また、合理的根拠適合性は、販売側が当該有価証券等につき十分理解していることが前提であることから、販売会社において研修等が合わせて慫慂されている。

　　e．事前検証の担い手
　　「事前検証」は誰が行うか、につき、営業現場の管理部門及びリーガル部門やコンプライアンス部門が参加して行うことが奨励されている。ただ、例外的に、適格機関投資家のみを販売対象とする場合等は、商品部門内の内部管理責任者等が行う方法も許容されるとする。【問5参照】。

　　f．外部委託の可否
　　事前検証の業務委託について、原則、販売会社自身が行うべきものとされる。ただし、外部に適宜の協力を仰ぐことまで禁止されない。その場合においても、自社の顧客が想定範囲に含まれるかの最終確認は自社で行う必要があるとされる。【問6参照】。

会員における"重要な事項"の説明（同規則3条4項）	・協会員は、有価証券の売買その他の取引等に関し、重要な事項について、顧客に十分な説明を行うとともに、理解を得るように努めなければならない（同規則3条4項）。「重要な事項」の説明である。内容自体は、実質的に金販法における重要事項説明と重複する。
ガイドライン	・日証協からガイドラインが発出されている。 「協会員の投資勧誘、顧客管理等に関する規則第3条第4項の考え方」 以下、その項目である。 　1．債券一般について

		2．店頭デリバティブ取引等について 3．店頭デリバティブ取引に類する複雑な仕組債について 4．EBについて 5．店頭デリバティブ取引に類する複雑な投資信託について 6．レバレッジをかけることを運用方針としている投資信託について 7．同一外貨建商品間の乗換えについて
	特定の商品の販売に関する"勧誘開始基準"の設定(同規則2条7号・8号・9号、5条の2)	・協会員は、顧客（特定投資家を除く個人に限る。）に対し、次の各号に掲げる販売の勧誘（当該取引の勧誘を要請していない場合に限る。）を行うに当たっては、当該各号に掲げる販売ごとに勧誘開始基準を定め、当該基準に適合した者でなければ、当該販売の勧誘を行ってはならない。 1　店頭デリバティブ取引に類する複雑な仕組債に係る販売 2　店頭デリバティブ取引に類する複雑な投資信託に係る販売 3　レバレッジ投資信託に係る販売 　　（5条の2） 協会員自らが勧誘する場合に限定した規則である点に留意する。
	ガイドライン	・日証協からガイドラインが発出されている。 「協会員の投資勧誘、顧客管理等に関する規則第5条の2の考え方」 以下、その概要である。 　　a．新設の経緯について 　　　これは、一部のデリバティブ取引に類するリスク特性をもった複雑な商品の購入に伴い、金融資産に乏しい高齢者が想定外の損失を被る事例に関する苦情等が消費者団体に多数寄せられたことによるものである。商品のリスク特性や顧客の属性に応じて勧誘を行うか否かの基準を設定（勧誘開始基準）することを求め、協会員自らが勧誘する顧客を限定することで、かかる苦情発生の蓋然性の高い投資勧誘を行わないようにすることが目的である。【問1参照】。 　　b．「勧誘開始基準」と「取引開始基準」の違いについて 　　　「勧誘開始基準」とは、当該取引の勧誘を要請していない顧客の中で、訪問、電話、店頭において勧誘を行ってよい範囲をあらかじめ定めておくものである。当該基準を満たさない顧客に対しては勧誘自体が禁止される。これに対して、「取引開始基準」は協会員が顧客との間で当該取引契約の締結を行うことに関する基準である。 　　　例として、一定の基準に該当する顧客については勧誘も顧客の自発的申出による取引（いわゆる客注）も行わないと判断した場合、「勧誘開始基準」と「取引開始基準」の双方を適用することも慫慂される。 　　　対象顧客の範囲は特定投資家を除く個人である。さらに、金商法における不招請勧誘禁止規制が訪問又は電話に限定されているところ、本基準は来店顧客に及ぶことに留意する。ある商品の購入目的で来店した顧客に対して、顧客の予定していない別の商品を勧誘する場合には、適合性等に配慮する必要性があることから規制対象に含まれるとする。【問2参照】。 　　c．「勧誘開始基準」の内実について 　　　商品のリスク特性や顧客の属性に応じたものが要求される。 　　　具体的な勧誘開始基準の考慮項目として、次のものが掲げられている。 　　1．投資者の年齢・取引経験

　　　　　　特に高齢者顧客は、加齢とともに理解力と判断力が低下していくことから年齢を意識した基準の策定が強く奨励されている。また、取引経験につき、当該取引以外の他の取引経験の考慮やアップトゥーデートな記録も求められている。
　　　２．投資者の財産の状況（主要な収入形態、金融資産の状況）
　　　３．投資者の投資目的・投資方針
　　　４．その他（事前の顧客面談等）
　　【問３参照】。

　　ｄ．「勧誘開始基準」の設定方法について
　　　　個別商品毎に要求されるわけではない。運用の実務を考慮し、同様のリスク特性を有すると考えられる取引等を同一のリスクグレート群として括り、そのグレート群毎に基準を設けることも許容される。
　　　　いずれにしても、協会員においては、商品性やリスク内容に応じて、投資者保護に資する有効な基準の設定が奨励されている。【問４参照】。

　　ｅ．「勧誘開始基準」充足の確認について
　　　　数値基準の他に、定性基準を設けている場合、営業担当者の主観のみの判断は望ましくない。営業管理職などによる営業担当者に対するヒアリング、直接に当該顧客と面談するなどして、「勧誘開始基準」を充足しているかの確認が慫慂されている。
　　　　また、定性基準につき営業管理職等による確認を義務付ける場合は、確認が行われたことを、後日、検証できるように管理態勢の整備が奨励される。【問５参照】。

　　ｆ．「勧誘開始基準」充足の確認頻度について
　　　　勧誘の都度、当該顧客が基準を満たしていることを確認することが望ましいとしつつも、実務的に、勧誘の都度同様の手続を行わなくてもよい場合があることを認めている。ただし、高齢顧客については定期的な確認が、確認後に当該顧客の状態に大きな変化がみられた場合には再確認が、各々奨励されている。【問６参照】。

③　日証協ルール「協会員の投資勧誘、顧客管理等に関する規則」６条の２

項　目	概　要
顧客に対する注意喚起文書の交付等	・協会員は、顧客（特定投資家を除く。）と、次に掲げる有価証券等の販売に係る契約を締結しようとするときは、あらかじめ、当該顧客に対し、注意喚起文書を交付し、適合性原則に資するよう説明を行わなければならない（６条の２第１項、３項）。 　１　有価証券関連デリバティブ取引等（一定のものを除く。） 　２　特定店頭デリバティブ取引等 　３　店頭デリバティブ取引に類する複雑な仕組債 　４　店頭デリバティブ取引に類する複雑な投資信託 ・協会員は、注意喚起文書に、次に掲げる事項を明瞭かつ正確に表示しなければならない（６条の２第２項）。 　１　不招請勧誘規制の適用がある場合にあっては、その旨 　２　リスクに関する注意喚起

	3 指定紛争解決機関による苦情処理及び紛争解決の枠組みの利用が可能である旨及びその連絡先 等
ガイドライン	・日証協からガイドラインが発出されている。 「協会員の投資勧誘、顧客管理等に関する規則第6条の2の考え方」 以下、その概要である。 　a．「注意喚起文書」について 　　　顧客に対し、これから行おうとする取引が不招請勧誘禁止規制の対象であるか否か 及び 一般の取引よりもリスクの高い取引であること、金融ADRの利用等を、明確かつ簡潔に理解してもらうことを目的とした文書である。【問1参照】。 　b．「注意喚起文書」の様式について 　　　「注意喚起文書」の様式が制定されていないとしつつも、用意してある参考様式の使用が慫慂されている。 　　　参考様式は、取引種別や不招請勧誘禁止規制の適用の有無、元本を超える損失発生の有無等に応じて6種類ある。 　　① 有価証券関連デリバティブ取引・特定店頭デリバティブ取引用（不招請勧誘禁止規制対象（継続取引を含む。）） 　　② 有価証券関連デリバティブ取引・特定店頭デリバティブ取引用（不招請勧誘禁止規制対象（継続取引を含む。））（元本を超える損失が発生しない） 　　③ 有価証券関連デリバティブ取引・特定店頭デリバティブ取引用（不招請勧誘禁止規制対象外（法人用。）） 　　④ 有価証券関連デリバティブ取引・特定店頭デリバティブ取引用（不招請勧誘禁止規制対象外（法人用。））（元本を超える損失が発生しない） 　　⑤ 国内外の市場デリバティブ取引用 　　⑥ 店頭デリバティブ取引に類する複雑な仕組債（又は投資信託）用 　　　⑤については規則上、重要な事項の説明対象取引ではないところ、実質的に大きな損失発生の可能性を有していること等から、注意喚起文書の交付が求められている。【問2参照】。 　　　なお、レバレッジ投信については対象外である。 　c．「注意喚起文書」の様式変更について 　　　参考様式が強制ではないとしつつも、規制の趣旨に鑑み、参考様式に忠実に作成することが慫慂されている。【問3参照】。 　d．交付タイミングについて 　　　契約締結前であることが必要だが、遅くとも契約締結前交付書面や目論見書交付の際に、注意喚起文書を交付することが慫慂されている。【問4参照】。 　e．他の法定書面と同時の交付について 　　　基本的には、独立した一枚の書面により交付すべきものとされる。ただし、契約締結前交付書面や目論見書との同時交付も許容されるものの、一定の条件が課せられる。それは、契約締結前交付書面や目論見書の前に当該注意喚起文書が置かれることが奨励される。 　　　さらに、交付漏れを防ぐ観点から、他の法定書面と一体化して交付することも許容されるものの、その際、契約締結前交付書面との場合は最前面にホチキ

ス止めする、目論見書との場合は表紙と一番最初のページの間に挟み込むなど、必ず当該注意喚起文書が読まれるように工夫することが要請されている。【問5参照】。

　　f．電磁的方法による交付について
　　　注意喚起文書については、「書面の電磁的方法による提供等の取扱いに関する規則」2条及び3条に定めるところに従い、電磁的方法による交付が可能である。【問6参照】。

④　日証協ルール「協会員の投資勧誘、顧客管理等に関する規則」
　　8条2項・3項　改正部分

項　目	概　要
顧客からの確認書の徴求等	・協会員は、店頭デリバティブ取引等の販売に係る契約を締結するときは、当該顧客（特定投資家を除く。）が次に掲げる事項を理解し、当該顧客の判断と責任において当該店頭デリバティブ取引等を行う旨の確認を得るため、当該顧客から当該店頭デリバティブ取引等に関する確認書を徴求する（8条2項）。 　1　同規則3条4項に定める重要な事項の内容 　2　契約により想定される損失額（中途解約した場合の解約清算金（試算額）を含む。）を踏まえ、当該顧客が許容できる損失額及び当該想定される損失額が顧客の経営又は財務若しくは資産の状況に与える影響に照らして、顧客が取引できる契約内容であること 　3　事業の状況や市場における競争関係を踏まえても、継続的な業務運営を行う上で有効なヘッジ手段として当該取引終了まで機能すること（当該顧客（個人を除く。）との契約が、ヘッジ目的の場合に限る。） 　4　今後の経営を見通すことがかえって困難になるものでないこと（当該顧客（個人を除く。）との契約が、ヘッジ目的の場合に限る。） 　5　勧誘した店頭デリバティブ取引等に応じなくとも、そのことを理由に今後の融資取引に何らかの影響を与えるものではないこと（当該顧客（個人を除く。）と融資取引を行っている場合に限る。） ・協会員は、顧客と店頭デリバティブ取引に類する複雑な仕組債又は店頭デリバティブ取引に類する複雑な投資信託の販売に係る契約を締結しようとするときは、当該顧客（特定投資家を除く。）が次に掲げる事項を理解し、当該顧客の判断と責任において当該販売に応じて買付けを行う旨の確認を得るため、当該顧客から当該販売に関する確認書を徴求する（8条3項）。 　1　同規則3条4項に定める重要な事項の内容 　2　契約により想定される損失額（中途解約した場合の解約清算金（試算額）を含む。）を踏まえ、顧客が許容できる損失額及び当該想定される損失額が顧客の経営又は財務若しくは資産の状況に与える影響に照らして、顧客が取引できる契約内容であること 　3　勧誘した店頭デリバティブ取引に類する複雑な仕組債又は店頭デリバティブ取引に類する複雑な投資信託の販売に応じなくとも、そのことを理由に今後の融資取引に何らかの影響を与えるものではないこと（当該顧客（個人を除く。）と融資取引を行っている場合に限る。） なお、レバレッジ投信については確認書徴求の対象外である。

2.4 運用《プロセス28-35》

・なし。

2.5 基準価額の算出《プロセス36-39》

・なし。

2.6 開示《プロセス40-52》

● ワンポイント

　販売会社として、投資者に投資信託の受益証券を販売した後に、顧客に交付する書面は法定のものを含めてさまざまなものがある。まず、販売時の取引報告書、継続して保有している場合の取引残高報告書である。次に、投信委託会社が作成する月次運用レポート、運用報告書なども、投信委託会社が受益者個々の氏名・住所等の情報を持たないため販売会社経由で顧客に交付される。

● 該当条文
① 　取引報告書等（金商法37条の4）
　　※契約締結時交付書面としての取引報告書の記載事項（金商業等府令100条・101条・99条1項）
　　※取引残高報告書の記載事項（金商業等府令108条）
② 　投資信託の運用報告書の交付義務（投資信託法14条）

2.7 法定帳簿《プロセス53-55》

● ワンポイント

　販売会社（第一種金融商品取引業者あるいは登録金融機関）において投資信託の受益証券の募集の取扱い、全部又は一部の解約の受付等を行った場合、さまざまな法定帳簿の作成・保存義務が生ずる。また、第一種金融商品取引業者である販売会社は、所定の期間、すべての営業所又は事務所において、業務及び財産の状況に関する説明書類を公衆縦覧に供することが求められる。登録金融機関も、それぞれの所定の業法に従って業務及び財産の状況に関する説明書類を公衆縦覧に供することが求められている（銀行法21条等）。

　なお、法定帳簿の作成及び保存については、合理的範囲での代用が認められている。

● 該当条文等（引用条文等とその概要）
① 法定帳簿の作成・保存義務（金商法46条の2）
② 事業報告書の提出（金商法46条の3）
③ 業務及び財産の状況に関する説明書類（金商法46条の4）
　※業務に関する帳簿書類、注文伝票（金商業等府令157条・158条）
　※事業報告書（同府令172条）
　※業務又は財産の状況に関する報告（同府令173条）
　※説明書類の記載事項（同府令174条）
　なお、登録金融機関の場合についても同様に、金商法48条・48条の2（金商業等府令184条・187条・188条）に定められている。
④ 共通編、業務に関する帳簿書類関係（監督指針Ⅲ－3－3）
　※監督指針Ⅲ－3－3(1)①において、必要記載事項が漏れなく記載されていることを条件に、合理的な範囲において他の法定帳簿による代用が認められている。

● 解説（監督指針の該当箇所）
④ 監督指針

項　目	概　要
概要（監督指針Ⅲ－3－3）	・業務に関する帳簿書類（以下「帳簿書類」という（Ⅵ－3－2－4、Ⅵ－3－3－4、Ⅷ－2－3及びⅪ－2－3を除く。）。）は、金融商品取引業者の業務又は財産の状況を正確に反映させ、業務の適切性や財務の健全性を検証することなどによって、投資者保護に資するため法令にその作成及び保存義務が規定されているものである。帳簿書類の検証に当たっては、これらの趣旨を踏まえ、以下の点に留意して行うものとする。 (1) 基本的留意事項 　① 帳簿書類について、一の帳簿書類が合理的な範囲において、他の帳簿書類を兼ねること、又はその一部を別帳とすることもしくは金商業等府令第157条及び第181条に規定する名称と異なる名称を用いることがそれぞれできるものとする。ただし、それぞれの帳簿書類の種類に応じた記載事項がすべて記載されている場合に限る。 　②～⑧　…略… ［以下、項目のみ掲載。］ (2) 帳簿書類のマイクロフィルムによる作成・保存 (3) 帳簿書類の本店における集中保管 (4) 注文伝票のコンピュータへの直接入力による作成 (5) 発注伝票のコンピュータへの直接入力による作成 (6) 帳簿書類の電子媒体による保存

2.8 解約《プロセス56−57》

● ワンポイント

投信委託会社側からみると販売会社経由からの投資信託の解約は、すべて解約実行請求の受付になる。これに対して、販売会社側においては、解約には解約請求手続と買取請求手続の2つがある。買取請求とは、解約の申込みを単純に投信委託会社につなぐ解約とは異なり、販売会社が所定の基準価額で自己勘定により顧客から投資信託証券をいったん買い取り、投資信託会社につなぐものである。

投資信託に係る契約の解約は「金融商品取引契約」に該当しないと解される。これに対して、買取りは「金融商品取引契約」に該当するものの、金融商品取引業者が顧客に売り付けた投資信託の受益証券を当該顧客から転売目的ではなく買い取る場合、あらためて契約締結前交付書面の交付の必要性に乏しいことから、同書面の交付は不要とされている。

● 該当条文

① 投資信託に係る契約の解約
　※金商業等府令98条1項1号
　※金融商品取引契約に該当しない（2007年7月31日公表「金融庁パブコメ回答」278頁37番参照）
② 投資信託の受益証券の買取り
　※金商業等府令80条1項5号ハ、金商法施行令1条の12第1号
② 事業報告書への記載（金商法47条の2）
　※事業報告書の記載様式として別紙様式第12号を指定（金商業等府令182条）
　※金商業等府令　別紙様式第12号　1　業務の状況　⑽業務の状況　①有価証券の売買の状況　受益証券の項目、委託・自己の別と合計

2.9 約款変更《プロセス58》

● ワンポイント

投信法の条文上、重大な約款の変更手続に販売会社は登場しないが、実務上、販売会社抜きに約款変更を行うことはできない。これは、投信委託会社が投資信託の受益者の個人情報を持たないため（口数のみを把握）、販売会社の協力なくして「知れている受益者」に対し、約款変更の手続に必要な書面を交付すること等ができないからである。

もっとも、販売会社と投信委託会社との役割分担にはさまざまな形態がある。販売会社が約款変更手続に係る書面交付等の実務に一切かかわらず、受益者の保有口数、氏名住所等を投信委託会社に伝達し済ませる事例も考えられる。このことは個人情報保護に係る法令諸規則に反する可能性があり、自社の顧客情報の慎重な取扱

いの観点からは問題なしとしない。望ましいのは、投資信委託会社が約款変更手続に係る書面作成・約款変更の成立の判断・反対受益者の受益権買取請求に係る書面作成等の業務を負担し、販売会社が責任をもって投資信託証券の保有者に対し書面交付等を行う形態ではなかろうか。

なお、販売会社がこうした約款変更手続を担う際に注意すべき点は、約款変更手続の対象となる受益者は、基準日現在における受益者であることである。このため、基準日に取得申込みを行った投資家は対象に含まれず、解約の実行請求を行った受益者は対象に含まれることになる。

● 該当条文
① 約款変更手続（投信法17条・18条）
　※約款変更手続に必要な書面の内容等（投信法規則29条・31条・33条・34条・36条）
　※旧信託法に基づく旧法信託になる投資信託における約款変更手続が、投信法の書面決議ではなく旧投信法の異議申立て手続で行われることの確認（監督指針Ⅵ－2－9－1投信法及び信託法に関する留意事項）

2.10 トラブル《プロセス59－61》

● ワンポイント

証券事故の届出について、販売会社と投資信託会社の大きな差異は、販売会社の場合、原則として、事故による損害の補てんについて当局の事前承認を要することである。また、金融ADRの導入に伴い、契約締結前交付書面（目論見書補完書面と一体化した目論見書で代替の場合を含む。）に、指定紛争解決機関が存在する場合、その商号又は名称等や、苦情処理措置、紛争解決措置を記載することが求められている。さらに、販売会社は、日証協の紛争等の解決に関する自主規制ルールに従い、FINMACに協力する義務を負う。

一般に証券"事故"という場合、金融商品取引業者等が業務遂行の過程において不適切な行為を行うことで顧客に損失を及ぼしたものをいう。顧客に対し、生じた損失の補てんを行う際に違法な損失補てんとならないように、第一種金融商品取引業の場合、法定の手続に従わなければならない。これとは別に、金融商品取引業者の役職員に法令等に違反する行為等があった場合に、金融商品取引業者等は金融庁長官に"事故等"の届出を要する点に留意する。この場合の届出は、顧客に損失を及ぼしたか否かは無関係である。

● 該当条文等（引用条文等とその概要）
① 契約締結前交付書面の記載内容（金商法37条の3第1項7号）
　※契約締結前交付書面の共通記載事項として、指定紛争解決が存在する場合に

おいては当該指定紛争解決機関の商号又は名称、指定紛争解決機関が存在しない場合においては苦情処理措置及び紛争解決措置の内容、を各々記載する。投資信託の受益証券の販売は、投信委託会社による自己募集を除き第一種金商法融商品取引業に該当し、かかる業の紛争解決等については指定紛争解決機関としてFINMACがある（金商業等府令82条15号）。

② 証券事故の処理について（金商法39条3項・5項）
　※金融商品取引業者等とその顧客との間において争いの原因となるものを限定列挙（金商業等府令118条1項各号）。
　※事前の確認を要しない場合（金商業等府令119条1項各号）

③ いわゆる事故等の届出（金商法50条1項8号）
　※金融商品取引業者の役職員が法令等に違反する行為、すなわち「事故等」を発生させた場合に届出を要する。事故等が証券事故に該当する同府令118条に定める場合等を除く旨が明記されている。「事故等」に該当するのは、例えば、販売用資料において誤記載をするなど法令等に違反する行為を行ったものの、顧客に具体的な損失が発生したとは認めがたいような事例である（金商業等府令199条7号・8号）。
　※登録金融機関等の登録金融機関業務に関し、同様の定めをおく。事故等が証券事故に該当する同府令118条に定める場合等を除く旨が明記されている（金商業等府令200条6号・7号）。

④ 金融商品取引業者に対する業務改善命令（金商法51条）
　登録金融機関に対する業務改善命令（同法51条の2）

⑤ 金融商品取引業者に対する監督上の処分（金商法52条）
　登録金融機関に対する監督上の処分（同法52条の2）

⑥ 苦情等への対応（金融ADR制度への対応を含む。）（監督指針Ⅲ-2-5）

⑦ 会員の処分等（日証協ルール「定款」28条1項）
　会員処分の公表（日証協ルール「協会員に対する処分等に係る手続に関する規則」15条）
　※日証協「協会員に対する処分に関する考え方」（2009年1月1日）

⑧ 日証協ルール「事故の確認申請、調査及び確認等に関する規則」

⑨ 日証協ルール「協会員と顧客の紛争等の解決のための業務委託等に関する規則」
　「苦情・紛争処理規程」（社内規程モデル）

● 解説（規則等の概要）

⑨ 日証協ルール「協会員と顧客の紛争等の解決のための業務委託等に関する規則」

項　目	概　要
目的等	・協会員及び金融商品仲介業者（以下「協会員等」という。）の業務に関する顧客か

	らの苦情の申出及び紛争の解決の申立てへの対応について、必要な事項等を定め、公正中立の立場で透明性の高い対応を促進し、投資者の信頼確保と金融商品市場の健全な発展に資することを目的とする（1条）。
定義	・「苦情」とは、協会員等の行う業務に関し、協会員等に責任もしくは責務に基づく行為を求めるもの、又は損害が発生するとして賠償もしくは改善を求めるものなど、協会員等に不満足を表明するものをいう（2条1号）。 ・「紛争」とは、苦情のうち、協会員等と顧客の間で解決できないものをいう（同条2号）。
構成等	第1章　総則 第2章　紛争等解決の業務の委託 　　日証協は、紛争等解決の業務について、特定非営利活動法人証券・金融商品あっせん相談センター（通称：FINMAC）に委託する。 第3章　協会員等の責務 　　協会員等は、顧客からの苦情の解決のため、FINMACにおけるあっせん手続等に協力する義務を負う。また、協会員は、顧客から、あっせんの申立てがあった場合、あっせんの期日一回当たりの利用負担金を納付しなければならない。 第4章　雑則
FINMACの利用について	・第1種金融商品取引業を営む業者が指定紛争解決機関であるFINMACを利用するには、金商法の規定に従い、FINMACとの間で手続実施基本契約を締結しなければならない。また、手続の利用に際しては、下記の諸規則が適用され、苦情処理又はあっせん手続において、手続応諾義務、資料提出義務などの負担を負う。 　① 特定非営利活動法人「証券・金融商品あっせん相談センター」（FINMAC）定款 　② 苦情解決支援とあっせんに関する業務規程 　③ 「苦情解決支援とあっせんに関する業務規程」に関する細則 ・なお、投資家がFINMACに対し、直接、あっせんの申立てをする際のあっせん申立て金は金額別テーブルになっているところ、最高で5万円である。

2.11 償還《プロセス62-64》

・なし。

2.12 直販《プロセス65-66》

・なし。

2.13 役職員への規制 《プロセス67》

● ワンポイント
投資信託の受益証券の販売を担う販売会社においては、その役職員が日本証券業協会のさまざまな自主規制に違反しないように努めなければならない。

● 該当条文等（引用規則とその概要）
① 禁止行為（日証協ルール「協会員の従業員に関する規則」7条）
② 従業員の不適切行為の回避義務（日証協ルール「協会員の従業員に関する規則」8条）
③ 不都合行為者の取扱い（日証協ルール「「協会員の従業員に関する規則」第4章に規定する不都合行為者の取扱いに係る手続に関する細則」）
④ 日証協ガイドライン「協会員の役職員に対する処分の考え方」（2010年9月14日）
⑤ 内部者取引規制の徹底（日証協ルール「協会員の従業員における上場会社等の特定有価証券等に係る売買等に関する規則」）
　　※なお、内部者取引規制の対象となる特定有価証券等から投資信託証券は原則として除外されている。

2.14 個人情報の取扱い 《プロセス68》

● ワンポイント
販売会社のほとんどすべては、事業に用いる個人情報データベース等を構成する個人情報の数が常に5,000件以上と考えられ、個人情報保護法に定める個人情報取扱事業者に該当するものと思われる。また、個人情報保護法に定める個人情報取扱事業者に該当しない小規模な販売会社の場合においても、金商法が定める個人情報の保護に関連する規定が適用される。保有する個人情報には従業員の情報などもあるが、特に顧客に関する個人情報の取扱いには慎重さが求められる。

● 該当条文等（引用条文等とその概要）
① 業務の運営の状況が公益に反し又は投資者の保護に支障を生ずるおそれがあるもの（金商法40条2号）
　　※個人顧客の情報の不適切な管理（金商業等府令123条1項6号）
② 顧客等に関する情報管理態勢（監督指針Ⅲ-2-4）
③ 金融庁ガイドライン「金融分野における個人情報保護に関するガイドライン」（2009年11月20日金融庁告示第63号）
④ 金融庁ガイドライン「金融分野における個人情報保護に関するガイドラインの安全管理措置等についての実務指針」（2005年1月6日金融庁告示第1号）

⑤ 日証協ガイドライン「個人情報の保護に関する指針」
　※日証協「個人情報の保護に関する指針」に関する解説について（2010年2月）
⑥ 日証協ルール「協会員における個人情報の適正な取扱いの確保に関する規則」
⑦ 日証協ルール「個人情報の取扱いに関する苦情処理業務規則」

2.15 緊急事態《プロセス69》

● ワンポイント

　販売会社においても災害発生時を想定したBCM体制の整備が不可欠である。販売会社において重要なのは、自社の業務遂行体制の整備とともに、顧客資産の保護、さらには有価証券の売買その他の取引等の継続性及び安全の確保を図り、金銭の払い出しへの対応、顧客への連絡等を適切なタイミングで行うことなどである。

● 該当条文
① 日証協ルール「会員の緊急時事業継続体制の整備等に関する規則」
　※日証協「会員の緊急時事業継続体制の整備に関するガイドライン」
② 第一種金融商品取引業における業務継続態勢（BCM）（監督指針Ⅳ－3－1－6）

● 解説（規則等の概要）
① 日証協ルール「会員の緊急時事業継続体制の整備等に関する規則」
　※日証協「会員の緊急時事業継続体制の整備に関するガイドライン」

項　目	概　要
「会員の緊急時事業継続体制の整備等に関する規則」	・協会員における災害発生時等を想定した事業継続体制を整備すること等により、顧客資産の保護並びに有価証券売買その他の取引等の継続性及び安全性の確保を図り、もって投資者保護並びに会員及び金融市場の機能維持を図ることを目的とする（1条）。全4条の簡潔な規則である。 ・本規則のほかに、会員の緊急時事業継続体制について、具体的な内容はガイドラインで定めることとする（4条）。
「会員の緊急時事業継続体制の整備に関するガイドライン」	・2005年6月29日に制定された。 　Ⅰ　目的 　Ⅱ　災害発生時等の事業継続体制の整備及び基本的考え方 　Ⅲ　「事業継続計画」における具体的整備項目 　Ⅳ　本店又はデータセンター等の重要拠点が被災した場合の具体的措置項目 　Ⅴ　「事業継続計画」の実効性を確保するための体制整備 　Ⅵ　実施の時期 　　・本ガイドラインは、2005年7月1日から実施。
第一種金融商品取引業における業務継続	Ⅳ－3－1－6　業務継続体制（BCM） (1) 意義・対応 　金融商品市場の仲介者として、重要な役割を果たしている証券会社等において

態勢（BCM） （監督指針Ⅳ －3－1－6）	は、危機発生時において、迅速な復旧対策を講じ、必要最低限の業務の継続を確保する等適切な対応を行うことが、国民生活・経済にとってもきわめて重要であることから、平時より業務継続体制（Business Continuity Management；BCM）を構築し、危機管理（Crisis Management；CM）マニュアルの策定等を行っておくことが必要である。こうした観点から、証券会社等の監督に当たっては、その業容に応じ、例えば以下の点に留意して、その適切性について検証することとする。 (2) 主な着眼点 　業務継続計画（BCP）においては、テロや大規模な災害等の事態においても早期に被害の復旧を図り、金融システムの機能の維持にとって必要最低限の業務の継続が可能となっているか。その際、証券市場BCPフォーラム等における検討結果に基づき、金融商品取引業協会、他の証券会社等及び関係機関等と連携し対応する体制が整備されているか。また、業務の実態等に応じ、国際的な広がりを持つ業務中断に対応する計画となっているか。 　　例えば、 　① 災害等に備えた顧客データ等の安全対策（紙情報の電子化、電子化されたデータファイルやプログラムのバックアップ等）は講じられているか。 　② コンピュータシステムセンター等の安全対策（必要に応じたバックアップセンターの配置、要員・通信回線確保等）は講じられているか。 　③ これらのバックアップ体制は、地理的集中を避けているか。 　④ 顧客の生活、経済活動及び金融商品市場の機能維持の観点から重要な業務（顧客に対する金銭の払出し、MRF又はMMFの解約、保護預り株式等の売却注文、信用取引、先物・オプション取引の決済のための注文及び既約定未受渡の取引の決済等）を、暫定的な手段（手作業、バックアップセンターにおける処理等）により再開（リカバリー）するまでの目標時間が具体的に計画されているか。 　⑤ 業務継続計画の策定及び重要な見直しを行うに当たっては、取締役会による承認を受けているか。また、業務継続体制が、内部監査、外部監査など独立した主体による検証を受けているか。 　　（参考）「金融機関における業務継続体制の整備について」（日本銀行、2003年7月） 　　　　　「業務継続のための基本原則」（ジョイント・フォーラム、2006年8月） 　このほか、基本的に、Ⅲ－2－9に基づき、対応することとする。

補論 反社会的勢力との関係遮断

● ワンポイント

　反社会的勢力との関係を断ち切ることは、社会的な要請である。日証協においても、会員の健全な業務の確保並びに金融商品取引及び金融商品市場からの排除を図り、もって資本市場の健全な発展及び投資者の保護に資することを目的に新たな規則「反社会的勢力との関係遮断に関する規則」を制定した。

　同規則は、2010年7月1日から施行されている。このうち、①新規顧客につき口座開設前に"反社会的勢力でない旨の確約"を受け入れる点、②契約書等への"暴力団排除条項"（確約が虚偽であると認められたときの解除条項等）の導入の点、については2011年1月1日からの施行である。

同規則は、反社会的勢力との関係遮断に係るものであるから、取引関係解消につながる既存口座における売却などは適用外となることに留意する。

　また、顧客が反社会的勢力に該当するか否かの審査は、すでに犯罪収益移転防止法の要請から、金融機関においてデータベースに照らし合わせる"反社チェック"等の審査システムにより行われ定着している。ただ、新たに第一種金融商品取引業等に参入する場合、こうした審査体制をいかに構築するかは一つの課題であろう。現状、外部のコンサルティング会社等が提供するデータベースを利用することになろう。

　この点、日証協において構築作業が進められている反社会的勢力データベースの完成が待たれる。

● 該当条文
① 本人確認義務（犯罪収益移転防止法2条・4条）
② 本人確認、疑わしい取引の届出義務（監督指針Ⅲ-2-6）
③ 反社会的勢力による被害の防止（監督指針Ⅲ-2-11）
④ 日証協ルール「反社会的勢力との関係遮断に関する規則」

COLUMN

30　ラップ業者の勧誘行為

・投資運用業者が投資一任契約の締結勧誘時において、組入れ予定の内外投資信託を勧誘対象顧客に対し紹介・説明することが実務上生じているところ、これらは投資戦略を紹介・説明する行為の一環にすぎず、有価証券の取得勧誘に該当しないという整理がされている。コラム4、7参照。

・では、主に個人投資家向けに投資一任契約に基づくラップ口座に係る契約（以下「ラップ契約」という）の締結勧誘時においても、同様の扱いとなるのであろうか。ラップとは、投資一任契約に係る業務の報酬と売買執行手数料、口座管理料等の手数料を運用資産残高に応じて一括して徴収する契約を締結し行う業務をいう。旧証券取引法の時代に証券会社に認められ、8年あまりが経過した。ラップ契約は、個人の資産運用の新分野として、また証券会社のリテール営業を資産管理型営業に転換させる原動力の一つとして期待されている。

・現在、ラップ契約の締結勧誘に際して（新規契約及び追加入金などの変更契約の双方）、組入れ対象に内外投資信託が含まれていれば、一律に組入れ対象の投資信託目論見書を交付説明するのがラップ契約を扱う業者（以下「ラップ業者」という）の実務と思われる。これは、投資一任契約によるとはいえ、証券会社に開設されたラップ口座において個人投資家が投資信託を取得する以上、取得勧誘ありと認定されるおそれが強いとする考え方に基づくものであろう。

・たしかに、ラップ契約のなかには、顧客自身に投資対象投資信託及びその配分比率を指定してもらう一部一任の形態をとるものもあり、この場合は有価証券の取得勧誘が認められやすいといえる。しかし、投資対象の資産クラス及びその投資対象商品を提示するものの、ラップ業者が顧客から資産配分につき全部一任を受けた場合、既存の投資一任業者と同様の契約形態と解される。そうであるにも関わらず、契約の都度に目論見書の交付が必須とされると、投資家が混乱しかねないうえ、ラップ業者の業務も煩雑になりかねない。現状においては、当初の資産配分計画の下で、比率調整のための投資信託証券の売買の場合、取得勧誘がないとして、目論見書の交付不要との解釈が確立しているにとどまる。

・結局、これは、個人投資家に対する説明義務の履行と深く関わっている。この点、ラップ業

者は当初の契約締結時に、組入れ対象投信すべてにつき目論見書を交付のうえ商品特性、リスクなどの説明をするのが通例である。したがって、例えば、全部一任形態のラップ口座に係る契約締結時に、いったん目論見書を交付し説明すれば、その後は取得勧誘がないとして目論見書の交付不要とする解釈もあり得よう。追加入金のたびに、最新の目論見書交付を行っても補足説明すべき事項は限定される。これらは、月次の運用レポート等で代替可能と思われる。また、こうした扱いが個人投資家への情報提供レベルを低下させることにはならないであろう。ラップ業者の目論見書交付説明の実務につき、改めて関係者間における検討整理が期待される。

● 解説（規則等の概要）

③　日証協ルール「反社会的勢力との関係遮断に関する規則」等

項　目	概　要
「反社会的勢力との関係遮断に関する規則」	・本規則制定の目的、「反社会的勢力」の定義（1条、2条）。 ・通則として、反社会的勢力と知りながらの有価証券の売買その他の取引等の禁止、反社会的勢力への資金提供等の禁止（3条）。 ・会員に対する反社会的勢力との関係遮断に関する基本方針の策定及び公表義務（4条）。 ・「新規顧客」から口座開設申込み前に「反社会的勢力でない旨の確約」を受け入れる義務（5条）。 ・契約書又は取引約款等への「暴力団排除条項」（確約が虚偽と判明した場合などの解除条項）の導入義務（6条）。 ・「新規顧客」及び「既存顧客」の反社会的勢力の該当性に係る審査実施義務（7条）。 ・反社会的勢力と判明した顧客につき契約禁止及び関係解消の義務（8条）。 ・反社会的勢力に関する情報収集（9条）。 ・社内研修等の実施、社内管理態勢の整備及び充実への努力規定（10条、11条、12条）。 ・反社会的勢力との関係遮断に関し、日証協及び警察その他関係機関との連携、協力義務（13条）。
「定款」、「定款の施行に関する規則」	・「反社会的勢力」の定義につき、「暴力団による不当な行為の防止等に関する法律」第2条各号の該当箇所を援用する（定款28条1項12号、定款の施行に関する規則15条）。
「協会員の従業員に関する規則」	・協会員の従業員の禁止行為に、「顧客が反社会的勢力であることを知りながら、有価証券の売買その他の取引等の契約の締結をすること。」が追加された（7条3項29号）。
「「有価証券の引受け等に関する規則」に関する細則」	・協会員の行う引受けに関連して、新規公開における引受審査項目の細目（9条）及び上場会社による公募増資等における引受審査項目の細目（10条）に、反社会的勢力への該当性及び反社会的勢力との関係等の有無が規定されている。

第4編

行政処分事例

はじめに

　監視委による検査の結果、金融商品取引業者に法令違反等が認められた場合、必要と認めるときは行政処分その他の措置を求める勧告を行う（金融庁設置法20条）。この勧告は公表され、これを受けて、金融庁・財務局等により行政処分などが行われる。また、監視委による検査を経ずに、報告提出命令（金商法56条の2）を通じて金融庁・財務局等が事実を認定し行政処分が行われるときもある。
　本編においては、これらの公表された行政処分事例について、法令解釈及び業務運営の参考に資するため、投資信託委託会社、投資信託の販売を行った証券会社、登録金融機関などに対し行われた主な事例を紹介する。特に、比較的多数の処分が行われた平成16年以降の処分事例を取り上げるほか、処分には至らなかったものの監視委が問題点として指摘を行った事例を挙げ、簡潔な解説を行う。なお、各事例内に記載された法律名及び条文番号は当該行政処分・指摘がなされた時点のものである。

1　投資信託委託会社に関する主な処分事例（投資一任業者を含む）

(1)　投資信託財産及び投資一任契約の運用財産相互間の取引・委託会社としての善管注意義務違反（A社）

ア　監視委による処分勧告（平成18年5月）

> (1)　投資信託財産及び投資一任契約運用資産相互間において取引を指図等する行為
> 　A株式会社は、①平成15年4月14日から平成17年8月31日までの間、6回にわたり、投資信託財産の運用において、組入株式の組入比率の調整等を行う際に、他の投資信託財産との相互間において、取引を行うことを受託会社に指図した。
> 　また、当社は、②平成15年4月14日から平成18年1月19日までの間、38回にわたり、投資信託財産又は投資一任契約運用資産の運用において、組入株式の組入比率の調整等を行う際に、顧客に対する開示及び文書による顧客の同意を得ることなく、投資一任契約運用資産相互間又は投資信託財産と投資一任契約運用資産相互間において相互間取引を実行した。
>
> 　当社が行った上記①の行為は、投資信託及び投資法人に関する法律第15条第1項第2号に該当し、上記②の行為のうち、投資一任契約運用資産相互間において、顧客に対する開示及び文書による顧客の同意を得ないまま相互間取引を行った行為は、日本証券投資顧問業協会理事会決議「業務運営にあたり留意すべき基準について」5.イに、投資

信託財産と投資一任契約運用資産相互間において、顧客に対する開示及び文書による顧客の同意を得ないまま相互間取引を行った行為は、同理事会決議5.ロに違反する。

また、上記①及び②のような行為が発生している当社の業務の状況は、投資信託及び投資法人に関する法律第40条第1項に定める業務改善命令の要件となる「投資信託委託業者の業務の健全かつ適切な運営を確保し、投資者の保護を図るため必要がある」に該当するものと認められる。

(2) 善管注意義務違反

A株式会社は、平成16年3月25日、投資一任契約を締結している投資一任契約運用資産の運用において、組入れ株式の売却注文を他の投資一任契約運用資産との相互間取引によって執行し約定を成立させたと認識していたが、同月29日、誤発注により当該投資一任契約運用資産の運用口座ではなく、全く別の投資信託財産の口座で売却していたことに気付き、翌30日、当該投資一任契約運用資産の売付けと、誤発注により売却していた投資信託財産での買付けを対当させることにより、誤発注に係る訂正処理を実行した。

上記の誤発注取引は、売却を行うべき口座の確認を十分に行わないまま発注していたことから発生していたが、当社においては、当該取引による投資信託財産に与えた影響の分析等も十分に行われないまま、対当売買によって訂正処理を完結させており、本来自らが負担すべきと考えられる当該取引により発生した損失を当該投資信託の受益者に負担させているばかりでなく、当該誤発注取引の発生及び訂正処理の内容について受益者に対し何ら説明していなかった。

当社における上記のような状況は、投資信託及び投資法人に関する法律第14条第2項に違反する。

解説1

勧告の事実関係(1)　投資信託財産及び投資一任契約運用資産相互間において取引を指図等する行為について

平成18年法律第65号「証券取引法等の一部を改正する法律」による改正前の投信法15条1項2号により、投資信託委託業者は、その運用の指図を行う投資信託財産相互間において取引を行うことを受託会社に指図する行為について、原則として禁止されていた。この行為は、金商法42条の2第2号によって現在でも原則として禁止されている。

本件は株式の組入比率の調整が相互間取引の動機とされている。この点、相互間取引の必要性に鑑み、これを許容しても趣旨を害しない類型として、除外規定が整備されており、留意する必要がある（金商業等府令129条、監督指針Ⅵ－2－3－1(2)③）。

なお、本件は、法令違反に加え、日本証券投資顧問業協会理事会決議に違反した点も認定されている。この点は、改正前の投信法40条1項に規定される業務改善命令の要件である「投資信託委託業者の業務の健全かつ適切な運営を確保し、投資者の保護を図るため必要がある」に該当するものとされた。この改正前の投信法40条1項に規定される

> 業務改善命令の要件は、現在でも金商法51条として存在するため、自主規制団体のルール違反について当局から指摘される可能性がある点は留意が必要である。

解 説 2

勧告の事実関係(2)　善管注意義務違反について

平成18年法律第65号「証券取引法等の一部を改正する法律」による改正前の投信法14条2項では、投資信託委託業者は、委託者指図型投資信託の受益者に対し、善良な管理者の注意をもって投資信託財産の運用の指図その他の業務を遂行しなければならないとされていた。この善管注意義務は、金商法42条2項として現在でも存在するため、善管注意義務違反を理由に当局から指摘される可能性がある点は現在でも変化はない。

イ　金融庁による行政処分（平成18年6月）

> 投信法第40条第1項の規定に基づき、以下の行政処分が行われた。
>
> ○業務改善命令
> ①　運用資産相互間で利益相反となる可能性のある取引を実施していた事実を踏まえ、運用の実態及び運用管理に係る問題点を明らかにするとともに、実効性のある利益相反防止体制を構築すること。
> ②　不適切な過誤訂正処理（運用資産間の対当売買）が看過されていた事実を踏まえ、公正かつ適正な業務運営を確保するための改善策の策定、並びに法令等遵守体制の充実・強化を図ること。
> ③　経営管理体制の見直しを図るとともに、責任の所在を明確化すること。
>
> 上記①から③に関する業務改善計画を平成18年7月7日までに書面で提出し、直ちに実行すること。

(2)　顧客相互間の取引（B社）

金融庁による行政処分（平成17年12月）

金融庁は、報告命令に基づく報告により事実認定を行っており、監視委による処分勧告は行われていない。

> (1)　同社は、投資一任契約に基づく資産の運用において、誤って発注した株式について他の投資一任先に付替処理を行った。
> 　　当該行為は、投資一任契約を締結した顧客相互間において、他の顧客の利益を図るため特定の顧客の利益を害することとなる取引を行うことを禁止している顧問法第30条の3第1項第5号に該当する。
> (2)　同社は、公募投資信託と私募投資信託の双方のファンドで先物取引に係る限月延長の実施が必要となっていたことから、それぞれの先物買建てと先物売建てのロー

ルオーバー取引を対当させている。

当該行為は、運用の指図を行う信託財産相互間の取引を禁止している投信法第15条第1項第2号に該当する。

(3) 同社は、公募投資信託の設定を新たに行った際、従来の私募投資信託の投資者に対し乗換えのための募集行為を行っているが、これらの中には有価証券届出書の提出前から募集を行っているものが認められる。

当該行為は、証券取引法第4条第1項に違反する。

（中略）

2．以上のことから、本日、B社に対し、顧問法第37条及び投信法第40条第1項の規定に基づき、下記の行政処分を行った。

記

○ 業務改善命令
(1) 投資顧問業及び投資一任契約に係る業務、投資信託委託業に関する法令等遵守体制及び内部管理体制を強化するため、以下の措置を採ること
　① 法令等遵守体制を確立すること（内部牽制機能の充実強化を含む。）
　② 役職員に対し法令等遵守意識を徹底させるための具体策を策定し実施すること
　③ 再発防止策を策定し実施すること
　④ 責任の所在を明確化すること
(2) 上記(1)に関する業務改善計画を平成18年1月26日までに書面で提出し、直ちに実行すること。

解　説

ロールオーバー取引の対当について

運用財産相互間取引の禁止の適用除外として、各種の類型が規定されている（金商業等府令129条）。類型の中の「必要かつ合理的」（同条1項1号イ(4)）という要件について、一義的に判然とせず問題となる。この点について監督指針は、公正な価格形成に影響を与えるおそれのない方法として許容される取引方法を例示列挙しており、これらを参考に個別具体的に検討する必要があると考えられる（監督指針Ⅵ－2－3－1(2)③）。

(3) 顧客相互間取引（C社）

金融庁によるによる行政処分（平成16年11月）

平成16年当時は、金融庁による検査が実施されており、かつ、報告命令に基づくC社からの報告により事実認定が行われた。

1．C社は、投資一任契約に基づく資産の運用において、売付株数を誤って発注したことで発生した空売りについて、訂正手続を経ずに他の投資一任契約先の売付けとして

付替処理を行った。

　当該行為は、投資一任契約を締結した顧客相互間において、他の顧客の利益を図るため特定の顧客の利益を害することとなる取引を行うことを禁止している顧問法第30条の3第1項第5号に該当するものと認められる。

2．以上のことから、本日、C社に対し、顧問法第37条の規定に基づき、下記の行政処分を行った。

記

顧問法第37条に基づく命令
(1) 投資顧問業及び投資一任契約に係る業務に関する内部管理体制を強化するため、以下の措置をとること。
　① 内部管理体制を充実・強化させること（実効性ある内部牽制機能の確保を含む。）
　② 役職員に対して法令等の遵守意識を徹底させるための具体策を策定し実行すること
　③ 再発防止策を策定し実行すること
　④ 責任の所在を明確化させること
(2) 上記(1)に関する業務改善計画を平成16年12月6日までに書面で提出し、直ちに実行すること。

解　説

処分時に適用された顧問法30条の3第1項5号は、現在の法令では金商業等府令130条1項2号として、より一般的な形式で規定されている。

(4) 証券取引行為（D社）

金融庁によるによる行政処分（平成18年3月）

平成18年当時は、金融庁による検査が実施されており、かつ、報告命令に基づくD社からの報告により事実認定が行われた。

1．（中略）
○ D社は、投資顧問契約を締結していた海外顧客のために多数回にわたり有価証券の売買の発注を行っていた。
　当該行為は、投資顧問業に関して顧客のために行う証券取引行為を禁止している顧問法第18条の規定に違反する。
○ 当該顧客にかかる顧問法第14条第1項（契約締結前の書面）及び第15条第1項（契約締結時の書面）に規定する書面の写しを保存していないほか、第16条第1項（契約締結顧客への書面）に規定する書面の交付を行っていなかった。
2．以上のことから、本日、D社に対し、顧問法第37条及び第38条第1項の規定に基づ

き、下記の行政処分を行った。
(1) 業務停止命令
　① 平成18年4月3日から同年5月2日（1か月）までの間、新たな投資顧問契約の締結禁止
(2) 業務改善命令
　① 法令等遵守体制を確立すること（役職員の法令等遵守意識の醸成に対する経営陣の関与のあり方を含む。）。
　② 内部管理体制を充実強化するとともに責任の所在を明確化すること。
　③ 再発防止策を策定すること。
　④ 上記①から③について、その対応状況を平成18年5月1日までに書面で報告すること。

解説

現在では、海外顧客が外国法人である場合には、「特定投資家」として扱うことが可能である（定義府令23条10号）。したがって、いわゆるアマ成りの告知を履行した後は（金商法34条）、原則として契約締結前書面、締結時書面の交付義務は免れる（金商法45条2号）。もっとも、特定投資家相手の業務に関する法定帳簿の作成、保存義務が免除されるものではない。

(5) 新規公開株式の恣意的な配分（忠実義務違反）（E社）

ア　監視委による処分勧告（平成19年6月）

新規公開株式の恣意的な配分（忠実義務違反）
　E投信投資顧問株式会社は、投資信託財産及び投資一任契約資産（以下、これら2つを総称して「運用資産」という。）の運用における新規公開株式への投資に当たって、平成13年12月以降、原則として運用資産の資産規模に応じた配分をする（以下「本件配分方針」という。）こととしていたが、配分を担当している運用部門の責任者において、本件配分方針に基づく配分を行わなければならないという認識が次第に希薄化し、パフォーマンスへの寄与度が大きくなるとの理由で資産規模の小さな運用資産に集中的に配分したり、パフォーマンスが相対的に低下した運用資産の改善策として一定期間に集中的に配分を行ったりするなど、本件配分方針を無視するような公平性を欠く配分を繰り返し行った。

　当社が行った上記行為のうち、投資信託財産に係る行為については、投資信託及び投資法人に関する法律第14条第1項に、投資一任契約資産に係る行為については、有価証券に係る投資顧問業の規制等に関する法律第30条の3（平成18年4月30日までの行為については、同法第30条の2）にそれぞれ違反する。

○ 不公正な配分が行われた事例

事例1　平成18年3月　（甲株式、43株）の配分例

投信・顧客名	配分株数	配分シェア	資産規模（百万円）	参考値
A 海外口座	15	34.9%	1,818	0
B 海外口座	0	0.0%	61,002	16
C 年金	17	39.5%	3,081	1
D 年金	0	0.0%	8,196	2
E 年金	0	0.0%	7,204	2
F 年金	0	0.0%	15,463	4
G 年金	0	0.0%	17,884	5
H 年金	0	0.0%	5,027	1
I 年金	0	0.0%	16,074	4
J 年金	0	0.0%	6,427	2
K 年金	0	0.0%	3,712	1
L ファンド	11	25.6%	4,022	1
M ファンド	0	0.0%	587	0
N ファンド	0	0.0%	169	0
O ファンド	0	0.0%	14,523	4

資産規模は平成18年3月末現在のもの。
参考値は資産規模によって比例配分すると仮定した場合の株数。

事例2　平成15年1月～平成15年9月（配分機会のあった新規公開38銘柄）
（資産規模が近似する口座との比較）

投信・顧客名	配分回数	配分単元	資産規模（百万円）
A ファンド	33	555	2,402
B 年金	20	289	2,195

資産規模は平成15年9月末現在のもの。

（資金種別が同じ他の投信口座との比較）

投信名	配分回数	配分シェア	資産規模比
Aファンド	33	38.1%	23.9%
Bファンド	14	28.9%	44.6%
Cファンド	12	25.5%	24.5%
Dファンド	11	7.5%	7.0%

配分シェアは投信間におけるシェア、資産規模比は平成15年9月末現在のもの。

解　説

忠実義務違反

　平成18年法律第65号「証券取引法等の一部を改正する法律」による改正前の投信法14条1項では、投資信託委託業者は、委託者指図型投資信託の受益者のために忠実に当該委託者指図型投資信託の信託財産の運用の指図その他の業務を遂行しなければならないとされていた。この忠実義務は、金商法42条1項によって現在でも存在する。この事例にみるように、資金種別などに応じた平等扱いに留意が必要である。

＊検査マニュアルⅡ－2－5　1．(3)②ニ

イ　金融庁による行政処分（平成19年7月）

○　業務停止命令
投信法第42条第1項第1号イに基づく新たな投資信託契約の締結禁止
投資顧問業法第39条第1項第2号に基づく新たな投資一任契約の締結禁止
期間：平成19年7月18日（水）から同年8月17日（金）まで（1か月）
○　業務改善命令（投信法第40条第1項及び投資顧問業法第37条）
　① 　資産運用業者として、公正かつ適切な業務運営を実現するため、法令等遵守に係る経営姿勢の明確化、経営陣による責任ある法令等遵守態勢及び内部管理態勢の構築、並びに、これらを着実に実現するための業務運営方法の見直しを図ること。
　② 　特に、複数の運用資産間における約定結果の配分（新規公開銘柄を含む）に際しては、法令諸規則や社内規定等に則った公平な配分が行われているか等についてチェックする体制を構築することを含め、具体的な再発防止策を策定すること。
　③ 　今般の検査結果を踏まえ、経営陣を含めた責任の所在の明確化を図ること。
　④ 　上記①から③までに関する業務改善計画を平成19年8月10日までに書面で提出し、直ちに実行すること。

(6) 売却損の付替（忠実義務）（F社）

金融庁による行政処分（平成18年3月）

平成18年当時は、金融庁による検査が実施されており、かつ、報告命令に基づくF社からの報告により事実認定が行われた。

> (1) 投資一任契約口座に係る外国為替取引において、同社のディーラーが誤発注により発生した売却損が発覚しないよう、同時期に行った他の口座の取引に当該売却損を付替えていた。当該行為は、顧問法第30条の2に規定する顧客への忠実義務に違反する。
> (2) 投資一任口座において、特定の私募投資信託を購入する際に、当該投資信託に係る申込代金を顧客のために一時的に立替えていた。当該行為は、顧客に対する金銭の貸付けを禁止している顧問法第33条で準用する同法第20条に該当する。
>
> 以上のことから、本日、F社に対し、顧問法第37条の規定に基づき、下記の行政処分を行った。
>
> ○ 業務改善命令
> ① 内部管理体制を充実強化すること（法令等遵守体制の確立を含む。）
> ② 役職員に対し法令等遵守意識を徹底させるための具体策を策定し実行すること
> ③ 再発防止策を策定し実施するとともに責任の所在を明確化すること
> ④ 上記について、その対応状況を平成18年5月1日までに書面で報告すること

解　説

忠実義務違反

平成18年当時の改正前の顧問法30条の2では、認可投資顧問業者は、顧客のため忠実に投資一任契約に係る業務を行わなければならないとされていた。この忠実義務は、金商法42条1項によって現在でも存在する。

また、金銭の貸付けに関しでは、現在でも原則として禁止されているが（金商法42条の6）、顧客が特定投資家の場合には禁止されていない（金商法45条4号）。

(7) 損失補てん規制違反（忠実義務違反）（G社）

ア　監視委による処分勧告（平成18年10月）

> 物価連動型米国債の約定処理に係る忠実義務違反
>
> G社は、自社で設定をし、その運用を外部委託している投資信託（以下「本件投資信託」という。）において、当該外部委託先が、平成17年9月28日、本件投資信託の信託財産として物価連動型米国債を買い付けた際に、受託事務を取り仕切る再委託先の信託銀

行において当該債券を投資信託協会が規定する方法で計理処理できないことが判明したことから、同年10月5日、当該債券の買付けをキャンセルするよう運用の外部委託先に対して指示した。当該指示を受けて、同日、当該外部委託先が当該債券の反対売買を行い、その結果、12,578.12米ドルの売却損が生じたところ、当社は、同年12月27日になって、自社において補てんすべきであった当該損失をあえて本件投資信託における損失として計上し、その結果、本件投資信託を主要な投資対象としている投資信託の受益者に相応の損失を被らせた。

当社による上記行為は、「投資信託委託業者は、委託者指図型投資信託の受益者のため忠実に当該委託者指図型投資信託の信託財産の運用の指図その他の業務を遂行しなければならない」と規定する投資信託及び投資法人に関する法律第14条第1項に違反するものと認められる。

解 説

平成18年法律第65号「証券取引法等の一部を改正する法律」による改正前の投信法14条1項では、投資信託委託業者は、委託者指図型投資信託の受益者のために忠実に当該委託者指図型投資信託の信託財産の運用の指図その他の業務を遂行しなければならないとされていた。この忠実義務は、金商法42条1項によって現在でも存在する。

また、運用の外部委託先も、委託元と同様の忠実義務を負う(金商法42条の3)。さらに、外部委託先の過失により受益者に損害が生じた場合、委託元が損害賠償を行わない場合には、委託元は忠実義務に違反する可能性がある(監督指針Ⅵ-2-3-3(3))。

新規の商品に投資を行う際には、投資の価値判断に加え、経理処理などバックオフィス関係の態勢も慎重に検討し問題がないことを確認した上で、実行する必要がある。

イ 金融庁による行政処分(平成18年10月)

投資信託及び投資法人に関する法律第40条第1項の規定に基づき、以下の行政処分を行った。
○ 業務改善命令
① 本件米国債の処理に関する事実関係を明らかにするとともに、当該処理に係る経営陣の関与や運用の外部委託先及び受託銀行(業務の委託先を含む。)との関係を含めた業務運営上の問題点を明確にした上で、実効性のある再発防止策を策定すること。
② 内部管理態勢の見直しを図ること。
③ 法令等遵守に係る経営姿勢の明確化を図ること。
上記①から③までに関する業務改善計画を平成18年11月24日までに書面で提出し、直ちに実行すること。

(8) 投資信託の取得の申込みに対する不適切な対応（H社）

ア 監視委による処分勧告（平成18年6月）

投資信託の取得申込みに係る不適切な対応

H社は、証券会社等を通じて募集を行っていた追加型株式投資信託について、平成16年12月28日、信託約款上は取得及び解約の申込みを受け付けることができない日であったにもかかわらず、当社があらかじめ証券会社等に送付していた「受付停止日一覧表」にその旨の記載が漏れていたため、多数の投資者から取得の申込みを受け付けた。

当社は、上記追加型株式投資信託の取得の申込みに係る事後処理において、各投資者間の公平性を欠くことがないよう慎重に行うべきところ、取得の申込受付日が形式的に同じとなる処理が行われれば問題がないと判断し、特定の証券会社を通じて取得の申込みを行った投資者に対しては、受付日を平成16年12月29日に変更することに伴い発生する買付価格の差額を、当該証券会社を通じて当社が支払うことにより負担する一方で、当該証券会社以外の証券会社等を通じて取得の申込みをしていた投資者に対しては、こうした処理が可能であることについて連絡を行わないまま、上記買付価格の差額を投資者の負担とした上で取得の申込みを受け付け、投資者が享受する経済的効果に相当な格差を生じさせ、投資者間の公平性を欠くこととなる処理を行った。

上記のような当社の業務の状況は、投資信託及び投資法人に関する法律第40条第1項に定める業務改善命令の要件となる「投資信託委託業者の業務の健全かつ適切な運営を確保し、投資者の保護を図るため必要がある」に該当するものと認められる。

解説

平成18年法律第65号「証券取引法等の一部を改正する法律」による改正前の投信法40条1項では、内閣総理大臣（金融庁長官）は、投資信託委託業者の業務の状況に照らして、当該業者の業務の健全かつ適切な運営を確保し、投資者の保護を図るため必要があると認めるときは、当該業者に対し、必要な限度において、業務の方法の変更その他業務の運営の改善に必要な措置を取ることを命じることができると規定していた。同様の規定が、現在の金商法51条（又は51条の2）である。

金商法51条の判断基準について、監視委は、基本的に勧告の判断要素を勘案するものとしている（監視委『証券検査に関する「よくある質問」』10番）。個々の事案の重大性や悪質性、当該行為の背景となった内部管理態勢や業務運営の適切性等を総合的に勘案して判断するとしている。ただし、違反した法令等の保護法益の重要性という観点では、51条の場合には法令違反の該当は不要であるため、法の目的、制度趣旨に照らして判断することになる。

イ 金融庁による行政処分（平成18年6月）

> 投資信託及び投資法人に関する法律第40条第1項の規定に基づき、以下の行政処分を行った。
> ○ 業務改善命令
> ① 投資信託の取得申込みに際して、投資者間の公平性を欠く処理となった事実関係を明らかにするとともに、当該処理に係る経営陣の関与や投資信託販売会社との関係を含めた業務運営上の問題点を明確にした上で、実効性ある再発防止策を策定すること。
> ② 上記の事態が生じたことについて、経営陣を含めた責任の所在の明確化を図ること。
> 上記①及び②に関する業務改善計画を平成18年7月18日までに書面で提出し、直ちに実行すること。

(9) 投資一任契約における不適切な運用状況（Ｉ社）

ア 監視委による処分勧告（平成23年2月）

> 投資一任契約において、不適切な運用が認められる状況
>
> Ｉ株式会社（以下「当社」という。）は、当社が顧客との間において締結した投資一任契約に基づき、運用対象に組み入れていたファンドについて、運用期間中、当該ファンドが無価値となったことを認識しながら、当該投資一任契約による運用として、当該ファンドの簿価より高い価格で当該ファンドのクロス取引を発注し、売買益を発生させるなどの行為を、平成19年12月から同21年3月までの間繰り返していた。
>
> このような当社の業務の状況は、金融商品取引業者の業務運営としては極めて不適切なものであり、金融商品取引法第51条に規定する、業務の運営に関し、公益又は投資者保護のため改善を図る必要がある状況に該当するものと認められる。

イ 関東財務局による行政処分（平成18年6月）

> 以上のことから、本日、当社に対し、以下の行政処分を行った。
> ○ 業務改善命令
> 1．本件に関して、問題が発生した原因を把握・分析し、具体的な再発防止策を策定・実施すること。
> 2．金融商品取引業を適切に行うための経営管理態勢、業務運営態勢及び法令等遵守

態勢を整備すること。
　3．本件行為の責任の所在の明確化を図ること。
　4．上記1．から3．について、その対応・実施状況を1か月以内に報告すること。

⑽ 投資一任業務に関して、公益及び投資者保護上重大な法令違反行為等が認められる状況（J社）

ア　証券取引等監視委員会による処分勧告（平成24年3月）

事実関係

○　投資一任業務に関して、公益及び投資者保護上重大な法令違反行為等が認められる状況

⑴　投資一任契約の締結の勧誘において、虚偽の事実を告知している行為
　イ　J投資顧問株式会社（以下「当社」という。）は、投資一任契約を締結している年金基金等の顧客（以下「顧客」という。）に対し、かかる投資一任契約に基づく運用対象資産として当社が運用している外国投資信託「JMグローバルファンド」（以下「JMファンド」という。）の買付けを指図しているが、顧客に対してJMファンドの各サブファンドについて虚偽の基準価額を算出・報告していた事実が認められた。
　ロ　虚偽の基準価額の算定に当たっては、当社社長は、自らの相場観に基づき決定した一定の数値を虚偽の基準価額として算出していた。
　ハ　当社社長により算出された虚偽の基準価額は、JMファンドの管理会社の取締役でもある当社取締役からJMファンドの販売証券会社であるK証券株式会社（以下「K」という。）に対して伝えられている。
　ニ　当社は投資一任契約の締結の勧誘について、少なくとも平成19年10月以降、66の顧客（年金基金）に対し、Kと一体となって虚偽の基準価額や当該基準価額に基づく運用実態が記載されたリーフレットを配布し、投資一任契約の締結の勧誘を行っていることが認められた。
　上記の行為は、金融商品取引契約の締結に関して、顧客に対し虚偽のことを告げる行為であり、金融商品取引法第38条第1号に該当するものと認められる。

⑵　虚偽の内容の運用報告書を顧客に交付する行為
　当社は、金融商品取引法第42条の7第1項の規定に基づく運用報告書の記載事項について、金融商品取引業等に関する内閣府令第134条第1項第2号ロに規定する事項のうち、有価証券の価額について、虚偽の基準価額を用いて記載をし、かかる運用報告書を顧客に交付していることが認められた。
　上記の行為は、虚偽の内容の運用報告書を作成し、顧客に交付しているものであり、

金融商品取引法第42条の7第1項に違反するものと認められる。

(3) 虚偽の内容の事業報告書を作成し、関東財務局長に提出する行為
 イ 当社は第22期事業報告書（平成22年1月1日から平成22年12月31日の事業年度）において、平成22年12月31日現在の運用資産の総額として、国内の運用資産総額は183,210百万円、海外の運用資産総額は206,997百万円などと記載をして関東財務局長に提出している。
 ロ しかしながら、これらの計数はJMファンドの受託銀行の代理人が算出している各サブファンドの基準価額等に基づかない虚偽の計数であることから、当社は事業報告書に虚偽の記載をしていると認められる。
 上記の行為は、虚偽の事業報告書を作成し、関東財務局長に提出したものであり、金融商品取引法第47条の2に違反するものと認められる。

(4) 忠実義務違反
 イ 当社は、顧客である年金基金等の財産の運用に当たって、著しく価値が毀損していることを知りながら自らが偽装した虚偽の基準価額をもってJMファンドを購入することを指図している。
 ロ また、当社は、JMファンドが出資している投資事業組合（当社社長が実質的に支配）に解約請求に係る外国投資信託受益証券を虚偽の基準価額で買い受けさせているなど、ファンドの財産を不当に流出させている。
 ハ このように、当社は投資運用業者として、権利者である顧客のため忠実に業務を行っていないと認められる。
 上記の行為は、忠実義務に違反するものであり、金融商品取引法第42条第1項に違反するものと認められる。

＊「JM」とは仮称であり、紹介の便宜のために付したもの。

 監視委は、上記の勧告に際し「参考資料」として、概要図、資金の流れ、デリバティブ取引損益及び純資産額の推移、ファンドの基準価額の算定・送付の流れ、監査報告書作成・送付の流れ、解約時の資金の流れ（転売スキーム）、グローバルファンドの資金の収支概要を公表した。

イ　関東財務局による行政処分（平成24年3月）

以上のことから、本日、当社に対し、金融商品取引法第52条第1項第6号及び法第51条の規定に基づき、それぞれ行政処分を行った。

記

1．登録取消し

関東財務局長（金商）第429号の登録を取り消す。

2．業務改善命令
(1) 顧客に対し今回の行政処分の内容等を十分に説明し、顧客の求めに応じた適切な対応を行うこと。
(2) 顧客の意向を踏まえ、当社が顧客との投資一任契約に基づき運用しているすべての運用財産（以下「本件運用財産」という。）の管理・保全措置に必要とされる協力を速やかにかつ適切に行うこと。
(3) (2)の管理・保全措置を採るために必要とされる情報を速やかにかつ適切に顧客に開示・提供すること。
(4) 顧客間の公平に配慮しつつ、本件運用財産について必要かつ適切な管理・保全措置を採ること。
(5) 会社財産を不当に費消しないこと。
(6) その他、本件運用財産及び顧客保護のために必要かつ適切な対応を行うこと。
(7) 上記について、その対応状況を平成24年4月6日（金）までに書面で報告すること。また、上記(1)～(6)の実施状況を、そのすべてが完了するまでの間、必要に応じて随時書面で報告すること。

2　証券投資信託に関する主な通知事例

　監視委は、検査の結果認められた問題点について、検査の終了時に検査対象会社に対して指摘する旨の通知を行っている。この通知は非公表であり、問題点につき処分勧告が行われる場合にのみ原則として公表される。しかし、コンプライアンスの改善、向上に向けて参考になる事例については、処分勧告に至らなかった問題点についても、監視委は四半期毎にまとめて公表している。この公表の際には、処分勧告と異なり特定の業者名は記載されず、問題点のみ公表される。この公表事例のうち証券投資信託に関連するものを以下紹介する。

(1)　善管注意義務違反関係

○当社等の事務過誤により発生した損失を補てんしていない行為（善管注意義務違反）
＊関係条文：金商法42条2項　＊指摘時期：平成20年7月～同年9月

　当社は、当社が設定・運用を行っている投資信託において、当社等の事務過誤により発生した投資信託の資金不足に対し、外貨での資金調達により資金繰

りを行ったものについて、当該資金調達に関する決済上生じた為替差損を補てんすることなく、当該差損を該当する投資信託の信託財産に負担させていた。

○不適切な事務過誤処理（善管注意義務違反）
＊関係条文：投信法14条2項　＊指摘時期：平成19年7月～同年9月

　当社は、当社で設定、運用を行っている私募投資信託において、運用担当者の事務過誤より生じた損失額について、当該損失額の補てんを行うなどの適切な処理を実施することなく放置し、当該損失額を受益者に負担させていた。

解　説

投資運用に関する損失の補てんは原則として禁止されている（金商法42条の2第6号）。例外的に、「事故」に該当する場合には補てんが許容されており、一定の「事故」の類型について規定されている（金商業等府令118条2号）。

(2)　内部管理態勢関係

○内部管理態勢等の問題
＊関係条文：(1)投信法15条1項、金商法47条
＊指摘時期：平成23年1月～同年3月

(1)　当社は、当社が運用する公募投資信託等について、投資信託財産運用指図書を適切に作成、保存していなかった。また、当社が行う投資一任業務について、運用明細書の一部を管理、保存していない状況が認められた。
(2)　当社は、当社が運用する公募投資信託の目論見書において、ファンドのリスク管理体制として記載している事項（リスク管理関連の委員会が運用リスクを把握・管理し、運用部門等へ是正勧告を行うなど）を実施しておらず、ファンドの運用管理を適切に実施する態勢を構築していなかった。
(3)　当社は、前回検査の結果に基づき、業務を改善するとして報告した当社の社内検査態勢について、自主点検・検査を一切実施していないなど、業務改善報告書どおりに改善を実施していなかった。

○投資信託の時価管理に係る内部管理態勢の不備
＊関係条文：なし　＊指摘時期：平成20年7月～同年9月

　当社は、当社が設定・運用する投資信託の時価評価の適正性を検証する方法

の一つとして、当該投資信託に組み入れられた外国債券の中から時価が長期間変動していない（以下「ステイルプライス」という。）銘柄の抽出に係る社内ルールを定めているものの、社内ルールどおりの検証を行わず、複数の銘柄についてステイルプライスを把握していなかった。また、数か月の間、時価に全く値動きのない状況が続いていたにもかかわらず、当社は長期間にわたりこれらのステイルプライスを放置し、検証・対応を怠っていた。

○リスク管理態勢の不備
　＊関係条文：なし　＊指摘時期：平成20年1月～同年3月

　当社は、当社が設定・運用する（再委託による運用を含む。）投資信託について、社内ルールに基づくリスク管理委員会を適時開催しておらず、また、他社に運用を再委託している投資信託に関して、運用方針との整合性等の観点からの適切なモニタリングを行う態勢を整備していなかった。

解　説

運用権限の委託に関しては、金商法42条の3により一定の制限がある。具体的には、委託先の選定基準、業務連絡方法、業務遂行能力、契約条項の遵守状況の継続的確認態勢、問題がある場合の対応策を明確に定める必要がある（監督指針Ⅵ－2－3－1(1)④）。

○取引モニタリング（売買審査）態勢の不備
　＊関係条文：なし　＊指摘時期：平成22年4月～同年6月

　当社における定期モニタリング事項の中には、ファンド間売買、売買関与率、短期売買、公社債の売買状況、ファイナンス銘柄の売買状況の5項目が定められている。しかしながら、当該5項目の検証作業をみると、全て取引データを入手することにより、日々検証することが可能であるにもかかわらず、月次での検証作業となっており、法令・社内規則等違反がある取引もしくはそのおそれがある取引について、取引モニタリング担当部署がその発生を直ちに把握・認識する態勢となっていないことから、法令等違反行為の未然防止、早期発見・是正の役割を担う取引モニタリングが有効に機能していなかった。

○顧問報酬請求に係る内部管理態勢の不備
　＊関係条文：なし　＊指摘時期：平成19年10月～同年12月

当社は、顧問報酬の算出・点検・検証を行うための態勢が整備・構築されておらず、投資一任契約を締結している顧客に対して、顧問報酬の過大請求を行っていた。

3　投資信託の販売会社に関する主な処分勧告・指摘事例

(1)　処分勧告事例

○監視委による措置勧告（平成19年5月）（A銀行）

○外務員の職務に関する著しく不適当な行為（投資信託に係る取引一任勘定取引契約の締結）

　福岡財務支局長が株式会社A銀行（○市、取締役頭取　○○、資本金○億円、役職員、○名）を検査した結果、下記のとおり当該登録金融機関の使用人に係る外務員の職務に関する著しく不適当な行為の事実が認められたので、本日、証券取引等監視委員会は、内閣総理大臣及び金融庁長官に対して、金融庁設置法第20条第1項の規定に基づき、適切な措置を講ずるよう勧告した。

　株式会社A銀行○町支店課長代理は、平成17年7月5日に顧客との間で、投資信託受益証券に係る取引の受託につき、顧客の個別の取引ごとの同意を得ないで、投資信託受益証券の取得・売付けの別、銘柄及び数の全部について定めることができることを内容とする契約を締結した上で、同日から同18年1月6日までの間、当該契約に基づき投資信託受益証券に係る取引を執行した。
　当該登録金融機関の使用人が行った上記の契約の締結行為は、証券取引法第65条の2第5項において準用する同法第64条の5第1項第2号に規定する「外務員の職務に関する著しく不適当な行為」に該当するものと認められる。

解　説

① 　外務員の職務に関して
　平成18年法律第65号「証券取引法等の一部を改正する法律」による改正前の証券取引法64条の5第1項2号は、「外務員の職務に関する著しく不適当な行為」を当該外務員に対する処分事由としていた。この事由は、現在の金商法においても同様に既定されている（金商法64条の5第1項2号）。

② 取引一任勘定取引について

　取引一任勘定取引は、損失補てんの温床となるおそれがあることから、上記改正前の証券取引法42条1項5号により原則的に禁止されていた。しかし上記改正時に、同号が廃止されて原則的に禁止する規定はなくなった。もっとも、取引を一任する取引は、本来、投資運用業の登録の下で投資一任契約に基づき許容される行為であり、組織的に行った場合には会社として無登録営業に問われるおそれがある。なお、取引一任勘定取引のうち、第一種、第二種金融商品取引業として特定同意の範囲内に裁量が限定されるなど法定の形態による運用については、十分な社内管理体性を整備することを条件に認められている。この場合、投資運用業の登録は求められない（金商業等府令123条1項13号ロからホ、監督指針Ⅵ－2－2－5(3)参照）。

③ 個人勧告について

　本件の勧告は、「行政処分を求める勧告」ではなく、「適切な措置を講ずる」勧告である。したがって、A銀行に対しては、本件を理由に行政処分は行われていない。もっとも、その職員に対する勧告の公表により、レピュテーションの低下の問題は生じる。

(2) 問題点の通知事例（証券会社）

ア　勧誘に関する問題

○誤解を生ぜしめるべき表示をする行為
＊関係条文：金商法38条6号に基づく金商業等府令117条1項2号
＊指摘時期：平成20年10月～同年12月

　当社は、毎月分配型の投資信託の勧誘資料において、分配額が運用状況において変動するものであるにもかかわらず、その旨の注意書きも無く「分配金が、1口に対し○円入ります。」と断定的な表現の記載を行っている。また、各基準日の過去1年分の実績を見ると、付加配当がなされたり、毎月の分配金が変動しているものがあるにもかかわらず、当該分配金に12を掛けて「年間分配金」と記載している。さらに、「年間分配金」を現在の購入価格で割り返したものを「概算年利回り」と称して記載しているが、当該利回りは将来的に毎月の分配金が変動なく1年間支払われ、かつ、基準価額も1年間全く変わらないという条件に基づく仮定の数字であるという旨の説明が記載されていない。

○訂正目論見書の未交付
＊関係条文：金商法15条4項　＊指摘時期：平成21年4月～同年6月

　当社は、金融商品取引法第7条の規定に基づき投資信託委託会社が有価証券

届出書を提出している投資信託受益証券33銘柄について、当該委託会社から当該訂正届出書に記載された事項を記載した目論見書を受領しているにもかかわらず、110顧客に対して、訂正目論見書ではなく訂正前の有価証券届出書に記載された事項を記載した目論見書を交付し、当該投資信託受益証券を取得させた。

○取得させる有価証券と同一の銘柄を所有する顧客に対する目論見書の未交付
＊関係条文：証券取引法15条2項　＊指摘時期：平成19年10月～同年12月

　当社は、取得させる投資信託と同一の銘柄を所有する顧客に対し、記載内容が変更された目論見書の交付を受けないことについて当該顧客から同意を得ていないにもかかわらず、当該銘柄を取得させるに当たり、変更後の目論見書をあらかじめ又は同時に交付していなかった。

○有価証券の性質につき顧客を誤認させるような勧誘行為、及び事故の確認を受けることなく行った損失補てん行為
＊関係条文：金商法39条1項3号　＊指摘時期：平成21年7月～同年9月

　当社は、外国籍オープンエンド契約型外国投資信託に係る受益証券を顧客に勧誘・販売した際、目論見書に記載された運用開始日から外国株式の組入れ等がなされ運用益が生ずる旨の説明を行っていたが、現地での証券取引に関する許認可取得の手続きが済んでいなかったことから、株式の組入れ等が3週間程度遅延した。そこで、当社は、当該投資信託につき株式の組入れ等が遅延した期間の株式指数の値上がりによる本投資信託の基準価額の上昇分相当価額について、本投資信託に対して補てんすることを決定し、本来、事故による損失補てんをする場合には当局の確認を受ける必要があるにもかかわらず、当該確認を受けることなく補てん行為を行った。

○投資信託の乗換勧誘に関し、重要な事項について説明を行っていない状況
＊関係条文：金商法40条2号に基づく金商業等府令123条1項9号
＊指摘時期：平成22年1月～同年3月

　当社は、投資信託の乗換勧誘を行うに際し、社内システムにより乗換えの対象となる投資信託に係る確認書を作成し、当該確認書を用いて顧客に対し重要事項の説明等を行っている。しかしながら、販売形態を取次会社から指定販売会社へ移行したことに伴い、銘柄コードが変更され、旧銘柄コードの際に顧客

へ販売された投資信託につき当社が解約等の処理を行う場合には、当該システム上、概算損益に信託財産留保額等が反映されない状況となっており、当社はこれらが反映されていない確認書をもって乗換勧誘を行っていたため、顧客に対して、投資信託の乗換えコストを適切に説明していない状況となっていた。

解　説

投資信託の乗換勧誘の際の説明事項については、金商業等府令123条1項9号では、「乗換えに関する重要な事項」と記載するのみである。この点について監督指針が具体的事項を列挙しており、次の列挙事項について説明を行っていない場合において、説明の実績について社内記録の作成及び保存並びにモニタリングを行う等の社内管理態勢を構築していないときは、同号の説明を行っていない状況に該当するとしている。

①投資信託等の形態及び状況、②解約する投資信託等の状況（概算損益等）、③乗換えに係る費用（解約手数料、取得手数料等）、④償還乗換優遇制度、⑤その他投資信託の性格、顧客のニーズ等を勘案し、顧客の投資判断に影響を及ぼすもの（監督指針Ⅳ－3－1－2(3)）。

○投資信託の買付申込みに関し不適切な説明を行っていると認められる状況
＊関係条文：なし　＊指摘時期：平成22年7月～同年9月

当社では、顧客が株式を発注する場合、有価証券を加えた預り資産の範囲で買付注文を発注できるサービスを提供しており、この場合、現金の不足分は、受け渡日までに入金すればよい旨表示している。一方、顧客が、当社において投資信託の定期買付けを行うため、当該買付代金を証券口座に入金した場合、当該入金をした後の同日中に株式買付けに係る注文を出すと、当該代金が、自動的に拘束されるシステム仕様となっている。

このため、顧客が株式の買付注文を出した際に、株式の買付代金と投信の決済予定金額の合計額に対して、預り金等が不足した状態になると、投信の買付申込みのために入金した代金がエラーとなり、この結果、翌営業日の投信買付けが行われず、上記の表示内容等とは異なる取扱いとなっている状況が認められた。

また、当社には、上記事例に係る顧客から、複数の苦情が寄せられていたが、当社は、当該苦情について、顧客の立場に立った検討を行わないまま、社内ルールだからという思い込みから、「顧客要望」「顧客の勘違い」等として処理をし、顧客に対し不適切な説明が行われているという状況を看過していた。

イ 換金の際の問題

○公募株式投資信託の換金請求に係る事項の未説明
＊関係条文：なし　＊指摘時期：平成19年7月～同年9月

　当社営業員は、顧客の公募株式投資信託の換金請求に関し、顧客に換金方法（解約、買取りの別）の説明をしていなかった。

解説

　公募株式投資信託の中途における換金方法には、顧客からみると解約請求と買取請求の2方法があり、他の株式投資信託や上場株式の譲渡損失、配当金、収益分配金との損益通算の可否により、税務上の相違が生じることがあった。しかし、平成21年1月1日以降、いずれの方法によっても株式投資信託の売却益は譲渡所得に統一され、議論の実益は低下している。

○投資者保護上重大な問題となる事務対応
＊関係条文：なし　＊指摘時期：平成19年10月～同年12月

　当社は、顧客から受けた投資信託の一部解約注文について、当社の事務処理ミスにより全解約としたにもかかわらず、顧客説明の際に、訂正処理による原状回復が可能である旨の説明を一切行わず、謝罪により当該取引の追認を求めていた。

ウ 分別に関する問題

○顧客分別金の額の算定誤り
＊関係条文：証券取引法47条2項　＊指摘時期：平成19年7月～同年9月

　当社は、顧客分別金の額として算定すべき投資信託委託業者から受け入れた収益分配金を算定対象としていなかった。

○分別管理の不備
＊関係条文：金商法43条の2第1項　＊指摘時期：平成21年1月～同年3月

　当社は、自己の計算において取得した投資信託の受益権について、本来であ

れば㈱証券保管振替機構の口座区分のうちの自己口において管理すべきところ、これを顧客口において管理していた。

○累積投資業務に係る顧客有価証券の分別保管の不備
　＊関係条文：証券取引法47条１項　＊指摘時期：平成19年７月～同年９月

　当社は、第三者保管としている累積投資専用の追加型株式投資信託について、特定顧客に係る預り残高の計上もれ等の誤った処理により、運用先である投資信託委託業者との間に残高相違を生じさせていた。

エ　本人確認の問題

○本人確認法違反
　＊関係条文：本人確認法３条１項・２項　＊指摘時期：平成19年７月～同年９月

　当社は、他社が運用する外国投資信託につき、顧客に対し「私募の取扱い」により勧誘を行い、海外の販売会社から有価証券を直接取得させているが、当社が直接取得させる当事者ではないことを理由に、当該顧客について、本人確認を行っていなかった。

解　説

　指摘時の「本人確認法」とは、正式には「金融機関等による顧客等の本人確認等及び預金口座等の不正な利用の防止に関する法律」（平成14年法律第32号）のことである。
　この法律は、金融機関以外の会社にもその適用範囲を拡大する改正が行われ、平成20年３月１日以降、「犯罪による収益の移転防止に関する法律」と名称が改められた。
　金融商品取引業者が、顧客に有価証券を取得させる行為を行うことを内容とする契約を締結する際には、本人確認が必要となる（同法施行令８条１項１号リ）。

(3)　問題点の通知事例（登録金融機関）

ア　勧誘に関する問題

○優越的地位の濫用による投資信託販売の防止措置が適切に講じられていないと認められる状況
　＊関係条文：なし　＊指摘時期：平成23年１月～同年３月

(1) 当社は、インターネットを利用した投資信託の買付けや解約については、営業員が優越的地位を濫用する恐れがないとして、コンプライアンス部門への事前協議の対象外としていたことから、顧客が社内ルールで禁止されている融資金による投資信託の買付けを行うに際し、事前協議を行った場合には買付けが承認されないと判断した上司の指示により、営業員が顧客に対し、インターネット取引による投資信託の買付けを依頼し、買付けに至っている事例が認められた。

(2) 当社においては、投資信託を販売する場合、対面取引を行う与信先法人及びその代表者、又は与信先個人事業主のみを、優越的地位の濫用の観点からの事前協議を行う必要がある顧客としていることから、営業員は、融資交渉の主たる窓口となっている代表者の親族に対し、同法人に対する融資協議中であることを認識していながら、優越的地位濫用の観点からの検証を行うことなく投資信託を販売している事例が認められた。

解説1

本件では関係条文として指摘されていないが、登録金融機関は、自己の取引上の優越的な地位を不当に利用して金融商品取引契約の締結又は勧誘を行うことが禁止されている（金商法44条の2第2項3号、金商業等府令150条3号）。関係条文として指摘されていないため、この条項に違反するとまではいえないが、問題点として指摘された事例と考えられる。

解説2

融資と同時に投資信託の受益証券を取得させる行為については、資金の貸付け…信用の供与の条件として、金融商品取引契約の締結の禁止又はその勧誘を行う行為の禁止が問題になることが多い（金商法44条の2第2項3号、金商業等府令150条1号）。さらに、過当取引を防止する趣旨から、新規の取得の場面以外で、有価証券売買等の受託が信用供与を条件として行われる場合も同様に禁止されている（金商法44条の2第2項1号）。表現が微妙に異なり態様も異なるため注意を要するが、これらの場合には、「信用の供与の条件として」又は「信用の供与を行うことを条件として」有価証券の売買等が行われる場合を制限しており、いずれにせよ条件関係が要件となる。販売する側としては、条件関係にないことの確認を証拠化することはもとより、勧誘時の事情を総合的に判断して条件関係と認められることのないように留意する必要がある。

○外務員の職務に関する著しく不適当な行為
（融資と同時に投資信託の受益証券を取得させる行為）
＊関係条文：証券取引法65条の2第5項において準用する証券取引法64条の5

第1項2号 ＊指摘時期：平成19年10月～同年12月

> 当社は、顧客から借入金に係る毎月の返済額等を軽減させたいとの相談を受けたことから、当社からの借入金を信用保証協会の「経営安定関連保証（セーフティネット保証）」付借入金へ借換えするなどにより、毎月の返済額等を軽減させる融資スキームを実行し、当該融資スキームの実行によって担保解除される定期預金を原資に投資信託の受益証券を顧客に取得するよう勧誘し、顧客に取得させた。

イ　内部管理の問題

○事故等の該当性を検証する態勢が整備されていない状況
＊関係条文：なし　＊指摘時期：平成23年1月～同年3月

> 当社における投資信託販売業務に関し、投資信託の申込書に記載された注文受付時間から判断すると当日中の注文執行が可能であったと考えられるにもかかわらず、翌営業日以降の発注扱いとなっているものが散見された。
> しかしながら、当社においては、当該理由を疎明できる記録が全くなく、発注の適正性が検証できない状況となっているとともに、当社の過失等によるものかどうかの確認など、金商法第39条第3項に基づく金商業等府令第118条に規定する事故や法令違反行為の該当性について、検討を全く行っておらず、実際に顧客に損失を及ぼしているものも認められた。

ウ　乗換えの問題

○投資信託の乗換勧誘の際に重要な事項について説明を行っていない状況
＊関係条文：金商法40条2号に基づく金商業等府令123条1項9号
＊指摘時期：平成22年7月～同年9月

> 当社においては、投資信託の乗換勧誘を行うに際し、営業員が売却銘柄に係る概算損益について説明していない事例が多部店にわたり多数認められた。
> また、コンプライアンス部門等は、そのような不適切な乗換勧誘が行われている状況を看過しているなど、当社において、投信の乗換勧誘について十分な牽制機能が果たされているとは認められなかった。

> **解　説**
>
> 投資信託の乗換勧誘の際の説明義務について、前出3(2)問題点の通知事例（証券会社）ア　勧誘に関する問題における「投資信託の乗換勧誘に関し、重要な事項について説明を行っていない状況」を参照。

○償還（換金）乗換優遇制度非適用に伴う顧客の不要な買付手数料負担
＊関係条文：なし　＊指摘時期：平成20年4月～同年6月

　当社は、償還（換金）乗換優遇制度を適用している投資信託について、営業員等が乗換えを行った顧客に対して当該制度利用の確認を行わなかったこと等から、本来負担する必要のない買付手数料等を顧客に負担させていた。

エ　分別に関する問題

○顧客の計算に属する金銭について分別管理を行っていない状況
＊関係条文：金商法43条の2第2項　＊指摘時期：平成22年7月～同年9月

　当社は、投資信託の分配金等について、「預金」ではなく「その他負債」としての管理やオフバランスでの処理を行っているところ、顧客分別金として自己の固有財産と分別して管理せず、信託銀行等に信託していない状況が認められた。

オ　個人情報保護の問題

○個人データに係る管理態勢の不備
＊関係条文：なし　＊指摘時期：平成22年7月～同年9月

　当社においては、個人情報の管理に係る担当部署が個人データ管理台帳の定期的な見直しを行っていなかったことなどから、投資信託販売業務に係る顧客カード等、個人情報を記載した帳票のすべてが個人データ管理台帳に登録されていない状況が認められた。
　さらに、当社では、個人データ管理台帳に係る取扱規程等を定めていなかったことから、本部各部及び各営業店では、個人データ管理台帳を整備するといった認識がないなど、当社の個人データに係る管理態勢には不備が認められた。

4 その他の指摘事例

投信協会に対する問題点の指摘

○会員に対する調査態勢の不備
＊関係条文：なし　＊指摘時期：平成18年7月〜19年6月

　当協会は、会員に対する立入調査を全く実施していないなど、会員に対する調査態勢に不備が認められた。

（出典）　監視委「証券取引等監視委員会の活動状況」平成19年8月、48頁。

解　説

　監視委から指摘された後、投信協会は月に1社ペースで会員に対する立入調査を行っており、平成21年度には合計12社、平成22年度にも12社に対して調査を実施している。平成23年度については、東日本大震災による会員への影響を勘案し、4月から12月までの間に5社に対して調査を実施した（投信協会『協会活動報告』平成23年版、15頁）。

索　引

〈あ〉

アームズ・レングス・ルールの制約 ……… 282
アフィリエイト広告 ……………………… 308
意見申出事例集 …………………………… 17
意見申出制度 ……………………………… 17
委託会社の指図権限 ……………………… 238
委託者指図型投資信託 …………………… 159
一般検査 …………………………………… 7
運用ガイドライン ………………………… 185
運用外部委託 ……………………………… 178
運用外部委託契約 ………………………… 184
運用管理態勢 ……………………………… 57
運用計画 …………………………… 94, 216
運用財産相互間取引の禁止 ……………… 280
運用財産相互間の取引 …………………… 334
運用実績報告 ……………………………… 269
運用情報を利用した自己取引の禁止 …… 282
運用の再委託管理 ………………………… 58
運用の適切性 ……………………………… 95
運用評価 …………………………………… 95
運用報告書 ………………………………… 262
運用報告書の交付 ………………………… 263
運用リスク管理態勢 ……………………… 73
エグジット・ミーティング ……………… 16

〈か〉

会議録等 …………………………………… 33
外国投信 …………………………………… 158
買取請求 …………………………………… 324
外部委託業務の管理 ……………………… 45
外務員登録 ………………………………… 297
解約 ………………………………………… 274
解約実行請求 ……………………………… 274
価格調査 …………………………………… 248
株主優待等 ………………………………… 241
勧告 ………………………………………… 18
監査態勢 …………………………………… 45
監査等態勢 ………………………………… 79
勧誘開始基準 ……………………………… 318
勧誘状況 …………………………… 113, 124
勧誘状況の検証 …………………………… 84
勧誘資料 …………………………………… 114
勧誘資料等 ………………………………… 125
危機管理態勢 ……………………………… 50
議決権等の行使指図 ……………………… 238
基準価額 …………………………… 131, 246
基準価額管理 ……………………………… 56
協会宛定期報告 …………………………… 270
協会員の外務員の資格、登録等に関する
　規則 ……………………………………… 298
業務方法書 ………………………………… 153
禁止行為 …………………………… 224, 279
金融商品販売法に基づく説明義務に関す
　るガイドライン ………………………… 179
苦情等 ……………………………………… 286
繰上げ償還 ………………………………… 287
グループリスク管理 ……………………… 79
計算処理 …………………………………… 163
月報 ………………………………………… 266
検査関係情報 ……………………………… 11
検査計画 …………………………………… 6
検査結果通知書 …………………………… 18
検査証票 …………………………………… 8
検査資料 …………………………………… 9
検査の使命 ………………………………… 2
検査マニュアル …………………………… 24
検査命令書 ………………………………… 8
検査モニター ……………………………… 15
牽制機能 …………………………………… 27
現物検査 …………………………………… 8
公開買付け ………………………………… 251
広告 ………………………………………… 193
広告審査 …………………………………… 86
広告等に関するガイドライン …………… 183
公衆縦覧 …………………………………… 158
行動規範 …………………………………… 36
講評 ………………………………… 12, 16
合理的根拠適合性 ………………… 164, 314
顧客情報 …………………………… 42, 86
顧客に対する裏付け調査 ………………… 12
顧客分別金 ………………………………… 355
顧客分別金信託 …………………………… 291

個人勧告 …………………………………… 18
個人情報 ………………………………… 359

〈さ〉

財産・経理 ……………………………… 108
再信託 …………………………………… 130
時価評価 ………………………………… 242
事業報告書 ……………………………… 273
事故 ………………………………… 210, 353
時効 ……………………………………… 133
事後チェック …………………………… 237
事故等 ……………………………… 278, 325
事故等届出 ……………………………… 284
自己取引等の禁止 ……………………… 279
自己募集 ………………………………… 290
システムリスク管理態勢 ………………… 64
事前チェック …………………………… 237
実践計画 ………………………………… 35
質問票 …………………………………… 13
私物 ……………………………………… 8
私募 ……………………………………… 168
私募投信 ………………………………… 175
事務過誤 ………………………………… 348
事務リスク管理態勢 …………………… 62
社内規程 ……………………………… 38, 54
受益権買取請求 ………………………… 277
受益証券 ………………………………… 131
受益証券等の直接募集及び解約等に関す
　る規則 ………………………………… 290
受託者の免責 …………………………… 134
取得勧誘 ………………………………… 297
償還 ………………………………… 135, 359
償還金 …………………………………… 133
償還報告書 ……………………………… 288
証券検査 ………………………………… 2
証券検査基本計画 ……………………… 6
証券検査基本方針 …………………… 2, 6
承諾書 …………………………………… 11
商品組成 ………………………………… 159
書面の交付状況 ………………………… 84
新規公開株式の恣意的な配分 ………… 339
信託期間の延長 ………………………… 136
信託銀行 ………………………………… 163
信託契約の解約 ………………………… 135

信託約款の変更等 ……………………… 135
スキャルピングによる運用の禁止 …… 282
ステイルプライス ……………………… 350
正会員の業務運営等に関する規則 …… 239
誠実公正義務 …………………………… 154
整理票 …………………………………… 13
説明義務 ………………………………… 103
説明書類 ………………………………… 273
セミナー ………………………………… 199
善管注意義務 …………………………… 335
訴訟 ……………………………………… 287
損失補てん ………………………… 209, 342
損失補てんの禁止 ……………………… 282

〈た〉

代行手数料 ……………………………… 186
大量保有 ………………………………… 254
立会い …………………………………… 11
注意喚起文書 …………………………… 320
聴聞 ……………………………………… 19
直販 ……………………………………… 289
ディスクロージャー …………………… 54
訂正届出 ………………………………… 191
適合性の原則 ……………………… 113, 123
適合性の原則等 ………………………… 310
適時開示 ………………………………… 266
手帳 ……………………………………… 9
店頭デリバティブ取引に類する複雑な仕
　組債・投資信託 ……………………… 120
添付書類 …………………………… 156, 157
登記 ……………………………………… 133
投資信託協会 …………………………… 2
投資信託契約 …………………………… 220
投資信託財産の評価及び計理等に関する
　規則 …………………………………… 242
投資信託等の運用に関する規則 ……… 217
投資信託の乗換勧誘 ………… 311, 353, 358
投資信託約款の作成 …………………… 166
投資判断 ………………………………… 223
投信約款 ………………………………… 130
投信約款の届出 ………………………… 190
登録申請書 ……………………………… 153
特別解約 ………………………………… 274
特別検査 ………………………………… 7

〈な〉

内部管理……………………………83, 105
内部管理態勢……………………………38, 52
内部者取引管理体制……………………154
日本投資顧問業協会………………………2
乗換優遇制度……………………………359

〈は〉

売却損の付替……………………………342
発注（トレーディング）………………237
反社会的勢力……………………………90, 330
販社への勉強会…………………………166
販売用資料………………………………182
販売用資料等……………………………296
反面調査……………………………………12
ヒアリング…………………………………10
BCM………………………………………329
BCP………………………………………294
ファンド・オブ・ファンズ……………160
ファンド監査……………………………259
付随業務…………………………………158
分配金……………………………………249
法定帳簿……………………………271, 322
ほふり……………………………………163
本人確認……………………………89, 356

〈ま〉

未払償還金等……………………………289
目論見書……………………169, 200, 352
目論見書の交付…………………………301
目論見書補完書面………………………301

〈や〉

役職員の禁止行為等……………………293
約定訂正等………………………………106
約款変更……………………………274, 324
優越的地位………………………………357
有価証券届出書…………………………188

〈ら〉

利益相反…………………………………267
利殖………………………………………130
リスク管理態勢……………………………59
臨時報告書………………………………257
臨店検査……………………………………8
録音…………………………………………11

投資信託の検査とプロセス別留意点
──組成・販売から償還まで

平成25年3月7日　第1刷発行

著　者　池永　朝昭　　渋谷　武宏
　　　　稲田　博志　　西山　　寛
　　　　柴田　和敏　　村岡　佳紀
発行者　倉田　　勲
印刷所　株式会社日本制作センター

〒160-8520　東京都新宿区南元町19
発　行　所　一般社団法人 金融財政事情研究会
　　　　編集部　TEL 03(3355)2251　FAX 03(3357)7416
販　　売　株式会社きんざい
　　　　販売受付　TEL 03(3358)2891　FAX 03(3358)0037
　　　　URL http://www.kinzai.jp/

・本書の内容の一部あるいは全部を無断で複写・複製・転訳載すること、および磁気または光記録媒体、コンピュータネットワーク上等へ入力することは、法律で認められた場合を除き、著作者および出版社の権利の侵害となります。
・落丁・乱丁本はお取替えいたします。定価はカバーに表示してあります。

ISBN978-4-322-11961-9